TRAUNER VERLAG
BILDUNG

Die Jung-sommeliers

- Getränke - Service
- Getränkemanagement

JÜRGEN KIRCHNER
ANDREA KRIEGER
ERICH STÖGER
HERBERT KRAMMER

FW
HLW
HF
TFS
HLT
BS

Wir weisen darauf hin, dass das Kopieren zum Schulgebrauch aus diesem Buch verboten ist – § 42 Absatz (3) der Urheberrechtsgesetznovelle 1996:
„Die Befugnis zur Vervielfältigung zum eigenen Schulgebrauch gilt nicht für Werke, die ihrer Beschaffenheit und Bezeichnung nach zum Schul- oder Unterrichtsgebrauch bestimmt sind."

Dieses Buch wurde auf umweltfreundlichem Papier gedruckt: 100 % chlorfrei gebleicht

Mit PEFC wird garantiert, dass die eingesetzten Rohstoffe für die Papierproduktion aus nachweislich nachhaltiger Waldwirtschaft stammen.
www.pefc.at

© 2010
TRAUNER Verlag + Buchservice GmbH
Köglstraße 14, 4020 Linz
Österreich/Austria
Alle Rechte vorbehalten.

Nachdruck und sonstige Vervielfältigung, auch auszugsweise, nur mit ausdrücklicher Genehmigung des Verlages.

Lektorat: Mag. Karin Gollowitsch, Claudia Kraml, Birgit Prammer
Gestaltung und Grafik:
Mag. Wolfgang Kraml, Bettina Victor, Peter Mittermayr
Titelgestaltung: Heidi Hinterkörner
Schulbuchvergütung/Bildrechte:
© VBK, Wien
Gesamtherstellung:
TRAUNER Druck GmbH & Co KG, Linz

ISBN 978-3-85499-675-0
Schulbuch-Nr. 145.580
www.trauner.at

Impressum

Kirchner u. a., Die Jungsommeliers
1. Auflage 2010
Schulbuch-Nr. 145.580
TRAUNER Verlag, Linz

Das Autorenteam

Jürgen Kirchner
Höhere Bundeslehranstalt für Tourismus, Retz

Andrea Krieger
Höhere Bundeslehranstalt für wirtschaftliche Berufe 19, Straßergasse, Wien

Erich Stöger
Höhere Bundeslehranstalt für Tourismus, Krems

Herbert Krammer
PANNONEUM Wirtschafts- und Tourismusschulen, Neusiedl am See

Approbiert für den Unterrichtsgebrauch an:

- Berufsschulen in den Unterrichtsgegenständen Getränke- und Menükunde im Lehrberuf Restaurantfachmann/-fachfrau, Getränkekunde im Lehrberuf Gastronomiefachmann/-fachfrau, Ernährungslehre und Warenkunde im Lehrberuf Koch/Köchin, Gastronomische Fachkunde im Lehrberuf Hotel- und Gastgewerbeassistent/-in sowie Ernährungslehre und Produktkunde im Lehrberuf Systemgastronomiefachmann/-fachfrau
- Hotelfachschulen im Unterrichtsgegenstand Getränke
- Tourismusfachschulen im Unterrichtsgegenstand Serviceorganisation und Servieren
- Höheren Lehranstalten für Tourismus im Unterrichtsgegenstand Getränke
- dreijährigen Fachschulen für wirtschaftliche Berufe im Unterrichtsgegenstand Küche und Service
- Höheren Lehranstalten für wirtschaftliche Berufe im Unterrichtsgegenstand Küche und Service

Bundesministerium für Unterricht, Kunst und Kultur,
GZ BMUKK-5.048/0079-V/9/2008, vom 24. Februar 2009.

Dieses Schulbuch wurde auf der Grundlage eines Rahmenlehrplanes erstellt; die Auswahl und die Gewichtung der Inhalte erfolgen durch die Lehrer und Lehrerinnen.

Liebe Schülerin, lieber Schüler!
Sie bekommen dieses Schulbuch von der Republik Österreich für Ihre Ausbildung. Bücher helfen nicht nur beim Lernen, sondern sind auch Freunde fürs Leben.

Für Lehr- und Lernerfolg

Liebe Lehrerinnen und Lehrer!

Beim vorliegenden Buch handelt es sich um ein komplettes Kompendium für die Zusatzausbildung „Jungsommelier/-sommelière Österreich". Gleichzeitig eignet sich dieses Buch als ideale Vorstufe zur Ausbildung zum Sommelier bzw. zur Sommelière.

Eine fundierte didaktisch-methodische Aufbereitung sowie eine klare und präzise Gestaltung stehen dabei im Mittelpunkt. Die Inhalte werden durch zahlreiche auf den Text abgestimmte Abbildungen ergänzt.

In den Randspalten finden Sie Fachausdrücke und Fremdwörter leicht verständlich erklärt sowie wertvolle Hintergrundinformationen und Tipps. Seitenverweise und Piktogramme ermöglichen das schnelle Auffinden verwandter Themenbereiche und erleichtern die Orientierung. Links zu weiterführenden Sites dienen der Informationsbeschaffung und bieten zugleich über den Kernlernstoff hinausgehende Zusatzinformationen.

Folgende Piktogramme haben wir zur leichteren Orientierung verwendet:

 Ziele

 Arbeitsaufgaben

 Wissenswertes

 Schreibaufgaben

 Tipps und Zusatzinformationen

 interessante Informationen

 Diskussion

 Verknüpfungen zu anderen Kapiteln

 Download

Wir wünschen Ihnen ein erfolgreiches Arbeiten mit diesem Buch!

Das Autorenteam

Inhaltsverzeichnis

Allgemeine Getränkekunde — 7

1 Alkoholfreie Getränke — 8
1.1 Wässer — 8
1.2 Frucht- und Gemüsegetränke — 12
1.3 Erfrischungsgetränke — 17
1.4 Milch- und Milchmischgetränke — 20

2 Alkaloidhältige Getränke — 22
2.1 Kaffee — 22
2.2 Tee — 30
2.3 Kakao — 36

3 Alkoholische Getränke — 40
3.1 Alkohol — 40
3.2 Bier — 42
3.3 Schäumende Weine — 49
3.4 Versetzte Weine — 54
3.5 Spirituosen — 63

Das Produkt Wein — 77

1 Definition von Wein — 78

2 Geschichte des Weines — 78
2.1 Die Antike — 78
2.2 Die Römer — 79
2.3 Geschichte des Weinbaus in Österreich — 79

3 Natürliche Produktionsfaktoren — 80
3.1 Das Terroir — 80
3.2 Die Sortenwahl — 81

4 Der Weinbau — 82
4.1 Die Weinrebe — 82
4.2 Rebveredelung und Vegetationszeit — 83
4.3 Krankheiten und Schädlinge — 84

5 Die Weinerzeugung — 84
5.1 Die Weinlese — 85
5.2 Die Weißweinerzeugung — 85
5.3 Die Roséweinerzeugung — 89
5.4 Die Rotweinerzeugung — 89
5.5 Weitere Erzeugungsarten — 90
5.6 Weinmängel, Weinfehler, Weinkrankheiten — 90
5.7 Biodynamischer Weinbau — 92

6 Der Weinbau in Österreich — 94
6.1 Das österreichische Weingesetz — 94
6.2 Die österreichischen Weinbauregionen und ihre Weinbaugebiete — 100
6.3 Österreichs Qualitätsweinrebsorten — 118
6.4 Kurzbeschreibungen ausgewählter Rebsorten und deren Anbaugebiete — 119
6.5 Weinfachausdrücke — 120

7 Weinbau International — 123
7.1 Frankreich — 123
7.2 Italien — 133
7.3 Spanien — 140
7.4 Deutschland — 144
7.5 Weitere Weinbauländer Europas — 153
7.6 Weinbau in Übersee — 158

Der Wein – Faktoren für den Genuss — 163

1 Die sensorische Beurteilung von Wein — 164
1.1 Die Sinne — 164
1.2 Degustationsvorbereitung und Vokabular — 166
1.3 Die Weinansprache — 172

2 Glas und Wein — 175

3 Harmonie von Speisen und Wein — 179
3.1 Grundregeln der Kombination von Speisen und Wein — 179
3.2 Trends in der Abstimmung von Speisen und Wein — 179
3.3 Das Zusammenspiel der Geschmackskomponenten — 181

4 Wein und Gesundheit — 187

Der Wein und sein Service — 189

1 Die Sommelière/der Sommelier — 190
1.1 Begriffserklärung „Sommelier" — 190
1.2 Die Ausbildungsmöglichkeiten — 190
1.3 Berufsanforderungen — 191
1.4 Aufgabenbereich der Sommelière/des Sommeliers — 191
1.5 Zukunftsperspektiven und Berufschancen — 191

2	**Kellermanagement**	192
2.1	Weineinkauf	192
2.2	Der Weinkeller – die Weinlagerung	194
2.3	Möglichkeiten der Lagerung	195
2.3	Das Kellerbuch	197
3	**Organisation einer Weindegustation**	**198**
3.1	Die Organisation	198
3.2	Der Ablauf der Veranstaltung	198
3.3	Die Verkostungsliste	199
3.4	Die Einkaufsliste	201
3.5	Der Raum und das nötige Inventar	202
4	**Die Kalkulation von Preisen**	**203**
4.1	Die Bezugskalkulation und der Einstandspreis	203
4.2	Die Kalkulation des Kartenpreises (Verkaufspreises)	204
4.3	Unterschiedliche Ansätze der Kalkulation	205

5	**Präsentation und Verkauf von Wein**	208
5.1	Die Weinkarte	208
5.2	Präsentation und Absatzschwerpunkte	214
5.3	Die Sommelière und der Sommelier im Umgang mit dem Gast	216
6	**Das Weinservice**	**221**
6.1	Allgemein	221
6.2	Weinaccessoires	221
6.3	Flaschenverschlüsse	224
6.4	Weißweinservice	227
6.5	Belüften	230
6.6	Rotweinservice	230
6.7	Dekantieren	232
6.8	Schaumweinservice	235

Stichwortverzeichnis	238
Literaturverzeichnis	245
Bildnachweis	246

Allgemeine Getränkekunde

Zufriedene Gäste kommen wieder!

Getränke, ob mit oder ohne Alkohol, sind die wahren Umsatzmacher in der Gastronomie. Der Umsatz basiert auf der Zufriedenheit der Gäste und diese wiederum hängt von Ihrer Kompetenz ab. Neben dem Wissen über Herstellung, Zusammensetzung, Einkauf und Lagerung der Getränke, sollten Sie vor allem deren richtiges Service beherrschen. Das vorliegende Kapitel vermittelt Ihnen das dafür nötige Basiswissen.

Meine Ziele

Nach Bearbeitung dieses Kapitels kann ich

- den Begriff „Wasser" definieren und die Bedeutung von Wasser für den menschlichen Körper erklären;
- eine Einteilung der alkoholfreien Getränke treffen;
- die wichtigsten Vertreter der alkaloidhältigen Getränke nennen;
- die Inhaltsstoffe der alkaloidhältigen Getränke unterscheiden und ihre Wirkung erklären;
- den Anbau und die Aufbereitungsmethoden der alkaloidhältigen Getränke erläutern;
- die Bedeutung, Wirkungsweise und Gefahren von Alkohol erklären;
- die Arbeitsschritte der Biererzeugung aufzählen;
- die Besonderheiten der unterschiedlichen Schaumweine erörtern;
- wissen, worum es sich bei versetzten Weinen handelt und die bekanntesten davon nennen;
- die Herstellung von Spirituosen beschreiben.

Allgemeine Getränkekunde

1 Alkoholfreie Getränke

1.1 Wässer

Wasser ist eine geruch-, farb- und geschmacklose Flüssigkeit und die Basis allen Lebens! Drei Viertel der Erdoberfläche bestehen aus Wasser. Der Mensch kann wochenlang ohne Nahrung auskommen, aber nur wenige Tage ohne Wasser überleben.

> **!** Der tägliche Flüssigkeitsbedarf des Menschen liegt bei zwei bis drei Litern. 1 bis 1 ½ l sollen mit Getränken und 3/4 bis 1 l Flüssigkeit durch Speisen abgedeckt werden (Lebensmittel enthalten 10 bis 95 % Wasser).

Bedeutung des Wassers für den menschlichen Körper

- **Baustoff:** Der menschliche Körper besteht zu ca. 60 % bis 70 % aus Wasser.
- **Lösungsmittel:** Als Folge des Verdauungsvorganges liegen die Nährstoffe in gelöster Form vor und können so durch die Darmwand ins Blut aufgenommen werden.
- **Transportmittel:** Nährstoffe und Sauerstoff werden zu den Zellen und Stoffwechselendprodukte (H_2O, CO_2) zu den Ausscheidungsorganen transportiert; die Gewebsflüssigkeit stellt dabei ein Bindeglied zwischen Blut- und Zellflüssigkeit dar.
- **Wärmeregler:** Durch die Schweißdrüsen wird Wasser abgegeben; durch Verdunstung wird Wärme verbraucht; die Haut kühlt ab. Die Körpertemperatur wird reguliert.
- Ein **Wasserverlust** von über 20 % führt zum Tod; darüber hinaus ist Wasser im täglichen Leben in vielen Bereichen von großer Bedeutung (z.B. im Haushalt, zur Körperpflege ...).

> **Wussten Sie, dass ...**
> in vielen südlichen Ländern wie Italien, Spanien, Griechenland etc., Trinkwasser in Flaschen verkauft wird? Das Wasser wird, um es für den menschlichen Verzehr genießbar zu machen, entsprechend aufbereitet. Das Wasser aus der Wasserleitung sollte in diesen Ländern nicht getrunken werden, um gesundheitliche Schäden zu vermeiden!

Härte des Wassers

Je nach Kalkgehalt und gelösten Stoffen unterscheidet man zwischen **hartem** und **weichem** Wasser. Die Härte des Wassers wird in deutschen Härtegraden (°dH) gemessen:
- Bis 4 °dH: sehr weiches Wasser, schmeckt schal; hat große Lösungskraft, daher gut geeignet zum Kochen und für Kaffee und Tee.
- Über 30 °dH: sehr hartes Wasser, guter frischer Geschmack, daher gutes Trinkwasser; aber wenig Lösungskraft, es kommt zu Ablagerungen in den Rohren und Kesseln.

Einige Gerätehersteller verwenden in den Betriebsanleitungen jedoch nicht deutsche Härtegrade, sondern Millimol pro Liter (mmol/l), wobei 1 mmol/l 5,6 °dH entspricht.

Wozu wird Wasser in der Gastronomie verwendet?

- Als Durstlöscher
- Als Willkommensgruß oder Aufmerksamkeit im Hotelzimmer
- Als Begleitung zu Kaffee
- Zum Mischen mit alkoholfreien und alkoholischen Getränken
- Als Begleitung zum Wein
- Als idealer Begleiter zum Essen
- Zum Neutralisieren des Geschmacks (bspw. bei einem Weinwechsel)
- Zum Kochen und zur Reinigung

> **Wussten Sie, dass ...**
> **Granderwasser** auch in der Gastronomie immer beliebter wird? Granderwasser wird nicht nur als Trinkwasser hoch geschätzt – auch der Spül- und Reinigungsmitteleinsatz wird durch Granderwasser reduziert.
> Mehr Infos unter:
> www.grander.com

Trinkwasserarten

Trinkwasser – „Leitungswasser"
Die Eignung zu Trinkwasser muss bei einer Untersuchung durch eine staatliche Stelle festgestellt werden. Abgefülltes Trinkwasser wird industriell aufbereitet und abgefüllt.

Trinkwasser muss
- farb-, geruch-, geschmacksneutral,
- frei von Bakterien und Krankheitserregern,
- frei von ekelerregenden Stoffen sein und
- einen guten Geschmack (durch den Gehalt an Mineralien) haben.

Tafelwasser
Tafelwasser ist Trinkwasser oder Mineralwasser, das mit Salzen, Sole oder Kohlensäure (mind. 4 g/l) versetzt werden darf. Es muss deutlich gekennzeichnet werden und wurde früher als „künstliches Mineralwasser" bezeichnet.

Sodawasser
Sodawasser ist Trinkwasser, das mit mindestens 4 g/l Kohlensäure versetzt wurde. In der Gastronomie wird Sodawasser meist direkt von Thekenzapfgeräten entnommen.

Natürliches Mineralwasser
Es muss aus einem unterirdischen, vor jeglicher Verunreinigung geschützten Wasservorkommen stammen und am Quellort (am Etikett angegeben) abgefüllt werden. Zusätzlich muss es den in der gesamten Europäischen Union (EU) geltenden strengen mikrobiologischen, chemischen und chemisch-physikalischen Richtlinien entsprechen. Falls das Wasser unter 1 000 mg gelöste feste Stoffe (Mineralien) und/oder weniger als 250 mg freie Kohlensäure enthält, muss ein ernährungsphysiologisches Gutachten, das die positive Wirkung des Wassers auf den menschlichen Organismus bestätigt, dem Anerkennungsantrag beigelegt werden.
(Quelle: Quellwasser- und Mineralwasser-Verordnung aus dem Jahre 1999)

Heilwasser
Heilwasser stammt wie Mineralwasser aus unterirdischen Wasservorkommen und zeichnet sich durch eine nachgewiesene Heilwirkung aus. Die gesetzlichen Vorschriften für Heilwasser sind in der Arzneimittelverordnung geregelt.

AUF DEM WEG ZUM PROFI

- Was erwartet einen Gast, nachdem er Platz genommen hat: Wird zuerst eine Flasche Wasser an den Tisch gebracht? Hat er die Auswahl unter mehreren Sorten Mineralwasser? Gibt es gar eine eigene Mineralwasserkarte? Wie wird es serviert: Sind die Gläser dekorativ gestaltet, erfreuen sie das Auge? Werden die passenden Mineralwässer zum passenden Wein empfohlen?

- Das zunehmende Körperbewusstsein trägt dazu bei, dass Wasser nicht nur als Ernährungsbestandteil, sondern auch als „Genussmittel" und Lifestyleprodukt wahre Höhenflüge erlebt. Das spiegelt sich auch in der Gastronomie wider. Mineralwasser ist heute fester Bestandteil einer gepflegten Tischkultur. Mineralwasser ist das ganz besondere, zum Trend mutierte Getränk.

- Wasser ist nicht gleich Wasser – manche schmecken beinahe salzig, andere wiederum säuerlich. Manche sind stark kohlensäurehältig, andere sind sehr mild. Der unterschiedliche Geschmack von Mineralwässern ergibt sich aus der Konzentration der Inhaltsstoffe, wie Magnesium, Natrium oder Kalzium, die das Wasser beim Durchsickern durch die Gesteinsschichten aufnimmt.

Leitungswasser ist Oberflächenwasser, sein Gehalt an Mineralien ist gering. Dasselbe gilt auch für Soda, denn das ist nichts anderes als Leitungswasser mit zugesetzter Kohlensäure.

❗ Thermalwasser und destilliertes Wasser sind zur Deckung des Flüssigkeitsbedarfs ungeeignet. Beide Wässer sind, was irrtümlich oft vermutet wird, nicht gesundheitsschädlich.

👉 **Wussten Sie, dass ...** **Mineralwasser** ein **Ablaufdatum** hat? Es ist in ungeöffnetem Zustand ca. zwei Jahre haltbar.

👉 **Wussten Sie, dass ...** Arno Steguweit im Jahr 2003 im berühmten Berliner Hotel „Adlon" erstmals eine eigene Mineralwasserkarte präsentierte? Er wurde daraufhin von der Fachpresse zum **„ersten Wassersommelier Europas"** gekürt.

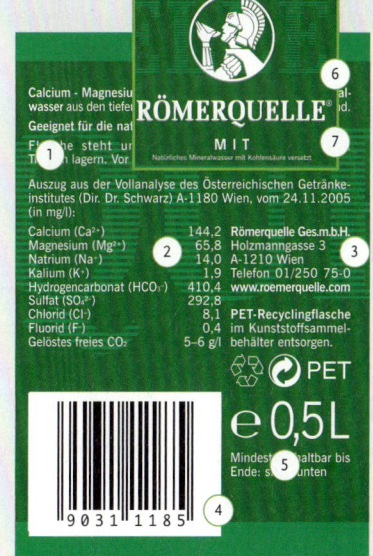

Etikettensprache
1. Analyseinstitut
2. Inhaltsstoffe
3. Firmenname
4. EAN Code
5. Füllmenge
6. Marke
7. Wassersorte

Allgemeine Getränkekunde

Bezeichnungen für natürliche Mineralwässer

- Es darf, wenn das Wasser aus der Quelle einen Gehalt von mehr als 250 mg/Liter Kohlendioxid aufweist, als **„Säuerling"** bezeichnet werden.
- Als **„Sprudel"** können Säuerlinge bezeichnet werden, die unter natürlichem Gasdruck hervortreten. Der Zusatz von Kohlendioxid ist erlaubt.
- Viele österreichische Mineralwässer sind auch mit weniger Kohlendioxid (üblicherweise 1,5–2,5 CO_2/l) erhältlich – sogenannte **stille, milde, sanfte Wässer.**
- Mineralwässer mit der Bezeichnung **„Geeignet für die Zubereitung von Säuglingsnahrung"** unterliegen besonders strengen gesetzlichen Bestimmungen. Die Höchstgrenzen für bestimmte Inhaltsstoffe sowie die richtige Zusammensetzung und das Zusammenspiel dieser Stoffe sind festgelegt.
- Mineralwässer mit geschmacksgebenden Zusätzen (aromatisierte Wässer/**flavoured waters**) zählen zur Gruppe der Limonaden (Römerquelle Lemon, Orange oder Emotion ...).

Welches Wasser passt zu welchem Wein?

Manche Inhaltsstoffe von Mineralwässern können den Weingeschmack erheblich beeinträchtigen. Ein Beispiel: Ein höherer Natrium- oder ein höherer Kaliumanteil hinterlässt auf der Zunge eine salzige Geschmacksnote. Das wirkt sich wiederum auf den Weingenuss aus: Der Wein schmeckt bitter und scharf!

Je weicher und neutraler ein Wasser schmeckt, desto besser passt es zum Wein. Entscheidend sind also der Mineral- und der Kohlensäuregehalt.

Prickelnd, mild oder ohne Kohlensäure?

- Duftige, fruchtbetonte, leichte Weißweine wie Welschriesling, Steinfeder etc. vertragen ein Wasser mit milder bis prickelnder Kohlensäure.
- Gehaltvolle Weißweine – Smaragdweine bspw. – harmonieren dagegen besser mit kohlensäurefreier bis leicht kohlensäurehältiger Begleitung. Das gilt auch für leichte fruchtige Rotweine wie Zweigelt und leichte Cuvées.
- Für kräftige Rotweine mit stärkerem Tanningehalt ist ein Wasser ganz ohne Kohlensäure zu empfehlen.

Bekannte Mineralwassermarken

Österreich: Vöslauer, Gasteiner, Güssinger, Montes, Preblauer, Römerquelle ...
Deutschland: Apollinaris, Selters, Gerolsteiner ...
Frankreich: Badoit, Evian, Perrier, Vittel, Volvic ...
Italien: Fabia, San Benedetto, San Pellegrino ...
Tschechien: Karlsbader ...

Einkauf und Lagerung

Mineralwasserflaschen werden am besten kühl und dunkel gelagert. Österreichische Mineralwässer erhält man in den Größen 0,2 l, 0,25 l, 0,33 l, 0,5 l, 0,75 l, 1 l, 1,5 l.

> **AUF DEM WEG ZUM PROFI**
> - Die ideale Serviertemperatur bei stillem Mineralwasser liegt bei ca. 15 bis 18 °C, bei kohlensäurehaltigen liegt sie bei 8 bis 10 °C und bei Heilwasser bei etwa 16 bis 18 °C. Mineralwasser wird gerne zum Mischen von alkoholischen und alkoholfreien Getränken sowie als Begleiter zum Essen und zum Wein verwendet.

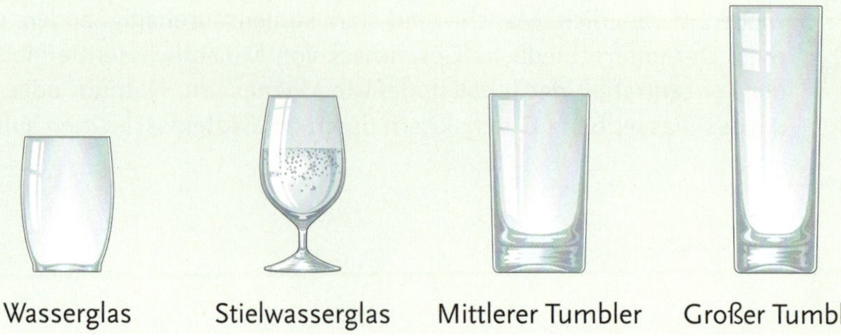

Wussten Sie, dass ...
Selters von deutschen Gästen als Synonym für Mineralwasser verwendet wird?

Lifestylemarken – ein Auszug
Norwegen: Voss (die Lieblingsmarke vieler Superstars wie Madonna)
Japan: Finè – auch caviar water genannt, weil es mit dem niedrigen ph-Wert gut zu Kaviar passt (wird als absolute Luxusmarke positioniert)
Neuseeland: Antipodes
Australien: Cloud Juice
England: Ty Nant, Elsenham – die Flasche und der Deckel sind patentiert und erhielten einen Design Award
USA: Bling – hollywoodgerecht in Flaschen mit Swarovskikristallen abgefüllt

Gut zu wissen
Amerikanische und japanische Gäste sind es gewohnt, dass Eiswasser zum Essen eingestellt wird.

Wasserglas · Stielwasserglas · Mittlerer Tumbler · Großer Tumbler

1 Alkoholfreie Getränke

- Mineralwasser wird in der Originalflasche mit Glas serviert. Sodawasser wird glasweise ausgeschenkt. Wählen Sie eher kleine, höchstens mittelgroße Gläser. Das schönste Glas ist das Stielwasserglas. Aber auch Tumbler, Wasserbecher und Originalgläser von Mineralwasserabfüllern sind üblich. Wasser erwärmt sich durch die Raumtemperatur sehr schnell: Schenken Sie deshalb nicht ganz voll, lieber mehrmals nach, das bringt den höheren Erfrischungsgrad.
- Zitronenscheiben und/oder Eiswürfel werden nur auf Wunsch des Gastes serviert.

Wussten Sie, dass …
„Cloud Juice" wohl das exotischste Wasser der Welt ist? Es stammt von der Südspitze der kleinen Insel King Island, die zwischen Australien und Tasmanien liegt. Cloud Juice besteht aus 100 Prozent Regenwasser – so die Angabe des Abfüllers. Die Luft um King Island ist so sauber, dass sie als Maßstab für Luftreinheit genommen wird. Und das ist auch der Grund für die außergewöhnliche Reinheit des Wassers.

Auf einen Blick

- Wer fragt, der führt! Machen Sie den Gast darauf aufmerksam, falls Sie verschiedene Mineralwassersorten führen. Fragen Sie, ob sie/er kohlensäurehaltiges oder stilles Wasser bevorzugt, ob stark gekühlt oder ungekühlt …
- Seien Sie aktiv, schlagen Sie das passende Mineralwasser zum jeweiligen Wein vor!
- Bieten Sie bei der Weinbestellung eine große Flasche Mineralwasser an!
- Der Preis für eine große Flasche muss fair kalkuliert sein – ansonsten wird Leitungswasser bestellt.
- Bringen Sie die Mineralwasserflasche verschlossen an den Tisch. Das garantiert Reinheit, Qualität und Herkunft.
- Achten Sie darauf, dass ein stilvolles Glas verwendet wird – auch das Auge „trinkt" mit.
- Das Wasser wird immer mit der jeweils passenden Temperatur eingeschenkt.
- Übrigens: Mineralwasser ist das deckungsbeitragsstärkste Segment in der Gastronomie.

Wasser ist der beste Durstlöscher!

? Arbeitsaufgabe

Starten Sie eine verdeckte Wasserverkostung: z. B. Trinkwasser aus verschiedenen Gebieten, verschiedene stille Mineralwässer und destilliertes Wasser. Ein guter Einstieg zum Schärfen der Geschmackssensoren!

Beispiel für ein Verkostungsprotokoll

Aufgabe	Probe 1	Probe 2	Probe 3	Probe 4
Geschmacksvorgabe	Wasser aus (Heimatort)	Stilles Mineralwasser der Firma A	Stilles Mineralwasser der Firma B	Destilliertes Wasser
Vermutung				
Richtig				

! Viele weitere Infos zum Thema „Mineralwasser" finden Sie unter dem Link:
www.forum-mineralwasser.at

Allgemeine Getränkekunde

1.2 Frucht- und Gemüsegetränke

Frucht- und Gemüsegetränke sind rein pflanzliche Lebensmittel und daher ein wertvoller Baustein in der gesunden Ernährung. Erfrischend und wohlschmeckend versorgen sie den Körper mit Flüssigkeit und lebensnotwendigen Nährstoffen. Ernährungswissenschaftler sind sich einig, dass Frucht- und Gemüsesäfte einen wertvollen Beitrag zu einer ausgewogenen Ernährung leisten können. Aufgrund ihres Gehaltes an Vitaminen, Mineralstoffen und sekundären Pflanzenstoffen gehören Frucht- und Gemüsesäfte einfach dazu.

Frucht- und Gemüsegetränke sind Säfte, die aus frischen Früchten bzw. Gemüse gewonnen werden. Fruchtsäfte dürfen u. a. folgende gesetzlich erlaubte Zusatzbezeichnung tragen: „Reich an Vitamin C", wenn sie mindestens 250 mg Vitamin C pro Liter Saft enthalten.

 Nach Einführung der neuen **Fruchtsaftverordnung** im Mai 2004 darf nun auch Fruchtsäften bis zu 150 g Zucker pro Liter Saft zur Erzielung eines süßen Geschmacks zugesetzt werden. Dies muss auf dem Etikett mit der Angabe „gezuckert" oder „mit Zuckerzusatz" kenntlich gemacht werden.

Herstellung

Folgende Arbeitsgänge werden bei der Erzeugung von Frucht- und Gemüsesäften angewendet: Ernten – Waschen – Verlesen – Maischen (Zerkleinern) – Pressen – Zentrifugieren (Schleudern) – evtl. Filtrieren (wenn nicht naturtrüb) – Abfüllen – Pasteurisieren. Der dadurch gewonnene Frucht- bzw. Gemüsesaft muss, wird er nicht sofort konsumiert, konserviert werden, um eine Gärung oder ein Verderben zu vermeiden:

Gut zu wissen!
Naturtrüber Saft enthält alle Schwebstoffe, die beim Pressen der Früchte natürlicherweise entstehen. Für klaren Saft werden die Schwebstoffe durch Zentrifugieren und Filtern entfernt.

Konservieren (Haltbarmachen) von Frucht- und Gemüsesäften

Unter Konservieren versteht man bei Frucht- und Gemüsesäften ein Haltbarmachen auf ausschließlich physikalischem Weg. Der Zusatz von chemischen Konservierungsstoffen, Farbstoffen, Antioxidantien, Emulgatoren oder Stabilisatoren ist untersagt. Die Beigabe von Genusssäuren, Zucker, Honig und/oder Wasser ist erlaubt.

Pasteurisieren

Früher wurden Säfte nur in den Erntemonaten getrunken, weil man kein Verfahren kannte, um die natürliche Gärung zu stoppen. Wir verdanken es Louis Pasteur, dass wir das ganze Jahr über die „Sonne" im Glas genießen können. Durch ein kurzfristiges Erhitzen auf 72,6 °C mit einem anschließenden raschen Abkühlen werden die Bakterien außer Gefecht gesetzt und die Vitamine bleiben bestmöglich erhalten.

Eindicken

Reiner Fruchtsaft wird auf mindestens die Hälfte des Volumens in Vakuumverdampfern bei Temperaturen unter 20 °C konzentriert. Der Fruchtsaft kann auch durch langsames Einfrieren (Wasser kristallisiert zuerst aus und kann als Eis durch Zentrifugieren vom Konzentrat getrennt werden) konzentriert werden.

Homogenisieren

Die Bestandteile des Saftes werden durch einen Druck von 50 bis 60 bar (in bis zu 100 Bestandteile) feinst zertrümmert.

 Wussten Sie, dass ...
sehr viele Lebensmittel von Natur aus Alkohol enthalten? Apfelsaft gehört dazu. Im natürlichen Reifeprozess entsteht aus den im Apfel vorkommenden Kohlenhydraten Alkohol. Ein Glas Saft (250 ml) enthält im Schnitt 400 mg Alkohol. Bei einem 30 kg schweren Kind würde diese Menge zu einem Promillegehalt von 0,048 führen und ist damit sehr gering.

Fruchtgetränke

Arten von Fruchtgetränken		
Fruchtsaft	Fruchtnektar	Fruchtsaftgetränk
Saftgehalt: 100 %	Saftgehalt: 25–50 %	Saftgehalt: 6–30 %

1 Alkoholfreie Getränke

Fruchtsaft
Reiner Fruchtsaft besteht aus 100 Prozent Früchten. Er wird auf zwei verschiedene Arten produziert: Die Früchte werden entweder direkt gepresst bzw. zentrifugiert (z. B. klarer Apfelsaft) oder aus Fruchtsaftkonzentrat hergestellt.

Direktsaft
Der Direktsaft wird so bezeichnet, weil er direkt nach der Verarbeitung abgefüllt wird. Bei der Herstellung sind nur physikalische Verfahren zugelassen. Zusätze wie Aromastoffe etc. sind nicht erlaubt. Lagerung bei +4 °C bis +8 °C.

Fruchtsaft- und Fruchtaromakonzentrat
Saft aus Konzentrat ist ebenfalls ein Saft mit 100-prozentigem Fruchtgehalt. Der Unterschied zum Direktsaft liegt jedoch darin, dass er nicht sofort abgefüllt wird. Um Lagerung und Transport zu erleichtern, wird der Saft nach der Herstellung konzentriert. Dabei wird dem frisch gepressten Saft in einem Vakuum das Wasser entzogen, damit die natürlichen Aromen entweichen. Die Aromen werden aufgefangen und bei der Rückverdünnung mit der gleichen Menge Wasser wieder zusammengeführt. Bei diesem Verfahren sind die Geschmacks- und Qualitätseinbußen nur minimal.

Fruchtnektar
Fruchtnektar wird aus Wasser, Fruchtsaft oder Fruchtmark und Zucker hergestellt. Nektar hat keinen 100-prozentigen Fruchtgehalt. Je nach Fruchtart muss der Fruchtanteil zwischen 25 bis 50 % liegen. Dieser Mindestanteil ist für jede Fruchtart gesetzlich vorgeschrieben. Fruchtnektare dürfen mit Zucker oder Honig und mit bis zu 5 % anderem Fruchtsaft versetzt werden.

Fruchtsaftgetränk
Fruchtsaftgetränke zählen gesetzlich zu den Erfrischungsgetränken. Je nach Fruchtart enthalten sie ca. 6 bis 30 % Fruchtsaft. Die restlichen Zutaten sind Zuckerwasser und weitere Lebensmittelzusatzstoffe.

Fruchtsaft – trinkfertig gemacht
Sauer macht nicht immer lustig und so werden Säfte von Früchten wie z. B. Weichseln oder Johannisbeeren, die „pur" zu sauer sind, mit Wasser und Zucker trinkfertig gemacht.

Fruchtsirup
Fruchtsirupe sind eingedickte Früchte, die in Verbindung mit Wasser erfrischende Getränke ergeben. Diese Art von Fruchtgetränken wird durch Eindicken der Früchte mit Zucker im Verhältnis 1:2 (ein Teil Saft, zwei Teile Zucker) hergestellt. Der Verdünnungsfaktor ist auf dem Etikett anzuführen (in der Regel 1:6, d. h., ein Teil Saft soll mit sechs Teilen Wasser verdünnt werden).

Traubensaftkonzentrat
Bei den handelsüblichen Traubensaftkonzentraten wird der Traubensaft im Verhältnis 1:3 bis 1:5 eingedickt. Er weist einen sehr hohen Zuckergehalt von 40 bis 60 % auf. Diese „Zuckerbombe" wird auch in der Kellerwirtschaft zum Aufbessern von Wein und bei der Herstellung von Dessertweinen verwendet.

Süßmoste
Süßmoste sind unvergorene Fruchtsäfte aus Beeren- und Mischobst wie Äpfel und Birnen mit natürlichem Zuckergehalt. Sie dürfen nur in Verbindung mit den Sachbezeichnungen „Fruchtsaft" oder „Fruchtnektar" verwendet werden. Um ihre Haltbarkeit zu verlängern, werden Süßmoste homogenisiert bzw. pasteurisiert.

Traubensüßmost (Traubensaft)
Die Gewinnung und die Verarbeitung des Traubensaftes entspricht der der Süßmoste. Nur muss die Verarbeitung des Traubensaftes sofort erfolgen, da es sehr schnell zu einer Gärung kommt. Nach dem Gesetz darf der Alkoholgehalt, wie bei allen alkoholfreien Getränken, nicht mehr als 0,5 Vol.-% betragen. Das Konservieren des Traubensaftes mit chemischen Mitteln ist verboten, ebenso das Färben, Zusetzen von Aromastoffen und künstliches Süßen.

! Folgende Angaben müssen auf der Packung angegeben werden:

- Neben der genauen Verkehrsbezeichnung (z. B. Fruchtsaft oder Fruchtnektar) muss auf der Packung das Zutatenverzeichnis angegeben werden. Damit weiß der Verbraucher/die Verbraucherin, ob Zusätze enthalten sind.
- Bei Saft aus Konzentrat muss die Herstellungsweise vermerkt werden.
- Außerdem steht auf jeder Packung, wie hoch der Fruchtgehalt ist.

Smoothies sind sogenannte Ganzfruchtgetränke. Im Gegensatz zu herkömmlichen Fruchtsäften wird bei Smoothies die ganze Frucht bis auf die Schale und Kerne verarbeitet. Basis der Smoothies ist damit das Fruchtmark oder Fruchtpüree, das je nach Geschmacksrichtung und Rezept mit Säften vermischt wird, um eine fein-cremige Konsistenz zu erhalten. (Engl.: smooth = fein, cremig, gleichmäßig)

Naturtrüber Apfelsaft

Allgemeine Getränkekunde

Einteilung der Fruchtgetränke am Beispiel Orangensaft

Frisch gepresster Saft
Hochwertiger Saft. Keine Zwischenlagerung – soll sofort verbraucht werden.

Direktsaft
VitaFit: Orangensaft, Fruchtgehalt 100 %, natürliches Vitamin C.

Fruchtsaftkonzentrat
Rauch Happy Day: 100 % Orangensaft aus Konzentrat, ohne Zuckerzusatz (evtl. mit Fruchtfleisch).

Fruchtnektar
Pago: 60 % Orangensaftkonzentrat, Wasser, Zucker, Zitronensaftkonzentrat und Vitamin C.

Fruchtsaftgetränk
(Erfrischungsgetränk) Guizza Aranciata: Wasser, mit Kohlensäure versetzt, 12 % Orangensaft, Zusatzstoffe.

Fruchtsirup
Spitz-Orangenfruchtsirup: Mind. 20 % Fruchtsaftkonzentrat (12 % Orangensaft, Apfelsaft), Zucker, Glucose, Fruchtsirup, Wasser, Zusatzstoffe.

 Diskussion: Vergleichen Sie die Angaben auf den Etiketten der einzelnen Getränke.

? Arbeitsaufgabe

Verkostung am Beispiel Orangensaft
Führen Sie zusammen mit Ihren Kollegen und Kolleginnen eine verdeckte Verkostung durch. Versuchen Sie am Beispiel „Orangensaft" die unterschiedlichen Säfte optisch, geruchlich und geschmacklich zu unterscheiden. Viel Spaß!

Einkaufsliste
- frisch gepresster Orangensaft
- 100 % Orangensaft (Direktsaft) – nicht aus Konzentrat
- 100 % Orangensaft aus Konzentrat mit Fruchtfleisch
- 100 % Orangensaft aus Konzentrat
- Orangennektar aus Konzentrat
- Orangen-Fruchtsaftgetränk (Erfrischungsgetränk)
- Orangeade – Fruchtsirup (Verdünnungsfaktor genau einhalten)

Ablauf
- Die Säfte füllt man vorzugsweise in gleiche Karaffen und kennzeichnet sie mit einer kleinen Etikette, einzeln versehen mit den Buchstaben A bis G. Optimal wären 7 Gläser pro Person, sodass man vergleichend verkosten kann.
- Die Gläser ebenfalls mit den einzelnen Buchstaben (A bis G) kennzeichnen und in dieser Reihenfolge aufstellen.
- Die Säfte einschenken und los geht's!

Finden Sie nun heraus, um welches Fruchtgetränk es sich handelt. Bitte kreuzen Sie in der Verkostungsliste den Saft an, von dem Sie glauben, ihn gerade „erschmeckt" zu haben.

1 Alkoholfreie Getränke

Verkostungsliste							
Saftarten	A	B	C	D	E	F	G
Frisch gepresster Orangensaft	☐	☐	☐	☐	☐	☐	☐
100 % Orangensaft (Direktsaft) – nicht aus Konzentrat!	☐	☐	☐	☐	☐	☐	☐
100 % Orangensaft aus Konzentrat mit Fruchtfleisch	☐	☐	☐	☐	☐	☐	☐
100 % Orangensaft aus Konzentrat	☐	☐	☐	☐	☐	☐	☐
Orangennektar aus Konzentrat	☐	☐	☐	☐	☐	☐	☐
Orangen-Fruchtsaftgetränk (Erfrischungsgetränk)	☐	☐	☐	☐	☐	☐	☐
Orangeade (Fruchtsirup)	☐	☐	☐	☐	☐	☐	☐

Gemüsegetränke

Gemüsesäfte werden wie Fruchtsäfte aus frischen Produkten hergestellt und haben einen hohen Anteil an natürlicher Säure, Zucker, Nährstoffen und Spurenelementen. Gemüsesäfte sind ein wesentlicher Bestandteil der Kranken- und Schonkost und der vegetarischen Küche. In guten gastronomischen Betrieben dürfen sie nicht fehlen.

Immer mehr Reformhäuser, Obst- und Gemüsegeschäfte bieten Gemüsesäfte täglich frisch an. Sie sind aber auch konserviert erhältlich (z. B.: „Biotta").

Es gibt eine Vielzahl an Gemüsesaftsorten: Tomaten-, Karotten-, Sellerie-, Sauerkraut-, Rote-Rüben-Saft ...

☞ **Wussten Sie, dass ...**
mit einem Liter aus der Gruppe der Frucht- und Gemüsegetränke 10 % der Tagesenergiemenge für Erwachsene bereits erreicht und die empfohlene Zuckermenge für Kinder bereits überschritten ist?
Der **Gesundheitswert** vieler Produkte sollte daher kritisch betrachtet werden.

Karottensaft mit Öl

AUF DEM WEG ZUM PROFI

- Fruchtgetränke werden in der Originalflasche mit Glas serviert oder glasweise ausgeschenkt. Als Glas wird ein mittlerer oder großer Tumbler verwendet.
- Gemüsegetränke werden im Glas (Tumbler, Stielglas oder Originalglas) auf einem Unterteller mit Serviette und Kaffeelöffel serviert, dazu werden entsprechende Menagen eingestellt: Salz, Pfeffermühle, kaltgepresste Öle (v. a. für Karottensaft), Tabasco, Worcestershiresauce, Zitronensaft ...
- Die ideale Serviertemperatur beträgt 8 bis 10 °C.

❓ Kreieren Sie Fruchtsaftcocktails, die Sie als Aperitif servieren können. Klingende Namen auf einer Getränkekarte können den Umsatz erhöhen. Führen Sie ein Rollenspiel in der Gruppe durch. Versuchen Sie im Gespräch, Ihren Cocktail zu verkaufen!

Stielwasserglas   Mittlerer Tumbler   Großer Tumbler

Allgemeine Getränkekunde

Kleines Saft-ABC

„Reich an Vitamin C" bedeutet, dass ein Vitamin-C-Gehalt von mindestens 250 mg pro Liter enthalten sein muss.

Fruktose: Fruchtzucker

Polyphenole sind Inhaltsstoffe in Obst und Gemüse. Polyphenolen werden gesundheitsfördernde Wirkungen zugeschrieben.

Multivitaminsaft ist ein mit Vitaminen angereicherter Fruchtsaft, der aus mehreren Fruchtsorten hergestellt wird.

„Ohne Zuckerzusatz" bedeutet nicht, dass das Getränk zuckerfrei ist. Es wird ihm zwar kein Zucker zugesetzt, aber es enthält in der Regel fruchteigenen Zucker.

ACE-Drinks gehören zu den funktionellen Lebensmitteln. D. h., neben der durstlöschenden Funktion sollen sie noch weitere, für den Körper positive gesundheitliche Wirkungen erzielen. ACE-Getränke bestehen meist aus Mineralwasser mit unterschiedlichen Anteilen von Frucht- und Gemüsesäften, zusätzlich werden ihnen Vitamine und Mineralstoffe zugesetzt.

Maltose ist die Fachbezeichnung für Malzzucker, eine Zuckerart, die häufig bei der Erzeugung von Wellnessgetränken verwendet wird.

Auf einen Blick

- Es gibt Gebinde, wie beispielsweise Tetrapaks, die niemals vor einem Gast geöffnet oder gar an den Tisch serviert werden.
- Fruchtsaft- oder Gemüsesaftflaschen vor dem Service schütteln, damit sich das am Boden abgesetzte Fruchtfleisch besser verteilt.
- Ein kurzer kräftiger Schlag auf den Flaschenboden genügt und die Flasche lässt sich dann später vor dem Gast problemlos öffnen (z. B. Pago-Flaschen).
- Bieten Sie dem Gast Ihre Unterstützung an: „Darf ich den Tomatensaft für Sie zubereiten?" Damit demonstrieren Sie nicht nur Aufmerksamkeit, sondern helfen auch jenen Gästen, die mit Worcestershiresauce und Tabasco nichts anzufangen wissen.
- Das Obenstehende gilt auch für andere Säfte: Erklären Sie Ihren Gästen, warum der Karottensaft mit (Oliven-)Öl und Kaffeelöffel serviert wird. (Antwort: Ein paar Tropfen Öl im Karottensaft lassen den Körper das fettlösliche Vitamin A besser aufnehmen. Den Löffel braucht man zum Umrühren, damit sich das Fruchtfleisch gleichmäßig im Glas verteilt und nicht am Boden absetzt.)
- Seien Sie aktiv und kurbeln Sie den Verkauf an: Stammen die Frucht- oder Gemüsegetränke von einem regionalen Lieferanten, dann weisen Sie die Gäste darauf hin. Erzählen Sie Ihnen etwas über die Herkunft und/oder Besonderheit des Getränkes – Gäste wissen das sehr zu schätzen.

Wann werden Obst- und Gemüsesäfte getrunken?

- Beim Frühstück (Frühstücksbuffet)
- Bei Tagungen, Besprechungen, Events und Seminaren
- Als Aperitif vor dem Essen (beispielsweise frisch gepresster Orangensaft)
- Als Begleiter zu Gerichten aus der vegetarischen und der Vollwertküche
- Bei Diäten, Kranken- und Schonkost
- Als Erfrischungsgetränk zwischendurch

Rezepte für Frucht- und Gemüsesaftcocktails

Fruchtsaftcocktail Everglades

Dieser Saft ist durch seinen hohen Anteil an Fruchtsäuren gut für die Verdauung. Er reinigt und sorgt für schöne Haut, was noch durch das Vitamin A der Marillen unterstützt wird.

Pink Grapefruitsaft	175 ml	• Die Säfte mit den Eiswürfeln im Shaker gut schütteln.
Papaya- oder Mangosaft	175 ml	• In Gläser geben und mit den Pink Grapefruitecken garnieren.
Marillennektar	175 ml	
Eiswürfel		
Pink Grapefruitecken zum Garnieren		

Gemüsesaftcocktail Ingwerdrink

Die Vitamine A, C und Magnesium sorgen für einen kräftigen Energieschub.

Birnensaft	300 ml	• Die Säfte mit dem Ingwer im Mixer sehr gut mischen.
Karottensaft	125 ml	• In Gläser füllen und mit je einer Birnenscheibe garnieren.
Apfelsaft	75 ml	
½ Teelöffel geriebener Ingwer		
Birnenscheiben zum Garnieren		

1 Alkoholfreie Getränke

1.3 Erfrischungsgetränke

Unter die Bezeichnung Erfrischungsgetränke fallen allgemein alkoholfreie Getränke mit oder ohne Kohlensäure. Erfrischungsgetränke bestehen zu über 80 % aus Wasser, den Rest bilden Süßungsmittel (Zucker, Süßstoffe, ...) Fruchtsäuren und Aromen.

> ❗ So unterschiedlich die verschiedenen Erfrischungsgetränke auch sind, eines haben sie gemeinsam: den hohen Gehalt an Zucker. Erfrischungsgetränke enthalten oft bis zu 30 Stück Würfelzucker pro Liter!

Limonaden
Limonaden werden unter Verwendung von Zucker, Fruchtsaft (weniger als 10 %), Aromen, Genusssäuren, Zusätzen wie z. B. Farbstoffe, Koffein, Chinin und Wasser (Trink-, Mineral-, Quell- oder Tafelwasser) hergestellt.

Bekannte Produkte: Sprite, Fanta, Schartner, Keli

Fruchtsaftlimonaden
Sie enthalten einen Saftanteil von mindestens 10 % der namensgebenden Frucht, bei Kernobst-, Ananas- und Traubensaft sind es mindestens 30 %. Auch natürliche Aromen und Fruchtfleisch können zugesetzt werden.

Bekanntes Produkt: Frucade

Kräuterlimonaden
Sie beziehen ihren Geschmack aus Kräuterauszügen. Bekanntes Produkt: Almdudler

Colalimonaden
Colalimonaden gehören zu einer eigenen Limonadengattung und orientieren sich in Aussehen und Geschmack am weltweiten Vorbild Coca-Cola. Sie enthalten Phosphorsäure (als Säuerungsmittel) und Coffein (65 bis 250 mg/l).

Bekannte Produkte: Coca-Cola, Pepsi-Cola, Black Jack, Red Bull Cola

Ingwerlimonaden
Sie enthalten Auszüge der Ingwerwurzel. Bekanntes Produkt: Ginger Ale

Bitterlimonaden
Bitterlimonaden enthalten Bitterstoffe, wie z. B. Chinin (max. 85 mg/l). Wenn sie mindestens 15 mg Chinin enthalten, werden sie als **Tonic** bezeichnet.

Bekannte Produkte: Schweppes Tonic Water, Bitter Lemon, Bitter Orange, Kinley Tonic

Chinin ist ein Alkaloid, das aus der Rinde des Chinarindenbaumes gewonnen wird. Der Ursprung der Bitterlimonaden befindet sich in Afrika, wo den Getränken Chinin als Mittel gegen Malaria zugesetzt wurde.

Molkelimonaden
Sie enthalten mindestens 40 % Molkezusatz. Bekanntes Produkt: Latella

Brausen, Kracherl
Beide Limonaden können naturidente oder künstliche Aromen oder Farbstoffe enthalten.

👉 **Wussten Sie, dass ...** der Name „Kracherl" von dem krachenden Geräusch stammt, das vor vielen Jahren die Kohlensäure beim Öffnen der Flasche erzeugte? Der Inhalt damals: perlende Himbeer- und Zitronenlimonade mit viel Zucker und viel Kohlensäure.

Allgemeine Getränkekunde

 Recherchieren Sie, warum der Stier für Red Bull zum Werbesymbol wurde.

👉 **Wussten Sie, dass ...**
in 0,25 Liter Energydrink die gleiche Menge an Koffein (80 mg) wie in einer Tasse Kaffee (60–120 mg) enthalten ist?

Isotonische Getränke

Die in isotonischen Mineralstoffgetränken enthaltenen Mineralsalze gleichen den Wasser- und Mineralstoffverlust aus, der durch starkes Schwitzen entsteht. Meistens bestehen diese Getränke aus Wasser, Zucker, Mineralstoffen, Vitaminen, Aroma- und Farbstoffen.

Bekannte Produkte: Isostar, Isotonic, Gatorade

Energy- oder Powerdrinks

Diese Drinks sind stark koffeinhaltig (ca. 320 mg/l) und haben daher eine anregende Wirkung. Sie enthalten Wasser, Zucker, Zitronensäure, Koffein, verschiedene B-Vitamine und Zusatzstoffe. Das österreichische Lebensmittelrecht kennt den Begriff Energydrinks nicht. Für „alkoholfreie Getränke mit geschmacksgebenden Zusätzen" ist die Beigabe von Koffein aber begrenzt. Die Angleichung an die EU-Bestimmungen zwang zu einer Erhöhung von 150 auf 250 mg/l.

Bekannte Produkte: Red Bull, Flying Horse

Eistee

Eistee ist ein koffeinhaltiges Getränk, das aus Teeextrakt, Schwarztee, Früchtetee oder Teearomen sowie Wasser, Zucker, Zitronensäure und Aromastoffen hergestellt wird.

Wellnessgetränke

Diese Getränke basieren auf Mineral-, Quell- oder Tafelwasser, das mit Fruchtkonzentraten, Aromen, Kräutern und Mineralstoffen oder funktionellen Inhaltsstoffen geschmacklich angereichert wird.

Bekannte Produkte: Vöslauer Balance, Rauch Nativa

Schankanlagen

In der Gastronomie werden alkoholfreie Getränke hauptsächlich mittels Schankanlagen ausgeschenkt. Es gibt grundsätzlich zwei unterschiedliche Typen von Schankanlagen:

Premixanlage (PEM)

Hier wird das trinkfertige Getränk in Stahlcontainern geliefert, an die Anlage angeschlossen und portionsweise im Glas ausgeschenkt. Diese Anlage eignet sich für Betriebe mit Absatzmengen von ca. 20–60 Portionen (à 0,25 l) täglich.

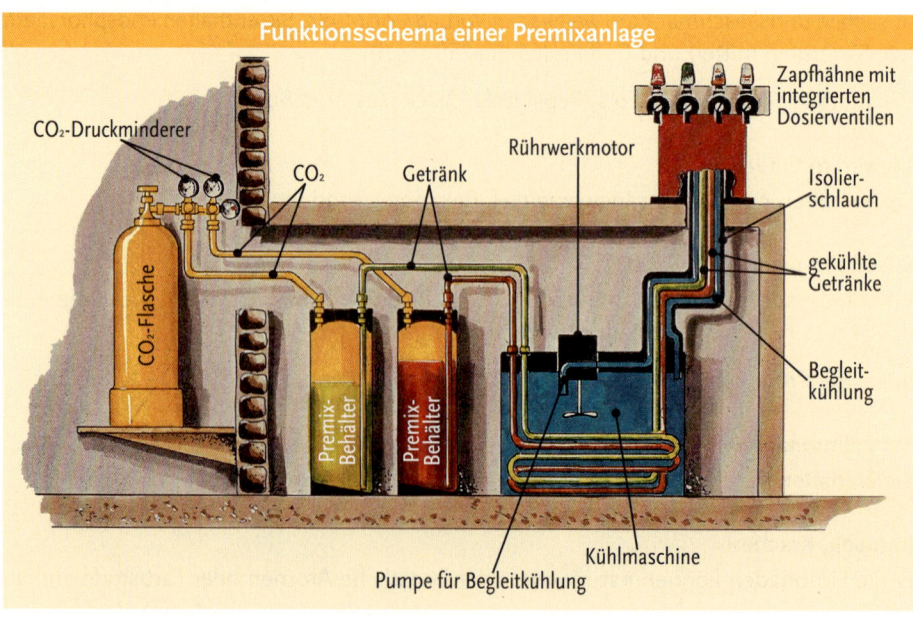

Funktionsschema einer Premixanlage

Postmixanlage (POM)

Der in einem Container befindliche Limonadensirup wird mit Treibgas zum Zapfhahn gefördert und dort mit gekühltem und mit CO_2 versetztem Wasser vermischt. Die Postmixanlage wird bei einem Absatz von mehr als 60 Portionen täglich eingesetzt.

Bei einer elektronischen Schankanlage wird alles elektronisch gesteuert und alles läuft vollautomatisch ab. Der Vorteil liegt darin, dass die Ausgabemenge exakt berechnet ist und eine vollständige Abrechnung mittels PC ermöglicht wird.

Eine **Kleinzapfanlage** ist für einen Umschlag ab 10 Portionen pro Tag geeignet. Sie benötigt nur einen geringen Lagerraum, erlaubt eine einfache und rationelle Handhabung und kühlt ständig auf die richtige Temperatur der Getränke.

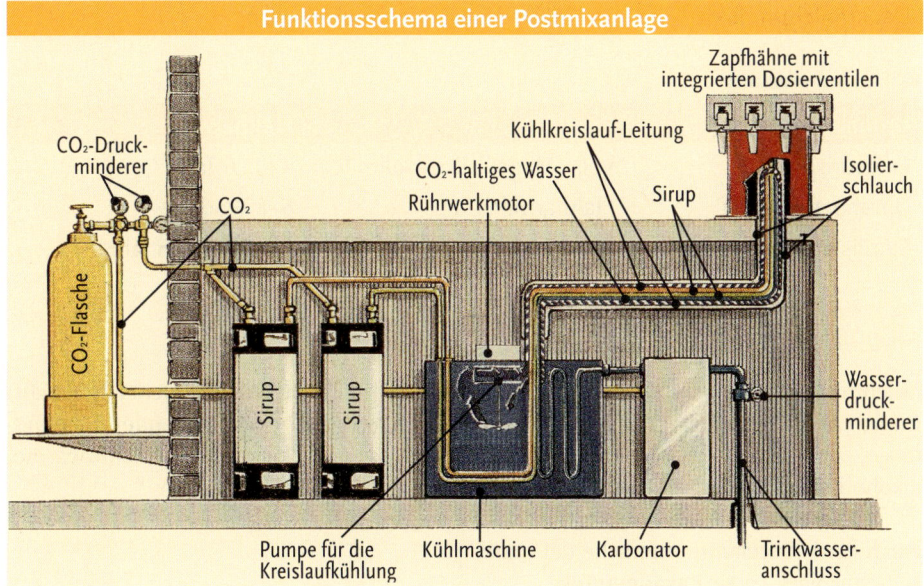

Funktionsschema einer Postmixanlage

Einkauf und Lagerung

Erfrischungsgetränke werden heute in verschiedenen Qualitäten in allen Betrieben angeboten. Sie sind in den verschiedensten Handelsformen erhältlich. Aus Umweltschutzgründen sollte man schon beim Einkauf auf die Gebinde- bzw. Verpackungsform achten.

Erfrischungsgetränke werden kühl und dunkel gelagert.

AUF DEM WEG ZUM PROFI

- Erfrischungsgetränke werden in der Originalflasche oder glasweise angeboten. Als Glas sollte entweder ein Tumbler, ein Limonadenglas oder ein Originalglas (Glas mit Firmenaufdruck vom Erzeuger) verwendet werden. Eiswürfel werden nur auf Wunsch des Gastes hinzugefügt.

- Die ideale Serviertemperatur beträgt 8 bis 10 °C, bei Colalimonaden 4 bis 6 °C.

Tumbler

Limonadenglas

Originalglas mit Firmenaufdruck

Colalimonade mit Tumbler

1.4 Milch und Milchmischgetränke

Einteilung der Milch und Milchprodukte

Arten	Produkte
Konsummilch	Vollmilch, Magermilch
Fermentierte Milchprodukte	Sauermilch, Buttermilch, Sauerrahm, Joghurt
Milchprodukte auf Fettbasis	Schlagobers, Kaffeeobers, Butter
Milchmischerzeugnisse	Milch mit Kakao oder verschiedenen Aromen wie Erdbeere, Vanille ..., Fruchtjoghurt
Haltbarprodukte	H-Milch, H-Schlagobers, H-Kaffeeobers
Dauermilchprodukte	Kondensmilch, Trockenmilch

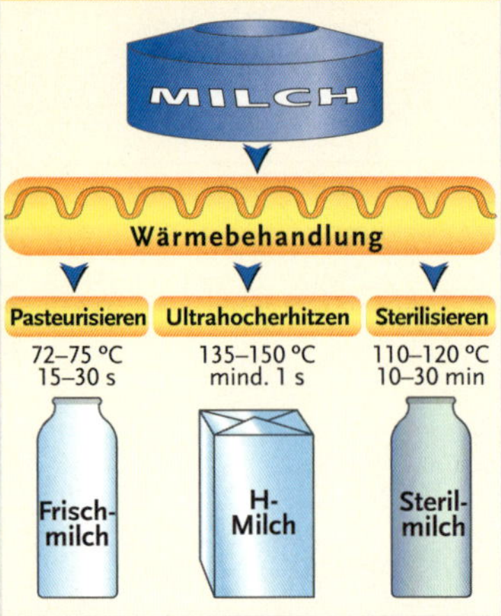

Wärmebehandlung von Milch

Verfahren	Produkt	Haltbarkeit
Pasteurisieren	Voll-, Mager-, Extravollmilch	4 bis 6 Tage
Ultrahocherhitzen	Haltbarmilch	6–8 Wochen
Sterilisieren	Kondensmilch	Bis zu einem Jahr

Einteilung der Milchmischgetränke

Milchmischgetränke sind Zubereitungen aus Milch mit Zusätzen von Fruchtsaft, Fruchtmark, Fruchtkonzentrat, Kakao, Zucker oder anderen geschmacksgebenden Bestandteilen. Die Milch muss dabei mengenmäßig überwiegen. Sie lassen sich in kalte, warme, alkoholfreie und alkoholhältige Getränke einteilen.

Nach der Herstellung unterscheidet man:
- Schokolade- oder Kakaogetränke
- Milchshakes
- Milchfrappés
- Milchpunsche

💡 Gut zu wissen

ESL-Milch (Extended-Shelf-Life-Milch) ist eine länger haltbare Frischmilch. Sie schmeckt wie frische Trinkmilch und enthält die gleichen Nährstoffe, ist aber länger als drei Wochen haltbar. Zur Herstellung von ESL-Milch stehen verschiedene Verfahren zur Verfügung, bei denen die Restkeimzahl der Milch auf ein Minimum reduziert und damit die Haltbarkeitsdauer erhöht wird.

Shakes	Frappés	Milchpunsche
Kalte Milchmischgetränke mit oder ohne Alkohol. Zubereitung im Aufsatzmixer oder Shaker.	Kalte Milchmischgetränke mit Speiseeis. Sie werden mit oder ohne Alkohol im Aufsatzmixer zubereitet.	Warme Milchmischgetränke mit Alkohol

1/8 l Milch 3 Eiswürfel 2 Esslöffel Sirup nach Wahl	1/8 l Milch 2 Kugeln Speiseeis 1 Esslöffel Sirup nach Wahl evtl. Schlagobers und/oder Früchte zum Garnieren	2 Barlöffel Zucker mit 4 cl Punschessenz, Rum oder Arrak erhitzen, in ein vorgewärmtes Punschglas geben und mit heißer Milch auffüllen.

Auf einen Blick

Falls die Milch vom eigenen Bauernhof bzw. von einem Bauern aus der Umgebung bezogen wird, dann informieren Sie Ihre Gäste darüber. Die regionale Herkunft der Lebensmittel spielt auch für die Gäste eine große Rolle und wird zunehmend ein entscheidendes Kriterium für eine Bestellung.

Einkauf und Lagerung

Milch wird kühl bei 4 bis 6 °C gelagert. Sie muss verschlossen aufbewahrt werden, damit sie keine Fremdgerüche annehmen kann und lichtempfindliche Vitamine nicht zerstört werden.

Service

Milch sowie Milchmischgetränke können im Fancyglas, Tumbler, Milchglas oder Keramikbecher u. Ä. serviert werden. Shakes werden mit Trinkhalm, Frappés und Punsche mit Unterteller, Serviette und Löffel serviert.

Ziele erreicht?

1. Erklären Sie den Unterschied zwischen Tafel- und Sodawasser.
2. Erläutern Sie den Begriff „natürliches Mineralwasser".
3. Erörtern Sie die Vor- und Nachteile von hartem und weichem Wasser.
4. Führen Sie vier österreichische Mineralwassermarken aus vier verschiedenen Bundesländern an.
5. Nennen Sie vier internationale Mineralwassermarken aus vier verschiedenen Herkunftsländern.
6. Empfehlen Sie zu je einer Rot- und Weißweinsorte das passende Mineralwasser.
7. Erklären Sie die Herstellungsarten von 100-prozentigem Fruchtsaft.
8. Zählen Sie drei Fruchtgetränke auf und geben Sie deren Fruchtanteil an.
9. Beschreiben Sie das richtige Service von Gemüsegetränken.
10. Nennen Sie die wesentlichen Bestandteile von Erfrischungsgetränken.
11. Analysieren Sie die Inhaltsstoffe von drei Limonaden.
12. Erläutern Sie den Begriff Colalimonaden.
13. Erklären Sie die anregende Wirkung von Energy- oder Powerdrinks.
14. Beschreiben Sie die Wirkung von isotonischen Getränken.
15. Erörtern Sie den Unterschied zwischen einer Premix- und einer Postmixanlage.
16. Nennen Sie zwei Verfahren, die zur Haltbarmachung von Milch eingesetzt werden.
17. Schildern Sie die Herstellung von Milchfrappés.

Notizen zu den Arbeitsaufgaben:

2 Alkaloidhältige Getränke

Alkaloide

Alkaloide sind stickstoffhältige Natursubstanzen und finden sich meist in tropischen und subtropischen Pflanzen. Der wichtigste Vertreter ist das **Koffein.** Man findet es in Naturprodukten wie Kaffee, Tee (Tein), Kakao, Kolanüssen, Guarana und Mate. Die Wirkung von Koffein auf den menschlichen Organismus hängt stark von dessen Gehalt im Produkt ab.

Das Koffein wurde vom deutschen Apotheker und Chemiker Friedlieb Runge entdeckt und isoliert. Es hat unterschiedliche Auswirkungen auf unseren Körper: Es wirkt anregend, steigernd und stimulierend auf Muskeltätigkeit, Denkfähigkeit, Aufmerksamkeit, Herzrhythmus sowie Kalorienverbrennung. Es entspannt die Bronchialmuskulatur (Asthmatiker) und wird bei Medikamenten erfolgreich als zusätzliche Schmerzlinderung eingesetzt (Kopfschmerzmedikamente).

2.1 Kaffee

Latte Macchiato, Coffee-to-go, Melange – Kaffee ist Lifestyle. Kaffee ist Genuss, Kaffee ist Tradition. Bis die aromatischen Bohnen als aufgebrühtes Getränk in unseren Tassen landen, ist es noch ein weiter Weg.

Unter Kaffee versteht man die in verschiedenen Verfahren aufbereiteten Samen der Kaffeefrüchte. Der Kaffee ist ein Aufgussgetränk, welches das Alkaloid Koffein enthält.

Grundkenntnisse über Kaffee und seinen Ursprung, das Probieren verschiedener Sorten und ein Gefühl für Geschmackscharakteristika sowie Röst- und Brühtechnik sind für eine qualifizierte Auswahl an Kaffee unumgänglich.

Geschichtliche Entwicklung

Wann und wo genau der Kaffeeanbau seinen Anfang genommen hat, ist heute nicht mehr völlig nachvollziehbar. Seine Herkunft wird der Region Kaffa (von dem auch sein Name abstammt) in Äthiopien zugeschrieben. Es ist nachweisbar, dass Kaffee bereits in der frühen Antike im Morgenland als weitverbreitetes Heißgetränk konsumiert wurde.

Im 10. Jahrhundert erkannte der persische Arzt Ibn Sina die stimulierende Wirkung des Koffeins und setzte den Kaffee als medizinisches Heilmittel ein. Erst 1690 konnte das arabische Monopol über die weltweite Kaffeeproduktion durch die Holländer gebrochen werden. Danach entwickelte sich der europäische Kaffeemarkt sehr rasch. Die Kolonialisierung trug dazu bei, dass die Kaffeepflanze nach Mittel- und Südamerika gelangte. Um 1780 wurden in Europa bereits 65 000 Tonnen Kaffee im Jahr verbraucht, 1850 hatte sich diese Menge bereits vervierfacht.

Mittlerweile ist Kaffee hinter Erdöl das zweitstärkste Welthandelsgut. Der weltweite Bedarf an Rohkaffee für den Konsum erreicht derzeit jährlich knapp 108 Millionen Sack á 60 kg. Davon benötigen die Importländer im Jahr ca. 80 Millionen Sack als Ausgangsprodukt für Röst- und Extraktkaffee. Der Eigenbedarf der Produktionsländer beträgt über 27 Millionen Sack.

Kaffeeverbrauch weltweit im Vergleich Angabe pro Sack Rohkaffee	
1750	600 000
1850	4 000 000
1950	32 000 000
2001	100 000 000 (davon 1/4 in Brasilien)
2009	132 000 000

Der Beginn der Kaffeekultur in Österreich

Die zweite Türkenbelagerung im Jahre 1683 gilt als die Geburtsstunde des Wiener Kaffeehauses und seiner einzigartigen und unverwechselbaren Kaffeehauskultur. Der Legende nach gilt Franz Georg Kolschitzky als Begründer des ersten Wiener Kaffeehauses. Er erhielt für seine Dienste als Spion während der Türkenbelagerung mehrere Säcke Rohkaffee sowie das Privileg zur öffentlichen Ausschank von Kaffee. Er kreierte die Wiener Melange. Urkundlich belegt ist jedoch die Gründung des ersten Wiener Kaffeehauses erst im Jahre 1685. Johannes Diodato (auch Deodat genannt) erhielt für seine Dienste als Spion während der Türkenbelagerung das erste Privileg (Konzession) zur öffentlichen Ausschank von Kaffee. Im Jahre 1804 gab es bereits 89 Wiener Kaffeehäuser und 1881 stieg die Zahl auf 360.

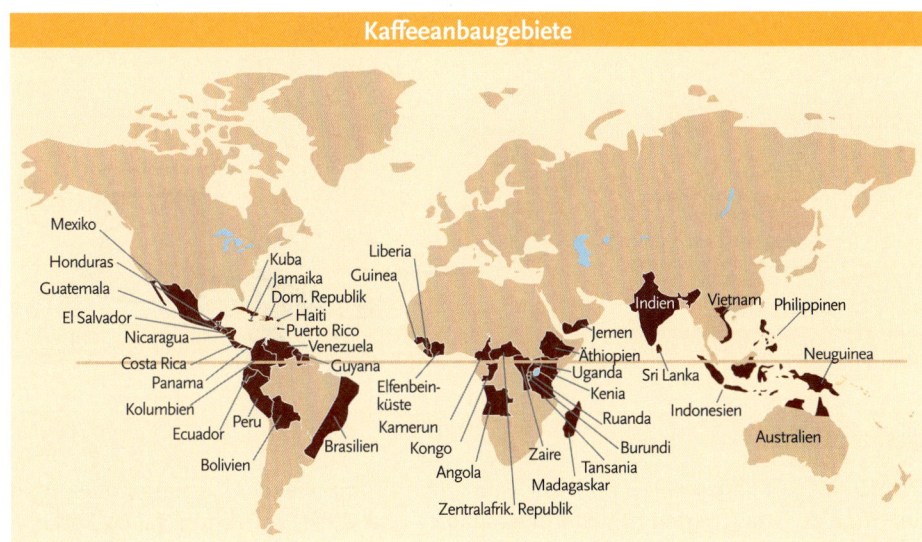

Kaffeeanbaugebiete

Zu den wichtigsten Kaffeeanbauländern zählen neben Brasilien (fast die Hälfte der Weltproduktion) und Kolumbien die Länder Vietnam, Costa Rica, El Salvador, Guatemala, Mexiko, Äthiopien und Kenia.

Weitere bedeutende Kaffeeanbauländer sind: Puerto Rico, Haiti, Kuba, Honduras, Nicaragua, Panama, Ecuador, Venezuela, Bolivien, Sambia, Simbabwe, Kongo, Uganda, Tansania, Sri Lanka, Indien, Thailand, Indonesien und Hawaii.

Klimatische Bedingungen für den Kaffeeanbau

Die immer vegetative Pflanze (sie trägt gleichzeitig weiße Blüten, grüne und violett-rote Kirschen) gedeiht in den tropischen und subtropischen Zonen der Erde zwischen dem 23. nördlichen und dem 25. südlichen Breitengrad, im sogenannten „Kaffeegürtel". Hier findet die Kaffeepflanze die idealen klimatischen Bedingungen: stickstoff- und humusreiche Böden, ausreichend Sonnen- und Regentage, keine großen Klimaschwankungen und ideale Temperaturen zwischen 18 und 25 Grad Celsius. Weiters ist die Kaffeepflanze sehr wind- und frostempfindlich und verträgt überdies keine extreme Hitze. Die Kaffeepflanze kann eine Höhe von 3 bis 15 Metern erreichen, sie wird jedoch auf den Plantagen aus arbeitstechnischen Gründen auf einer Höhe von drei Metern gehalten.

Je nach Anbaugebiet wird zwischen **Hochland-** und **Tieflandkaffee** unterschieden. Während die Kaffeebohnen des Hochlandes im Allgemeinen klein und fest sind und ein ausgeprägtes Aroma aufweisen, zeigen sich die Kaffeebohnen des Tieflandes sehr oft groß, schwammig und mit einfacherem Geschmack.

Kaffeepreisentwicklung seit 2006
Rohkaffee-Durchschnittspreis
US-Cent pro Pfund – Juni-Werte

'06: 88,6
'07: 107,0
'08: 130,5
'09: 119,1
'10: 153,4* (*27. Juli)

Kaffeeplantage in Kolumbien

 Wussten Sie, dass ...
jährlich zwischen 90 und 115 Millionen Sack à 60 kg meist in den Ländern der sogenannten „Dritten Welt" produziert werden? Die Kaffee-Kleinbauern in den Ländern des Südens sind wegen schwankender Handelspreise und schlechter Marktzugänge häufig in ihrer Existenz bedroht.

Allgemeine Getränkekunde

TransFair e.V. setzt sich für den fairen Handel ein. Der Direkteinkauf bei den Kooperativen zu garantierten Mindestpreisen trägt heute direkt zu einer spürbaren Verbesserung der Lebensbedingungen der Kaffeebauern in den Entwicklungsländern bei. Den Produzenten wird teilweise eine Vorfinanzierung angeboten, damit sie noch vor der Ernte über ein gesichertes Einkommen verfügen.

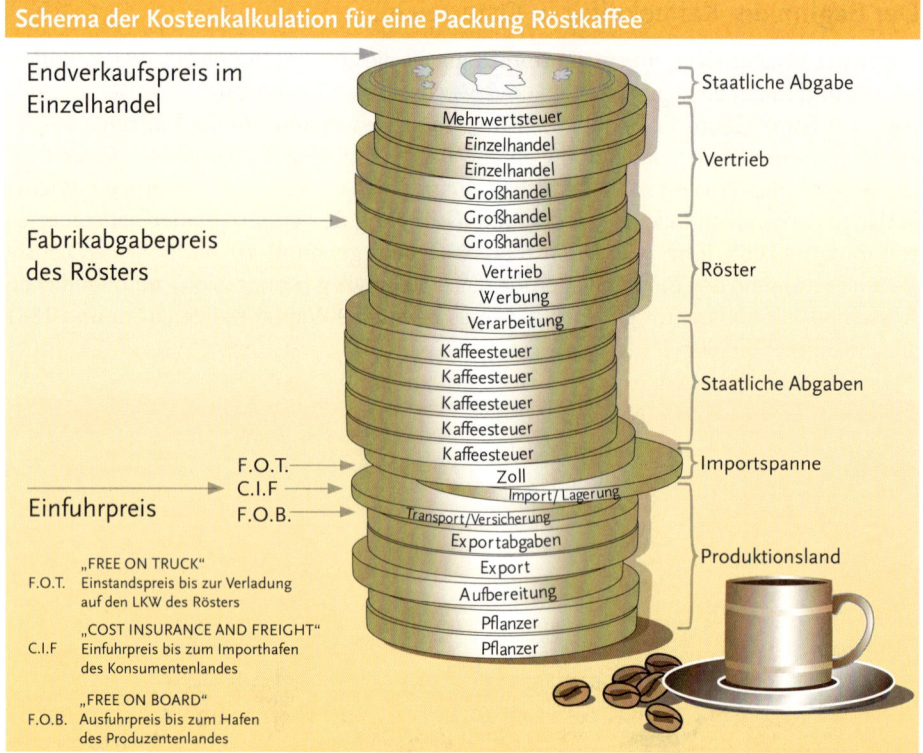

Schema der Kostenkalkulation für eine Packung Röstkaffee

Kaffeepflanze

Die exotische Kaffeepflanze zählt zur Familie der Rubiaceae der Gattung Coffea. Von den rund 80 Straucharten zählen Coffea arabica und Coffea canephora (auch Robusta genannt) weltweit zu den wichtigsten Sorten.

Coffea arabica – Hochlandpflanze

Mit rund 75 % der Weltproduktion zählen die Arabica-Sorten zu den absoluten Spitzenreitern am weltweiten Kaffeemarkt. Die Arabica-Pflanze ist empfindlich und benötigt mehr Pflege als die Robusta-Pflanze.

Ihre Bohnen sind länglich eiförmig, gelbgrün und besitzen eine nur leicht angedeutete, gewundene Furche. Darüber hinaus haben sie einen geringen Koffeingehalt von rund 1,4 % in der Rohbohne. Sie gedeihen zwischen 1 000 und 2 000 Metern Seehöhe. Je höher die Plantagen liegen, umso teurer sind sie, da die Früchte langsamer reifen, hornig und fest werden und nur wenig Feuchte enthalten. Als Folge ergibt dies einen ausgeprägten, aromaintensiven Geschmack und einen frischen, starken Duft.

Coffea arabica

Coffea robusta (canephora) – Tieflandpflanze

Sie wurde erst Ende des 19. Jahrhunderts entdeckt und klassifiziert. Diese in Afrika, Asien und Brasilien weitverbreitete Pflanze stellt heute rund 25 % der Weltproduktion dar. Sie ist weniger empfindlich als die Arabica-Sorten und bringt auch höhere Erträge, da sie mehrmals pro Jahr blüht und geerntet werden kann. Sie wächst zwischen 300 und 600 Metern Seehöhe.

Coffea robusta

Die Bohnen sind unregelmäßig rundlich und besitzen eine gelbbraune Farbe sowie eine angedeutete gerade Furche. Die Kaffeekirschen reifen schneller, ihre Bohnen sind wasserreicher als die des Hochlandkaffees und haben meist einen weniger kräftigen Geschmack. Der Koffeingehalt in der Rohbohne beträgt rund 2,7 %.

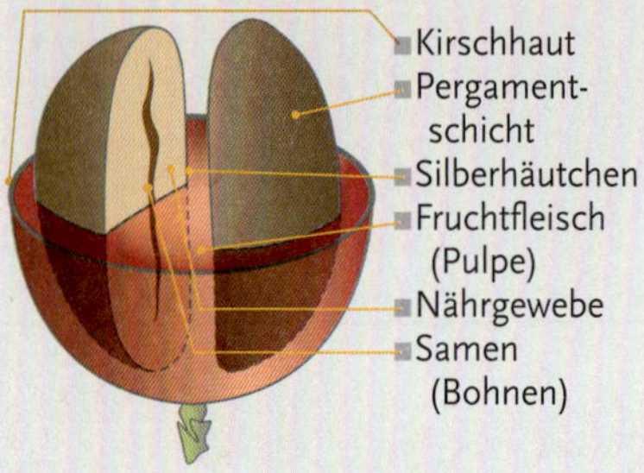

Kaffeekirsche

Die Früchte des Kaffeebaumes bestehen aus einer Schale sowie dem Fruchtfleisch. Im Inneren befinden sich die beiden Samenkerne oder Bohnen, die vom Silberhäutchen und der Pergamentschicht umgeben sind. Trägt eine Kaffeekirsche nur eine runde Bohne in sich, so wird sie als Perlbohne bezeichnet.

Kaffeeernte

Je nach klimatischen Bedingungen variiert die Erntezeit in den Kaffeeanbauländern. Während in Brasilien von Mai bis September geerntet wird, findet die Ernte in Mittelamerika zwischen Oktober und März statt. In Afrika wiederum wird in den Monaten von März bis September geerntet. Die beiden Arten der Kaffeekirschengewinnung werden als **„Picking"** und **„Stripping"** bezeichnet. Während beim „Picking" nur die vollreifen, besten Kirschen mit der Hand gepflückt werden, wird bei der „Stripping-Methode" der gesamte Zweig händisch oder maschinell abgestreift. Bei dieser Art der Ernte werden sowohl reife als auch unreife sowie überreife Kirschen gepflückt. Diese Methode ist zwar rationeller, liefert aber auch schlechtere Qualität als die Handlese.

Reife Kaffeekirschen

Fruchtaufbereitung

Da die Kirschen nicht lange lagerfähig sind, sollten sie innerhalb kürzester Zeit verarbeitet werden. So wie die Kaffeekirsche nach der Ernte vorliegt, ist sie für den Genuss nicht geeignet. Um einen marktfähigen Kaffee herzustellen, muss die gesamte Umhüllung der eigentlichen Kaffeebohne entfernt werden, sodass am Schluss die saubere und trockene Rohbohne übrig bleibt.

Trockene Aufbereitung

- Bei diesem Verfahren **(ungewaschener Kaffee)** werden die geernteten Kaffeekirschen auf Trockenböden ausgebreitet und der Luft und der Tropensonne **zum Trocknen** ausgesetzt. Nachts und bei Regenwetter werden sie mit Planen überdeckt. Die Kirschen werden 6 bis 15 Tage getrocknet, bis sie „rappeldürr" sind, d. h. bis man die Samen beim Schütteln der Frucht in der Hülse „rappeln" hören kann.
- Der nächste Arbeitsschritt ist das Enthülsen. Die getrockneten Kirschen kommen in eine **Schälmaschine**. Hier werden die Bohnen vom getrockneten Fruchtfleisch, von der Pergamenthaut und von der Samenschale getrennt.
- Vor dem Einsacken werden diese Rohbohnen auf großen Plantagen verlesen, das heißt aussortiert und gesiebt. Beste Qualitäten werden gerne handverlesen und als solche gekennzeichnet in den Handel gebracht.

Trockene Aufbereitung

Schäl- und Poliermaschine

Nasse Aufbereitung

Die hochwertigen Kaffeesorten werden nass aufbereitet. Dazu gehören fast alle Kaffeesorten aus Zentralafrika, aus Kolumbien, Mexiko, Kenia, Tanganjika und Java.

- Die Kirschen kommen unmittelbar nach dem Anliefern des Ernteguts in Quelltanks, wo man über Nacht das Fruchtfleisch, die sogenannte **„Pulpe"**, aufgehen lässt. Dann werden die Kaffeefrüchte zum „Pulper" geschwemmt. Hier wird das Fruchtfleisch von der Kaffeebohne entfernt. Die Rohbohnen verlassen diesen mit Samenschale, Pergamenthülse und Resten von Fruchtfleisch.
- Der entscheidende Vorgang bei der nassen Aufbereitung ist jedoch die **Fermentation**. Dabei werden die Fruchtfleischreste vergoren. Dazu werden die Bohnen 12–36 Stunden in Gärtanks gelagert.
- Der Arbeitsgang nach Abschluss des Gärprozesses ist das **Waschen**. Nun erst beginnt der **Trocknungsprozess**. Dieser dauert etwa fünf Tage. Der Kaffee ist nun entfleischt, fermentiert, gewaschen und getrocknet. Er kann in diesem Zustand bereits exportiert werden. Hochwertige Rohbohnen kommen jedoch noch in Schäl- und Poliermaschinen, wo sie von Pergamentschicht und Silberhäutchen befreit werden.

👉 **Wussten Sie, dass …**
man für das Waschen von einem Kilo Kaffee ca. 40 Liter Wasser benötigt?

Halbtrockene Aufbereitung (semi-washed)

Dieses Verfahren ist eine Kombination aus beiden Aufbereitungen. Durch einen maschinellen Prozess wird das Fruchtfleisch abgetrennt. Mitunter erfolgt ein Waschprozess vor der Trocknung. Der Pergamentkaffee trocknet zusammen mit den anhaftenden Fruchtfleischresten und es erfolgt keine Fermentation.

Sortieren und Reinigen

Bis Kaffee vermarktet werden kann, werden noch zahlreiche Reinigungs- und Sortierarbeiten vorgenommen. Nach dem Aufbereitungsprozess werden die Bohnen einer Klassifizierung unterzogen. So werden noch verbliebene Rückstände nach der Aufbereitung

Allgemeine Getränkekunde

Sortieren von Hand

Versandfertiger Rohkaffee

entfernt und die Bohnen nach Größe, Dichte und Farbe sortiert. Dies kann von Hand, aber auch durch mechanische oder elektronische Sortiermaschinen erfolgen. Wenn die unterschiedlichen Qualitätsabstufungen vorliegen, ist der Rohkaffee fertig für seine Reise. Nun kann der Rohkaffee gewogen, in Jute- oder Hanfsäcke gefüllt und zum Versand verladen werden. Seit einigen Jahren wird Kaffee zunehmend als loses Schüttgut **(Bulkware)** in Containern transportiert. Spezielle Bulk-Container werden durch Öffnungen in der Dachfläche mit Rohkaffeebohnen befüllt.

Rohkaffeeauswahl und Kaffeemischungen

Rohkaffeeauswahl

Das wichtigste Unterscheidungsmerkmal beim Kaffee ist die Sorte: **Arabica** (Typica, Bourbon, Mundo Novo, Canturra etc.) oder **Robusta** (Indenie, Conillon) und in kleinsten Mengen **Liberica**. Sie unterscheiden sich schon optisch voneinander. Frische Arabicas haben eine gelblich-grüne Färbung mit hellblauen Schattierungen und geringfügige helle Häutchenreste. Robusta-Bohnen haben mehr Häutchenreste, sind zumeist kleiner, runder und tendieren farblich ins gelblich-bräunliche. Neben einem niedrigeren Koffein- und Chlorogengehalt, schmecken Arabicas milder, aromatischer und weniger bitter und adstringierend (zusammenziehend).

Kaffeemischungen

Je nach gewünschtem Geschmack einer Kaffeemischung wird Kaffee unterschiedlicher Herkunft, Sorte und Qualität aufeinander abgestimmt. Abhängig von der Philosophie der Rösterei bzw. der Qualität, die man erzielen möchte, kann diese Mischung entweder vor oder nach der Röstung durchgeführt werden. Jede Kaffeesorte hat ein spezielles Röstprofil, deshalb ist es für hochqualitative Produkte wichtig, jede Sorte vor der Mischung für sich zu rösten.

👉 **Wussten Sie, dass ...**
Kopi Luwak aus Kaffeekirschen erzeugt wird, die vom Fleckenmusang, einer indonesischen Schleichkatzenart verzehrt und unverdaut wieder ausgeschieden werden? Fälschlicherweise wird oft die Zibetkatze als Erzeugerin dieser Rarität genannt.

Zu den bekanntesten **sortenreinen Kaffeeraritäten** zählen der Jamaika Blue Mountain, der Mexico Maragogype und der Kopi Luwak.

Rösten

- Unter Rösten versteht man das trockene Erhitzen der Kaffeebohnen, das sehr oft unter atmosphärischem Druck geschieht. Der Röstvorgang selbst ist, abgesehen von der Qualität der Rohbohne und der richtigen Zubereitung, der wohl wichtigste Schritt bis zum fertigen Getränk.
- Die Kaffeebohnen werden in Spezialbehältern, z. B. Trommeln, bei einer Temperatur von etwa 200 bis 250 °C (Brennen) ständig umgewälzt, bis die Bohnen eine dunkelbraune Farbe angenommen haben.
- Während des Röstvorgangs kommt es insgesamt zu einem Gewichtsverlust von 18 bis 22 %, der hauptsächlich auf die Abscheidung von Wasser, auf die Karamellisierung der Zuckerstoffe, auf die Reduzierung eines Teils des Tannins und, zu einem kleinen Prozentsatz, der Fette zurückzuführen ist. Das Volumen jedoch nimmt beträchtlich zu. Ein außerordentlich wichtiger Faktor beim Rösten ist, dass die Bohne innen wie außen gleichermaßen geröstet wird. Das im Bohnenkern enthaltene Essenzöl tritt gänzlich oder fast ganz an die Oberfläche und entwickelt ein aromatisches Prinzip, das sogenannte „**Kaffeeöl**", das sich aus über 800 chemischen Stoffen zusammensetzt und dem gerösteten Kaffee den angenehmen Geschmack verleiht.

👉 **Wussten Sie, dass ...**
sich Wissenschafter bereits seit Jahrzehnten mit der Zusammensetzung des Kaffeegetränks befassen? Rund 800 bis 1 000 Inhaltsstoffe des Kaffees sind bisher identifiziert.

Die Hauptbestandteile sind:
- Kohlenhydrate
- Fettstoffe
- Wasser
- Eiweißstoffe
- Säuren
- Alkaloide (Koffein)
- Mineralstoffe
- Aromastoffe

Kurz und bildlich

Bei diesem traditionellen Röstprozess wird der Rohkaffee in die Rösttrommel gefüllt und diese durch eine rotierende Befeuerung von außen erhitzt. Nach ein paar Minuten Trocknung gelangen die Bohnen in Eimer. Von diesen werden sie in die „Schütten" gefüllt.

Die Bohnen sind – je nach Röstung – 10 bis 20 Minuten in der Röstkammer. Nachdem die Bohnen anfangen zu „knacken", sind es nur noch Sekunden, bis die Röstkammer geöffnet wird.

Mit Hilfe des Rührers werden die Bohnen abgekühlt. Dabei werden auch die restlichen feinen Häutchen, die während des Röstens von den Bohnen abfallen, nach unten in die Maschine gezogen.
Nach ein paar Minuten Trocknung gelangen die Bohnen in Eimer, von wo aus sie in die „Schotten" gefüllt werden.

Die Schütten sind die Aufbewahrungsbehälter des Kaffees. Von hier aus gelangt der Kaffee in die Verpackung, in die er für jede Art der Zubereitung in ganzen Bohnen oder gemahlen abgefüllt wird.

> 💡 Beim Röstgrad sind folgende Bezeichnungen üblich:
> - **Helle Röstung:** blasse Röstung oder Zimtröstung
> - **Mittlere Röstung:** amerikanische Röstung oder Frühstücksröstung
> - **Starke Röstung:** helle französische Röstung oder Wienerröstung
> - **Italienische Röstung:** Espressoröstung

Verpackung und Lagerung

Der Geschmack eines jeden Kaffees, egal ob in gemahlenem oder ungemahlenem Zustand, lässt nach der Röstung nach. Licht, Feuchtigkeit, Wärme, Fremdgerüche und Sauerstoff sind die größten Feinde für das Aroma von geröstetem Kaffee. Durch die richtige Aufbewahrung können der Geschmack und das Aroma jedoch länger erhalten bleiben. Somit kommt der Verpackung eine wesentliche Rolle zu. Mit über 70 % Marktanteil ist die **Vakuumverpackung,** unter Verwendung mehrschichtiger Materialien, die beste Möglichkeit. Die Lagerung einer Vakuumverpackung ist bis zu 18 Monate möglich. Wird sie geöffnet, empfiehlt es sich, den Kaffee in einem verschlossenen Behälter gekühlt aufzubewahren und rasch zu verbrauchen.

Spezielle Kaffeeprodukte

Entkoffeinierter Kaffee

Der Koffeingehalt von koffeinarmem Kaffee beträgt höchstens 0,2 %, bei koffeinfreiem Kaffee höchstens 0,08 %. Das Koffein wird entweder mit Wasserdampf oder mit chemischen Lösungsmitteln aus den rohen Kaffeebohnen fast ganz oder teilweise herausgelöst. Erst dann werden die Bohnen geröstet.

Schonkaffee (reizstoffarm)

Um Kaffee für den Menschen mit empfindlichem Magen verträglich zu machen, wird aus den Bohnen ein Teil der Gerbsäure mittels Wasserdampf entfernt. Das Koffein bleibt dabei erhalten.

Löslicher Kaffee (Instantkaffee)

Dem Kaffeeaufguss wird durch Sprüh- oder Gefriertrocknung (modernste Methode, bei der das Aroma geschont wird) das Wasser entzogen. Übrig bleibt Kaffeepulver oder Kaffeegranulat, das sich beim Aufgießen mit Wasser vollständig auflöst.

Schema der Entkoffeinierung von Rohkaffee

Rohkaffee → Dämpfen des Rohkaffees → Extraktion des Koffeins → Trennung des Koffeins vom Extraktionsmittel → Dämpfen des entkoff. Rohkaffees → Reinigung des Rohkaffees → Trocknen des entkoff. Rohkaffees → Trocknen des Rohkoffeins → entkoffeinierter Rohkaffee / Rohkoffein

Allgemeine Getränkekunde

Surrogate sind Röstprodukte, die nicht aus der Kaffeebohne, sondern aus anderen Pflanzen wie Feigen, Gerstenmalz, Roggenmalz oder Zichorien erzeugt werden. Die Kaffeemittelmischungen Linde, Kathreiner und Korona sind ohne Koffein und garantieren, auch pur getrunken, angenehmen Genuss.

Einen sorgfältig zubereiteten Espresso erkennt man an seiner Crema.

Der **perfekte Espresso** – die Basis aller Rezepte:

- 7 g Kaffee
- 3 cl Wasser
- 89 bis 94 °C Wassertemperatur
- 9 bis 9,5 bar Pumpendruck
- 20 bis 30 Sek. Durchlaufzeit.

Perfekt ist ein Espresso dann, wenn er eine dickflüssige Crema hat, die sich auf der Zunge samtig anfühlt.

Wussten Sie, dass ... für Espresso meist dunkel geröstete Bohnen verwendet werden?

Zubereitung von Kaffee

Folgende Kriterien sind für ein gutes Kaffeegetränk ausschlaggebend:

- Qualität des Rohkaffees: Sorte, Anbaugebiet, Aufbereitung
- Mischung der Rohkaffeesorten
- Röstung
- Verpackung und Lagerung
- Wasserqualität (weiches Wasser ist geeigneter als hartes)
- Zubereitung

Zubereitungsarten

Kaffee lässt sich durch unterschiedliche Aufgussverfahren zubereiten:

Mit Wasser gekocht: Türkische Methode

Staubfein gemahlener Kaffee, ca. 5 bis 6 g pro Portion, wird mit Wasser und Zucker in einer kupfernen Kaffeekanne („Çesve") aufgekocht. Das fertige Getränk wird ohne Filterung in kleine Tassen gefüllt.

Porzellankannenaufguss: Karlsbader Methode

Für zwei Tassen werden 16 g Kaffeemehl empfohlen, für jede weitere Tasse rechnet man je 6 Gramm. Das gemahlene Kaffeemehl (Grießkorngröße) im Porzellanfilter wird mit heißem Wasser übergossen und nach der Filterung aus der Kanne serviert.

Aufguss durch einen Papierfilter: Melitta-Methode bzw. Filtermaschine

Das Gerät erhitzt das Wasser automatisch und lässt es über das mittelfein gemahlene Kaffeemehl im Filter (meist Filterpapier) in die Kanne laufen. Kaffeemenge siehe Karlsbader Methode.

Pressstempelfilterung: French-Press-Kanne

Grob gemahlenes Kaffeemehl (7 g pro Person) wird in der Kanne mit etwas heißem Wasser begossen – ca. 30 Sekunden quellen lassen; dann bis 3 cm unter den Rand weiter mit dem Wasser befüllen und 6 Minuten ziehen lassen. Dann den Tauchkolben hinunterdrücken, damit das Getränk vom Kaffeesud getrennt wird, und rasch servieren.

Aufguss durch Dampf: Espressokanne (neapolitanische Kanne)

Im unteren Siedeteil wird das Wasser erhitzt, der Dampf steigt in einem Rohr nach oben und durchfließt dabei den zweiten Teil, den Filter, in den das Kaffeemehl kommt. Der Dampf kondensiert und sammelt sich als Espresso im oberen Teil der Kanne, von wo er auch ausgegossen wird.

Expressbrühung durch Dampf- oder Pumpendruck: Espresso-Methode

Die Grundlage der Espressozubereitung ist die Espressomaschine.

Durch den mit Kaffeepulver (Mahlgrad 3 bis 4) gefüllten Siebträger (Coppa) wird das heiße Wasser bei einem Druck von 9 bis 11 bar in die Tasse gedrückt.

2 Alkaloidhältige Getränke

AUF DEM WEG ZUM PROFI

- Heiße Kaffeegetränke werden ausschließlich in vorgewärmten Kaffeeschalen und Kaffeekannen serviert.

- Zucker und Süßstoff sowie frisches Obers und frische Milch sind eine Selbstverständlichkeit.

- Zur Neutralisierung des Geschmackes sollten Sie immer ein Glas kaltes Wasser zum Kaffee zu servieren – im Wiener Kaffeehaus schon lange Tradition.

- Das Charakteristische am Wiener Kaffeehaus ist das Service mit der Kaffeehaustragetasse. Alle Getränke und Speisen werden mit Tabletts serviert und auch am Tisch eingestellt bzw. eingeschoben. Zu Kaffee wird immer ein Glas Leitungswasser im Achtelglas serviert.

Der fachlich richtige Aufbau einer Kaffeehaustragetasse für alle Heißgetränke und sonstigen Kaffeespezialitäten im Kaffeehaus

Rezepte

Der kleine Mokka – ein Kaffeeklassiker: die Grundbasis für viele Kaffeerezepte

Kleiner Mokka, kleiner Schwarzer oder Piccolo
1 Portion Kaffeemehl (6 bis 7 g/T.), 1 Portion Wasser (ca. 30 bis 50 ml – je nach Tassengröße, Maschineneinstellung und Zubereitungsart).

Service
Mokkatasse mit Untertasse und Mokkalöffel; auf Wunsch auch „kurz" serviert (weniger Wassermenge)

 Wussten Sie, dass ...
professionelle Maschinen fast automatisch arbeiten? Die Wassermenge, Wasserdruck, die Wassertemperatur und der Mahlgrad der Mühle müssen jedoch eingestellt und regelmäßig kontrolliert werden.

Weitere Kaffeeklassiker

Kleiner Brauner

Siehe kleiner Mokka. Kaffeeobers wird separat im Oberskännchen serviert.

Verlängerter

Siehe kleiner Mokka. Heißes Wasser zum „Verlängern" und Kaffeeobers werden separat serviert.

Großer Mokka oder großer Schwarzer

Doppelte Menge Kaffeemehl und Wasser, wie beim kleinen Mokka. Wird in der Doppelmokkatasse mit Untertasse und Kaffeelöffel serviert.

Melange

Siehe kleiner Mokka. Wird mit geschäumter Milch in der Tasse aufgefüllt – ½ Kaffee, ½ Milch. Wird in der Doppelmokkatasse serviert.

Cappuccino

Siehe großer Mokka. Kurz mit geschäumter Milch in der Tasse auffüllen und Schaumhaube aufsetzen; Kakaopulver zum Bestreuen (original wird Cappuccino ohne Kakaopulver zubereitet).

Franziskaner

Siehe Melange – wird mit Schlagobershaube serviert; evtl. Schokoladeblättchen zum Garnieren.

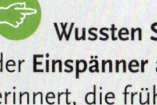 **Wussten Sie, dass ...**
der **Einspänner** an die Kutscher erinnert, die früher vor den Cafés auf Kundschaft warteten? In einer Hand hielten sie den Zügel, in der anderen das Henkelglas mit dem Kaffee. Ihre Wagen waren meistens Einspänner, d. h. sie wurden nur von einem Pferd gezogen.

Der Einspänner im Kaffeehaus ist ein kleiner Mokka im Henkelglas mit Schlagobershaube und evtl. Staubzucker zum Bestreuen.

Kaffeespezialitäten

Latte Macchiato
auch „befleckte Milch"

Irish Coffee

Rüdesheimer Kaffee

- kleiner Mokka
- heiße Milch
- Milchschaum
- Kakaopulver

- großer Mokka
- 2 KL brauner Zucker
- 4 cl Irish Whiskey
- halbfestes Schlagobers
- Kaffeepulver

- großer Mokka
- 2 bis 3 Würfelzucker
- 4 cl Asbach Uralt
- halbfestes Schlagobers
- Schokoblättchen

Zubereitung
Heiße Milch und etwas Milchschaum in das Latte-Glas füllen und setzen lassen, mit heißem Kaffee auffüllen und Milchhaube aufsetzen, mit Kakaopulver bestreuen.

Zubereitung
Whiskey und Zucker erhitzen/flambieren, mit Kaffee auffüllen, Schlagobers aufsetzen, mit Kaffeepulver bestreuen.

Zubereitung
Asbach Uralt und Zucker erhitzen, anschließend entzünden; mit Kaffee auffüllen; mit Vanille verfeinertes Schlagobers aufsetzen und mit Schokoladeblättchen bestreuen.

2.2 Tee

Tee ist nicht nur nachweislich gesund, er steigert auch das allgemeine Wohlbefinden. Eine Tasse Tee kann zwar keine Wunder bewirken, hilft aber in hektischen Situationen gelassener zu werden und neue Energien zu tanken.

> Unter Tee versteht man die in verschiedenen Verfahren aufbereiteten Blätter und Knospen des Teestrauches. Tee ist ein Aufgussgetränk, welches das Alkaloid Tein enthält.

Geschichtliche Entwicklung

Wenn die Legende stimmt, wird seit fast 5000 Jahren Tee getrunken. Tee ist somit sicherlich eines der ältesten Kulturgetränke überhaupt. Die ersten wilden Teesträucher wurden in China entdeckt.

Nach alten Überlieferungen beginnt die Geschichte des Tees mit dem chinesischen Kaiser Sheng-Nung (2737 v. Chr.), einem Gelehrten und Pflanzenkundler, der aus Gründen der Hygiene nur abgekochtes Wasser trank. Ein Windstoß wehte einige Teeblätter in den Kessel mit kochendem Wasser, das sich golden färbte und einen angenehmen Duft verbreitete. Er kostete das Getränk und fand es wunderbar erfrischend und belebend. Um 1000 n. Chr. entwickelte sich Tee in China zum Nationalgetränk.

In Europa wurde Tee erstmals um 1550 durch arabische Händler bekannt. 1662 wurde die offizielle Teestunde am Hof des englischen Königs Karl II. eingeführt. Damit wurde Tee in Europa gesellschaftsfähig und ist bis heute eines der beliebtesten Heißgetränke.

Wahre Teekenner genießen ihren Tee am liebsten aus einer dünnwandigen Porzellantasse.

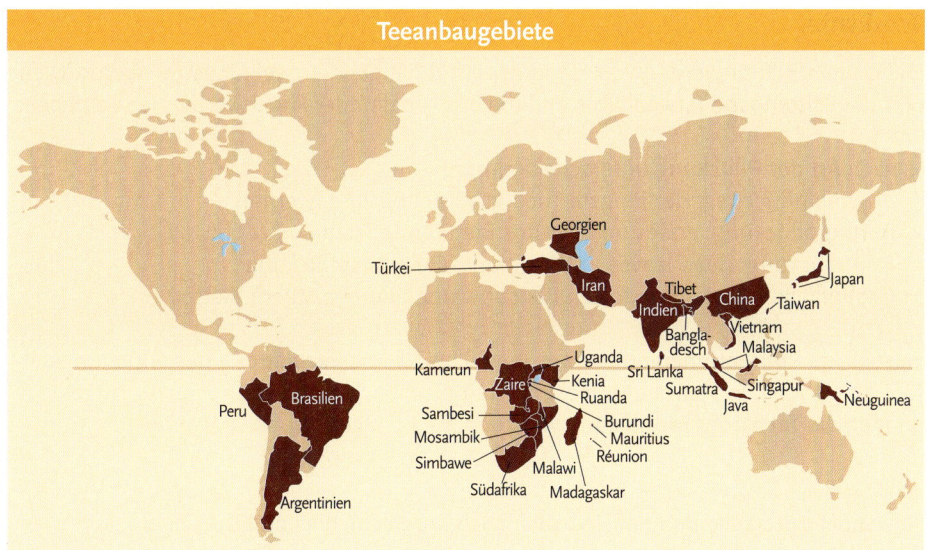

Die wichtigsten Teeanbauländer sind:
- Indien: Darjeeling, Assam
- Sri Lanka (frühere Bezeichnung Ceylon) Uva, Dimbulla
- Sumatra, Java, China, Japan, Ostafrika (meist Qualität)
- Georgien sowie einige Länder Südamerikas (meist Quantität)

| Darjeeling | Sri Lanka | Assam |

Aus den bis zu 2 500 m hohen Berglagen des Himalayas kommt der Darjeeling. Wegen seines zarten, duftigen Aromas gilt er als der beste Tee der Welt. Etwas herber im Geschmack ist der Ceylontee und am kräftigsten und sehr würzig ist der Assamtee.

Teepflanze und Anbau

Die besten Bedingungen für den Teeanbau findet man in den Gebieten zwischen 45 Grad nördlicher und 30 Grad südlicher Breite (Tropen und Subtropen). Die besten klimatischen Voraussetzungen sind Durchschnittstemperaturen von mindestens 18 °C im Jahr, fünf Stunden Sonneneinstrahlung pro Tag sowie 200 Millimeter Regen pro Monat. Große Hitze ist für die Teepflanze nicht sehr gut verträglich, daher liegen die Teeplantagen auch oft sehr hoch. Bei Anpflanzungen im Tiefland werden Schatten spendende Bäume dazwischen gesetzt. Da gute Qualität noch immer händisch gepflückt wird, ist die Höhe des Teestrauchs mit 1,5 Meter ideal kultiviert. Botanisch gehört die Teepflanze zur Familie der Theaceen (Kamelien).

Die Grundlage aller Teekulturen bilden die beiden „Ur-Teepflanzen" **Thea sinensis** (Heimat China) und **Thea assamica** (Heimat Indien), wobei sich die Wissenschaftler uneins sind, welche von beiden die ursprüngliche Teepflanze ist.

Nach Lage der Teeplantagen unterscheidet man:
- **Hochlandtee** (über 1 220 m): feines Aroma, wächst langsamer, qualitativ hochwertig
- **Mittellandtee** (610 bis 1 220 m): stärkeres Aroma und kräftiger im Geschmack
- **Tieflandtee** (bis 610 m): wächst rasch, qualitativ geringwertiger; wird zumeist für aromatisierte Tees verwendet

Teepflückerinnen in Sri Lanka

„Two leaves and the bud"

Tee-Ernte

Die grünen Blätter werden von Hand gepflückt, wobei die zwei jüngsten oberen Triebe und die Blattknospe („two leaves and the bud") besonders hochwertige Tees ergeben.

Je nach **Art der Pflückung** unterscheidet man:
- Imperialpflückung: der jüngste Trieb, die Knospe wird geerntet
- Burungpflückung: erstes und zweites Blatt, ohne Trieb
- Feinpflückung: „Two leaves und the bud", Qualitätspflückung
- Grobpflückung: ab dem dritten Blatt abwärts, offenere, ältere Blätter

Geschickte Pflückerinnen ernten pro Tag 20 bis 35 Kilo Teeblätter – das ergibt ungefähr fünf bis sieben Kilo Schwarzen Tee. In den tropischen und subtropischen Anbaugebieten können die Teeblätter im Abstand von zehn bis 14 Tagen gepflückt werden.

Erntezeit

Teekenner unterscheiden den Tee auch nach unterschiedlichen Erntezeiten.
- 1. Flush: Mai bis Juni
- 2. Flush: Juni bis Juli
- Regentees: August bis Oktober
- Autumnals: November bis Dezember
- von Jänner bis April findet zumeist keine Ernte statt

Verarbeitung

In den klassischen Anbaugebieten erfolgt die Verarbeitung händisch. In Ländern, die auf Quantität setzen, erfolgt die Verarbeitung maschinell. Ob aus Teeblättern Grün- oder Schwarztee hergestellt wird, hängt nur von der Art der Verarbeitung ab.

Produktion von Schwarztee

- Im Welkhaus welken die Blätter 12 bis 18 Stunden. Durch das Welken wird der Wassergehalt der Teeblätter auf 70 bis 55 % gesenkt.
- Dann werden sie unter starkem Druck gerollt. Durch das Rollen werden die Zellmembranen beschädigt, wodurch Zellsaft, der Enzyme enthält, freigesetzt wird.
- Die Gärung beginnt. Im Fermentationsraum bekommt der Tee durch Oxidation Farbe und Aroma. Die Fermentation dauert ca. 45 Minuten bis 4 Stunden, bei ca. 35 bis 40 °C.
- Erst durch das anschließende Trocknen mit Heißluft bekommt der Tee seine schwarze Farbe. Der Wassergehalt nach dem Trocknen beträgt etwa 3 %.

Der Weg des Teeblattes vom Teestrauch bis zur Teetasse

Pflücken
Es erfolgt in den klassischen Teeländern meist mit der Hand, bis zu 35 kg täglich pro Pflücker/-in. Ca. 4–5 kg frische Blätter ergeben 1 kg fertigen Tee.

Welken
Das Welken geschieht durch Ausbreitung und Trocknung der Blätter in der Sonne, bzw. künstlich mithilfe von ca. 30 m langen Welktrögen und Ventilatoren. Der Feuchtigkeitsentzug beträgt ca. 30 %.

Rollen
Dabei werden die Zellmembranen beschädigt, wodurch Enzyme freigesetzt werden.

Fermentieren
Bereits beim Rollvorgang brechen die Blattzellen auf und die Gärung beginnt. Diese Fermentation bestimmt die Aromabildung und ist auch für die Qualität und Farbe ausschlaggebend. Temperatur ca. 35–40 °C.

Trocknen
Die Blätter werden im Etagentrockner, ca. 25 min., bei ca. 85 °C getrocknet. Das restliche Wasser wird entzogen; es entsteht schwarzer Tee.

Aussortieren
Händisch oder durch mechanische Rüttelsiebe werden die verschiedenen Größenordnungen (Blattgrade) bestimmt.

Abpacken
Der Tee wird in Holzkisten zu ca. 50 kg verpackt. Um ihn vor Feuchtigkeit und Aromaverlust zu schützen, werden die Sperrholzkisten mit einer Metallfolie ausgelegt.

Teequalitäten

Die Namen der Teesorten setzen sich aus folgenden zwei Kriterien zusammen: aus dem Ursprungsland bzw. dem Anbaugebiet und der Blattgröße (Blattgrade), z.B.:
- Ceylon Broken Orange Pekoe; Darjeeling Broken Orange Pekoe
- Ceylon Flowery Orange Pekoe; Darjeeling Flowery Orange Pekoe.

Spricht man von einer Mischung, müssen nur noch 50 % aus dem angegebenen Herkunftsland stammen.

Teebezeichnungen

Sie beziehen sich auf die Stellung des gepflückten Blattes am Teestrauch und auf den Zerkleinerungsgrad des Blattes (Blattgrade).

Teebezeichnungen nach der Stellung des Blattes am Teestrauch	
Flowery Orange Pekoe	■ Feinste Sortierung. Es werden nur die Blattknospen der Triebspitzen verwendet.
Orange Pekoe	■ Das erste Blatt nach der Blattknospe. ■ Lange, zarte Blätter, manchmal mit gelben Blattspitzen und Knospen.
Pekoe	■ Das zweite und dritte Blatt. ■ Kurze, gröbere Blätter mit mehr Blattrippen.
Souchong	■ Blätter ab dem vierten Blatt. ■ Schwaches Aroma, schwacher Aufguss.
Teebezeichnungen nach dem Zerkleinerungsgrad (Blattgrade)	
Blatttee (Leaftea)	■ Die Blätter werden beim Rollen nur wenig gebrochen. ■ Das Wasser kann die Teeblätter nur geringfügig auslaugen. Der Aufguss von Blatttees ist deshalb leicht und aromatisch.
Broken Tea	■ Die Blätter werden mehrmals gebrochen. ■ Kräftigerer Aufguss, da wegen der größeren Oberfläche mehr Geschmacks- und Aromastoffe im Teewasser gelöst werden können.

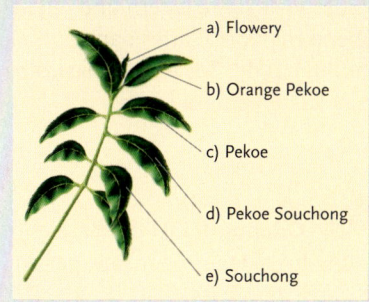

a) Flowery
b) Orange Pekoe
c) Pekoe
d) Pekoe Souchong
e) Souchong

Teebezeichnungen nach den verwendeten Blättern

 Gut zu wissen
Etwa 98 % der Weltteeproduktion werden in Form von kleinblättrigen Tees angeboten. Im Vergleich dazu umfassen die aromatischen Blatttees nur ca. 2 % der Weltteeproduktion.

Allgemeine Getränkekunde

Fannings wird meist in Teebeuteln verarbeitet

Fannings	■ Kleine Blattteilchen mit höherem Blattfleischanteil, die beim Sieben größerer Sortierungen abfallen. ■ Sie färben den Aufguss sehr rasch und kräftig und werden daher beigemischt oder für Teebeutel verwendet.
Dust	■ Kleinstblättriger Tee, der den Aufguss rasch und kräftig färbt. ■ Er wird hauptsächlich für die Beutelproduktion verwendet.

Die genannten Teebezeichnungen sind keine Markenbezeichnungen und lassen nicht unbedingt Rückschlüsse auf die Qualität des Tees zu. Die Qualität hängt vielmehr von der geografischen Lage, von Klima und Boden des Anbaugebietes sowie von der gesamten Pflege der Pflanzen, der Ernte und der Verarbeitung ab.

Aufbereitungsmethoden

- **Herkömmliche Methode**
  Ca. 30 Min., Blattzellen brechen auf; Anwendung bei **Blatttee**
- **C.-T.-C.-Methode**
  ▸ Crushing – Zerschneiden/Zermahlen der Blätter
  ▸ Tearing – Zerreißen der Blätter
  ▸ Curling – das Rollen der Blätter – ergibt **Broken Teas**
- **L.-T.-P.-Methode (Laurence-Tea-Processor)**
  Die Blätter werden von gegeneinanderlaufenden Messern zerschnitten – ergibt **Fannings**.

Teesorten

- **Schwarzer Tee** (fermentiert): die bei uns bekannteste Sorte
- **Oolong Tee** (halbfermentiert): unterbrochene Gärung
- **Grüner Tee** (unfermentiert): Fermente durch Dampf zerstört, grüne Farbe bleibt erhalten
- **Weißer Tee** (unfermentiert) Tee-Spezialität aus China, ist mit dem Grüntee verwandt; er gilt als eine der edelsten Teesorten. Die weißen Härchen auf seinen noch nicht oder gerade eben geöffneten Knospen gaben ihm den Namen.
- **Aromatees:** Schwarztee mit Aroma
- **Tee-Extrakt:** wässrige Auszüge aus Tee werden mittels Sprühturm- bzw. Defrostaverfahren (Gefriertrocknung) erzeugt.
- **Früchtetees:** Das Sammeln von Früchten und Kräutern ist seit Jahrhunderten bekannt. Durch Trocknung wird das Aroma konserviert und bei der Zubereitung mit Wasser wieder freigesetzt. Z. B. Hagebuttentee findet Anwendung bei Magen-Darm-Erkrankungen, Gallenbeschwerden …
- **Kräutertees und Medizinaltees** haben oft heilende Wirkung.
  ▸ Fencheltee bei Katarrhen der oberen Luftwege, Verdauungsbeschwerden (z. B. Blähungen), zur Vorbeugung gegen Erkältungskrankheiten …
  ▸ Kamillentee: bei Magen-Darm-Beschwerden (Völlegefühl, Sodbrennen, Blähungen, Durchfällen …), bei Entzündungen, zur Wundbehandlung jeglicher Art …
  ▸ Pfefferminztee: bei Magen-Darm-Beschwerden, Blähungen, Gallenbeschwerden …

AUF DEM WEG ZUM PROFI

Teezubereitung

- Tee reagiert sehr empfindlich auf andere Geschmackssubstanzen. Daher sollten Teekannen ausschließlich für Tee und nicht für andere Getränke verwendet werden.

- Entscheidend für echten Teegenuss sind, neben der Teequalität, auch Menge, Wasser und Ziehzeit. Blatt-Tee hat beispielsweise das eineinhalb- bis zweifache Volumen von Fanningstee, der meist in Teebeuteln verarbeitet wird. Deshalb sind die Beutel ergiebiger. Für eine Tasse grünen Tee reicht durchschnittlich eine etwas geringere Menge als für schwarzen Tee. Als Regel rechnet man pro Tasse einen Teelöffel Tee.

☞ Wussten Sie, dass …
1830 der Brite Earl Charles Grey einen mit Bergamotteöl (Zitrusfrucht) aromatisierten Tee von einer Chinareise mitbrachte? Der „Earl Grey" mit seiner pikanten Note erfreut sich seither großer Beliebtheit.
Bergamotteöl wird auch gerne in Duftlampen verwendet – es wirkt stimmungsaufhellend.

💡 Im Südwesten Chinas wächst **Pu-Erh**, der älteste Tee der Welt. Die großen grünen Blätter des Qingmao-Teebaumes werden zu einem Kuchen gepresst und so lange fermentiert, bis sie eine rotbraune Farbe angenommen haben. Der rote Pu-Erh-Tee muss viele Jahre lagern und reifen. Wenn man die Blätter dann aufbrüht, hat der Tee eine dunkelrote, fast kastanienrote Farbe.

💡 Gunpowder ist die Bezeichnung für einen grünen Tee, der zu Kugeln gerollt ist.

💡 Rooibostee, auch Rotbuschtee genannt, entsteht aus der südafrikanischen Hülsenfruchtart Rooibos und wächst nur in den Cedar Mountains im Südwesten der Republik Südafrika.

2 Alkaloidhältige Getränke

AUF DEM WEG ZUM PROFI

- Den Tee in eine vorgewärmte Tasse oder Kanne geben: Schwarzer Tee wird mit sprudelnd kochendem Wasser, grüner Tee hingegen – je nach Geschmack – mit 65 bis 75 °C heißem Wasser übergossen. Das Koffein und die Gerbstoffe im Tee entfalten ihre maximale Wirkung unterschiedlich: Das Koffein wird bereits nach zwei Minuten Ziehzeit fast vollständig freigesetzt, die Gerbstoffe lösen sich langsam während der gesamten Ziehdauer. Daher ist eine Ziehzeit von drei bis fünf Minuten empfehlenswert.

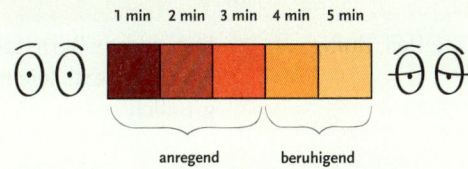

- Früchte- und Kräutertees benötigen eine längere Ziehzeit, um ihre Wirkung zu entfalten. Sie liegt je nach Sorte zwischen 8 und 15 Minuten.

Lagerung
Tee sollte in trockenen und geschlossenen Behältern (z. B. aus Aluminium oder Glas) dunkel, trocken und kühl aufbewahrt werden und nicht in der Nähe von stark riechenden Lebensmitteln lagern, das schadet dem Tee-Aroma.

Service
- Ein gut sortiertes Teeangebot gehört heute in jeden guten Gastronomiebetrieb. Eine aussagekräftige Teekarte ist ein zusätzliches Aushängeschild, fördert den Verkauf und demonstriert Kompetenz.
- Bei einem fachgerechten Service werden Teegläser mit Glasuntertasse und vorgewärmte Kännchen verwendet. Für die Teebeutel oder das Teesieb sollten Ablageschälchen bereitgestellt werden.
- Den Tee immer frisch aufgießen und den Gast beim Servieren darüber informieren, wie viele Minuten der Tee schon zieht bzw. für ein optimales Service eine Teeuhr dazu servieren.
- Ein gutes Teeservice verlangt nach einer Zuckervariation mit weißem bzw. braunem Kandiszucker, braunem Rohrzucker oder Raffinadezucker, Honig und Süßstoff.

Teeverkostung – Learning by Doing

Vorbereitung – benötigte Materialien
- Fünf verschiedene Sorten Tee (z. B. Darjeeling First Flush, Assam, Ceylon, Oolong oder Sencha).
- Fünf Teekannen.
- Fünf Teesiebe.
- Eine Tasse pro Teilnehmer (am besten aus weißem Porzellan).
- Wasserkocher, Waage, Wasser.

Teezubereitung
- Jeweils elf Gramm Tee abwiegen.
- Für jeden Tee einen Liter Wasser aufkochen (für den grünen Tee kurz abkühlen lassen).
- Tee aufgießen, drei Minuten ziehen lassen.

Ablauf einer Teeverkostung
- Die unterschiedlichen Tees in einer Reihe aufstellen.
- Jeder Teilnehmer probiert nacheinander alle fünf Tees. Dazu genügt ein kleiner Schluck! Schlürfen ist dabei nicht nur erlaubt, sondern sogar erwünscht – durch die Vermischung des Tees mit Sauerstoff erhöht sich die Geschmacksempfindlichkeit.
- Es hilft, sich zu jedem Tee direkt nach dem Probieren kurze Notizen zu machen (siehe Arbeitsblatt, Seite 36).

 Wussten Sie, dass ...
Tee die Sinne belebt und anregend wirkt, aber nicht so aufputschend wie Kaffee, obwohl beide das Alkaloid Koffein (Tein) enthalten? Es löst sich im Tee allerdings nicht zur Gänze auf (nur zu ca. 2/3), da es mit seinen Wirkstoffen anders gebunden ist.

Das Tannin – der Gerbstoff – wirkt beruhigend auf die Magen- und Darmtätigkeit. Auch die Vitamine B_1 und C (im grünen Tee) sowie das für die Zähne wichtige Fluor sind enthalten. Tee enthält keine Kalorien. Teetrinken steigert die Reaktions- und Konzentrationsfähigkeit.

Brauner und weißer Kandiszucker

Organisieren Sie im Unterricht eine Teeverkostung mit Ihren Kolleginnen und Kollegen.

Schon der Aufguss zeigt die Sortenvielfalt

Allgemeine Getränkekunde

Teatasting – englischer Begriff für die Teeprobe. Der Teataster ist ein professioneller Teeverkoster, der auch Mischungen vornimmt.

💡 **Kombucha** ist ein altes chinesisches Getränk, dem man heilende Kräfte nachsagt. Seit einigen Jahren erfreut sich Kombucha, ausgehend von Japan, wieder großer Beliebtheit.

- Der Kombuchapilz ist eine Symbiose von Bakterien und verschiedenen Hefen, lebt in einem süßlichen Aufguss von Tee und vermehrt sich durch Sprossung von Hefezellen. Er schmeckt aufgrund seiner natürlich entstandenen Kohlensäure leicht säuerlich prickelnd und aromatisch.
- Kombucha kann zu Hause selbst hergestellt werden. Der dafür erforderliche Pilz ist im Reformhaus erhältlich.

Theobromin ist das Alkaloid der Kakaobohne, ähnlich dem Koffein.

Bewertung

Die wichtigsten **Bewertungskriterien** für Tee sind:
- die Farbe des Aufgusses,
- der Geruch und
- der Geschmack.

Teesorte	Typische Geschmackscharakteristika	Farbe im Aufguss	www.teeverband.de
Darjeeling (first flush)	Zart, hell, duftig	Hell, blasse Bernstein-Nuancen, evtl. leicht grünlich	
Assam	Kräftig, voll, rund, ausgewogen, malzig	Dunkelrotbraune, leuchtende Farbe	
Ceylon	Frisch, spritzig, mit eleganter Milde	Zwischen Darjeeling und Assam, „steht golden in der Tasse"	
Oolong (halbfermentiert)	Malzig-brotig oder fruchtig-duftig, erinnert im Aroma an reife Pfirsiche	Bernsteingelb bis tieforange	
Sencha (grüner Tee)	Aromatisch, duftig-leicht, leicht süß, kann auch Aroma von frischem Heu haben	Gelblich grün	

2.3 Kakao

Unter Kakao versteht man die in verschiedenen Verfahren aufbereiteten Samen der Kakaofrüchte. Es ist ein Aufgussgetränk, das das Alkaloid **Theobromin** enthält. Die Urheimat des Kakaos ist Mexiko.

Kakao wird in Plantagen gezüchtet. Die gurken- bzw. melonenähnlichen Früchte wachsen auf Kakaobäumen (zwei bis fünf Meter hoch). Sie enthalten das Fruchtfleisch und 25 bis 60 Kakaobohnen.

Geschichtliche Entwicklung

Der Ursprung der Kakaopflanze liegt vermutlich in Südamerika. Der Anbau und die erste Verbreitung haben um 1100 v. Chr. in Mittelamerika stattgefunden, wo jedoch das zuckerhaltige Fruchtfleisch, und nicht die Samen der Kakaofrucht, zu einem alkoholischen Getränk vergoren wurde. Bereits im 14. Jahrhundert verwendeten die Azteken die Kakaobohnen als Opfergabe, Zahlungsmittel und für die Zubereitung eines Gewürztrankes. Mit der Verbreitung des Kakaogetränkes in Europa im 17. Jahrhundert stieg auch die Anzahl von Kakaoplantagen. Heute ist die westafrikanische Elfenbeinküste mit rund 1 Million Tonnen Kakaobohnen das größte Erzeugerland und deckt damit rund 35 % der Weltproduktion ab.

Kakaobaum mit Früchten

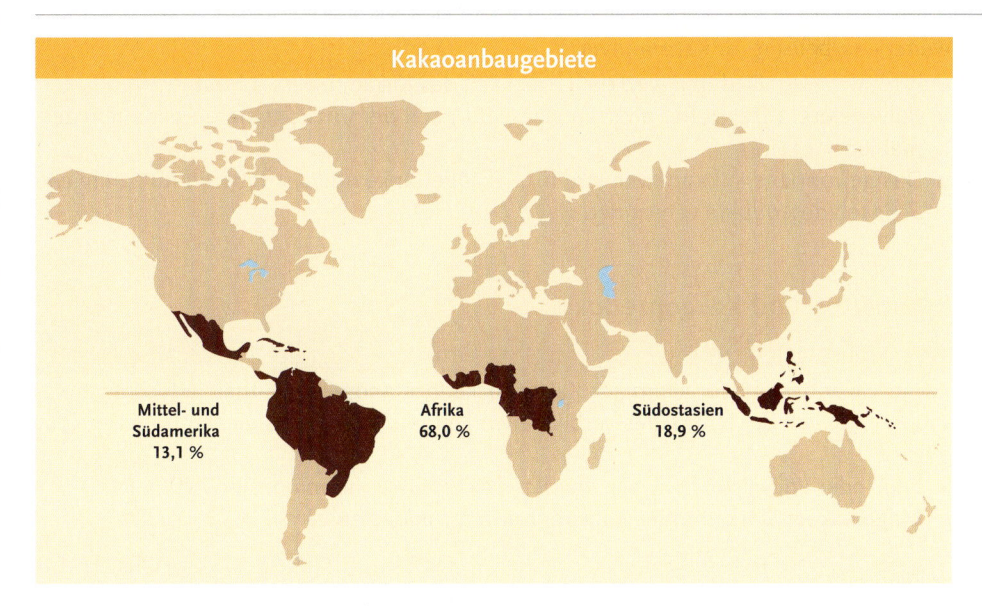

Kakaoanbaugebiete

Mittel- und Südamerika 13,1 %
Afrika 68,0 %
Südostasien 18,9 %

> Westafrika, Mittel- und Südamerika sowie Teile Südostasiens zählen zu den wichtigsten Anbaugebieten.

Die Kakaoanbauländer liegen in der Zone der tropischen Regenwälder. Kakaobäume sind empfindliche Kulturpflanzen und benötigen gute Anbaubedingungen wie geeignete Böden, hohe Luftfeuchtigkeit, gleichmäßige Wärme zwischen 22 und 24 °C sowie ausreichenden Wind- und Sonnenschutz.

Kakaofrucht mit weißen Fruchtfleisch und Kakaosamen

Kakaoarten

Von den zahlreichen Theobroma-Arten werden heute in Kulturpflanzungen die Varietäten Criollo und Forastero verwendet.
- **Criollo** oder **Trinitario** ist die **Edelkakaosorte**. Er gedeiht nur in regenreichen Hochlagen, ist nicht sehr ertragreich, liefert aber den edelsten und teuersten Kakao (Ecuador, Venezuela).
- **Forastero** ist die **Konsumkakaobohne** und liefert ca. 90 % der Weltproduktion und wird vorwiegend in Westafrika, Brasilien und Mittelamerika angebaut.

Zwei Drittel der Weltproduktion werden von den afrikanischen Ländern exportiert. Die Hauptverarbeitungsstätten von Kakao liegen in den USA, Westeuropa, Kanada, Australien und Indien.

Kakaobohnen vor der Fermentation

Verarbeitung der Kakaofrucht

Im Erzeugerland
- **Ernte**
- **Aufbrechen** der Früchte und **Herauslösen** der Kakaobohnen aus dem Fruchtfleisch
- **Fermentation:** Dabei werden die Fruchtfleischreste entfernt, es erfolgt die Aromabildung, die Bohnen färben sich braun und die Gerbstoffe werden abgebaut.
- **Trocknen:** Dadurch werden die Bohnen haltbar und das Aroma wird weiterentwickelt.
- **Transport** (Weiterverarbeitung erfolgt meist nicht im Erzeugerland)

Im Verarbeitungsland
- **Reinigen:** Kakaobohnen werden von Verunreinigungen (Staub, Metall, Sand, Jutefasern ...) befreit.
- **Rösten:** Kakaobohnen werden 10 bis 35 Minuten geröstet oder gedörrt und dann rasch abgekühlt, dabei werden Geruchs- und Aromastoffe entwickelt und bittere Geschmacksstoffe abgebaut.
- **Brechen:** Hierbei werden Schalen, Samenhäutchen und Keime entfernt und die Bohnen in kleine Stücke zerbrochen – es entsteht der „Kakaobruch".
- **Mahlen:** Der Kakaobruch wird zermahlen, erhitzt und es entsteht die braune dicke Kakaomasse. Diese wird abgekühlt und erstarrt.
- **Pressen:** Ein Teil der Kakaobutter wird abgepresst, damit die Kakaomasse pulverisiert werden kann. Übrig bleiben der Kakaopresskuchen, der zu Kakaopulver verarbeitet wird, und die Kakaobutter, die man für die Schokoladeerzeugung benötigt.

Geröstete Kakaobohnen

Kakaokernbruch, in der Fachsprache Nibs genannt

Allgemeine Getränkekunde

💡 **F. i. T.** oder Fettgehalt in der Trockenmasse wird auf den Etiketten immer in Prozent angegeben. Während der Lagerung von Lebensmitteln verdunstet Wasser, die Trockenmasse bleibt aber meist konstant. F. i. T. ist der prozentuelle Anteil an Fett, allerdings nur auf die Trockenmasse und nicht auf das ganze Gewicht bezogen.

👉 **Wussten Sie, dass ...** Schokolade die Stimmung hebt? Sie wirkt auf einige Botenstoffsysteme im Gehirn (Serotonin, Dopamin, Endorphine), die unter anderem an der Regulierung von Appetit und Stimmung beteiligt sind.

👉 **Wussten Sie, dass ...** die Europäische Union jüngst erlaubt hat, Schokolade ohne Kakaobutter, dafür aber mit dem preisgünstigeren Kokosfett herzustellen? Aber gerade die Kakaobutter bewirkt das zarte Schmelzen der Schokolade auf der Zunge. Der Fettwechsel in der Schokolade muss übrigens nicht deklariert werden.

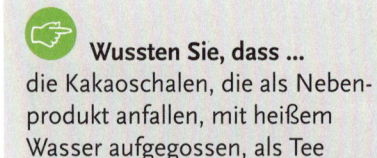

👉 **Wussten Sie, dass ...** die Kakaoschalen, die als Nebenprodukt anfallen, mit heißem Wasser aufgegossen, als Tee getrunken werden können?

👉 **Wussten Sie, dass ...** Salz den Geschmack von süßen Speisen intensiviert?

Weiterverarbeitung zu Kakaopulver
- **Instantisieren:** Dadurch wird die Löslichkeit des Kakaopulvers erhöht.
- **Pulverisieren:** Der Kakaopresskuchen wird nach dem Instantisieren ganz fein zermahlen.
- Das gewonnene Kakaopulver wird für Kakaogetränke und als Rohstoff für zahlreiche Schokoladeprodukte verwendet.

Kakaoarten und Kakaoprodukte
Kakaoarten
Kakaopulver besteht vor allem aus Kakaotrockenbestandteilen, enthält jedoch auch Kakaobutter. Nach der Größe des verbliebenen Fettanteils im Presskuchen unterscheidet man:
- **Edel- oder Vollkakao:** Schwach entöltes Kakaopulver mit mindestens 20 % F. i. T.
- **Magerkakao:** Stark entöltes Kakaopulver mit mindestens 8 % F. i. T.

Kakaoprodukte
- **Trinkkakaomischungen:** Sie werden aus Kakaopulver (meist Magerkakao), Kakaomasse, Zucker und Aromastoffen hergestellt und sind schnell löslich; mindestens 25 % F .i. T.
- **Trinkschokolade** wird aus pulverisierter Schokolade hergestellt. Sie ist eine trinkfertige Zubereitung aus Milch, Kakaopulver und Zucker.
- **Ovomaltine:** wird aus Malzextrakt, Milch und Milchbestandteilen, Kakaopulver, Eiern, Honig und anderen Nährstoffen wie Vitaminen hergestellt.

AUF DEM WEG ZUM PROFI

Zubereitung von Kakaogetränken
Kakao
Pro Portion benötigt man etwa 20 bis 25 Gramm Kakaopulver. Da sich das Kakaopulver in einer Flüssigkeit nur schwer auflöst, ist es ratsam, das Kakaopulver mit Zucker in etwas heißem Wasser oder heißer Milch aufzulösen und anschließend in die heiße Milch einzurühren.

Trinkschokolade
Die fein geriebene Schokolade wird mit heißer Milch aufgegossen und eventuell mit Schlagobers vollendet. Es ist nicht mehr notwendig, extra zu süßen.

Rezept für echte Trinkschokolade
Zutaten für 4 Tassen
120 g Zartbitterschokolade, 900 ml Milch, 1 Prise Salz, 1 EL Zucker, 2 TL Schokoladestreusel

Zubereitung
Die Schokolade fein reiben und in 100 ml heißem Wasser glattrühren. Die Milch mit einer Prise Salz erhitzen, jedoch nicht kochen lassen. Die gelöste Schokolade und den Zucker einrühren. Topf vom Herd ziehen und den Inhalt mit dem Schneebesen schaumig aufschlagen. Die Trinkschokolade in vorgewärmte Tassen füllen, mit Schokostreuseln bestreuen und sofort servieren.

Service
Warme Kakaogetränke werden in einer Kakao- oder Schokoladetasse, mit Untertasse und Kaffeelöffel serviert. Im Kaffeehaus wird der Kakao auf einer Kaffeehaustragetasse mit Wasserglas serviert und am Tisch eingestellt. Kalte Kakaogetränke werden im Tumbler serviert.

| Keramikbecher | 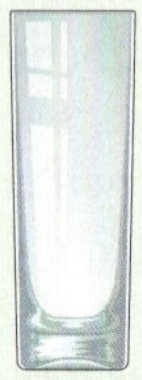 Tumbler |  Schokoladetasse |

🎯 Ziele erreicht?

1. Zählen Sie vier wichtige Kaffeeanbaugebiete auf.
2. Erklären Sie den Qualitätsunterschied zwischen Hochland- und Tieflandkaffee.
3. Für die Weltkaffeeproduktion sind zwei Kaffeesorten von Bedeutung. Erörtern Sie deren Eigenschaften.
4. Beschreiben Sie die Aufbereitungsmethoden von Kaffee.
5. Schildern Sie den Röstvorgang.
6. Erläutern Sie den Unterschied zwischen entkoffeiniertem Kaffee und reizarmem Kaffee.
7. Nennen Sie drei Zubereitungsmethoden für Kaffee.
8. Schildern Sie die Zubereitung folgender Wiener Kaffeeklassiker: Cappuccino, Melange und Einspänner.
9. Nennen Sie Faktoren, die für ein gutes Kaffeegetränk ausschlaggebend sind.
10. Definieren Sie den Begriff Tee.
11. Führen Sie vier bedeutende Teeanbaugebiete an.
12. Beschreiben Sie den Unterschied zwischen Hochland- und Tieflandtee.
13. Schildern Sie den Weg des Teeblattes vom Teestrauch bis zur Teetasse.
14. Erörtern Sie, warum der grüne Tee seine Farbe behält.
15. Nennen Sie drei Kräutertees und deren Wirkung.
16. Definieren Sie den Begriff Kakao.
17. Nennen Sie die zwei wichtigsten Kakaosorten.
18. Beschreiben Sie die Verarbeitung der Kakaobohne im Verarbeitungsland.
19. Erklären Sie den Unterschied zwischen Voll- und Magerkakao.
20. Erklären Sie die Zubereitung eines Kakaogetränks.
21. Beschreiben Sie das fachgerechte Service von Kakaogetränken.

Allgemeine Getränkekunde

> 💬 Sie sind Gastgeber/-in eines Geburtstagsfestes. Im Vorfeld stellen sich folgende Fragen:
> - Planen Sie alkoholische Getränke ein?
> - Wenn ja, welche Art alkoholischer Getränke bieten Sie an?
> - Können Sie sich eine Party ohne alkoholische Getränke vorstellen?
> - Wie gehen Sie mit Aussagen um wie „da gibt es nichts Ordentliches zu trinken"?
> - Wie reagieren Sie, wenn Sie Trunkenheit bei Ihren Freunden/Freundinnen feststellen?
> - Haben Sie schon versucht, jemanden vom Lenken eines Autos abzuhalten, wenn er alkoholisiert war?
> - Steigen Sie in das Auto eines Freundes/einer Freundin, wenn Sie bei ihm/ihr Trunkenheit feststellen?
> - Waren Sie schon betrunken?
> - Berauschen sich Mädchen anders als Burschen?
>
> Diskutieren Sie mit ihren Mitschülerinnen und Mitschülern und sammeln Sie die Stellungnahmen. Sprechen Sie dabei auch das sogenannte Komatrinken an.

> 👉 **Wussten Sie, dass ...**
> Zucker die Aufnahme des Alkohols in die Blutbahn beschleunigt (gesüßte alkoholische Getränke, z. B. Cocktails, Alkopops oder Glühwein)? Fetthaltige Speisen dagegen verlangsamen den Anstieg des Blutalkoholspiegels.

> ❗ Beim Autofahren sollte man konsequent auf Alkohol verzichten! Alkohol enthemmt, führt zu Reaktionsverzögerungen und Fehleinschätzungen im Straßenverkehr!

3 Alkoholische Getränke

3.1 Alkohol

Reiner Alkohol ist eine klare Flüssigkeit mit scharfem Geruch und Geschmack. Übermäßiger Konsum führt zur Sucht und kann auch tödlich sein. Alkohol ist die in unserer Gesellschaft am weitesten verbreitete Droge.

Gewinnung

Trinkalkohol wird durch die Vergärung bzw. Destillation verschiedener Grundstoffe gewonnen. Unter anderem werden Getreide, Früchte und Zuckerrohr zu seiner Herstellung verwendet. Der Alkoholanteil der daraus entstehenden Getränke ist dabei unterschiedlich.

Die wichtigsten Arten von Alkohol	
Ethanol (Weingeist)	▪ Farblose Flüssigkeit mit brennendem Geschmack. ▪ Es verbrennt mit bläulicher Flamme zu Kohlendioxid und Wasser; Flammpunkt: 12 °C; Siedepunkt: 78,3 °C; ▪ Ist mit Wasser beliebig mischbar.
Methanol	▪ Äußerst giftig; in großen Mengen führt es zu Erblindung und Tod. ▪ Es wirkt berauschend.
Glycerin (3-wertiger Alkohol)	▪ Farblos, süß und ungiftig. ▪ Es ist mit Wasser beliebig mischbar; es setzt den Gefrierpunkt des Wassers herab; Destillation bei 290 °C.
Sorbit (6-wertiger Alkohol)	▪ Süß; kommt in Birnen, Äpfeln, Zwetschken und Früchten der Vogelbeere vor.
Mannit (6-wertiger Alkohol)	▪ Süß; kommt u. a. in Algen und Pilzen vor. ▪ Wird aus Fruktose durch Hydrierung gewonnen. ▪ In der Weinherstellung gilt der Mannitstich als Weinfehler.
Butandiol (2-wertiger Alkohol)	▪ Wird meist als Ersatz für Glycerin verwendet. ▪ Dient als Lösungsmittel für Farben, als Ausgangsstoff für die Herstellung von Kunststoffen und wird als Zusatz in Toilettenartikeln verwendet.

Bedeutung des Alkohols für die Ernährung

Energiegehalt
Der Alkohol, der ins Blut aufgenommen wird, kommt in die Leber: dort wird er unter Energiegewinnung abgebaut oder zu Fett umgewandelt. Wenn die Leber den Alkohol nicht sofort verarbeiten kann, verteilt sich der Alkohol mit dem Blut im gesamten Organismus.

Blutalkohol (gemessen in Promille)
- In 12 Stunden wird ein Promille (1 ‰) Blutalkohol im Körper abgebaut.
- Kaffee setzt den Blutalkohol nicht herab – er hat eine kreislaufanregende Wirkung!

Wirkung des Alkohols

Alkohol in geringen Mengen erzeugt eine gehobene Stimmung, gesteigerte Kontaktfreudigkeit, Verlust von Hemmungen sowie verzögertes Reaktionsvermögen.

Nach der Einnahme gelangt der Alkohol durch die Magen- und Dünndarmwand ins Blut und von dort in den ganzen Körper. So auch in die Nerven- und Hirnzellen, wo er in kleinen Mengen anregend, in größeren Mengen dagegen narkotisierend wirkt. Bei mäßigem Genuss ist der größte Teil des Alkohols nach 6–8 Stunden vom Körper verarbeitet oder ausgeschieden. Schwere Trunkenheit entspricht etwa einem Blutalkoholgehalt von zwei bis drei Promille. Nach Einnahme großer Dosen geht schließlich das Bewusstsein und die Schmerzempfindlichkeit verloren.

Blutalkoholkonzentration und ihre Folgen
- Bei 0,5 ‰ spricht man vom „Schwips" – ab dieser Blutalkoholkonzentration besteht ein gesetzliches Fahrverbot, da Konzentration und Kritikfähigkeit herabgesetzt sind.
- Bei 1,0 ‰ treten Sprechschwierigkeiten auf.
- Bei 2,0 ‰ kommt es zum Torkeln – Rauschzustand.
- Bei 3,0 ‰ tritt Bewusstlosigkeit auf – bis zur Atemlähmung und zum Tod.

Die Blutalkoholkonzentration ist von mehreren Faktoren abhängig:
- von der aufgenommenen Alkoholmenge,
- von der gleichzeitig aufgenommenen Nahrung,
- von Geschlecht, Körpergewicht, Lebensalter und Gesundheitszustand,
- von der Geschwindigkeit des Stoffwechsels: Es ist unterschiedlich, wie schnell der Körper den aufgenommenen Alkohol wieder ausscheiden kann.

Bei der Einnahme von Medikamenten wie Psychopharmaka, Schlafmitteln, Schmerzmitteln und der Antibabypille können schon kleine Alkoholmengen zu Vergiftungen führen.

Die tödliche oder akut schädliche Dosis hängt vom Alter und von der Gewöhnung ab. Ein Kind kann nach Einnahme von zwei Esslöffeln Branntwein, ein Erwachsener nach 500 bis 750 ml Branntwein sterben. Außerdem sind alkoholische Getränke umso schädlicher, je höher ihr Alkoholgehalt ist. Branntwein schadet also mehr als Bier (bei gleichen Mengen). Hinzu kommt, dass der Abbau von Alkohol im menschlichen Körper durch Begleitstoffe wie Fuselöle und Ester verzögert wird.

Alkoholmissbrauch

Symptome von Trunkenheit
Körperliche Symptome
Drehschwindel, Übelkeit, Erbrechen, Durchfall, Schwäche, Muskelkrämpfe, Kopfschmerzen, unregelmäßiger Puls

Psychische Symptome
- Eine tendenzielle Überschätzung der Leistungsfähigkeit
- Bewegungsdrang, gesteigerter Leichtsinn und Sorglosigkeit
- Abnehmen des Verantwortungsgefühls
- Ethisch-moralische Hemmungen weichen einer gesteigerten Risikobereitschaft
- Abnahme der Selbstkontrolle bei bereits geringen Mengen von Alkohol

Nachhaltige Schädigungen
Von den Wirkungen des Alkohols ist vor allem das Gehirn betroffen. Es kommt zu Beeinträchtigungen des Sehvermögens, des Gleichgewichtssinns und des Reaktionsvermögens. Weiters führt erhöhter Konsum zu Magen- und Bauchspeicheldrüsenentzündungen, Leberzirrhose, Nervenschäden, Blutbildveränderungen, Augenerkrankungen, Zittern, Schlafstörungen (narkoseähnlicher Zustand) und Impotenz bis hin zu Langzeitschäden wie Wesensveränderungen, Psychosen und Halluzinationen.

Wann spricht man von Alkoholismus?
Der Begriff Alkoholiker wird im Volksmund ungenau verwendet: Zum einen ist es die Bezeichnung für jemanden, der aus medizinischer Sicht alkoholkrank ist, zum anderen werden allgemein damit häufig Menschen bezeichnet, die durch ihren auffällig starken Alkoholkonsum Probleme für sich und andere verursachen.

Warnzeichen
Bei folgenden Warnzeichen sollte ein Arzt/eine Ärztin aufgesucht werden:
- Wenn ich trinke, um Probleme zu vergessen – um Problemen auszuweichen.
- Wenn ich Entzugserscheinungen erkenne.
- Wenn ich während einer Schwangerschaft das Verlangen habe, Alkohol zu trinken.

Wussten Sie, dass ...
pro Stunde und pro Kilogramm Körpergewicht bei einem Mann nur 0,1 g Alkohol und bei einer Frau sogar etwa 15 % weniger abgebaut werden? Das bedeutet, dass ein Mann mit 70 kg Körpergewicht in der Stunde ca. 7 g Alkohol (entspricht rund 0,25 Liter Leichtbier) abbaut.

! Alkoholkonsum in der Schwangerschaft birgt ein hohes Risiko für ein vermindertes Geburtsgewicht und Missbildungen des Babys.

Vorsicht bei Designerdrinks!
Diese Trinkmischungen weisen generell einen hohen Alkoholanteil auf und schmecken nach süßen Früchten oder sie werden bearbeitet, um den Alkoholgeschmack zu entfernen. Dadurch werden diese Produkte speziell für junge Menschen, die den Alkoholgeschmack entweder nicht kennen oder nicht mögen, wohlschmeckender.

! Eine persönliche Beratung bei Alkoholproblemen findet man bei regionalen Suchtberatungsstellen. Weitere Informationen finden Sie unter:

www.spassmitmass.at
www.anonyme-alkoholiker.de
www.nachdenkenstattnachschenken.at
www.praevention.at

Allgemeine Getränkekunde

> 👉 **Wussten Sie, dass ...**
> Bier etwa 2 bis 6 %, Wein und Sekt 7 bis 13 %, Südwein 15 bis 17 %, Liköre 30 bis 35 %, Schnäpse ca. 45 % und Rum 40 bis 80 % Alkohol enthalten?

> 👉 **Wussten Sie, dass ...**
> Alkohol in der Leber nach und nach zu Essigsäure abgebaut wird?

CAGE-Test – Fragen zur Diagnostik der Alkoholkrankheit	
Eine kleine Hilfe, um abzuklären, ob der Alkoholkonsum bereits Probleme verursacht, können dabei die sogenannten CAGE-Fragen sein. Wenn mindestens zwei davon mit Ja beantwortet werden, besteht eine rund 80-prozentige Wahrscheinlichkeit, dass ein Alkoholproblem vorliegt.	
Cut down	Haben Sie schon (erfolglos) versucht, Ihren Alkoholkonsum zu reduzieren?
Annoyed by criticism	Ärgern Sie sich über kritische Bemerkungen Ihrer Umgebung wegen Ihres Alkoholkonsums?
Guilt feelings	Haben Sie Schuldgefühle wegen Ihres Trinkens?
Eye opener	Brauchen Sie morgens Alkohol, um erst richtig leistungsfähig zu werden?

Nachdenken statt Nachschenken

Auf den Punkt gebracht

Alkoholrausch ist die Folge einer sehr hohen Promillekonzentration im Blut. Sie entsteht, wenn:
- sehr schnell getrunken wird,
- getrunken wird, ohne etwas gegessen zu haben,
- gesüßte alkoholische Getränke konsumiert werden,
- Alkoholika in Verbindung mit koffeinhaltigen Getränken (Kaffee, Red Bull) konsumiert werden,
- verschiedene Alkoholsorten zu sich genommen werden und wenn
- zu große Mengen getrunken werden!

Folgende **Risiken** entstehen bei missbräuchlicher Verwendung von Alkohol:
- Alkoholvergiftung
- Bei regelmäßigem langjährigen Gebrauch wirkt Alkohol Sucht auslösend
- Schädigung innerer Organe
- Beeinträchtigung der Gehirnfunktion und des Nervensystems
- Persönlichkeitsverändernd
- Nachlassen der Konzentrations- und Gedächtnisleistung
- Im fortgeschrittenen Stadium entstehen Wahnvorstellungen und Delirien

3.2 Bier

> Bier ist ein aus natürlichen Rohstoffen erzeugtes Nahrungs- und Genussmittel.
>
> Der **Codex Alimentarius Austriacus** (österreichisches Lebensmittelbuch) definiert Bier wie folgt: „Bier ist ein aus Cerealien (Getreide), Hopfen und Wasser durch Maischen und Kochen hergestelltes, durch Hefe vergorenes alkoholisches und kohlensäurehaltiges Getränk".

> 💡 Das Wort Bier kann vom altdeutschen Wort „bior" (das Gebraute), „bere" (Gerste) oder aus dem Mönchslatein des 6. Jh. „biber" (Trunk) abgeleitet werden.
> „Brace" hieß das Malz bei den Galliern. Daraus entstand „brasseur" (Brauer) und vielleicht das deutsche Wort brauen.

Geschichtliche Entwicklung

Das Bier ist so alt wie die Kulturgeschichte der Menschheit und dürfte durch Zufall beim Brotbacken entdeckt worden sein. Getreide oder Brot wurde feucht und begann zu gären. Die Grundsubstanz des Bieres war die Urgerste, eine der ältesten Getreidesorten überhaupt.

Um ca. 3000 v. Chr. benutzten die Sumerer das Getreide neben dem Brotbacken auch zum Bierbrauen. Von Babylonien verbreitete sich die Kunst des Bierbrauens weiter nach Ägypten. Hier war das Bier ein echtes Volksgetränk. Die Griechen brauten bereits ein Starkbier namens „Di-Zythos" (Doppelbier). Die Römer lernten das Bier auf ihren Eroberungszügen im Mittelmeerraum kennen. Gallien, das heutige Frankreich, hat sich als römische Provinz nach und nach zu einer Hochburg des Bieres entwickelt.

800 v. Chr. wurde auch von den Germanen Bier gebraut, gehandelt und getrunken. Sie brauten das Bier aus Gerste, Weizen und Hirse und verliehen ihm besondere Geschmacksnoten mit Myrte, Eschenlaub und Eichenrinde. Bis ins Mittelalter wurde auf einfache Weise Bier gebraut. Man verwendete als Würze vorwiegend Beeren und Kräuter. Erst die Verwendung von Hopfen als Bierwürze durch die Mönche des Mittelalters machte das Bier zu dem, was es heute ist. Der Hopfen gab dem Bier ein neues Aroma und war außerdem ein natürliches Konservierungsmittel.

Durch klimatische Veränderungen trat der Gersteanbau immer mehr in den Hintergrund und der Weinanbau wurde verstärkt betrieben. Im Jahre 1437 wurde jedoch fast die ganze Weinernte durch einen Kälteeinbruch vernichtet. Die daraus folgende Weinknappheit und der Preisanstieg rückten das Bier wieder in den Vordergrund.

Österreich

Im 6. und 7. Jh. wurden bereits in der Gegend um Oberösterreich und Salzburg einfache Biere für den Eigenbedarf gebraut. Es gibt eine Reihe von kleineren Brauereien, die aus dem 13. bis 15. Jh. stammen. 1840 gründete Anton Dreher eine Brauerei in Schwechat. Er schuf, nachdem Carl von Linde 1876 die Kühlmaschine erfunden hatte, einen neuen Typus: das **Lagerbier Wiener Art,** ein untergäriges Lagerbier, das Weltruhm erlangte.

Das Reinheitsgebot

1487 war der Münchner Herzog Albrecht IV. gezwungen, das Reinheitsgebot zur Bierherstellung zu erlassen. Dieses Gesetz legte fest, dass zur Herstellung von Bier nur Gerste oder Gerstenmalz, Hopfen und Wasser verwendet werden dürfen. Albrechts Sohn Wilhelm IV. ließ 1516 auf dem Landtag zu Ingolstadt dieses Reinheitsgebot beschließen.

Rohstoffe

Bier wird aus natürlichen Rohstoffen hergestellt.

Wasser (Guss)

Die Qualität des Wassers hat großen Einfluss auf den Charakter und die Güte des Bieres. Entscheidend sind: die Reinheit, der Härtegrad und der Gehalt an Salzen und Mineralstoffen.

Gerste (Schüttung)

Farbe, Kraft und Geschmack werden vor allem vom Malz bestimmt. Malz wird aus dem Braugetreide gewonnen. Verwendung findet die hochwertige zweizeilige Sommergerste. Diese Gerste hat einen hohen Anteil an Stärke, enthält wenig Eiweiß und ist sehr keimfähig.

Hopfen (Gabe)

Der Hopfen gilt als die geschmacksgebende „Seele des Bieres". Die Wirkstoffe des Hopfens sind die sogenannten Lupulin-Körner. Sie geben dem Bier das feine Aroma, erhöhen die Haltbarkeit, stabilisieren den Schaum und haben antiseptische Wirkung. Hopfen wird nach der Ernte entweder getrocknet, gefriergetrocknet oder zu Extrakten verarbeitet.

Hefe (Zeug)

Um aus einer zuckerhaltigen Lösung (im Bier ist dies die Bierwürze) ein alkoholisches Getränk herzustellen, bedarf es der alkoholischen Gärung, die durch durch die spezielle Reinzucht-Bierhefe bewirkt wird. In der Brauerei wird zwischen zwei Hefearten unterschieden, der **untergärigen Hefe** und der **obergärigen Hefe.** Sie wandeln den im Sudhaus gewonnenen Malzzucker in Alkohol und Kohlensäure um.

Weihenstephan – ÄLTESTE BRAUEREI DER WELT

Mitte des 9. Jh. war die Reichsabtei St. Gallen das erste große Braukloster mit drei Brauhäusern. Die ehemalige Klosterbrauerei und heutige Bayrische Staatsbrauerei Weihenstephan gilt als „die erste gewerbliche Brauerei der Welt".

☞ **Wussten Sie, dass ...**
die Stieglbrauerei bereits 1492 als eine der ersten Brauereien Österreichs in Salzburg gegründet wurde?

☞ **Wussten Sie, dass ...**
das Reinheitsgebot das älteste Lebensmittelgesetz der Welt ist?

Gerste

☞ **Wussten Sie, dass ...**
für Bier nur die weiblichen unbefruchteten Blütenstände (Dolden) des Hopfens verwendet werden?

Blütenstände des Hopfens

Allgemeine Getränkekunde

Biererzeugung

Malzproduktion (Mälzen)
- Das Getreide wird maschinell gereinigt und von den Grannen befreit.
- Anschließend wird es in Wasser eingeweicht – es erreicht dadurch in ein bis zwei Tagen 40 % bis 45 % Wassergehalt.
- In Keimkästen treibt die Gerste in fünf bis sieben Tagen an und wird dabei mit Enzymen (Diastase) angereichert, die später für die Verzuckerung notwendig sind.
- Die ausgetriebene Gerste wird als **Grünmalz** bezeichnet.
- Wenn der Keimprozess abgeschlossen ist, kommt das Malz auf die Darre (Trockenboden).
- In der Darre wird das Grünmalz bei verschiedenen Temperaturen getrocknet bzw. gedarrt und dabei zu hellem oder dunklem Malz verarbeitet. Dauer und Temperatur beim Darren nehmen Einfluss auf die spätere Farbe des Bieres und den Biertyp.
- Das fertige **Darrmalz** ist dank des geringen Feuchtigkeitsgehaltes (3 bis 4 % Wassergehalt) gut lagerbar, wobei die Enzyme erhalten bleiben.
- Das Malz wird geputzt und entstaubt und so für die Bierherstellung vorbereitet.

Maischvorgang
- Das vermälzte Getreide wird zunächst geschrotet, um die Inhaltsstoffe für die Auslaugung besser vorzubereiten. Danach wird es mit Brauwasser vermengt.
- In der Maischpfanne wird die sogenannte **Maische**, der Malzbrei, langsam auf Temperatur gebracht. Dadurch laugt das Malzschrot aus.
- Die Enzyme wandeln die gelöste Stärke in Malzzucker um. Gleichzeitig wird Eiweiß teilweise abgebaut.
  - Ab ca. 35 °C beginnt der Abbau von Eiweiß.
  - Ab ca. 70 °C erfolgt die Umwandlung von Stärke in vergärbaren Malzzucker.

Läutervorgang (Läutern)
- Im Läuterbottich setzen sich die unlöslichen Bestandteile **(Treber)** am Boden ab. Die übrig gebliebene Flüssigkeit bezeichnet man als **Bierwürze**.
- Die **Bierwürze** wird von den Trebern grob gefiltert und kommt anschließend in die Würze- bzw. **Sudpfanne**.

Kochprozess (Würzekochen, Brauen)
- Bei 100 °C werden die Enzyme zerstört und die Würze wird sterilisiert.
- Eiweißbestandteile werden ausgeschieden.
- Während des ein- bis eineinhalbstündigen Kochens erfolgt in mehreren Schritten die Beigabe von Hopfen.

Hopfenbeigabe
- Welche Menge von Hopfen beigegeben wird (150 g/hl bis 450 g/hl), hängt von der Biersorte ab, die gebraut wird.
- Durch das Kochen werden die Aroma- und Bitterstoffe des Hopfens gelöst und die Würze keimfrei gemacht. Dies bewirkt beim fertigen Bier den zartbitteren Geschmack.
- Durch das Verdampfen des Wassers entsteht die gewünschte **Stammwürze**.

Kühlprozess
Im **Whirlpool** wird die heiße Würze von den Eiweißbestandteilen bzw. Hopfenrückständen getrennt und gleichzeitig je nach Gärart auf 5 bis 20 °C abgekühlt.

Gärprozess
- In Gärbottichen oder Gärtanks wird durch Zugabe der Reinzucht-Bierhefe (Anstellen) der Malzzucker der Stammwürze in Alkohol und Kohlensäure umgewandelt.
- Mit **untergäriger Hefe** wird die Hauptgärung in 7 bis 12 Tagen bei einer Temperatur von 5 bis 9 °C durchgeführt. Die Gärung verläuft ruhig und langsam. Die Hefe setzt sich am Ende der Gärzeit am Boden des Gärbehälters ab – **untergäriges Bier**.
- Mit **obergäriger Hefe** wird die Hauptgärung in wenigen Tagen (4 bis 6 Tage) bei einer Temperatur von 12 bis 22 °C durchgeführt. Die Gärung verläuft stürmisch und rasch. Die Hefe sammelt sich während der Gärzeit an der Oberfläche – **obergäriges Bier**.
- Nach der Gärung ist das **Jungbier** entstanden, das nun reifen muss.

☞ **Wussten Sie, dass ...**
im Jahr 2009 der Pro-Kopf-Verbrauch von Bier in Österreich bei ca. 109 Litern lag? Damit ist Bier der beliebteste Durstlöscher in Österreich.

Grünmalz

☞ **Wussten Sie, dass ...**
die meisten Brauereien das fertige Malz zukaufen?

💡 Als **Läutern** bezeichnet man in der Brauerei jenen Prozess, bei dem die festen Bestandteile von den gelösten getrennt werden.

Sudpfannen

☞ **Wussten Sie, dass ...**
die Stammwürze die Basis für den Alkoholgehalt ist?

Grundsätzlich gilt: je höher die Stammwürze, desto höher ist auch der Alkoholgehalt.

Mit folgender Formel wird der Alkoholgehalt aus den Extraktgraden errechnet:

Extraktgrade : 2,4 = Alkoholgehalt.

Beispiel: 12° Stammwürze : 2,4 = 5 Vol.-% Alkohol.

Reifung und Lagerung

Während der Reifung gärt das Jungbier (**stille Gärung**) nach, klärt sich, die Gärungskohlensäure bindet sich und der Geschmack wird abgerundet. Die weitere Lagerung bewirkt saubere Bieraromen.

- **Untergäriges Bier:** Nach der Hauptgärung wird das fertige Jungbier zur Nachgärung – stille Gärung – und Reifung in den Lagerkellern bei etwa –1 bis +2 °C eingelagert. In geschlossenen Behältern bei einem Überdruck von 0,5 bar kann das 6 bis 18 Wochen dauern.
- **Obergäriges Bier:** Die stille Gärung fällt vielfach weg oder findet in Tanks, Transportfässern oder wegen des CO_2-Drucks in dickwandigen Flaschen statt.

Filtration

Durch die Filtration über Entkeimungsschichtenfilter oder Kieselgurfilter erhält das Bier seine klare Farbe, es wird „blank".

- Zwickelbiere werden nicht gefiltert.
- Hefetrübe Biere werden nur grob gefiltert.

Abfüllung

Wenn das Bier die sensorischen, optischen, mikrobiologischen und chemischen Überprüfungen bestanden hat, kommt es zur Abfüllung. Sie erfolgt vollautomatisch und unter Gegendruck schaumfrei. Es kann weder Bier noch Kohlensäure verloren gehen.

Abgefüllt wird

- in Flaschen zu 0,5 l, 0,3 l oder in Sondergrößen
- in Dosen zu 0,5 l, 0,3 l oder in Sondergrößen
- in Edelstahlfässern zu 25 l oder 50 l
- in Kugeltanks: Dabei wird das Bier von der Brauerei mit dem Tankwagen geliefert und in den Kugeltank, der mit einer Kunststoffhülle ausgelegt ist, gepumpt. Zum Zapfen wird die Kohlensäure zwischen Kunststoff und Metalltank gepresst.
- in Holzfässer, die aber nur mehr zu besonderen Anlässen verwendet werden.

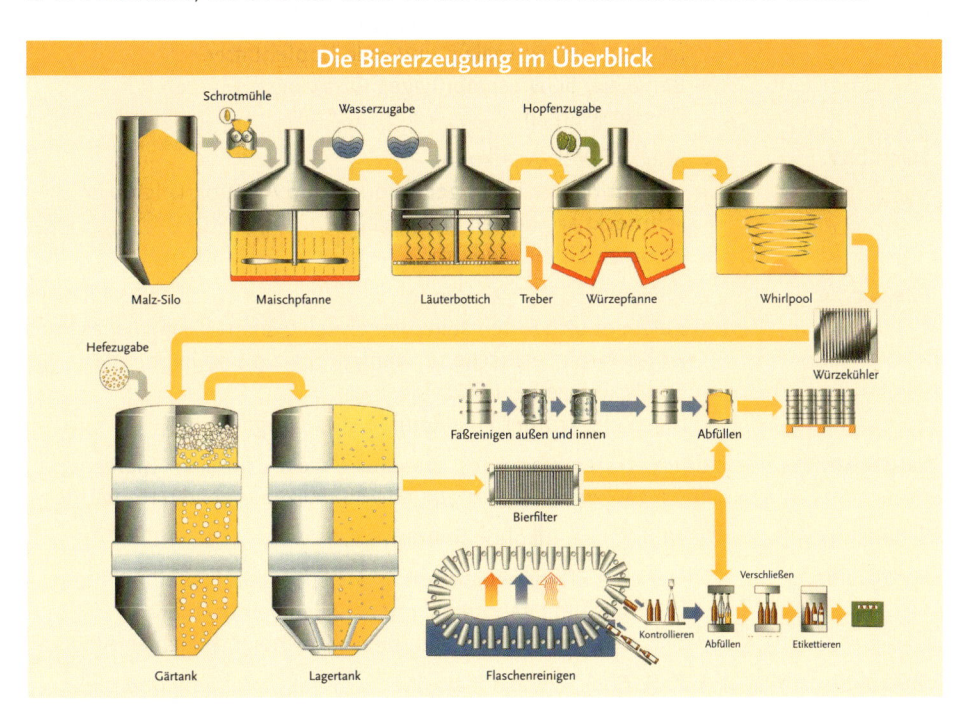

Die Biererzeugung im Überblick

Bier ist nicht gleich Bier

Die **Bierarten** werden nach verschiedenen Kriterien eingeteilt:

Nach der Getreideart

- Gerstenbier
- Weizenbier (mind. 50 % Weizenmalz)

Gärtanks

Wussten Sie, dass ...
es neben dem ober- und untergärigen Gärverfahren noch ein drittes Gärverfahren gibt? Die sogenannte **spontane Gärung** wird in Belgien zur Herstellung des Lambic-Bieres angewandt. Weitere Varianten sind Kriek oder Geuze. Hier lösen wilde Hefen in dem besonderen Klima die Gärung aus.

Die oft verwendete Bezeichnung **„KEG"** kommt aus dem Englischen und heißt „kleines Fässchen".

Alljährlich organisieren verschiedene Brauereien einen Schul-Bierzapfwettbewerb. Stellen Sie sich der Herausforderung „Bierzapf-Kaiser" zu werden.

Clemens Zmeskal (auch Assistent beim Bierbrauen „Learning by doing") bei der Wiener Landesausscheidung des Kaiser Bierzapfwettbewerbes 2008.

Unter dem Titel „Bierbrauen – Learning by doing" haben wir für Sie eine Anleitung zum Selberbrauen eines Bieres erstellt: www.trauner.at/download/Jungsommeliers.

Allgemeine Getränkekunde

💡 Das Bier wird in einzelne Bierfamilien eingeteilt:
- **Untergärige Biere:** Lager, Wiener, Märzen, Münchner, Bock, Doppelbock, Rauchbier
- **Obergärige Biere:** Ale, Altbiere, Weizenbiere, Porter und Stout
- **Spontane Gärung:** Lambicfamilie (z. B. Früchtebier: Kriek Kirschen oder Himbeere)

Nach der Farbe
Durch unterschiedliches Darren des Malzes ergibt sich
- **helles Bier:** Abhängig von der Sorte reicht die Farbe von hellgelb über gelb zum kräftigen Bernsteinton bis hin zur Kupferfarbe, und
- **dunkles Bier:** Die dunkle Farbe wird durch den Zusatz von Farbmalz erreicht.

Nach der Gärart
Je nach Hefestamm unterscheidet man **untergäriges** und **obergäriges** Bier.

Nach dem Extrakt- und Alkoholgehalt
1 g Stammwürze entspricht 1 g Extrakt in 100 g unvergorener Würze.

Biere von A – Z

Biersorten	Charakteristika
Alkoholarmes Bier	Max. 1,9 Vol.-% Alkohol
Alkoholfreies Bier (Malzlimonade)	■ Max. 0,5 Vol.-% Alkohol ■ Für alkoholfreies Bier wird – wie für Bier – im Sudhaus Bierwürze gebraut, es wird aber entweder ohne Gärung gereift oder es wird dem fertigen Bier der Alkohol wieder entzogen. ■ Beispiele: Birell, Null Komma Josef, Schlossgold
Dunkles Bier	■ Vollmundig und schwach gehopft. ■ Beispiele: Zwettler Dunkles, Ottakringer Dunkles
Eisbier	■ Helles, durch ein besonderes Brauverfahren hergestelltes untergäriges Bier; es hat einen milden, frischen Geschmack. ■ Bei der Herstellung wird im Lagertank bei Temperaturen unter 0° C aus bereits fertigem Bier Wasser ausgefroren, wodurch die Inhaltsstoffe des Bieres konzentriert werden.
Lager- oder Märzenbier	■ Österreichische Bezeichnung für das landestypische, hellgelbe untergärige Vollbier. Es hat mindestens 11° Stammwürze, ist ausgewogen malzig und mild hopfenbitter. ■ Beispiele: Schwechater Lager, Ottakringer Märzen, Gösser Märzen
Leichtbier	■ Max. 3,7 Vol.-% Alkohol ■ Ist sehr hell, hat weniger Kalorien und Alkohol. Leichtbier schmeckt am besten stark gekühlt. ■ Beispiel: Zipfer Medium
Pilsbier	■ Etwa 4 bis 5 Vol.-% Alkohol ■ Zeichnet sich durch sein intensives Hopfenaroma aus; es ist hellfarbig, erfrischend, weniger malzig und liegt in der Stammwürze bei mind. 11°. ■ Beispiele: Trumer Pils, Reininghaus Jahrgangspils
Rauchbier	Untergäriges Bier; zur Herstellung dieses dunklen Bieres wird Malz verwendet, das im Rauch von Holzspänen gedarrt wurde.
Schankbier	Ca. 4,3 Vol.-% Alkohol; Stammwürze zwischen 9° und 11°
Spezialbier	■ Hat eine Stammwürze von 12,5°; Spezialbier ist ein kräftiges, würziges, fein gehopftes, meist hellgelbes Vollbier. ■ Beispiele: Alt, Kölsch, Weißbier, Weizenbier, Malzbier, Ale
Starkbier	■ Z. B. Bock, Doppelbock: über 6,25 Vol.-% Alkohol und mehr, ist ein vorwiegend zur Saison (Fastenzeiten des Kirchenjahres) gebrautes und sehr lange gereiftes Starkbier mit einer Stammwürze von mindestens 16°. Es ist bernsteinfarben, ausgeprägt vollmundig, würzig und fein gehopft. Für Biere mit mehr als 18° Stammwürze ist auch die Bezeichnung Doppelbock gebräuchlich, ebenso gibt es saisonale Bezeichnungen. ■ Beispiele für untergärige Biere: Gösser Osterbock, Ottakringer Weihnachtsbock, Zipfer Stefanibock, Villacher Festbock ■ Beispiele für obergärige Biere: Porter, Weizenbock, Weizendoppelbock

👉 Finden Sie heraus, in welchen Ländern die oben angeführten Biere aus den Bierfamilien angeboten werden und finden sie einige bekannte Biermarken dazu. Starten Sie in der Gruppe eine Bierverkostung mit unterschiedlichen Spezialbieren.

Beispiel für eine Verkostungsliste

Biersorte	Stammwürze	Vol % Alkohol	Land
01 Null Komma Josef - alkoholfrei		0,01	AUT
02 Schwechater Zwickl			
03 Märzen			
04 Pils			
05 Hirter privat		5,2	AUT
06 Hirter Morchel		5,0	AUT
07 Zipfer medium		3,4	AUT
08 Zipfer Bock		7,1	AUT
09 Weihenstephan hefetrüb		5,4	GER
10 Schremser Roggenbier		4,7	AUT
11 New Castle Brown Ale		4,7	GB
12 Chocolate Stout		5,2	GB
13 Foster's Molson Ice		5,0	CAN
14 Corona Extra Cerveza mas fina	11,3	4,6	MEX
15 Guinness	12,1	5,1	IRL
16 Adelscott Frankreich	16	6,6	FRA
17 EKU 28	28	11	GER
18 Samichlaus Bier 1992	27,6	14	AUT
19 Framboise Mort subite Lambic		4,5	BE
20 Chimay Grand Reserve 9% 199.	19,6	9	BE

👉 **Wussten Sie, dass ...** der Name „Bock" nicht vom gleichnamigen Tier stammt? Das Bockbier bekam seinen Namen von der deutschen Stadt Einbeck in Niedersachsen. Hier wurde das Bier besonders stark eingebraut und bis weit über die Grenzen bekannt. Die bayerische Aussprache machte aus dem „Ainpökhischen Bier" schließlich „a Bockbier".

3 Alkoholische Getränke

Vollbier	<ul><li>Ca. 5 Vol.-% Alkohol und mehr</li><li>Ist jedes Bier, das mindestens 11° Stammwürze hat. Als Vollbier wird es meistens nur dann deklariert, wenn es nicht einem bestimmten Biertyp zuzuordnen ist. Das trifft vor allem für jene in Österreich verbreiteten Premium-Biere zu, die etwa 12,5° Stammwürze haben, aber von der Charakteristik kein Märzen-, Pils- oder Weizenbier sind.</li><li>Beispiele: Kaiser Premium, Ottakringer Helles</li></ul>
Weizenbier (Weißbier)	<ul><li>4,5 bis 5,5 Vol.-% Alkohol; es ist das gängigste obergärige Bier in Österreich mit einer Stammwürze von üblicherweise 11° bis 13° (andere vereinzelt gebraute obergärige Sorten sind Alt oder Stout). Das für Weizenbier verwendete Malz muss zumindest zu 50 % aus Weizen hergestellt werden.</li><li>Weizenbiere sind erfrischend spritzig und kohlensäurereich, aber wenig bitter, weil sie schwächer gehopft sind. Ihre Farbe reicht von sehr hell bis schwarz, wobei dunkle Weizenbiere meist hefetrüb angeboten werden.</li><li>Beispiele: Edelweiß, Berliner Weiße</li></ul>
Zwickl/Kellerbier	<ul><li>Sehr vollmundiges Bier; es ist unfiltriert und daher trüb aufgrund der enthaltenen Hefe und Eiweißstoffe.</li><li>Beispiele: Paracelsus Zwickl, Zwettler Zwickl</li></ul>

Verschiedene Bockbiere aus Österreich

Brauereien

Bekannte Brauereien in Österreich

Ottakringer (Wien), Egger (NÖ), Zwettler (NÖ), Schremser (NÖ), Hubertus-Bräu (NÖ), Reininghaus (Stmk.), Gösser (Stmk.), Puntigamer (Stmk.), Villacher (K), Hirter (K), Grieskirchner (OÖ), Freistädter (OÖ), Trumer (Sbg.), Stieglbrauerei (Sbg.), Augustiner-Bräu (Sbg.), Bürgerbräu (T), Fohrenburg (Vbg.), Mohrenbrauerei (Vbg.)

Ausländische Brauereien (Auswahl)

- Deutschland: Beck's, Dortmunder, Paulaner, Pschorr-Bräu, Spatenbräu, Warsteiner etc.
- Tschechien: Budvar (Budweiser), Pizensky Prazdroj (Pilsner Urquell)
- Italien: Dreher, Forst, Moretti
- Holland: Amstel, Heineken
- Irland: Guinness

Wussten Sie, dass ... der Name Zwicklbier vom sogenannten „Zwickel", dem Probierhahn an den Lagerfässern abgeleitet ist? Von hier aus verkostet der Kellermeister zur Qualitätskontrolle direkt vom Tank.

In den letzten Jahren haben sich einige **Gasthausbrauereien** etabliert, z. B. das Fischer-Bräu (Wien) oder das Thor-Bräu (Oberösterreich).

Typisch englische Biersorten
- **Ale** (helles obergäriges Bier, geringer CO_2-Gehalt)
- **Bitter Ale** (engl. Bezeichnung für stark gehopftes Ale; verschiedene Farbschattierungen, wird meist aus dem Fass ausgeschenkt)
- **Porter** (braunes, leicht süßl. Bier)
- **Stout** (sehr dunkles, starkes Bier, durch den Zusatz von geröstetem Malz)
- **Lager** (leichtestes Bier)

Service (AUF DEM WEG ZUM PROFI)

Zum optimalen Biergenuss gehört auch die Wahl des richtigen Glases. Es gilt folgende Regel: Je malziger ein Bier, desto dickwandiger das Glas, je hopfiger, desto höher und schlanker.

Bier	Glas
Leichtbier	Dünnwandiger Pokal
Pils	Dünnwandige Tulpe oder Pokal, evtl. Stange
Lager/Märzenbier	Becher, Henkelglas
Bockbier	Bauchiges Glas
Doppelbock	Bauchiges Glas, Ballonglas
Weizenbier	Weizenbierglas
Kölsch	Stange (schmales zylindrisches Glas mit 0,2 l Inhalt)
Alt	Altbierbecher
Ale, Stout	Becher
Gueuze	Becher
Kriek	Ballonglas oder Schwenker

Zu einem gepflegten Service gehört eine gepflegte Bierkultur.

Allgemeine Getränkekunde

> **Wussten Sie, dass ...**
> im Jahr 2008 in Österreich 173 heimische Braustätten (inkl. 104 Gasthaus- und Hausbrauereien) mit mehr als 600 verschiedenen Bieren einen Ausstoß von gesamt 9 Millionen Hektoliter produziert haben?

AUF DEM WEG ZUM PROFI

Bierglaspflege
- Nach dem Spülvorgang die Gläser auf einem Rost abtropfen (trocknen) lassen.
- Vor dem Zapfen die Gläser mit kaltem Wasser spülen.
- Niemals auf feuchte Reinigungstücher stürzen (Keimbildung!)

Bierausschank
- Beim Einschenken das Glas grundsätzlich schräg halten.
- Zunächst nur zu einem Drittel voll einschenken und etwa 1 Minute warten, bis der Schaum eine kompakte Form angenommen hat.
- Vollschenken und warten, bis der zweite Schaumring kompakt ist.
- Zum Schluss den dritten Schaumring aufsetzen, der erst zur richtigen Haube führt.
- Der Einschenkvorgang kann bis zu drei Minuten dauern.
- Die ideale Trinktemperatur liegt – je nach Bierart – zwischen 6 und 12 °C.
- Dieselben Zapfregeln gelten im Prinzip auch für Flaschenbier.

Maß	Henkelglas	Bierbecher	Biertulpe	Bierstange

Weizenbierglas	Bierschale	Bierschwenker	Altbierbecher	Bierpokal

Richtig gezapftes Bier ist ein Genuss

Auf einen Blick
- Vor dem Einschenken muss das Bierglas gründlich mit der Gläserdusche gespült werden. Auf diese Weise wird das Glas gekühlt und das lästige Schäumen wird verhindert.
- Das Bier sollte auf keinen Fall vorgezapft werden – es verliert seine Kohlensäure und schmeckt schal.
- Immer mehr Gäste bevorzugen ein gepflegtes Glas Bier als Einstieg zu einem guten Essen. Denken Sie daran, wenn Sie nach Aperitifs gefragt werden, auch ein Glas Bier, z. B. ein Pils oder ein kleines Weizenbier, anzubieten.
- Einzelne Biersorten korrespondieren sehr gut mit verschiedenen Speisen. Machen Sie Ihre Gäste darauf aufmerksam.
- Werfen Sie vor der Verwendung einen prüfenden Blick auf das Bierglas – besonders Lippenstiftreste lösen sich sehr schwer auf.
- Helles Weizenbier wird nur auf ausdrücklichen Wunsch des Gastes mit einer Scheibe Zitrone serviert.

3.3 Schäumende Weine

Als schäumende Weine werden alle kohlensäurehältigen Weiß-, Rosé- und Rotweine sowie Obstweine bezeichnet, die meist durch eine zweite Gärung entstanden sind und einen Mindestdruck von etwa 3 bar aufweisen. Die dafür benötigten Weine nennt man **Sektgrundweine.**

Zu den schäumenden Weinen gehören Champagner, Schaumwein aus erster Gärung, Sekt (Qualitätsschaumwein) und Perlwein.

Geschichtliche Entwicklung

Mit schäumenden Weinen haben sich schon die alten Römer zugeprostet. Um 1540 füllten Benediktinermönche in Limoux im Süden Frankreichs in einem kühlen Herbst absichtlich unvollständig vergorene Weine ab. Sie verkorkten sie mit den damals neu entdeckten Eichenkorken und sicherten die Korken mit Schnüren am Flaschenhals. Im warmen Frühling kam es dann zu einer zweiten Gärung des Weines und die entstandene Kohlensäure war in den Flaschen gefangen. Aber vorerst galt schäumender Wein noch als fehlerhaft und minderwertig.

Dom Pérignon kam 1668 als Kellermeister in die Abtei von Hautsillers in der Champagne. Im Laufe der Jahre erfand er Verfahren und Techniken, um die leicht moussierenden Weine der Champagne zu verfeinern und die zarten Perlen der Kohlensäure haltbar zu machen. 1818 erfand die berühmte Witwe Clicquot gemeinsam mit dem Kellermeister Antoine Müller das **Rüttelpult.** Seither wurde das Rütteln der Flaschen zur Beseitigung des Hefesatzes zur Perfektion gebracht. Seit dem 19. Jahrhundert wurden in Deutschland, Österreich, Italien, Schweiz, Ungarn und Russland ebenfalls große Mengen an Schaumweinen erzeugt.

Die Champagne

Die Champagne ist die am weitesten nördlich gelegene Weinbauregion Frankreichs und liegt südlich der alten Gründungsstadt Reims. Die Schaumweine mit der Bezeichnung Champagner kommen aus dieser gesetzlich geschützten Region, der Champagne.

Sie gliedert sich in **fünf** Weinbaugebiete:
- Montagne de Reims
- Vallée de la Marne
- Côte de Blancs
- Côte de Bar
- Côte de Sezanne

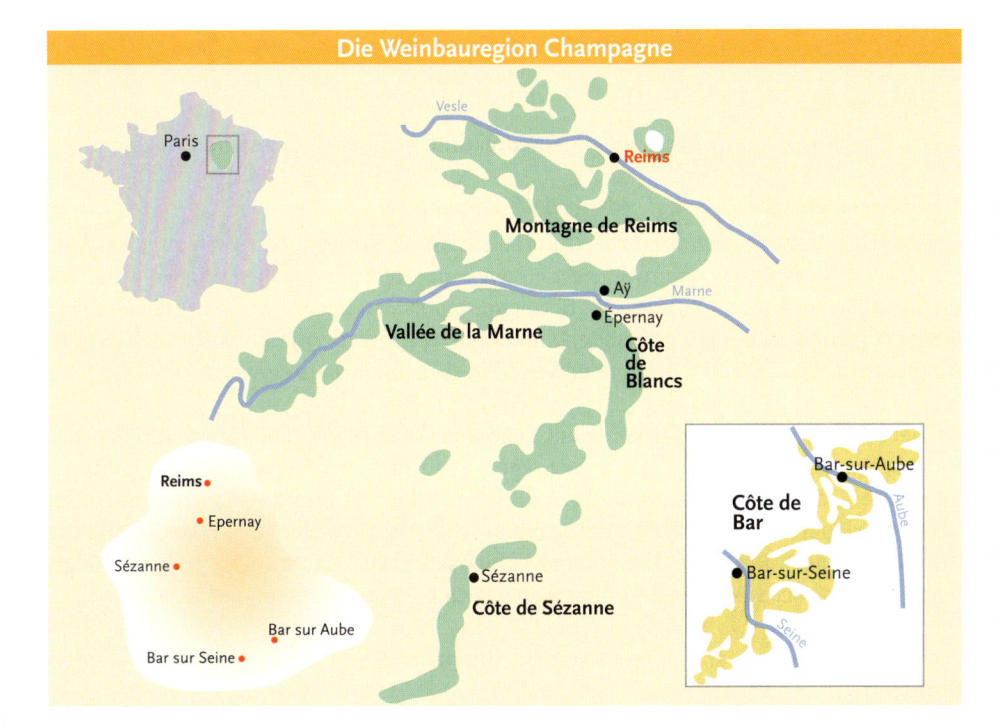

Die Weinbauregion Champagne

Der Crémant de Limoux ist ein mit ca. 11 bis 13 Vol.-% eher mittelgewichtiger Schaumwein der Weinbauregion Languedoc-Roussillon. Als **Crémant** werden Schaumweine mit kontrollierter Herkunftsbezeichnung außerhalb der Champagne bezeichnet, die allerdings nach gleicher Methode wie Champagner hergestellt werden.

Wussten Sie, dass ... das Wort Champagner seit 1919 gesetzlich geschützt ist? Rund um die beiden Städte Reims und Epernay im Norden Frankreichs östlich von Paris gelegen, befindet sich das Produktionsgebiet mit etwa 34 000 Hektar Rebland an stark kreidehaltigen Abhängen.

Weinanbau bei Epernay

Allgemeine Getränkekunde

Der Champagner ist ein moussierender Wein, der aus blauen und weißen Trauben hergestellt wird. Der Champagner darf ausschließlich aus drei Rebsorten hergestellt werden: **Pinot noir, Pinot meunier** und **Chardonnay**. Ausnahmen sind der **Blanc de Blancs** (nur aus weißen Trauben), **Blanc de Noir** (nur aus blauen Trauben) und **Rosé**.

In der Regel ist die sogenannte **Assemblage** üblich, d. h. ein „Verschnitt" (Cuvée) von verschiedenen Jahrgangsweinen. Damit wird ein gleichbleibender Geschmack des Champagners einer bestimmten Marke gewährleistet. Dabei werden die Weine der erlaubten Rebsorten meist auch aus verschiedenen Weinbergen vermischt. Wenn ein Jahrgang besonders gute Eigenschaften aufweist, werden ausschließlich Weine dieses Jahrganges zur Cuvée verschnitten. Es entsteht ein Jahrgangschampagner **(Champagne Millésimé)**. Alle nicht aus dieser Weinbauregion stammenden Schaumweine tragen in Frankreich die Bezeichnung „Vin mousseux".

Schaumweinerzeugung

Schaumweine entstehen aus Jungwein, der gerade seine erste Gärung durchlaufen hat und den man auch als **Stillwein** bezeichnet. Neben der Cuvée der Sektgrundweine ist die zweite Gärung das weitere typische Merkmal beim Schaumwein.

Weinlese

Sie beginnt im September, die Trauben werden von Hand gelesen. In der Champagne wird der Höchstertrag jedes Jahr gesetzlich festgelegt, auch die Traubenpreise werden jährlich bestimmt. Die besten Gemeinden, die sogenannten Grands Crus, erhalten 100 % des festgesetzten Preises. Die Premiers-Crus-Dörfer erzielen 90 bis 99 % und die übrigen Dörfer (Crus) 80 bis 89 % des Preises.

Pressen – Keltern

Gleich nach der Ernte werden die Trauben gepresst. Das Pressen muss nicht nur sacht, sondern auch rasch vor sich gehen.

Erste Gärung

Der Most wird in Holzfässer oder Stahltanks gelagert und es kommt zur ersten Gärung. Der **Grundwein** entsteht.

Cuvéebereitung

Im Frühjahr wird die Cuvée der Grundweine zusammengestellt – durch sorgfältiges Probieren wird die **Cuvéemischung** (Vermählung) festgelegt. Die Kunst des Kellermeisters ist es, eine Cuveé zu bereiten. Es verlangt Talent, Wissen, Erfahrung und vor allem große sensorische Fähigkeiten, da hochwertige Produkte erst nach Jahren ihren Höhepunkt erreichen. Das Mischen erfolgt in Fässern oder Tanks mit Rührwerk.

Zweite Gärung

Aus Wein wird Schaumwein, dabei finden **drei unterschiedliche Verfahren** Anwendung:

Traditionelle Flaschengärung – Méthode champenoise

Der Begriff Methode champenoise wurde bis zum 13. Dezember 1994 von allen Herstellern von Qualitätsschaumwein als Hinweis darauf benutzt, dass ihr Wein mittels Flaschengärung erzeugt wurde. Die Bezeichnung ist von der EU seit 13. Juli 1992 laut Gerichtsbeschluss des Europäischen Gerichtshofes unwiderruflich verboten worden. Außereuropäische Weine dürfen aber weiterhin diesen Hinweis verwenden.

Bei der traditionellen Methode wird der Cuvée eine kleine Menge **Fülldosage** (Zucker und Reinzuchthefe, sogenannte „liqueur de tirage") zugesetzt, um die zweite Gärung in Gang zu setzen. Danach wird das Produkt in Flaschen abgefüllt und die Flasche mit einem Kronenkork oder einem Korken und Drahtkörbchen verschlossen. Die Hefe bewirkt die Aufspaltung des Zuckers in Alkohol und Kohlensäure. Der Gasdruck im Inneren steigt. Nach drei bis sechs Monaten ist die zweite Gärung abgeschlossen.

Die Flaschen müssen anschließend ein bis drei Jahre bei 11 bis 12 °C gelagert werden **(Rohsekt)**.

Weinlese

Beim Pressen darf der Farbstoff aus den Schalen blauer Trauben nicht in den Most gelangen

💡 Die klassische Flaschengärung, wird auch **Méthode traditionnelle** oder **Champagnermethode** genannt. Dieses Verfahren ist für die Herstellung von Champagner, Crémant und Cava zwingend vorgeschrieben.

Lagerung der Flaschen mit Kronenkorken in Kreidefelsen der Champagne – Reifung

In den großen Champagnerhäusern erfolgt für die besonderen Qualitäten eine bis zu sechs Jahre horizontale Lagerung in temperaturkonstanten, kilometerlangen unterirdischen Gängen in den Kreidefelsen, die unter dem Boden der gesamten Champagne vorhanden sind.

Rütteln (Remuage)
Gegen Ende der Reife werden die Flaschen für einige Wochen auf schräge Rüttelpulte aus Holz aufgesteckt. Dabei wird der Hals der Flasche leicht nach unten geneigt. Täglich wird jede Flasche vom Rémeur (Hand-Rüttler) per Hand leicht gerüttelt, gedreht und ein klein wenig steiler gestellt. Dadurch gleitet der Satz in der Flasche langsam von der Innenwand in Richtung Flaschenhals, wo er sich nach etwa 6 bis 12 Wochen angesammelt hat. Wenn das Rütteln abgeschlossen ist, stehen die Flaschen auf dem Kopf. Die manuelle Tätigkeit des Rémeurs wird heute überwiegend durch computergesteuerte Rüttelmaschinen **(Gyropalette)** ersetzt.

Rüttelpult

Enthefen (Degorgieren)
Die hinter dem Korken abgesetzten **Trubstoffe** werden nun durch das **Degorgieren** (Abschlämmen) entfernt. Dabei wird der Flaschenhals mit dem Hefedepot in eine Gefrierlösung (von −16 bis −20 °C) getaucht. Der Satz gefriert zu einem Eisklötzchen. Die Flasche wird geöffnet, und der Druck jagt den gefrorenen Pfropfen (Satz) heraus. Es wird häufig eine Degorgiermaschine verwendet.

Hefesatz im Flaschenhals

Dosierung (Dosage)
Der beim Degorgieren entstandene geringe Füllverlust wird durch die Dosage wieder aufgefüllt. Sie besteht aus einer ausgewogenen Mischung aus der gleichen Cuvée, in der Rohrzucker aufgelöst wurde oder aus altem Champagner. Mischungsverhältnis und Zugabemenge richten sich nach der Geschmacksrichtung und sind das Geheimnis der großen Schaumwein- und Champagnerhersteller.

Verkorkung
Nun wird die Flasche endgültig mit einem Naturkorken, der noch mit einem Drahtkörbchen (Agraffe) versehen ist, verschlossen. Der Durchmesser des Korkens ist doppelt so dick wie der Flaschenhals.

Verkorkung mit Agraffen

Lagerung und Etikettierung
Die Flaschen werden nun kurz gelagert, damit der Schaumwein eine perfekte Homogenität bekommt. Zum Schluss wird die Flasche mit einem Etikett und einer Halsschleife versehen.

Korken vor und nach der Verkorkung der Flaschen

Transvasierverfahren – Teilflaschengärung
Beim Transvasierverfahren wird die Gärung wie bei der traditionellen Methode in einer speziellen Gärflasche durchgeführt. Die Entfernung der Hefe erfolgt jedoch nicht mittels Abrütteln und Degorgieren, sondern durch Filtration nach Entleeren der Flaschen mittels Gegendruck in Großtanks. In diesen Drucktanks erfolgt die Dosage, und der Sekt wird in neue Flaschen gefüllt. Bei einer **Mindestherstellungsdauer** von **neun Monaten** und einer **Lagerung auf der Hefe** von mindestens **60 Tagen** darf der hergestellte Sekt als Flaschengärung deklariert werden.

Agraffe

Tankgärverfahren – Großraumverfahren – Méthode Charmat
Bei der Erzeugung des Tanksektes erfolgt die Grundweinbereitung mit Hefe- und Zuckerzusatz wie bei der traditionellen Methode. Die Cuvée zur Vergärung wird jedoch nicht in Flaschen abgefüllt, sondern kommt in große Stahltanks. Die Gärung dauert ca. 30 Tage. Die entstehende natürliche Kohlensäure ist ebenfalls an den Wein gebunden. Nach der Gärung wird der Rohsekt auf −5 °C abgekühlt, um die verbrauchte Hefe entfernen zu können. Für Qualitätsschaumweine (Sekt, Cava, Vino spumante) erfolgt eine Reifezeit im Tank von sechs Monaten. Dann erfolgt die Dosage, der Sekt wird filtriert und mithilfe einer Gegendruckfüllanlage in Flaschen gefüllt.

💡 Das Tankgärverfahren wird nach dem Erfinder des Druckbehälters, dem französischen Önologen Eugène Charmat, auch als Méthode Charmat benannt.

Diese Methode ist wesentlich billiger als die traditionelle Flaschengärmethode. Oftmals werden einfache Grundweine verwendet, der Sekt ist dann in der Qualität weniger hochwertig. Das Bukett ist meist schwach und der Sekt moussiert in größeren Bläschen.

Allgemeine Getränkekunde

Weitere Herstellungsmethoden für Schaum- und Perlweine

Imprägnierverfahren

Bei dieser Methode wird fertigem Wein (einfache Qualität) unter Druck Kohlensäure zugesetzt. Dann wird die Dosage beigegeben und das Produkt unter Druck abgefüllt. Nach diesem Verfahren werden Perlwein, Obstwein und Imprägnierschaumwein erzeugt. Die künstliche Kohlensäure hat keine feste Bindung mit dem Wein und ergibt ein grobes **Mousseux** (Kohlensäurebläschen), das im Glas rasch entweicht.

Asti-Methode – Naturschaumwein aus erster Gärung

Asti Spumante ist ein aromatischer und sehr süßer Schaumwein aus der Muskatellertraube. Er ist nach der Stadt Asti in der italienischen Weinbauregion Piemont benannt. Der Naturschaumwein entsteht durch Vergärung des Mostes in druckfest verschlossenen Behältern. Es entsteht Schaumwein ohne Zuckerzusatz und durch eine einzige Gärung.

Bezeichnungen – Etikettensprache – Sorten

Geschmacksrichtungen			
Restzucker in g/l	Österreich/Deutschland	Frankreich	England
0 bis 6	Extra Herb	Extra Brut	Extra Brut
bis 15	Brut	Brut	Brut
12 bis 20	Extra Trocken	Extra Dry	Extra Dry
17 bis 35	Trocken	Sec	Dry
33 bis 50	Halbtrocken	Demi-Sec	Medium Dry
über 50	Mild/Süß	Doux	Sweet

Flaschengrößen

Inhalt in Liter	Bezeichnung	Deutsche Bezeichnung
0,186	Baby-Split, Quart	Baby, Piccolo, Knirps
0,375	Split, Demi, Filette	Halbe Flasche
0,75	Bottle, Imperial	Ganze Flasche
1,5	Magnum	Doppelte Flasche
3	Jereboam, Doppelmagnum	Vierfache Flasche
4,5	Rehoboam	Sechsfache Flasche
6	Methusalem, Impériale	Achtfache Flasche
9	Salmanazar	Zwölffache Flasche
12	Balthazar	Sechzehnfache Flasche
15	Nebukadnezar	Zwanzigfache Flasche
18	Melchior, Goliath	Vierundzwanzigfache Flasche
25–26	Souvereign	Fünfunddreißigfache Flasche
27	Primat	Sechsunddreißigfache Flasche
30	Melchisedech	Vierzigfache Flasche

Markenschaumweine aus aller Welt

- **Champagner:** Bollinger, Krug, Pommery, Louis Röderer, Pol Roger, Taittinger, Laurent-Perrier, Perrier Jouët, Mumm, Ruinart, Lanson, Clicquot, Moët & Chandon (seit vielen Jahren Marktführer im Champagnerverkauf) …
- **Italienischer Spumante:** aus Piemont G. Contratto, Canelli, F. Cinzano & Co, aus der Lombardei Ca del Bosco …
- **Spanischer Cava:** aus Katalonien Codorniu, Freixenet, Marques de Monistrol
- **Deutscher Sekt:** Deinhard & Co., Fürst von Metternich, Johannisberg; Henkell & Co., Matheus Müller, Eltville.

Laurent-Perrier – eine der bekanntesten Champagnermarke

💡 **Spumante** heißen alle Schaumweine aus Italien, die nicht aus den Provinzen Cuneo, Asti und Alessandria stammen.

👉 **Wussten Sie, dass …** in den USA alle Schaumweine, die eine zweite Gärung durchmachen, **Sparkling Wines** genannt werden?

Verschiedene Flaschengrößen

Das berühmte Weingut Pommery

💡 **Krim-Sekt** ist ein Qualitätsschaumwein aus den bekanntesten Weinen der Halbinsel Krim in Weißrussland.

Cava ist ein spanischer Schaumwein, der in den Regionen Katalonien, Aragon, Extremadura, Kastilien-Léon, Navarra, Rioja und Valencia erzeugt werden darf. Mit mehr als 200 Millionen Flaschen jährlich ist der Cava einer der wichtigsten Qualitätsschaumweine weltweit.

- **Österreichische Markensekte:** Hochriegl, Schlumberger, Henkell & Söhnlein, Kattus, Söhnlein Brillant, Ritter, Szigeti, Winzersekte.

Gesetzliche Bestimmungen in Österreich

Qualitätsschaumwein
- Darf die Bezeichnung Sekt tragen
- Alkoholgehalt: mindestens 10 Vol.-%
- Mindestens 3,5 bar CO_2-Druck bei +20 °C
- Herstellungsdauer mindestens:
  - Im Cuvéefass: 6 Monate
  - In der Flasche: 9 Monate
- Mindestdauer der Gärung bzw. Nichttrennung der Cuvée vom Trub (Hefe): 90 Tage bzw. 30 Tage mit Rührvorrichtung

Schaumwein
- Alkoholgehalt mindestens 9,5 Vol.-%
- Mindestens 3 bar CO_2 Druck bei +20 °C

Perlwein
- Alkoholgehalt mindestens 7 Vol.-%
- 1 bis 2,5 bar CO_2 Druck bei +15 °C

Frizzante
Der Begriff Frizzante steht ganz allgemein für „perlend". Er ist daher für sämtliche kohlensäurehältige Erzeugnisse erlaubt, also für Perlwein, Schaumwein, aromatisierte weinhaltige Getränke, sofern sie mit Kohlensäure versetzt wurden. Die Bezeichnung Frizzante ist also nur eine erlaubte Zusatzbezeichnung, die Verkehrsbezeichnung lautet z. B. Perlwein.

Schaumweine aus Obstwein
Fruchtschaumweine sind aus Weinen verschiedener Fruchtsorten (Beeren, Kirschen, Marillen, Pfirsichen, Äpfeln, Birnen) hergestellte Getränke. Nach dem österreichischen Weingesetz muss in der Produktbezeichnung die zur Erzeugung verwendete Obstart in Verbindung mit dem Wort Schaumwein enthalten sein. Für alle Arten der Obstschaumweine ist auch die Bezeichnung Fruchtschaumwein zulässig.

AUF DEM WEG ZUM PROFI

Einkauf und Lagerung
- Schaumweine haben ihre Entwicklung nach dem Degorgieren abgeschlossen. Deshalb ist es nicht sinnvoll, sie für eine lange Lagerung einzukaufen. Sie sollten bis zum Verbrauch dunkel und kühl (10 bis 15 °C) gelagert werden. Flaschen mit Kunststoffpropfen können stehend, Flaschen mit Naturkorken sollten liegend aufbewahrt werden.
- Angebrochene Flaschen können mit Spezialverschluss zwei Tage im Kühlschrank aufbewahrt werden.

Service
- Schaumweine zählen zu den gängigsten Aperitifs. Sie wirken durch ihre natürliche Kohlensäure erfrischend, appetitanregend und regen den Kreislauf an.
- Das ideale Glas für Schaumweine ist die Sektflöte (Flute) oder ein schmales Tulpenglas. Darin kommt das Bukett des Weines besser zur Geltung und der Schaum bzw. die aufsteigenden Bläschen bleiben länger erhalten als in einem schalenförmigen Glas (Sektschale bzw. Coupe).
- Die optimale Serviertemperatur liegt bei 7 bis 9 °C.

Österreichische Markensekte

Schon lange war den Italienern die Produktion von ausländischem Billig-Prosecco ein Dorn im Auge. 2009 wurde die Gesetzeslage nun geändert: Prosecco ist nun nicht mehr der Name einer weißen Rebsorte, sondern der Name von fünf genehmigten und geschützten Produktionsgebieten (Conegliano-Valdobiaddene, Veneto, Treviso, Friuli, Trieste). Die Rebsorte selbst heißt nun Glera.

Wussten Sie, dass ... zu Zeiten Ludwig XIX. hartgebackenes Honiggebäck in Champagner getaucht und somit erweicht wurde? Dafür eignete sich die Sektschale sehr gut.

Das Schaumweinservice wird im Kapitel Weinservice Seite 235 ausführlich behandelt.

Allgemeine Getränkekunde

? Starten Sie in Ihrer Gruppe eine Schaumweinverkostung. Testen Sie anhand verschiedener Gläserformen den unterschiedlichen Geschmackseindruck.

Schaumweinverkostung

Schaumweinverkostung mit unterschiedlichen Gläsern

Champagnerglas	Sektkelch	Sektflöte	Sektschale (Coupe-Glas)
Es ist für höherwertige Produkte mit feinen Bukettstoffen geeignet. Es fasst ein großes Volumen: das Glas halbvoll füllen, aber beim Einschenken das ganze Glas durch den Schaum benetzen. Der Freiraum bietet Platz für Duft- und Aromastoffe wie dem feinen Hefe-Nussaroma von Champagner.	Mit lang gezogenem Kelch und Stiel – haben einen eingeschliffenen Mousseuxpunkt, von dem aus die Schaumperlen aufsteigen.	Aus der Flöte muss nicht geschlürft werden, der Kopf ist im Nacken. Oberfläche und Höhe des Glases sind in einem besseren Verhältnis – die Zunge wird mit dem Getränk benetzt.	Sie ist für Champagner und Sekt nicht geeignet. Hier findet der Schaumwein eine zu große Oberfläche, das CO_2 verflüchtigt sich. Aufgrund der Glasform muss der Schaumwein geschlürft werden – das Gleichgewicht des Getränks ist gestört und die Mundhöhle dadurch voll mit Schaum. Dabei sind die Geschmackskomponenten nicht erkennbar.

💡 Die trockenen und halbtrockenen Sorten der versetzten Weine werden als Aperitif gereicht, die halbsüßen und süßen Varianten eignen sich perfekt als Digestifs.

3.4 Versetzte Weine

Versetzte Weine sind Weine, deren Beschaffenheit neben der durch die Weintraube gegebenen Eigenart noch durch zwei Komponenten charakterisiert ist. Einerseits ist das die besondere Behandlungsweise (Haltbarmachung) und andererseits sind das die Zusätze, z. B. Kohlensäure, Alkohol und/oder Most, bei der Erzeugung. Das Ausgangsprodukt für die versetzten Weine ist immer ein Grundwein. Darüber hinaus darf bei der Herstellung dieser Weine in ihre natürliche Zusammensetzung nur so weit eingegriffen werden, als es notwendig ist, dem Enderzeugnis die Eigenschaft zu verleihen, die der herzustellenden Weinart entspricht (§ 1 Abs. 2 Österreichisches Weingesetz).

In Österreich beträgt der Alkoholgehalt bei versetzten Weinen mindestens 13 Vol.-% und höchstens 22,5 Vol.-%. Eine Ausnahme ist alkoholarmer, aromatisierter Wein, bei dem der Alkoholgehalt zwischen 5,6 Vol.-% und 13 Vol.-% betragen muss.

Da jedes Produkt sein eigenes Herstellungsverfahren hat, kann die Erzeugung nicht pauschal behandelt werden.

Versetzte Weine

Einteilung der versetzten Weine nach den bei der Herstellung verwendeten Zusätzen	
Zusatz von Alkohol (Weindestillat) und Most	Sherry, Portwein, Madeira, Samos, Mavrodaphne
Zusatz von Alkohol, Wein, Most und Mostkonzentraten	Marsala, Malaga
Zusatz von Rosinen (Trockenbeeren) und Most	Tokajer
Zusatz von Alkohol und Zucker	Refosco, Karlowitzer
Zusatz von Alkohol, Zucker und Kräuterauszügen	Wermut
Zusatz von Alkohol, Traubensaft, Chinarinde und Aromaten	Cynar, Dubonnet, St. Raphaël
Zusatz von Kohlensäure	Kunstschaumwein, Perlwein

Sherry

Sherry ist ein mit Alkohol und Most oder Mostkonzentrat versetzter Wein und darf ausschließlich im sogenannten Sherry-Dreieck Jerez im südwestlichen Andalusien produziert werden. Das D.O.-Weinbaugebiet Jerez hat eine Rebfläche von ca. 38 000 Hektar, davon werden etwa 11 000 ha für D.O.-Weine zur Herstellung von Sherry genutzt.

Die **Qualität des Sherrys** ist von vielen Faktoren abhängig:
- Klima
- Böden
- Rebsorten
- Erzeugungs- und
- Reifemethoden

> Der Begriff Sherry stammt vom arabischen Namen Sherish für die heutige Stadt Jerez de la Frontera.

Klima

Umschlossen von den Flüssen Guadalquivir, Guadalete und dem Atlantischen Ozean, bildet das Gebiet Jerez ein Dreieck mit den Städten Jerez de la Frontera, Puerto de Santa Maria und Sanlúcar de Barrameda. Niederschläge fallen meist in der Zeit von Oktober bis Dezember sowie Februar bis Mai und liegen bei 630 mm im Jahr. Während der Vegetationszeit herrscht eine Durchschnittstemperatur von 22 °C vor. Die Winde vom Meer bringen Feuchtigkeit und sind somit für das Wachstum der **Florhefe,** die es nur im Sherrygebiet gibt, von Bedeutung.

Böden

Die Klassifizierung der Böden erfolgt nach dem **Kreideanteil.** Die sogenannten **Albarizas,** weiße Böden mit sehr hohem Kreideanteil, sind die besten. Sie haben die Eigenschaft, die Winterregen wie ein Schwamm aufzunehmen und zu speichern. Davon zehren die Reben in der glühenden Hitze des Sommers. Aber auch die gründliche Bodenbearbeitung ist entscheidend. Das harte Erdreich muss bis zu einer Tiefe von einem Meter umgepflügt werden.

Die restlichen Weingärten liegen auf dunklen Böden, den sogenannten **Barros** oder **Arenas,** die sich aus Sand und Humus mit einem geringen Kalkanteil zusammensetzen. Sie liefern wuchtige Weine in großer Menge, die jedoch an die Qualität der Albarizaweine nicht herankommen.

Rebsorten

- Palomino Fino & Palomino De Jerez (ca. 93 %)
- Pedro Ximénes (P.X.)
- Moscatel

Traditionelle Erzeugung

Weinlese

Die Weinbereitung beginnt offiziell am 8. September (Vendimia). Die Trauben werden von Hand gelesen und zu großen Sammelplätzen gebracht. Dort sind Grasmatten, die Esparto-Matten, ausgebreitet, auf denen die aussortierten Trauben einige Stunden in der Sonne nachreifen. Sie werden nachts mit Segeltuchbahnen vor dem Tau geschützt.

Pressen

Gepresst wird mit hydraulischen Pressen, wobei die Kerne und Stiele nicht zerdrückt werden, damit keine Gerbstoffe in den Most kommen.

Gärung

Der Traubensaft wird etwa zweidrittelhoch in Fässer aus amerikanischer Eiche gefüllt. Sofort beginnt der Gärprozess, der sich in zwei Abschnitte teilt. Der erste Teil, die stürmische Gärung, dauert bis zu einer Woche. Es wird der gesamte Zucker in Alkohol verwandelt. Nach drei bis vier Monaten ist der zweite Teil der langsamen Ausgärung abgeschlossen.

Albarizas – die weißen Böden

Weinlese bei Jerez de la Frontera

Zum Trocknen ausgebreitete Palomino-Trauben

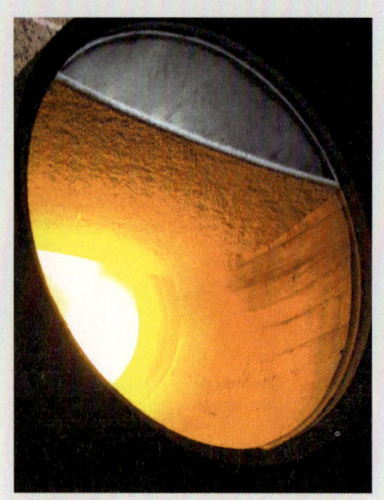

Allgemeine Getränkekunde

Reifung

Anschließend bestimmt der Kellermeister, welche Grundweine zu welcher Sherrysorte ausgebaut werden. Nach der Klassifizierung wird der **Jungwein** mit Weindestillat **aufgespritet.** Jetzt beginnt die eigentliche Reifung des Sherry.

Der im Fass verbleibende Leerraum wirkt wie ein Luftpolster. Der darin enthaltene Sauerstoff sowie der aufgespritete Wein sind neben dem idealen Klima für die Bildung des Flors an der Weinoberfläche verantwortlich.

Der Flor, die besondere Hefeart, zersetzt sich zweimal im Jahr: zu Beginn des Frühlings und zur Weinlese. Dabei sinkt der Flor zum Fassboden, seine Bestandteile werden teilweise vom Wein aufgenommen, dies bewirkt seinen charakteristischen Geschmack. Gleichzeitig bildet sich einen neue weißgelbliche Haut.

Traditionelle Reifemethoden

Die Fässer werden bis zu drei Jahre in gut durchlüfteten Lagerhallen (Bodegas) zur weiteren Reifung gelagert. Wieder bildet sich eine Schutzschicht. Je länger der Sherry in diesem Stadium bleibt, desto vielschichtiger ist sein Bukett. Grundsätzlich unter-scheidet man zwei Lagersysteme: das nur noch selten angewandte Añadasystem und das heute gebräuchliche Solerasystem.

Beim **Solerasystem** werden die Fässer in mehrere Lagen übereinander gestapelt. Der älteste Sherry lagert ganz unten (Solerareihe). Jede der Fassreihen enthält zwar den gleichen Weintyp, jedoch in einem unterschiedlichen Stadium der Entwicklung.

Von den untersten Fässern werden jährlich ca. 35 % in Flaschen abgefüllt und die Fässer werden mit Sherry aus der zweiten Reihe, der Criadera, aufgefüllt, diese wiederum mit Sherry aus der dritten Reihe und so weiter. Durch das **Verschneiden** der verschiedenen Jahrgänge wird eine gleichbleibende Qualität garantiert, da der jüngere Wein die Eigenschaft hat, sich dem älteren Sherry geschmacklich anzugleichen. Es gibt deshalb auch keine Jahrgangsbezeichnungen.

Funktionsschema des Solerasystems

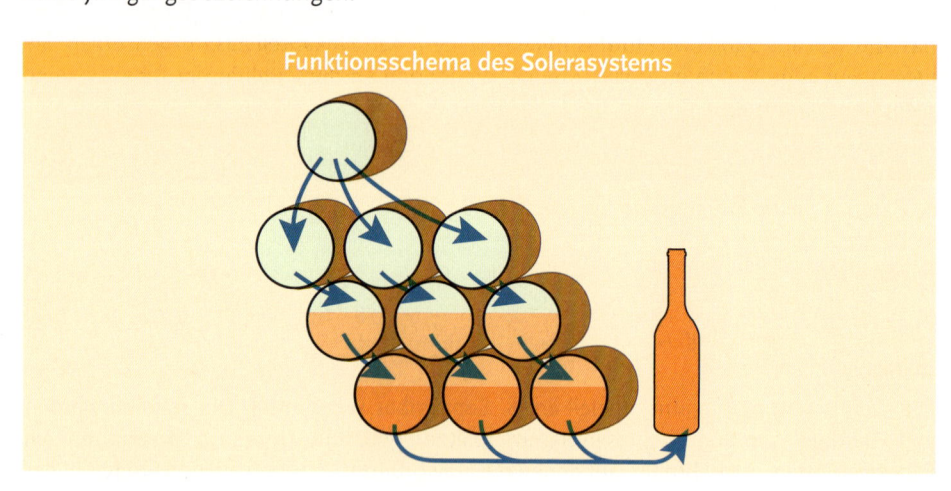

Beim **Añadasystem** werden im Unterschied zum Solerasystem die Weine eines einzigen Jahrganges, die nicht dem Soleraverfahren unterzogen wurden, nach Abschluss der Reifung in Fässern miteinander vermischt. Dieser Sherry wird mit einer Jahrgangsbezeichnung versehen.

Sherrytypen

Fino

Der Fino ist der klassische Sherry. Besonders trocken und hell- bis strohgelb in der Farbe sind seine charakteristischen Merkmale. Er hat ein klar definierbares Mandelaroma und durchschnittlich 15 bis 17 Vol.-% Alkohol. Finos werden gekühlt bei 10 °C bis 12 °C als Aperitif serviert.

Amontillado

Der Amontillado ist bernsteinfarben, meist halbtrocken, hat einen typischen Eichenholz- und Nussgeschmack und durchschnittlich 16 bis 18 Vol.-% Alkohol.

Schaufass mit weißem Flor

Wussten Sie, dass ...
das Solerasystem dazu dient, einen gleichbleibenden Weinstil über Jahre hindurch gewährleisten zu können?

Bodega (Weinkeller)

Gut zu wissen
Finos verlieren rasch an Frische, daher sollten geöffnete Flaschen im Kühlschrank aufbewahrt und innerhalb einer Woche verbraucht werden.

Manzanilla

Dieser leichteste und alkoholärmste aller Sherrysorten kommt ausschließlich aus der Küstenstadt Sanlúcar de Barrameda. Man sagt, dass die Meeresbrise dem Manzanilla den besonderen Salzhauch im Geschmack verleiht. Er ist blass in der Farbe und hat durchschnittlich 15 Vol.-% Alkohol.

Oloroso

Dieser meist halbtrockene bis halbsüße Sherry besitzt ein volles Aroma, das leicht an Haselnüsse erinnert. Er ist goldgelb bis bernsteinfarben und hat einen schweren, wuchtigen Körper mit einem Alkoholgehalt bis 24 Vol.-%. Der Oloroso dient als Grundlage für die Herstellung des Cream-Sherrys.

Cream (Milk)

Durch Zugabe von süßen Pedro Ximénes-Weinen zu Olorosos entsteht ein Cream- oder Milk-Sherry. Er ist sehr süß (sweet) und von dunkler Farbe (oro oscuro).

💡 Zusätzlich gibt es noch folgende Sherrytypen: Palmas, Palo Cortado und Brown.

Bezeichnungen – Etikettensprache – Sorten

Geschmacksrichtungen		
Österreich/Deutschland	**Spanien**	**England**
Sehr trocken	Muy seco	Extra Dry – Very Dry
Trocken	Seco	Dry
Halbtrocken	Media seco	Medium Dry
Zwischenstufe zwischen halbtrocken und süß	Media dulce	Medium
Halbsüß	Media dulce	Medium Sweet
Süß	Dulce	Sweet
Sehr süß	Muy dulce	Very Sweet
Voll		Rich

Bekannte Produzenten

Domecq, Gonzáles Byass, Harvey's, Emilio Lustau, Sandeman, Williams & Humbert

Sherryglas

AUF DEM WEG ZUM PROFI

Service
- Sherry genießt man aus der Copita, einem kleinen tulpenförmigen Glas.
- Sherry Fino wird mit 10 bis 12 °C, gehaltvollere Sherrys wie Oloroso oder Cream Sherry werden leicht gekühlt mit ca. 15 °C serviert.
- Das Ausschankmaß ist 5 cl.

👉 Als Aperitif eignen sich vor allem die trockenen und die halbtrockenen Sorten. Die Sorten Cream und Oloroso können sowohl als Aperitif als auch als Digestif gereicht werden.

Sherry in Copitagläsern

Allgemeine Getränkekunde

Das Dourotal: Weinterrassen an beiden Ufern prägen die Landschaft.

👉 **Wussten Sie, dass ...**
das Dourogebiet(tal) das erste gesetzlich eingestufte Weinbaugebiet der Welt ist?

Erntereife Trauben

Portweinfässer

Portwein

Portwein kommt aus dem Norden Portugals, aus dem Dourotal. Zu Beginn hatte der einfache Wein nichts mit dem heutigen Portwein gemeinsam. Er war trocken und robust, jedoch aromatisch und mit einem recht hohen natürlichen Alkoholgehalt. Damit er den langen Transport übers Meer besser überstand, begann man ihn mit Branntwein aufzuspriten. Der Portwein war geboren. Der einfache Wein vom Douro verwandelte sich in den **Vinho do Porto.**

Das Dourogebiet

Das Dourogebiet dehnt sich über 150 km flussaufwärts aus und endet an der spanischen Grenze. Nur in der gesetzlich abgegrenzten Region Douro – ca. 40 000 ha Rebfläche – werden die verschiedenen Portweintypen angebaut, deren Produktions- und Ausbauvorschriften strengstens kontrolliert werden. Das Dourogebiet unterteilt sich in das Baixo Corgo, Cima Corgo und Douro Superior.

Portweinerzeugung

Weinlese

Ende September bis Anfang Oktober beginnt die schwierige und oft nicht ungefährliche Arbeit der Traubenpflücker/-innen (die steilen Hänge haben stellenweise eine Neigung bis zu 60 Grad).

Maischen und Pressen

Die Trauben werden sofort nach der Ernte in die großen Maisch- und Pressmaschinen geschüttet, die sie entstielen, maischen und pressen.

Früher wurde das Traubengut in großen Steinbottichen mit den Füßen gestampft. Heute wird diese Methode des natürlichen Maischens kaum mehr angewendet, obwohl sie eine höhere Farbauslaugung der Beeren bewirkt, was wiederum ein farbintensiveres Endprodukt zur Folge hat.

Gärung

Nach kurzer Zeit entwickelt sich in den Behältern genügend Wärme, die die Gärung auslöst. Wenn der Zucker zur Hälfte vergoren ist (der Wein hat einen Alkoholgehalt von etwa 8 Vol.-%) wird durch Zugabe von Weinbrand (77 Vol.-%) die Gärung gestoppt. Das Mischungsverhältnis ist 450 Liter Most zu 100 Liter Weinbrand. Der so erreichte hohe Alkoholgehalt verhindert eine Nachgärung und steigert die Haltbarkeit und Lagerfähigkeit des Produktes.

Reifung und Lagerung

Zur Reifung und Lagerung werden die Portweine nach Vila Nova de Gaia gebracht. Diese Stadt liegt gegenüber von Oporto am anderen Ufer des Douro. Alle großen Handelshäuser haben hier ihre eigenen Kellereien.

Dort wird zunächst der junge Portwein durch Verkoster/-innen des Instituto do Vinho do Porto (Portweininstitut) einem bestimmten Portweintyp zugeordnet. Bis zu seiner endgültigen Vermarktung reift er in den **Lodges** (Lagerhäusern). Je nach Portweintyp kann die Lagerung 2 bis 50 Jahre dauern. Einige Portweine altern in 550-Liter-Fässern **(Pipas)**, andere in der Flasche.

Während des Reifeprozesses werden laufend Qualitätsprüfungen durch das Portweininstitut durchgeführt. Sobald ein Wein die Genehmigung dieses Instituts erhält, führt er rechtmäßig die Herkunftsbezeichnung Portwein. Nur jene Weine, die den hohen Anforderungen der Qualitätskriterien entsprechen, haben ein Recht auf das Garantiesiegel des Portweininstitutes.

Portweintypen und -sorten
Je nach Traubensorte unterscheidet man weiße und rote Portweine.

Weißer Portwein
Dies sind auserlesene Weine – trocken, halbtrocken oder süß, die ausschließlich aus weißen Trauben gekeltert werden.

Rebsorten: Malvasia Fina, Viosinho, Donzelinho, Gouveio, Codega und Rabigato.

Roter Portwein
Bei den roten Portweinen unterscheidet man jene aus einem einzigen Jahrgang und diejenigen aus verschiedenen Jahrgängen.

Rebsorten: Tinta Amarela, Tinta Barroca, Tinta Roriz, Touriga Francesca, Touriga Nacional und Tinta Cão.

Portweinverkostung

Je nach **Art der Lagerung** unterscheidet man folgende Portweinsorten:
- **Fasslagerung:** White Port, Ruby Port, Tawny Port
- **Fass- und Flaschenlagerung:** Vintage Port, Late bottled Vintage, Vintage Character, Colheita

Ruby Port
Dies ist eine Cuvée, die im Durchschnitt mindestens drei Jahre alt ist. Es ist ein Portwein, dessen heller, roter Farbton an Rubine erinnert. Ein ausgeglichener Wein mit der für sein Alter typischen hervorragenden Frucht und Frische.

Ruby Port

Tawny Port
Aus dem Englischen übersetzt bedeutet das Wort „tawny" etwa fahlrot. Der Alterungsvorgang ist etwas schneller als beim Typ Ruby. Im Verlauf der Oxidation geht der Rotton nach und nach in Orange über. Die Tawnys gefallen wegen ihrer feinen Struktur, ihrer leichten Süße und eines reifen Weinaromas.

Tawnys mit Altersangabe
Sie sind etwas ganz Besonderes. Die Cuvée aus Weinen mit einem Durchschnittsalter von 10, 20, 30 oder 40 Jahren reift im kleinen Holzfass bis zur Abfüllung. Die Altersangabe und das Abfülldatum sind auf dem Etikett vermerkt. In der Regel werden die jahrzehntelang gereiften Tawnys mit jüngeren Weinen aufgefrischt. Tawnys mit Altersangabe bringen eine Dichte und Vielfalt an Duft-, Geschmacks- und Aromastoffen hervor.

Tawny Port

Colheita
Diese Portweine werden aus den Trauben eines einzigen Erntejahrgangs, der dem Etikett zu entnehmen ist, gewonnen. Es sind Weine, die mindestens sieben Jahre im Holz reifen. Ihr Geschmack ist weich, mild, voll und gleichzeitig komplex.

Vintage

Die Vintages sind eine Seltenheit. Nach zwei Jahren im Eichenfass wird der Jahr-gangsport auf Flaschen gezogen und setzt dort seine langsame Reife unter Luftabschluss fort. Das Etikett gibt außer dem Erntejahr auch das Jahr der Abfüllung an. Mit den Jahren bildet der Wein ein Depot. Aus diesem Grund sollte er vor dem Servieren dekantiert werden. Mit zunehmender Reife entwickeln sich seine Eigenschaften und die Farbe und er gewinnt an Struktur und Komplexität.

Late Bottled Vintage (LBV)

Dieser Wein von großartiger Qualität wird ausschließlich aus Trauben des auf dem Etikett angegebenen Jahrgangs hergestellt. Bevor er in Flaschen abgefüllt wird, reift er vier bis sechs Jahre in Eichenfässern. Die Fassreife macht ihn leichter als einen Vintage. Es sind intensiv dunkelrote Weine, reich an Gerbsäure und mit einem jungen Charakter.

Vintage Character

Eine Ruby Cuvée von höchster Qualität, die durchschnittlich drei bis vier Jahre alt ist. Dieser Portwein zeichnet sich durch komplexe Struktur, Körper und deutliche Frucht aus. Von allen Ports ohne bestimmten Jahrgang ist dies derjenige mit anregendem Tannincharakter.

Bezeichnungen – Etikettensprache – Sorten

Geschmacksrichtungen		
Österreich/Deutschland	**Spanien**	**England**
Sehr süß	Lagrima	Very Sweet
Süß	Doce	Rich oder Sweet
Halbsüß	Meio doce	Medium Sweet
Halbtrocken	Meio seco	Medium Dry
Trocken	Seco	Dry
Sehr trocken	Extra seco	Extra Dry

Bekannte Produzenten

Croft, Dow's, Ferreira, Graham, Niepoort, Sandeman, Warre

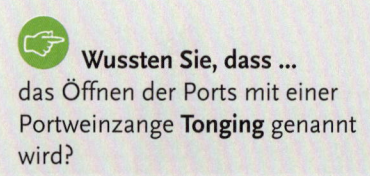

Südweinglas   Portweinglas

👉 **Wussten Sie, dass ...** das Öffnen der Ports mit einer Portweinzange **Tonging** genannt wird?

AUF DEM WEG ZUM PROFI

Service

- Das typische Portweinglas ist tulpenförmig: die Form verengt sich zur Öffnung hin. Je nach Typ kann man den Port auf mehrere Arten genießen:
  - White Port wird normalerweise als Aperitif angeboten oder als Longdrink auf Eis und mit einer Scheibe Zitrone.
  - Ruby Portweine können gekühlt als Aperitif, als Longdrink oder auch als Dessertwein auf Zimmertemperatur gereicht werden.
  - Jüngere Tawny Ports werden entweder gekühlt als Aperitif getrunken oder traditionell als Digestif nach dem Essen serviert.
  - Vintage Port und Vintage Character müssen dekantiert werden.

- Das Ausschankmaß liegt bei 5 cl.

- Bei lange in der Flasche gelagertem Port ist der Korken oft sehr schwer aus der Flasche zu bekommen, ohne dass er zerbröselt. Hier verschafft die Portweinzange Abhilfe.
- Diese Zange wird glühend heiß gemacht und um den Flaschenhals gepresst.
- Anschließend wird die Druckstelle schnell mit einem feuchten und eiskalten Tuch abgekühlt. Der Thermoschock bricht das Glas normalerweise mit einer glatten sauberen Bruchstelle.
- Der Flaschenhals mit dem Korken wird entfernt und auf einen kleinen Teller gelegt.
- Anschließend wird der Wein vorsichtig in eine Dekantierkaraffe umgefüllt. Das Depot verbleibt in der Flasche.

Madeira

Madeira wird nur auf der gleichnamigen portugiesischen Insel hergestellt. Der mit Weinbrand aufgespritete Jungwein reift anschließend im Holzfass. Um den gewünschten Karamelton zu erhalten, wird der Wein während der Lagerung großer Hitze ausgesetzt. Madeira ist goldgelb und hat einen Alkoholgehalt von 15 bis 20 Vol.-%.

Es gibt vier Sorten Madeira, die nach der verwendeten Traubensorte benannt sind:
- Bual (Boal) ist ein leichter, nicht ganz so süßer Madeira.
- Verdelho ist ein halbtrockener Madeira mit einem leichten Honigaroma.
- Malvasier (Malmsey) ist der süßeste Vertreter der Gattung.
- Sercial ist der trockenste Madeira.

Malaga

Malaga stammt aus der Umgebung der Stadt Malaga im spanischen Weinbaugebiet Andalusien. Dieser süße Dessertwein ist ein Verschnitt aus der Pedro-Ximénez-Rebe (PX-Rebe) (ca. 60 %), der Lairen (ca. 20 %) und der Moscatel (Muskateller, ca. 15 %). Die weiteren Sorten sind nicht festgelegt. Der Alkoholgehalt liegt zwischen 15 und 20 Vol.-%.

Marsala

Marsala gehört zu den sogenannten Südweinen. Er ist ein verschnittener und mit Weinbrand oder Weingeist auf etwa 15 Vol.-% verstärkter Wein. Marsala wird ausschließlich in der westsizilianischen Provinz Trapani, in Teilen von Agrigent und rund um Palermo hergestellt. Marsala wird häufig in der italienischen Küche verwendet. Man unterscheidet folgende **Marsalastile:** Vergine – trocken, Fine – trocken bis süß und Superiore – halbtrocken bis süß.

Samos

Der aus der weißen Muskateller-Rebe (Moscato aspro) hergestellte goldgelbe Samos ist ein voller und süßer Dessertwein der griechischen Insel Samos.
- Beim **Samos Doux** wird die Gärung zum richtigen Zeitpunkt durch den Kellermeister mittels Hinzufügen von Weindestillat unterbrochen.
- Beim **Samos Grand Cru** wird hochreifes Traubenmaterial aus besonderen Lagen zu Süßwein verarbeitet. Dieser wird nicht aufgespritet.
- Die höchste Klasse des Samos stellt der **Samos Nectar** dar. Bei diesem wird das hochreife Traubenmaterial noch bis zu sieben Tage in der Sonne getrocknet. Dadurch entsteht ein Most von sehr hoher Dichte. Anschließend vergärt er zu Wein und wird noch 3 Jahre in neuen Eichenfässern gelagert.

Mavrodaphne

Über ein Drittel der griechischen Weinbaufläche liegt auf dem Peloponnes. In der Nähe von Patras wächst auch die Mavrodaphne-Rebe. Der süßliche, dunkle und intensiv rote Wein wird mit Weingeist versetzt, um die Gärung zu stoppen. Dieser Wein zeigt erst nach etwa vier Jahren seine typischen Qualitätsmerkmale und ist sehr lange lagerfähig.

Tokajer

Der Name stammt von der ungarischen Stadt Tokaj. Es gibt den Tokajer, den bekanntesten Wein Ungarns, nicht nur als Dessertwein, sondern auch als trockenen Weißwein. Die wichtigste Rebsorte ist die Furmint, daneben gibt es noch die Hárslevelü und die Sárgamuskotály. Der Tokajer wird in die typische weiße Halbliterflasche abgefüllt.

Tokajeressenz

Die ausgelesenen edelfaulen Trauben kommen auf Keltertische, wo ihre Haut platzt und der Saft ohne Druck, d. h. ohne Pressen, abfließt. Der extrem zuckerreiche Most kommt in Fässer, in denen er sehr langsam vergärt. Diese sogenannte Tokajeressenz ist sehr süß und weist einen Alkoholgehalt von 6 bis 10 Vol.-% auf.

Wussten Sie, dass ...
die Machart der österreichischen Ausbruchweine ähnlich dem der Tokajer ist?

Wermut

Wussten Sie, dass ...
die aufwendigste Phase der Wermutproduktion die Herstellung der Kräuterauszüge ist? Jede Marke ist gekennzeichnet durch ihr besonderes Aroma. Die Rezepturen sind streng gehütete Firmengeheimnisse.

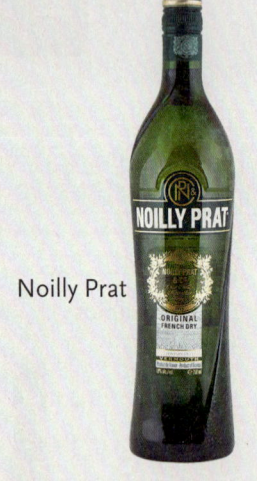

Noilly Prat

Tokaji Aszú

Wenn der Saft für die Tokajeressenz abgeflossen ist, bereitet man aus dem Rest der rosinenartig eingeschrumpften Beeren in kleinen Butten eine Maische. Die Maische wird dem Wein, der aus den nicht edelfaulen Trauben gekeltert wurde (Tokaji szamorodni), zugesetzt. Je nachdem wie viele Butten Aszú zu einem Faß gegeben werden, unterscheidet man **zweibuttige** bis **sechsbuttige Aszú-Weine.** Die Maische wird 12 bis 36 Stunden ausgelaugt, dann wieder abgepresst, und der Wein beginnt zu gären. Zur Reifung braucht er mindestens drei Jahre.

Wermut

Der erste Wermut in der heutigen Form wurde im 17. Jh. in der Gegend um Turin (Piemont) hergestellt. Die Wurzeln des Wermuts liegen im Mittelalter, als Mönche in Wein mazeriertes (ausgelaugtes) Wermutkraut als Heilmittel verabreichten. Der weiße Wermut ist ein mit Kräutern und Gewürzen aromatisierter Wein mit 15 bis 18 Vol.-% Alkohol.

Trockener Wermut ist ein mit Kräutern und Gewürzen aromatisierter Wein mit 15 bis 18 Vol.-% Alkohol. **Vermouth** ist die gesetzlich geschützte Schreibweise für die Produkte aus Italien und Frankreich. Alle anderen Produkte ähnlicher Art aus anderen Ländern werden als Wermut bezeichnet. Während andere Wermutsorten mit süßen Weinen und Zucker hergestellt werden, werden für den trockenen Wermut nur Weine ohne Restzucker verwendet. Der rote Wermut ist ein mit Kräutern aromatisierter Rotwein mit 15 bis 18 Vol.-% Alkohol.

Jeder Hersteller hält die Zutaten, mit denen er den Wein aromatisiert, geheim. Alle verwenden jedoch das **Wermutkraut.** Die Kräuter und Gewürze werden in Wein und Weinbrand oder neutralem Alkohol eingelegt, um so die Extrakte zu gewinnen. Nach der Reifezeit, wird die Extraktmischung mit dem Basiswein verschnitten, filtriert und je nach Sorte nachgezuckert. Danach reift der Wermut noch mehrere Wochen im Fass.

Bezeichnungen – Etikettensprache – Sorten

Geschmacksrichtungen	
Österreich/Deutschland	**England**
Sehr trocken	Extra Dry
Süß	Bianco
Halbsüß	Rosé
Süß	Rosso
Bittersüßer Geschmack	Amaro

Bekannte Produzenten

Frankreich: Noilly Prat; **Italien:** Martini, Cinzano, Martinazzi, Punt e Mes; **Kroatien:** Pelinkovac

---

AUF DEM WEG ZUM PROFI

Service

- Madeira, Malaga, Marsala, Samos, Mavrodaphne und Tokajer werden wie Portwein serviert.

- Wermut wird in einem tulpenförmigen Glas bzw. im originalen Glas gekühlt (ca. 10 bis 12 °C) oder in einem Tumbler auf Eis mit Zitronenscheibe serviert.

- Martini wird im originalen Martiniglas oder im Tumbler auf Eis serviert (ca. 10 bis 12 °C).

- Noilly Prat wird gut gekühlt (bei ca. 10 °C) im Originalglas serviert; Noilly Prat ist auch Bestandteil vieler Mixgetränke.

- Das Ausschankmaß beträgt 5 cl.

3.5 Spirituosen

Spirituose ist der Überbegriff für alle alkoholischen Getränke, die über einen Alkoholgehalt von mindestens 15 Vol.-% verfügen. Sie werden durch Destillation oder durch Mischung von Alkohol mit anderen Getränken und/oder alkoholischen Getränken und/oder aromagebenden Zusätzen hergestellt.

Bei der **Destillation** geht es um die Trennung von unterschiedlichen Teilen eines Flüssigkeitsgemisches. Flüssigkeiten haben unterschiedliche Siedepunkte, so verdampft Wasser bei 100 °C, Alkohol hingegen bereits bei 78,3 °C. Die Flüssigkeit mit dem niedrigsten Siedepunkt verdampft immer zuerst. Der entstehende Dampf kondensiert (verflüssigt) anschließend in einem Kühler und wird – getrennt von den anderen Gemischteilen – wieder aufgefangen.

Um hochprozentige Spirituosen zu erzeugen, werden durch Erhitzen des Ausgangsproduktes alkoholische Dämpfe von Wasser und festen Stoffen getrennt. Die so entstandene Flüssigkeit wird Destillat genannt.

Ausgangsprodukte für Destillate sind angegorene oder vergorene zucker- oder stärkehaltige Flüssigkeiten. Ein Destilliergerät in einfacher Form ist ein blasenförmiges Kochgerät mit einem zwiebel-, kugel- oder zylinderförmigen Helm (Deckel) und einem Kühler.

Destillationsverfahren

Je öfter destilliert wird, desto höher wird der Alkoholgehalt. Man unterscheidet:
- **Erste Destillation:** Es entsteht der **Raubrand** (ca. 30 Vol.-%).
- **Zweite Destillation:** Der Raubrand wird nochmals destilliert, Vor- und Nachlauf werden ausgeschieden. Verwendet wird nur der **Mittellauf** oder **Feinbrand,** auch Herzstück genannt (ca. 60 bis 70 Vol.-%).

Alambic-Verfahren (Charentaiser Verfahren)
Die Destillation erfolgt in einer Brennblase mit einer Ableitung in Schwanenhalsform (z. B. für Cognac).

Pot-Still-Verfahren (Brennblasen, Rau- oder Feinbrandverfahren)
Die Destillation erfolgt in einer Brennblase, wobei häufig zwei Blasen hintereinandergeschaltet sind (z. B. für Armagnac oder Whisk[e]y). Die Destillation verläuft hier in zwei voneinander unabhängigen Brennvorgängen für beste Alkoholqualität. Auch Obstbrände werden vielfach einer zweifachen Destillation unterzogen.

Kolonnenbrennverfahren mit drei Siedeböden unter Vakuum
Hier wird dreimal verstärkt und mit 30 °C Siedetemperatur destilliert, sodass besonders feine, duftige Destillate entstehen. Speziell für Obst- und Beerenbrände.

Patent-Still-Verfahren (Coffey-Still-, kontinuierliches oder Kolonnenbrennverfahren)
Die Destillation erfolgt kontinuierlich in Kolonnen (z. B. für Calvados). Die Patent-Still-Anlage wiederholt ca. 20-mal den Destillationsvorgang des Pot-Still-Verfahrens.

Reifen, Lagern und Abfüllen

Die Lagerung erfolgt in Holzfässern, Edelstahltanks oder Glasballons. Durch die Lagerung bildet sich das charakteristische Aroma der einzelnen Spirituosen. Die Lagerung in Holzfässern bewirkt obendrein, dass die Schärfe des Alkohols gemildert wird. Die meisten Spirituosen werden erst kurz vor dem Verkauf abgefüllt, da sie in der Flasche nicht mehr reifen.

Alambic-Verfahren
- Helm
- Schwanenhals
- Weinvorwärmer
- Kühlschlange
- Brennkessel

Pot-Still-Verfahren
1. Würzblase 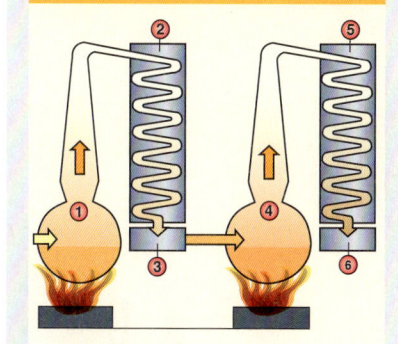
2. Kondensator
3. Raubrandbehälter
4. Alkoholblase
5. Kondensator
6. Sammelbehälter

Patent-Still-Verfahren
- Analyser
- Rectifier

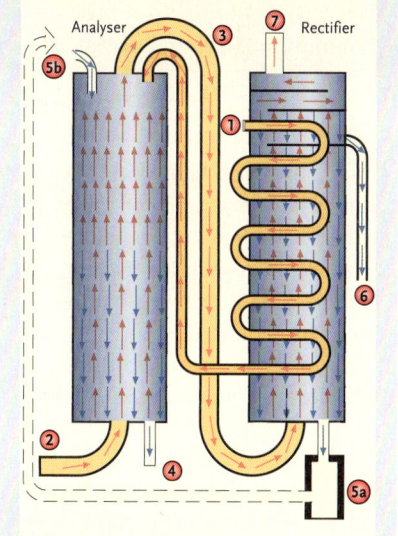

1. heiße Würze
2. Wasserdampf
3. Dampfleitung
4. Ausscheiden der übrigen Flüssigkeit
5. Ausscheiden von Vor- und Nachlauf
6. Sammelbehälter für Mittellauf
7. Ablassventil für überschüssigen Wasserdampf

Allgemeine Getränkekunde

👉 **Wussten Sie, dass ...**
alle Destillate von Natur aus farblos sind. Spirituosen erhalten ihre Farbe (Bernstein, hellbraun etc.) durch die Lagerung in Holzfässern.

Whiskys aus Österreich und Deutschland. Unter den österreichischen gibt es auch prämierte wie z. B. Pannonia Korn Malt aus Kukmirn im Südburgenland.

💡 Die **Destillata** – eine Plattform zur internationalen Prämierung bester Spirituosen – wurde in Österreich gegründet. In den Jahren ihres Bestehens hat sie sich zur bedeutendsten Edelbrandprämierung im deutschsprachigen Raum entwickelt und konne maßgeblich zur Förderung des Qualitätsdenkens am Edelbrandsektor beitragen. Die Destillata versteht sich als Bindeglied zwischen dem Erzeuger und dem Konsumenten. Mehr Infos unter: www.destillata.at

Einteilung der Spirituosen nach dem EU-Gesetz

Einteilung	Art der Reifung	
Nach den Rohprodukten	Im Holzfass gereift	Klare Destillate
Destillate aus der Weintraube	■ Cognac ■ Armagnac ■ Eau de Vie de Vin ■ Weinbrand ■ Brandy	■ Weinhefebranntweine ■ Tresterbrände ■ Traubenbrand
Destillate aus Getreide	Whisky/Whiskey ■ schottischer ■ irischer ■ amerikanischer ■ kanadischer ■ japanischer	■ Aquavit ■ Kornbrand ■ Genever
Destillate aus Obst	■ Obstbrände fassgelagert, wie z.B. Zwetschke fassgelagert ■ Calvados	■ Barack ■ Wachauer Marillenbrand ■ Slibowitz ■ Obstler
Destillate aus Ethylalkohol landwirtschaftlichen Ursprungs		■ Gin ■ Wodka

Unter **Ethylalkohol** landwirtschaftlichen Ursprungs versteht man Alkohol (Ethanol), der durch alkoholische Gärung aus Landwirtschaftsprodukten wie z. B. Obst, Getreide, Kartoffeln, aber auch Zellulose erzeugt wird.

Etikettensprache

Österreichische Deklarationsvorschriften nach der Herkunft:
- **Österreichisches Erzeugnis:** Diese Produkte werden in Österreich hergestellt.
- **Ausländisches Erzeugnis:** Diese Produkte werden im Ausland hergestellt und in Flaschen original abgefüllt und importiert.
- **Ausländisches Erzeugnis in Österreich abgefüllt:** Diese Produkte werden im Ausland hergestellt, in Großbehältern importiert und in Österreich abgefüllt.
- **Ausländisches Erzeugnis in Österreich fertiggestellt:** Diese Produkte werden im Ausland hergestellt, in Großbehältern hochprozentig importiert, in Österreich fertiggestellt, d. h. auf Trinkbranntweinstärke herabgesetzt und abgefüllt.

Destillate aus der Weintraube

Als Destillate aus der Weintraube werden alle Brennerzeugnisse aus Wein, die unter Zusatz von destilliertem bzw. demineralisiertem Wasser auf Trinkstärke herabgesetzt werden, bezeichnet. Aus den Rückständen der Weinerzeugung, den Pressrückständen der Weinmaische, werden die Tresterbrände (Grappa, Marc) destilliert. Aus den Heferückständen der Weinerzeugung stammen die Hefebranntweine (Gelägerbrand, Glöger). Der Alkoholgehalt bei Weindestillaten liegt bei mindestens 36 Vol.-%.

Die beiden bekanntesten Destillate aus Wein sind Cognac und Armagnac. Sie stammen beide aus Frankreich und dürfen ausschließlich aus Weinen bestimmter geschützter Gebiete erzeugt werden. Das Gebiet für Cognac ist die Charente, für Armagnac die Gascogne.

Cognac

Cognac ist ein Destillatprodukt aus Weißweinen, die ausschließlich aus der im Westen Frankreichs (nördlich von Bordeaux) gelegenen, gesetzlich geschützten Region der Charente kommen. Die Hauptstadt dieser Region ist Cognac, die dem weltbekannten Weinbrand seinen Namen gegeben hat. Unter allen Weindestillaten der Welt gilt Cognac als das vornehmste.

Die gesetzlich begrenzten Gebiete für die Cognacproduktion sind Grand Champagne, Petite Champagne, Les Borderies, Fins Bois, Bones Bois, Bois Ordinaires, Bois Communs.

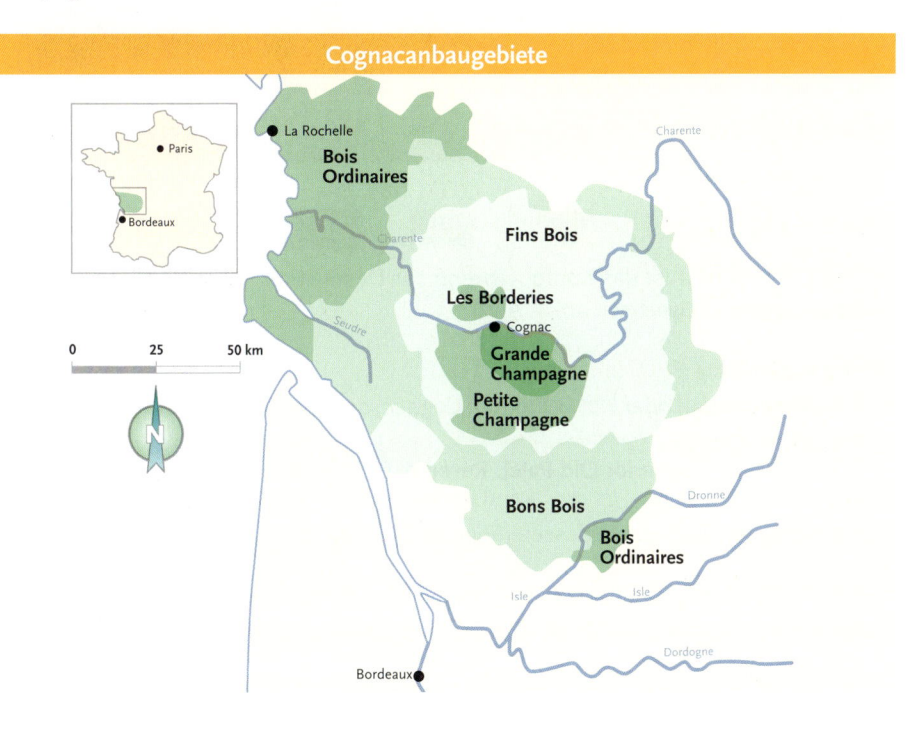

Cognacanbaugebiete

Die besten Cognacs kommen aus der Grande Champagne, dem innersten Teil der Charente. Kommt ein Brand zu mindestens 50 % aus der Grande Champagne und der Rest aus der Petite Champagne, wird er als **Fine Champagne** bezeichnet. Cognacs, die nur aus Feinbränden einer Destillerie stammen, bezeichnet man als **Single Destillery Cognacs.**

Herstellung
Für Cognac werden die Rebsorten Ugni blanc (auch bekannt als Trebbiano), Folle blanche und Colombard verwendet.

- Das Besondere bei der Herstellung von Cognac, das **zweimalige Destillieren,** geschieht in den für die Charente typischen Kupferbrennblasen (Alambics charentais).
- Ebenso wichtig wie das Brennen ist für den Cognac das **Lagern** in Eichenfässern aus **Limousin-Eiche.** Die Lagerzeit sollte mindestens zwei Jahre dauern, gute Cognacs lagern aber wesentlich länger.
- Anschließend werden diverse Cognacs miteinander verschnitten, mit entmineralisiertem Wasser auf Trinkstärke herabgesetzt und schließlich kurz vor dem Verkauf in Flaschen abgefüllt.

Altersbezeichnungen
Ein fertiger Cognac darf erst dann in den Handel gebracht werden, wenn er, vom 1. April des auf die Weinlese folgenden Jahres gezählt, mindestens zwei Jahre in Eichenfässern gelagert wurde (Konto 2). Ein Cognac behält während seiner gesamten Lebensdauer das Alter, das er bei der Flaschenabfüllung hatte. Ein Beschluss des Regierungskommissars vom 23. August 1983 legt die Benutzung der Altersbezeichnungen fest, die je nach Alter des jüngsten in die Komposition aufgenommenen Destillats verwendet werden dürfen.

☞ **Wussten Sie, dass ...**
alle französischen Destillate aus Wein, die nicht aus der Charente stammen, als Eau de Vie de Vin bezeichnet werden?

Kupferbrennblasen in der Destillerie Rémy-Martin

☞ **Wussten Sie, dass ...**
das Verschneiden des Cognacs „mariage", auf deutsch „Vermählung" genannt wird? Das ist eine der wichtigsten Aufgaben des Kellermeisters und der Kellermeisterin, um ihre Erfahrung und ihr Können zu beweisen.

☞ **Wussten Sie, dass ...**
bei der Erzeugung von Cognac bereits viele Jahre im Voraus die Qualität des Produktes mitbestimmt wird? So erzeugt der Großvater die Grundbasis für die späteren Cognacs, welche vermutlich von dessen Enkelkindern 40 Jahre später angeboten werden. Kaum ein Getränk wird so wesentlich von den Vorfahren eines Erzeugers beeinflusst wie der Cognac!

Konto bezeichnet die schriftliche Erfassung und Kontrolle des Alters des Cognacs durch den Berufsverband „Bureau National Interprofessionnel du Cognac (BNIC)".

Allgemeine Getränkekunde

Rémy Martin ist eine bekannte Cognacmarke des Spirituosenherstellers Rémy Cointreau

Konto – Beispiel für einen im November 2005 destillierten Cognac

Dieses Schema gibt die Mindestreifezeit im Eichenfass an, die das jüngste für die Komposition von Cognac verwendete Destillat aufweisen muss. Es handelt sich dabei also nicht um das Alter des Cognac in der Flasche.

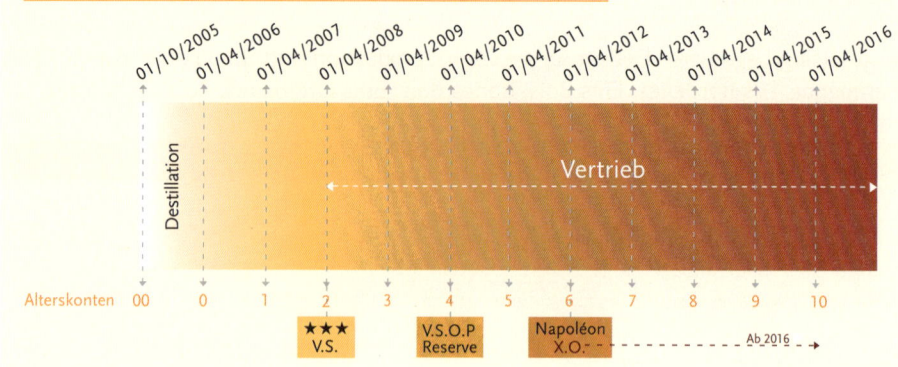

Die Alterskonten des Cognac

Alterskonten	00	0	1	2 ★★★ V.S.	3	4 V.S.O.P Reserve	5	6 Napoléon X.O.	7	8	9	10 Ab 2016

- Das Konto « 00 » ist das Konto während der Destillation (bis zum 31. März).
- Das Alterskonto wechselt am 1. April

Häufig verwendete Bezeichnungen

- **V. S. (Very Special) oder ★★★ (3 Sterne):** Cognac, dessen jüngstes Destillat mindestens zwei Jahre alt ist.
- **V. S. O. P. (Very Superior Old Pale), Réserve:** Cognac, dessen jüngstes Destillat mindestens 4 Jahre alt ist.
- **Napoléon, X. O.:** Cognac, dessen jüngstes Destillat mindestens sechs Jahre alt ist.

Ab 2016 ist für Cognac X. O. mindestens Konto 10 vorgeschrieben, d. h. ein Alter von zehn Jahren für die jüngsten Branntweine. In der Regel verwenden die Händler zur Herstellung ihrer Kompositionen sehr viel ältere Branntweine, als es gesetzlich vorgeschrieben ist. Die für die renommiertesten Bezeichnungen verwendeten Destillate können eine Alterung von mehreren Jahrzehnten aufweisen.

Bekannte Marken: Camus, Henessy, Rémy-Martin, Monnet, Louis Royer, Otard, Martell

Armagnac

Der Armagnac stammt aus der Gascogne in Südfrankreich und gilt als das älteste französische Weindestillat. Das kontinuierliche Brennverfahren bewirkt, dass Bestandteile des Weines, die bei der Cognacdestillation ausgeschieden werden, erhalten bleiben.

Bekannte Marken: Bas Armagnac Baron G. Legrand, Cles des Ducs, Janneau

Eau de Vie de Vin

Bezeichnung für einen französischen Weinbrand, der außerhalb der Gascogne und der Charente erzeugt wird.

Brandy oder Weinbrand

Brandy ist der allgemeine Begriff für weltweit erzeugte Weindestillate. Im deutschsprachigen Raum wird der Edelbrand aus Wein als Weinbrand bezeichnet. Österreichischer Qualitätsweinbrand besteht zu 100 % aus hochwertigem Weindestillat und wird aus österreichischen Grundweinen erzeugt. Die Altersbezeichnung wird meist mit Sternen und Buchstaben vorgenommen. Brandy und Weinbrand müssen mindestens ein Jahr oder mindestens sechs Monate (in Eichenfässern unter 1 000 Liter Fassungsvermögen) gereift sein.

Es gibt auch Brandys und Weinbrände mit geografischer Ursprungsbezeichnung: z. B. der Brandy de Jerez (Spanien), der nur aus andalusischen Weinen hergestellt werden darf, oder in Österreich der Wachauer Weinbrand oder der Weinbrand Dürnstein.

Bekannte Marken: Asbach Uralt (Deutschland), Metaxa (Griechenland), Pisco (Südamerika – Chile), Vecchia Romagna, Stock Brandy, Sandeman Capa Negra, Lepanto, Cardena Mendoza

---

Wussten Sie, dass ... der Begriff Branntwein allgemein alle durch Destillation hergestellten, alkoholhaltigen Flüssigkeiten und deren Mischungen bezeichnet?

Weinbrandschwenker — Grappaglas

Asbach Uralt, ein Brandy aus Deutschland

Weinhefebrand

Nach der Gärung von Wein setzen sich am Fassboden alle festen Bestandteile ab. Diese werden als Geläger bezeichnet. Nach dem **Abstechen** des Weines vom Geläger werden diese Rückstände destilliert.

Tresterbrände

Als Tresterbrände bezeichnet man Edelbrände aus den Pressrückständen der Weinmaische (Weintrester). In Frankreich kennt man sie als **Marc**, in Italien als **Grappa** und in der Schweiz als **Träsch** oder **Marc**. Die Weindestillate werden stehend gelagert, die Flaschen müssen stets gut verschlossen sein.

Destillate aus Getreide

Destillate aus Getreide sind alle Brennerzeugnisse aus Getreide, wie Gerste und Hafer sowie Weizen, Mais und Roggen. Der Alkoholgehalt beträgt 38 bis 45 Vol.-%.

Whisky/Whiskey

Unterschiedliche Schreibweisen dienten ursprünglich dazu, **schottischen Whisky** vom **irischen Whiskey** zu unterscheiden. „Wasser des Lebens" nennen Schotten und Iren ihren Whisky.

Whisky ist ein Destillat aus vergorener Getreidemaische. Zur Verwendung kommen Gerste, Roggen, Weizen, Korn, Mais und, seltener, auch Hafer. Der Ursprung des Whiskys liegt in Schottland und Irland. Der Alkoholgehalt liegt bei mindestens 40 Vol.-%.

Scotch Whisky

Malt Whisky

Als Basis dient das weiche und klare Berg- und Moorwasser der schottischen Highlands. Reine Gerste wird gemälzt, das heißt durch Zusatz von Wasser zum Keimen gebracht und über Torffeuer gedarrt (das ergibt den typisch rauchigen Geschmack), danach geschrotet und eingemaischt. Im Anschluss erfolgt die Gärung („wash"). Nun beginnt der doppelte Destillierprozess (Pot-Still-Verfahren). Dann erfolgt die Reife von mindestens drei Jahren in Eichen- oder Sherryfässern. Spitzenprodukte lagern bis zu zwölf Jahre. Anschließend erfolgt je nach Typ das sorgfältige „blending".

Die Malt Whiskys werden eingeteilt in:
- **Single Malt (Straight Malt):** Whisky aus einer einzigen Destillerie.
- **Pure Malt (Blended Malt):** entsteht aus verschiedenen Malt Whiskys unterschiedlicher Destillerien.

Bekannte Marken: Aberlour, Ardberg, Balvenie, The Glenlivet, Glen Grant

Blended Scotch Whisky

Blended Scotch Whisky wird aus Grain (Korn Whisky) und Malt Whiskys unterschiedlicher Jahrgänge und Herkunftsorte verschnitten und weist einen markentypischen Geschmack auf. Blended Whisky besteht teilweise aus bis zu 40 verschiedenen Sorten. Grain Whisky (Korn Whisky) wird aus ungemälztem Getreide im Patent-Still-Verfahren erzeugt. Die Stärke in den ungemälzten Getreiden wird durch Vorkochen freigesetzt und in Verbindung mit gemälzter Gerste in gärungsfähige Zucker umgewandelt.

Bekannte Marken: Johnnie Walker Red Label, White Horse, J. & B. Rare, Cutty Shark, De-Luxe-Scotch-Blends haben einen Maltanteil von 35 % wie Johnnie Walker Black Label, Chivas Regal, Grant's Royal.

Irish Whiskey

Irish Whiskey wird aus Gerstenmalz, Anteilen ungemälzter Gerste, Hafer und Weizen hergestellt. Das Malz wird im Heißluftofen getrocknet (daher kein Rauchgeschmack). Irish Whiskey wird dreimal destilliert.

Bekannte Marken: John Jameson, John Power, Paddy, Tullamore Dew, John Locke, Bushmills Single Malt, Black Bush

---

👉 **Wussten Sie, dass ...** auch in Österreich Whisky erzeugt wird? Der Roggenhof im Waldviertel erzeugt aus Roggen das „Wasser des Lebens". Aber auch Hans Reisetbauer (OÖ), Michael Weutz (Stmk.) und die Brauerei LAVA Bräu (Stmk.) produzieren Whisky.

„**To blend**" bedeutet mengen, mischen, verschneiden. Als Blended Whisky bezeichnet man einen Verschnitt verschiedener Whiskysorten. Grundsätzlich basiert das Blending auf Malt und Grain Whisky. Blended Whisky besteht teilweise aus bis zu 40 verschiedenen Sorten.

Destillerie Ardberg im Süden der Isle of Islay, Schottland

Destillieren von Irish Whiskey

Allgemeine Getränkekunde

Das Old-Fashioned-Glas ist ein klassisches Whiskyglas

Gut zu wissen
Amerikaner trinken ihren Whiskey gerne „on the rocks", also mit Eiswürfel oder zusammen mit Limonaden. Schotten und Iren hingegen verdünnen ihren Whisk(e)y mit Wasser, meist im Verhältnis 1:1.

American Whiskey

Seit der zweiten Hälfte des 18. Jh. wird in Amerika, ursprünglich von schottischen und irischen Auswanderern, Whiskey in größeren Mengen hergestellt. American Whiskeys werden vorwiegend im Patent-Still-Verfahren hergestellt.

Als **Grundmaterialien** dienen Gerste, Mais und Roggen. Die geschmacklichen Merkmale sind: schwer, körperreich und süßlich.

Bourbon Whiskey
Der Ursprung liegt in Kentucky. Die Bestandteile sind mindestens 51 % Mais sowie Zusätze von Roggen und Gerste. Er wird nach dem Patent-Still-Verfahren hergestellt. Er lagert mindestens zwei Jahre in ausgekohlten Eichenfässern. Die Bourbons werden eingeteilt in:
- **Straight Bourbon:** entsteht aus einer einzigen Destillerie, 40 Vol.-% bzw. 62 Vol. % Alkohol.
- **Blended Straight Bourbon:** Straight Bourbons werden miteinander verschnitten.

Bekannte Marken: Jim Beam, Wild Turkey, Old Crow, Old Grand Dad

Tennessee Bourbon Whiskey ist besonders mild durch sein aufwändiges Filtrationsverfahren mit Holzkohle. Das Tennessee-Sour-Mash-Verfahren ist in Tennessee verpflichtend: Geschmack und Bukett werden noch verstärkt.

Bekannte Marken: Jack Daniel's, George Dickel, Jim Beam

Rye Whiskey
Besteht aus mindestens 51 % Roggen und lagert mindestens zwei Jahre in neuen, ausgekohlten Eichenfässern.

Canadian Whisky

Canadian Whisky ist immer ein Verschnitt von Whiskys aus Roggen und anderen Getreidesorten mit Neutralalkohol und ähnelt dem amerikanischen Bourbon. Er lagert je nach Qualität mehrere Jahre in Sherryfässern und ist leicht, relativ geschmacksneutral und heller als andere Whiskes.

Bekannte Marken: Black Velvet, Canadian Club, Canadian Mist, Seagram's VO

Japanischer Whisky

Der japanische Whisky ähnelt dem Scotch Whisky. Der Japaner Mastaka Taketsuro erlernte die Whiskydestillation in Glasgow. Seit 1923 wurden in Japan mehrere Destillerien gegründet.

Bekannte Marken: Suntory und Nikka

Aquavit (Akvavit)

Der Ursprung des Aquavits liegt in den skandinavischen Ländern und Norddeutschland. Aquavit hat einen feinen, aromatischen Geschmack, der durch die Bestandteile Korn, Neutralalkohol, Kräuter und Gewürze wie Kümmel und Wacholderbeeren entsteht.

In Norwegen und Norddeutschland wird er in Verbindung mit Bier als Aperitif genossen.

Aquvavit = (von lat. aqua vitae) Lebenswasser

Bekannte Marken: Bommerlunder, Malteser

Kornbrand

Eine Getreidespirituose mit den Bestandteilen: Gerste, Hafer, Weizen, Buchweizen, Roggen. Folgende gesetzliche Bestimmungen gibt es:
- **Kornbrand:** Alkoholgehalt mindestens 37,5 Vol.-%.
- **Korn:** Alkoholgehalt mindestens 30 Vol.-%.
- **Kümmel** oder **Spirituose mit Kümmel** werden durch die Aromatisierung von Ethylalkohol landwirtschaftlichen Ursprungs mit Kümmel erzeugt.

Bekannte Marken: Beentzen, Fürstensteiner Steinhäger, Hofbrand, Münchner Kindl, Doornkaat – mit Wacholderzusatz.

Genever

Ursprünglich wurde der Genever in Holland (bei Rotterdam) seit dem 15. Jh. erzeugt – heute wird er in vielen Ländern hergestellt. Genever zählt zu den Spirituosen, die vorwiegend aus Wacholderbeeren hergestellt werden. Weitere Bestandteile sind Gerste, Roggen, Mais, Darrmalz und Gewürze. Die Herstellung des Genevers erfordert drei Brennvorgänge. In Holland wird er als Aperitif getrunken. Der Alkoholgehalt liegt bei mindestens 30 Vol.-%.

Destillate aus Ethylalkohol landwirtschaftlichen Ursprungs

Gin

Englische Soldaten brachten Genever auf die britische Insel, wo er den Namen Gin erhielt. Ab 1769 produzierte die Gordon Co. in Nordlondon einen in der britischen Marine verbreiteten dreifach gebrannten Gin. Heute ist Gordon's die bekannteste Gin-Marke der Welt, die in sehr vielen Ländern produziert wird.

Gin wird aus Gerste, Roggen, Wacholderbeeren und Gewürzen wie Koriander, Anis, Kümmel, Kardamom, ätherischen Ölen, Zitronen und Bitterorangen hergestellt. Der Alkoholgehalt beträgt 45 Vol.-%.

- **Gin** ist eine Spirituose mit Wacholdergeschmack, die durch Aromatisieren von Ethylalkohol landwirtschaftlichen Ursprungs mit Wacholderbeeren gewonnen wird.
- **Destillierter Gin** ist eine Spirituose mit Wacholdergeschmack, die ausschließlich durch erneute Destillation von Ethylalkohol landwirtschaftlichen Ursprungs hergestellt wird, z. B. London Gin.

Bekannte Marken: Beefeater, Bols, Tanqueray, Pimms No 1, Seagram's, Gilbey's, Gordon's.

Wodka

Der Ursprung des Wodkas liegt in Polen und Russland. Wodka ist eine Spirituose aus Ethylalkohol landwirtschaftlichen Ursprungs, der durch Gärung mit Hefe aus Getreide oder anderen landwirtschaftlichen Rohstoffen gewonnen wird. Zur Herstellung von Premiumprodukten werden reines Quellwasser und wertvoller Winterweizen verwendet. Ziel ist, im Gegensatz zu anderen Spirituosen, ein neutral schmeckendes Produkt zu erzeugen. Wodkas können mit Ingredienzien aus Kräutern und Gewürzen (z. B. Pfefferoni-Wodka), mit Büffelgrasextrakt (Zubrovka) und auch Zitrusfrüchten aromatisiert werden. Der Alkoholgehalt muss mindestens 37,5 Vol.-% betragen.

Bekannte Marken
Russland: Stolichnaya, Moskovskaya; **Polen:** Wyborowa, Zubrovka; **Deutschland:** Gorbatschow, Eristoff; **Österreich:** Puschkin, Smirnoff; **Schweden:** Absolut; **Finnland:** Finlandia; **USA:** Smirnoff.

Destillate aus Obst

Zu den **Obstbränden** zählen alle Spirituosen, die ausschließlich durch alkoholische Gärung und Destillieren einer frischen fleischigen Frucht oder des frischen Mosts dieser Frucht gewonnen werden. Die Brände werden in einem doppelten Brennvorgang hergestellt. Die hundertprozentigen Destillate dürfen mit keinem anderen Alkohol verschnitten werden. Dem Namen der Frucht wird das Wort **Brand oder Wasser** nachgestellt (z. B. Birnenbrand, Kirschwasser).

Bei **Beerenbränden** darf zum Einmaischen Fremdalkohol verwendet werden, und zwar im Verhältnis von 20 Litern reinem Alkohol auf mindestens 100 kg Früchte. In diesem Fall lautet die Bezeichnung auf dem Etikett ebenfalls „...brand", aber mit dem Hinweis **„durch Mazerieren und Destillieren gewonnen"**. Wird diese Mindestfruchtmenge an frischen Früchten unterschritten, wird das hergestellte Produkt als **Geist** bezeichnet (z. B. Himbeergeist).

Als **Obstspirituosen** bezeichnet das Gesetz Spirituosen, die durch Einmaischen einer Frucht in Monopolalkohol gewonnen werden. Dem Getränk wird der Name der verwendeten Frucht vorangestellt.

Etikettensprache beim Gin
- Dry Gin: ungesüßt
- London Dry Gin: ungesüßt
- Old Tom Gin: leicht gesüßt
- Plymouth Gin: leicht gesüßt
- Versetzte Gins: Sloe Gin (Schlehen), Almond Gin (Mandeln), Orange Gin, Lemon Gin, Apple Gin

Gin

Wussten Sie, dass ...
Wodka auch aus Kartoffeln erzeugt werden kann?

Gut zu wissen
Die höchste Qualität bei den Obstbränden garantiert die Bezeichnung Qualitätsobstbrand. Hier muss 100 % reines Fruchtdestillat ohne Zusatz von Aromastoffen und Fremdalkohol abgefüllt sein. Auch natürliche Aromen sind nicht erlaubt.

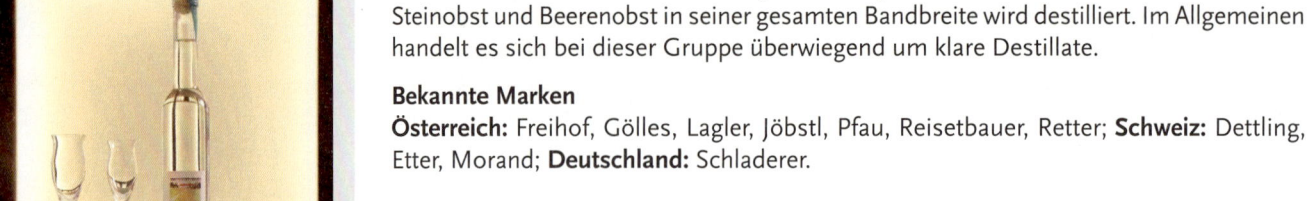

Allgemeine Getränkekunde

Österreich bietet im weltweiten Vergleich eine große Vielfalt an Obstbränden. Kernobst, Steinobst und Beerenobst in seiner gesamten Bandbreite wird destilliert. Im Allgemeinen handelt es sich bei dieser Gruppe überwiegend um klare Destillate.

Bekannte Marken
Österreich: Freihof, Gölles, Lagler, Jöbstl, Pfau, Reisetbauer, Retter; **Schweiz:** Dettling, Etter, Morand; **Deutschland:** Schladerer.

Es werden aber auch fassgelagerte Fruchtbrände erzeugt, z. B. die Brennerei Jöbstl mit „Zwetschke fassgelagert", „Dörrbirne – Zigarrenbrand"

Bekannte Destillate aus Obst
- **Barack Pálinka:** Marillendestillat aus Ungarn.
- **Slibowitz:** Pflaumenbrand unterschiedlicher Herkunft.
- **Obstler:** Ein Destillat, das aus verschiedenen Früchten, wie Birnen, Äpfeln oder Zwetschken erzeugt wird.
- **Calvados:** Apfelbrand aus der Normandie; er reift in Eichenfässern, das Grundprodukt ist **Cidre**, ein aus besten Apfelsorten gewonnener Most.

Weitere Destillate

Rum

Originalrum ist ein Destillat aus **Zuckerrohr** oder **Zuckerrohrmelasse.** Der berühmteste Rum kommt aus Jamaika. Während auf den Inseln mit britischer Tradition im Allgemeinen nach dem Whiskyverfahren gebrannt wird, bevorzugt man in den französisch beeinflussten Gebieten eine dreifache Cognacdestillation.

In das Destillat kommen je nach Gebiet verschiedene Aromaten wie Rosinen, Ananas, Zimtäpfel, Vanille oder auch Bataya-Akazien. Anschließend wird der Rum gelagert. Man unterscheidet zwischen **weißem** und **braunem** Rum. Dunkler Rum entsteht durch die Zugabe von kleinen Mengen Zuckercouleur oder durch die Lagerung in Holzfässern.

Originalrum wird mit einem Alkoholgehalt von 62 bis 81 Vol.-% hergestellt. Echter Rum ist auf Trinkstärke (38 bis 54 Vol.-%) herabgesetzter Originalrum.

Bekannte Marken
Bacardi (weiß, dunkel), Myer's Rum, Havanna Club, Pusser's Navy Rum, Coruba (weiß und dunkel sowie „overproofed" mit 74 Vol.-%), Ronrico, Mount Gay, Appleton, Captain Morgan

Rumverschnitt

Er wird durch den Verschnitt von Rum mit Alkohol gewonnen, wobei mindestens 5 % des Alkohols im Fertigerzeugnis aus Rum stammen muss. Der Mindestalkoholgehalt von Rumverschnitt beträgt 37,5 Vol.-%. Er zählt gesetzlich zu „Sonstige Spirituosen" und darf in Österreich als **Inländer Rum** bezeichnet werden.

Cachaça

Cachaça stammt aus Brasilien und wird aus dem vergorenen **Saft des grünen Zuckerrohrs gebrannt.** Premiumprodukte werden zweimal destilliert und anschließend durch Kohle gefiltert. Klarer Cachaça ist die Basis für die bekannte **Caipirinha**. Die Reifung des Produktes in Eichenfässern hat großen Einfluss auf Aroma und Farbe. Wegen seiner Milde wird er auch pur getrunken.

Bekannte Marken: Pitu, Cachaça 51, Ypioca, Canario, Cachaça Tropicana

Tequila

Die Stadt Tequila liegt in Mexiko und ist der Namensgeber für das gleichnamige Getränk. Tequila wird durch zweimalige Destillation aus **Agavensaft** gewonnen. Der Alkoholgehalt liegt zwischen 40 und 50 Vol.-%. Es gibt weiße und braune Sorten. Tequila wird gerne pur genossen und eignet sich auch hervorragend zum Mixen.

Bekannte Marken: Jose Cuervo, Sierra, Sauza, Olmeca

Feine Destillate verlangen nach den entsprechenden Gläsern

Zuckerrohrernte auf Kuba

Caipirinha

Wussten Sie, dass ...
der Name Caipirinha von Caipira abstammt, der Bezeichnung für einfache Bauern? Dem Namen Caipirinha verdankt der Cachaça seinen Erfolg als eine der großen Trendspirituosen. In einem Glas mit dickem Boden wird mit einem Muddler („Stößel"), zusammen mit 2 Barlöffeln braunem Zucker, aus einer grob geschnittenen Limette der Saft herausgequetscht, und dann mit 4 cl Cachaça aufgegossen und auf crushed ice serviert.

Anisées, Absinth und Bitters

Anisées

Anisées sind alkoholische Getränke mit Anisgeschmack. Der französische Anisée heißt **Pastis**. Der **Pernod** ist ebenfalls eine französische Anisspirituose mit Sternanis- und Fenchelgeschmack. Weiters zu nennen sind der französische **Ricard, Ouzo** aus Griechenland und **Raki** aus der Türkei. Sie werden gerne mit Wasser serviert und ergeben damit ein milchiges Getränk.

Absinth

Absinth ist ein Wermutbranntwein. Zu seiner Herstellung werden handgepflückte Blätter und Stängel der Pflanze Wermut (Absinthium) destilliert und dann in Kräutern verflüssigt. Bei den meisten Absinthmarken ist die Spirituose von grüner Farbe. Als „grüne Fee" verführte Absinth im 19. Jahrhundert die Pariser Gesellschaft. Berühmte Absinthtrinker waren z. B. Vincent van Gogh und Paul Gauguin. Lange Zeit war Absinth verboten, weil man annahm, dass er aufgrund seines Thujon-Gehaltes (Bestandteil der ätherischen Öle von z. B. Thymian, Wermut, Rosmarin, Beifuss, Salbei) abhängig macht. Heute führt man die gesundheitlichen Schäden auf die schlechte Qualität des Alkohols zurück. Seit 1998 ist Absinth in den meisten europäischen Staaten wieder erhältlich.

Bitters

Sie werden auf Eis im Tumbler serviert, sehr oft mit Sodawasser oder Orangensaft gemischt. Der bekannteste Bitteraperitif ist der aus Italien stammende **Campari**.

Weitere Bitters
- **Fernet-Branca** ein bekannter Magenbitter aus Italien.
- **Cynar** ein Aperitif auf der Basis von Artischocken.
- **Apricotbitter** und **Orangebitter** sind Würzbitter mit starkem Marillen- bzw. Orangengeschmack.
- **Angostura Bitter** wird aus der Angosturarinde und anderen Gewürzen gewonnen. Diese Bitter werden zum Aromatisieren von Mischgetränken verwendet.

Liköre

Likör ist ein alkoholisches Getränk unterschiedlicher Konsistenz mit mindestens 10 % Zucker und 15 % Alkohol. Geschmacksgebend sind Auszüge aus Kräutern, Früchten oder anderen Rohstoffen. Liköre sind also gesüßte Spirituosen, die unter Verwendung von Zucker, Glukosesirup oder Honig hergestellt werden. Sie sind aus mittelalterlichen Heilgetränken hervorgegangen: Man wollte die Medizin versüßen und erfand so indirekt die Kräuterliköre.

Zur Aromatisierung des sogenannten Grundlikörs, einer Mischung aus Alkohol und Zucker, werden verschiedene Methoden angewendet:
- **Infusions- oder Destillationsmethode:** aromatisierter Alkohol wird destilliert.
- **Perkolations- oder Filtriermethode:** Alkoholdämpfe werden kondensiert.
- **Emulsionsmethode:** Grundbestandteile werden homogenisiert.
- **Kompositionsmethode:** Ethylalkohol wird mit künstlichen Essenzen versetzt.

Einteilung der Liköre nach der Zusammensetzung und nach den Geschmackszugaben

Likörarten nach der Zusammensetzung	
Edelliköre	Bestehen aus Edelbränden ohne künstliche Zusätze.
Tafelliköre	Bestehen aus Monopolalkohol bzw. aus Edelbrand und Monopolalkohol. Es dürfen neben den natürlichen auch künstliche Aroma- und Geschmacksstoffe zugesetzt werden.

Der **Absinthlöffel** gehört zu einem echten Absinthritual dazu. Er wird mit einem Zuckerwürfel über das Glas gelegt. Dann gießt man Absinth darüber und zündet danach den Zuckerwürfel an. Der karamelisierte Zucker tropft in das Glas, das danach noch mit Absinth und kaltem Wasser aufgefüllt wird.

Wussten Sie, dass … die rote Farbe des Camparis lange Zeit durch die Verwendung des aus Läusen gewonnenen natürlichen Farbstoffes Karmin herrührte? Heute wird dieser Farbstoff künstlich hergestellt.

Zu den **Basisspirituosen** der Bar zählen:
- Cognac bzw. Weinbrand
- Whisky
- Rum
- Wodka
- Gin
- Tequila

Allgemeine Getränkekunde

💡 **Mazeration** ist ein Verfahren, bei dem Produkte einige Zeit der Einwirkung einer Flüssigkeit wie Wasser, Öl oder Alkohol ausgesetzt sind. Die verwendete Flüssigkeit wirkt dabei als Lösungsmittel für bestimmte Inhaltsstoffe der Produkte.

💡 **Gut zu wissen**
Nusslikör (auch als Nussschnaps bezeichnet) ist eine regionale Besonderheit. Er ist ein Ansatzlikör aus ganzen grünen Walnüssen und Gewürzen, die mit der Schale in Alkohol angesetzt (mazeriert) werden. Der Alkoholgehalt liegt bei ca. 30 Vol.-%. In kleinen Portionen genossen, regt er den Stoffwechsel an und stärkt die Nieren.

Curaçaos sind Orangenliköre, die nach der vor Venezuela liegenden Insel Curaçao benannt sind. Traditionell werden die getrockneten Schalen der für die Insel typischen Pomeranzensorte in Alkohol eingelegt (mazeriert). Danach erfolgt die Destillation. Es gibt ein großes Angebot an Curaçaos: von einfachen Likören über Tafelliköre bis zu Edellikören.

Liköre lassen sich wegen ihres hohen Zuckergehalts im Allgemeinen gut aufbewahren. Die ideale Trinktemperatur ist Raumtemperatur. Nur die Emulsionsliköre werden leicht gekühlt.

Likörarten nach den Geschmackszugaben	
Bitterliköre	■ Sind Magenbitter, z. B. Underberg oder Würzbitter. ■ Würzbitter (z. B. Angosturabitter) werden nur zum Mixen verwendet.
Fruchtsaftliköre und Fruchtliköre	■ Enthalten Fruchtsaft als geschmacksbestimmenden Bestandteil, z. B. Cointreau. ■ In **Österreich** werden solche Liköre als Fruchtsaftliköre bezeichnet, die mindestens 20 l Fruchtsaft auf 100 l fertiges Erzeugnis enthalten.
Fruchtliköre	■ Werden durch Mazeration des geschmacksbestimmenden Obstes bzw. der Früchte erzeugt.
Honigliköre	■ Enthalten 25 kg Honig je 100 l Fertigprodukt, z. B. Drambuie.
Kräuter- und Gewürzliköre	■ Sind leicht bitteraromatisch oder haben einen stark würzigen Geschmack, z. B. Galliano.
Emulsionsliköre	■ Werden aus Rohstoffen wie Eiern, Kaffee, Kakao, Haselnüssen oder Schokolade, die mit Wasser, Milch oder Obers und Zucker emulgiert werden, hergestellt. ■ Beispiele dafür sind u. a. Advokaat Eierlikör, Bailey's Irish Cream, Batida de Coco, Dooleys.
Kakao- und Kaffeeliköre	■ Werden als Destillatliköre oder als Extraktliköre aus Kakao- oder Kaffeebohnen hergestellt, z. B. Kahlúa.
Sonstige Liköre	■ Sind jene Liköre, die sich in keine dieser genannten Gruppen einordnen lassen, z. B. Amaretto di Saronno, ein Mandellikör, oder Malibu, ein Rum-Fruchtlikör.

Kleine Warenkunde ausgesuchter Liköre	
Orangenliköre: Triple sec/ Curaçaoliköre	■ **Curaçao:** Likör aus der Schale der unreifen Pomeranze. Der Hauptproduzent ist die Firma BOLS. Curaçao wird in verschiedenen Farben hergestellt, z. B. Red-, Blue Curaçao, Triple sec etc. ■ **Cointreau:** Fruchtaromalikör, hergestellt aus Curaçaoorangen. ■ **Grand Marnier:** Likör aus karibischen Bitterorangen. ■ **Cordon Jaune** wird mit neutralem Alkohol hergestellt. ■ **Cordon Rouge** wird zu 51 % aus Cognac hergestellt.
Amaretto	Ein mittelbrauner Mandellikör aus Italien.
Benedictine D. O. M.	■ Ein Kräuterlikör aus Frankreich. ■ D. O. M. steht für deo optimo maximo (dem besten größten Gott). Dieser Likör wurde von einem Benediktinermönch 1510 das erste Mal hergestellt.
Chartreuse	■ Ein edler Kräuterlikör, der von Kartäusermönchen hergestellt wird. ■ Chartreuse jaune (gelb) hat 40 Vol.-%, Chartreuse verte (grün) hat 55 Vol.-%. Elixir Végétal de la Grande Chartreuse ist ein Konzentrat mit 71 Vol.-% Alkohol.
Creme de ...	Emulsionsliköre in verschiedenen Geschmacksrichtungen, z. B. Creme de cacao, Creme de cassis und Creme de menthe.
Drambuie	Ein schottischer Whisky-Honig-Likör von hoher Qualität.
Galliano	Ein italienischer Kräuterlikör mit Vanillegeschmack.
Kahlúa	Ein mexikanischer Kaffeelikör.
Malibu	Ein Fruchtlikör aus weißem Rum, Zucker und natürlichen Kokosnussextrakten.
Maraschino	Ein farbloser Fruchtlikör aus der Maraskakirsche.
Southern Comfort	Ein Bourbonlikör mit Pfirsicharoma aus den Vereinigten Staaten.
Tia Maria	Ein Kaffeelikör aus Zuckerrohrsaft und Kaffee aus Jamaika.

3 Alkoholische Getränke

AUF DEM WEG ZUM PROFI

Der Digestifwagen

Mise en Place

Obere Etage
- Deckservietten auf jede Etage auflegen
- Eiswürfel im Eiskübel (nur Eiswürfel in das Getränk geben, wenn es der Gast verlangt – bitte nicht vergessen, vorher zu fragen)
- Eiswürfelzange

Digestifwagen

Beispiel für die Anordnung der Getränke:

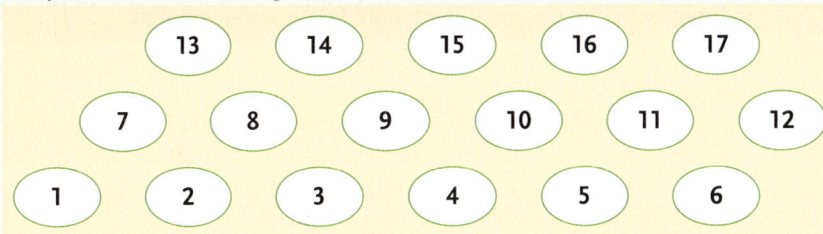

	13	14	15	16	17	
7	8	9	10	11	12	
1	2	3	4	5	6	

1. Reihe	2. Reihe	3. Reihe
1. Baileys	7. Cognac	13. Marillenbrand
2. Amaretto	8. Armagnac	14. Williams
3. Bénédictine	9. Calvados	15. Obstler
4. Chartreuse grün	10. Single Malt Whisky	16. Nussschnaps
5. Chartreuse gelb	11. Jim Beam	17. Grappa
	12. Canadian Whisky	

Untere Etage

Beispiel für die Anordnung der Gläser (je vier Stück):

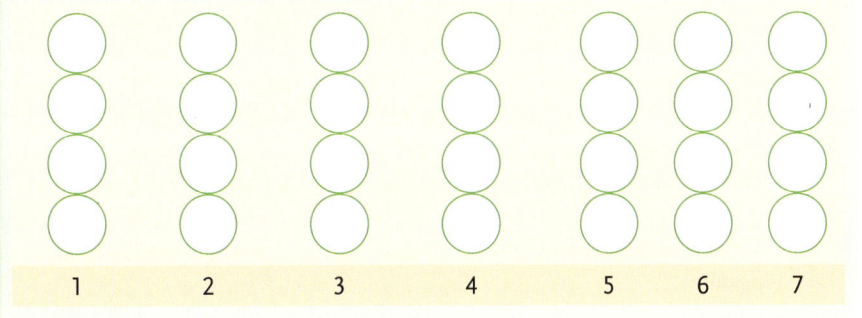

1 2 3 4 5 6 7

Gläsertypen

1 2 3 4 5 6 7

1 Likörschalen (Baileys pur)
2 Likörgläser (Amaretto, Bénédictine, Chartreuse grün/gelb)
3 Cognacgläser (Cognac, Armagnac, Calvados)
4 Whiskygläser (Whiskys, Baileys on the rocks)
5 Universal-Obstbrandgläser (Marillenbrand, Williams, Nussschnaps, Grappa)
6 Portweingläser (Portwein)
7 Sherrygläser

Allgemeine Getränkekunde

> **Gut zu wissen**
> Cognac wird zunehmend auch als Aperitif angeboten: Dabei wird der Cognac auf 18 °C herabgekühlt und in einem eisgekühlten Glas serviert. Beim Trinken entfalten sich die Aromen des Cognacs langsam am Gaumen.

AUF DEM WEG ZUM PROFI

Service

Destillate aus der Weintraube

- Die ideale Weintemperatur der Weindestillate liegt bei 18 °C; serviert wird im klassischen Cognacglas, das Ausschankmaß ist generell 2 oder 4 cl. Grappa serviert man im Obstbrandglas mit einer Temperatur zwischen 8 und 10 °C, hochwertiger Grappa mit 18 °C.
- Weindestillate werden gerne nach dem Essen als Digestif oder zum Kaffee getrunken. Cognacs werden direkt vor dem Gast aus der Flasche ausgeschenkt, sehr alte Cognacs werden im Dekanter angeboten.

Destillate aus Getreide

- Das Ausschankmaß liegt bei 4 cl. Werden Whiskys mit Eis oder Soda getrunken, wird das Whiskyglas (sog. Old-Fashioned-Glas) verwendet. Speziell für Malt Whisky gibt es ein tulpenförmiges Stielgas, das den Aromen genügend Raum gibt, sich zu entfalten.
- Genever wird gut gekühlt serviert, als Ausschankmaß gelten entweder 2 oder 4 cl.

Destillate aus Ehtylalkohol landwirtschaftlichen Ursprungs

- Gin wird eher selten pur getrunken; meist ist er Bestandteil eines Cocktails oder eines Longdrinks. Pur wird Gin in einem Tumbler auf Eis serviert, das Ausschankmaß beträgt 4 cl.
- Wodka mit Eis wird in einem kleinen Tumbler serviert. In den Herstellländern wird Wodka gerne eiskalt getrunken; Gläser und Flasche werden im Tiefkühlfach aufbewahrt. Wodka wird auch in vielen Mixgetränken (z. B. Bloody Mary) verwendet.

Destillate aus Obst

- Die ideale Genusstemperatur zur besten Aromaentfaltung liegt zwischen 15 und 18 °C.
- Obstler werden kühler serviert (zwischen 8 und 10 °C). Als Gläser eignen sich am besten Gläser mit Stiel und einem bauchigen Körper. Bei sehr kalt servierten Obstbränden wird oftmals versucht, mangelnde Qualität zu verdecken.
- Liköre werden bei Raumtemperatur getrunken. Bitters werden mit einem Glas Leitungswasser angeboten. Bei den Likören gibt es verschiedene Glasformen. Für edle Liköre eignet sich der klassische Cognacschwenker.

Aperitifwagen

Auf einen Blick

- Auch ein Aperitifwagen ist ein optischer Blickfang und eine sehr gute Verkaufshilfe – und damit auch ein guter Umsatzbringer. „Aprire" heißt „öffnen". Ein Aperitif wird zur Anregung des Appetits und zur Weckung der Lebensgeister vor den Mahlzeiten eingenommen. Erfolgreiches Empfehlen und Verkaufen setzt ein umfassendes Wissen über die Getränkekunde voraus!
- Beim Anbieten eines Digestifs sollten nur noch ein Weinglas und ein Wasserglas am Gedeck des Gastes stehen. Fragen Sie den Gast persönlich, z. B. „Welchen Digestif darf ich Ihnen einschenken?" Den Digestif direkt auf dem Wagen einschenken und das Glas dem Gast einstellen.
- Kontrollieren Sie die Flaschen vor dem Service und öffnen Sie die Verschlüsse vorab einmal.

Hinweise zur Lagerung und Verkostung:
- Lagern Sie ihre Qualitätsbrände immer stehend.
- Geringfügiger Kontakt mit Sauerstoff fördert die Harmonie des Brandes.
- Brände verteilt man über Zunge und Gaumen, hält diese aber nicht zurück (der Alkohol lähmt sonst die Geschmacksknospen).
- Der Abgang bestimmt wesentlich den Gesamteindruck des Produktes.
- Stilles Wasser zwischen den Proben neutralisiert die Schleimhäute.

🎯 Ziele erreicht?

1. Erklären Sie die Gewinnung von Trinkalkohol.
2. Beschreiben Sie drei wichtige Alkoholarten.
3. Erklären Sie die Bedeutung des Alkohols für die Ernährung.
4. Schildern Sie die Folgen einer erhöhten Blutalkoholkonzentration.
5. Führen Sie vier Risiken an, die bei missbräuchlicher Verwendung von Alkohol entstehen.
6. Erklären Sie den Begriff Bier.
7. Nennen Sie die Rohstoffe, die zur Biererzeugung verwendet werden. Inwieweit unterscheiden sie sich von denen, die nach dem Reinheitsgebot zur Herstellung von Bier verwendet werden dürfen?
8. Erörtern Sie die Aufgabe des Hopfens bei der Biererzeugung.
9. Zählen Sie fünf Phasen der Biererzeugung auf.
10. Beschreiben Sie den Vorgang des Maischens bei der Biererzeugung.
11. Schildern Sie die Vorgänge während des Brauens (Würzekochens).
12. Nennen Sie die Arten der Biervergärung.
13. Schildern Sie, was den Unterschied zwischen Ober- und Untergärung bewirkt.
14. Definieren Sie den Begriff Stammwürze.
15. Erklären Sie, was man unter alkoholfreiem Bier versteht.
16. Charakterisieren Sie die Biersorten Weißbier und Zwicklbier.
17. Nennen Sie vier Punkte, die man bei der Bierglaspflege beachten sollte.
18. Definieren Sie den Begriff schäumende Weine.
19. Führen Sie drei Weinbaugebiete der Champagne an.
20. Erklären Sie den Unterschied zwischen Champagner und Sekt.
21. Erklären Sie die Bedeutung folgender Bezeichnungen im Zusammenhang mit Champagner: a) Rosé, b) Blanc Noirs, c) Millésimé, d) Blanc de Blancs
22. Führen Sie die Rebsorten für die Erzeugung von Champagner an.
23. Nennen Sie Methoden der Schaumweinerzeugung.
24. Erklären Sie die Begriffe beim Champagner: a) Cuvée, b) Degorgieren, c) Dosage
25. Führen Sie vier bekannte Champagnermarken an.
26. Zählen Sie vier bekannte internationale Schaumweine auf.
27. Beschreiben Sie die gesetzlichen Bestimmungen für Qualitätsschaumwein in Österreich.
28. Schildern Sie das fachgerechte Service von Schaumweinen.
29. Definieren Sie den Begriff versetzte Weine.
30. Erklären Sie, was man unter Sherry versteht.
31. Nennen Sie die traditionellen Reifemethoden von Sherry.
32. Beschreiben Sie das Solerasystem.

Allgemeine Getränkekunde

Notizen zu den Arbeitsaufgaben:

33. Zählen Sie vier Sherrytypen auf.
34. Erklären Sie die folgende Bezeichnungen im Zusammenhang mit Sherry:
    a) Dry, b) Very Sweet, c) Rich
35. Definieren Sie den Begriff Portwein.
36. Führen Sie die vier Schritte der Portweinerzeugung an.
37. Nennen Sie zwei Portweintypen und beschreiben Sie einen beliebigen fassgelagerten Portwein.
38. Beschreiben Sie, was man beim Service von Portwein beachten sollte.
39. Erklären Sie den Begriff Wermut und nennen Sie zwei bekannte Marken.
40. Nennen Sie Basisspirituosen der Bar.
41. Erörtern Sie den Begriff Branntwein.
42. Definieren Sie den Begriff Spirituosen.
43. Nennen Sie die zwei wichtigsten Destillationsverfahren.
44. Erklären Sie auf einfache Weise einen Destillationsvorgang.
45. Erörtern Sie den Begriff Cognac und führen Sie zwei Cognacmarken an.
46. Nennen Sie das gesetzlich begrenzte Gebiet für die Cognacproduktion und die Hauptrebsorte.
47. Erklären Sie, was man unter dem Begriff Konto im Zusammenhang mit Cognac versteht.
48. Beschreiben Sie die Spirituose Armagnac.
49. Erklären Sie den Unterschied zwischen einem Treber- und einem Geläger- brand.
50. Nennen Sie die Bezeichnungen für Tresterbrände in
    a) Frankreich, b) Italien, c) der Schweiz
51. Schildern Sie die Besonderheiten von Scotch Whisky und nennen Sie zwei bekannte Marken.
52. Erörtern Sie die Besonderheiten von American Whiskey und zählen Sie zwei bekannte Marken auf.
53. Erklären Sie die Besonderheiten von Canadian Whisky und führen Sie zwei bekannte Marken an.
54. Erläutern Sie die Besonderheiten von Irish Whisky und nennen Sie zwei bekannte Marken.
55. Erklären Sie folgende Begriffe im Zusammenhang mit Whisky:
    a) Straight, b) Blended, c) Single Malt
56. Beschreiben Sie, was man unter Wodka versteht und führen Sie zwei Marken an.
57. Erörtern Sie den Unterschied zwischen Obstbrand und Geist.
58. Definieren Sie den Begriff Rum und nennen Sie zwei Marken.
59. Nennen Sie die Besonderheiten von Cachaça und führen Sie zwei Marken an.
60. Erklären Sie den Begriff Tequila und nennen Sie zwei Tequilatypen.
61. Schildern Sie, was man unter dem Begriff Likör versteht.
62. Erörtern Sie den Unterschied zwischen Grand Marnier und Cointreau.
63. Erklären Sie das Produkt Amaretto.
64. Charakterisieren Sie das Produkt Chartreuse.
65. Beschreiben Sie das Produkt Drambuie.
66. Schildern Sie die Anordnung der Getränke und Gläser auf einem Digestif- wagen.
67. Beschreiben Sie das fachgerechte Service von
    a) Destillaten aus der Weintraube, b) Destillaten aus Getreide,
    c) Destillaten aus Obst

Das Produkt Wein

Wein – ein Getränk mit Tradition, ist er doch bereits seit der Antike fester Bestandteil unserer Ess- bzw. Trinkkultur. Nach einem historischen Rückblick wendet sich dieses Kapitel der Herstellung von Wein zu, beschreibt Weinmängel, -fehler und Weinkrankheiten und stellt das österreichische Weingesetz dar. Auf dieser Basis lernen Sie im Speziellen die österreichischen Weine kennen und begeben sich auf eine Reise in die Weinbaugebiete Österreichs und anderer bedeutender Weinländer.

Meine Ziele

Nach Bearbeitung dieses Kapitels kann ich
- den Begriff Wein definieren;
- die Geschichte des Weines nachvollziehen;
- die Bedeutung der natürlichen Produktionsfaktoren für Wein erörtern;
- die Herstellung von Wein beschreiben;
- Weinmängel, Weinfehler und Weinkrankheiten unterscheiden und erläutern;
- erklären, was biodynamischer Weinbau ist;
- einen Überblick über das österreichische Weingesetz geben;
- die Bedeutung des österreichischen DAC-Weines einschätzen;
- die österreichischen Weinkategorien aufzählen und ihre Unterschiede erklären;
- die Weinbaugebiete Österreichs nennen und auf einer Karte zuordnen;
- die wichtigsten Rebsorten Österreichs aufzählen;
- die Weinvielfalt Österreichs einschätzen und beurteilen;
- wichtige Weinfachausdrücke verwenden;
- die wichtigsten internationalen Weinbauländer charakterisieren.

Das Produkt Wein

1 Definition von Wein

Das österreichische Weingesetz definiert Wein als ein aus dem Saft frischer, für die Weinerzeugung geeigneter, zugelassener Weintrauben und durch alkoholische Gärung hergestelltes Getränk. Wein besteht aus 85 % Wasser und 15 % Inhaltsstoffen. Von diesen Inhaltsstoffen sind bis dato nur etwa 400 bekannt, aber es handelt sich um weitaus mehr.

💡 Bei den Weintrauben wird unterschieden zwischen Speisetrauben und Keltertrauben. Speisetrauben sind für den sofortigen Genuss geeignet bzw. werden sie zu Rosinen getrocknet, während die Keltertrauben für die Weinproduktion (Keltern/Pressen) verwendet werden.

Die wichtigsten Inhaltsstoffe sind	
Alkohol	Er entsteht durch Vergärung des Traubenzuckers: Zwei Teile Zucker im Most ergeben einen Teil Alkohol und einen Teil Kohlendioxid (100 g Zucker ergeben je 47 g Alkohol und 47 g Kohlendioxid). Die wichtigsten im Wein enthaltenen Alkohole sind ■ Ethanol (hat den größten Anteil), ■ Methanol (nur in geringen Mengen, ist je nach Dosis schädlich bis giftig), ■ Glycerin (verantwortlich für die Vollmundigkeit und Samtigkeit), ■ Fuselöle (= Begleitalkohole; entstehen bei der alkoholischen Gärung als Nebenprodukt; werden vom Körper schlecht vertragen; Stichwort: Kater),
Säuren	Wein-, Apfel-, Zitronen-, Milch- und Essigsäure sind die wichtigsten Säuren. Spricht man allgemein von Säure, dann ist immer die Gesamtsäure gemeint.
Kohlenhydrate (Saccharide)	Darunter versteht man den Trauben- und Fruchtzucker im Restzuckergehalt des Weines.
Stickstoffverbindungen	Eiweißstoffe bzw. Aminosäuren. Als Gärungsnebenprodukt entstehen z. B. Histamine.
Gerbstoffe (Tannine)	Schmecken herb und bitter (adstringierend).
Farb- und Bukettstoffe	Bewirken die Farbe, den Duft und das Aroma des Weines.
Mineralstoffe und Spurenelemente	Kalium, Kalzium, Magnesium, Eisen, Phosphorsäure, Bor, Zink, Mangan, Aluminium, Kupfer, Fluor, Jod, Brom u. a.
Vitamine	Vor allem Vitamin B.
Schwefel	Wirkt der Oxidation entgegen (schwefelige Säure: Weißwein 210 mg/l, Rotwein 160 mg/l).
Kohlendioxid	Gibt dem Wein seine Spritzigkeit.
Enzyme	Natürliche Fermentationsstoffe.

2 Geschichte des Weines

2.1 Die Antike

Der genaue Zeitpunkt, wann der Mensch begonnen hat Reben zu kultivieren und Wein zu erzeugen, kann nicht eindeutig bestimmt werden. Die ältesten Hinweise auf die Produktion von Wein stammen aus Georgien und dem Gebiet des heutigen Irak. Dort wurde schon vor ca. 8000 Jahren Wein hergestellt, in dem wilde Trauben zu einem weinähnlichen Getränk vergoren wurden.

Vom östlichen Mittelmeerraum aus erreichte der Weinbau um 2000 v. Chr. Griechenland, den Nahen Osten und auch Italien. Von den griechischen Inseln aus entwickelte sich ein reger Weinhandel. Auch das Zusetzen von diversen Gewürzen, Harz, Honig usw. wurde bereits damals praktiziert. Der Wein wurde von den Griechen als Geschenk des Gottes Dionysos, des Gottes des Weines, der Freude, der Trauben, der Fruchtbarkeit und der Ekstase, verehrt.

👉 **Zeittafel**
6000 v. Chr.: Funde aus dem Neolithikum (der Jungsteinzeit) zeugen von einer Weinproduktion im Nahen Osten.
2000 v. Chr.: Das Wissen vom Weinbau wird von den Phöniziern nach Griechenland gebracht.
400 v. Chr.: Die Kelten betreiben bereits eine primitive Form des Weinbaus im Burgenland, in Niederösterreich und in der Steiermark.

2.2 Die Römer

In den darauffolgenden Jahrhunderten wurde der Weinbau durch die Römer auf die iberische Halbinsel, nach Südfrankreich und weiter in viele europäische Länder gebracht. Der römische Kaiser Probus genehmigte seinen Legionären sogar die Auspflanzung. So entstanden vom Donauraum bis an die Mosel Rebanlagen, um die Legionen mit Wein versorgen zu können. Der Zerfall des Römischen Reiches führte in vielen Regionen auch zum Zusammenbruch des Weinbaus. Vor allem in Spanien sorgte die lange arabische Herrschaft, unter der Alkohol verboten war, für das vollständige Erliegen des Weinhandels.

2.3 Geschichte des Weinbaus in Österreich

Aufgrund von Funden von Traubenkernen im burgenländischen Zagersdorf vermutet man, dass die Kulturrebe Vitis vinifera in Österreich bereits um 700 v. Chr. bekannt war. Schriftlich erwähnt werden die Weingärten Österreichs erstmals in der Biografie des Hl. Severin (gest. 482 n. Chr.).

Während der **Völkerwanderung** verfiel die Weinkultur zusehends. Erst unter **Karl dem Großen** erlebte der Weinbau wieder einen großen Aufschwung. In vielen Klöstern und Stiften wurden im **Mittelalter** bereits Musterweingärten mit Sortenbereinigung angelegt. 1456 ordnete **Kaiser Friedrich III.** an, den Wein nach Wien zu bringen, um ihn zum Anrühren des Mörtels beim Bau des Stephansdomes zu verwenden. Diese Anordnung erfolgte, weil der Wein zum Trinken zu sauer war. Es entstand der Begriff **„Reifenbeißer"** (gemeint sind die Eisenreifen der Fässer) für sauren Wein.

Im 16. Jahrhundert war die Weinbaufläche rund zehnmal so groß wie heute. Die **ungarische Königin Maria** gestattete den Ruster Winzern 1524 ein „R" für Rust auf ihren Weinfässern zu führen. 1681 erkauften sich die Ruster von **Kaiser Leopold I.** um 60 000 Gulden und 500 Eimer Ausbruchwein den **Titel Freistadt.** Im 17. Jahrhundert sorgte u. a. der **Dreißigjährige Krieg** für den Niedergang des Weinanbaus. Die Wiederbelebung ist **Kaiser Joseph II.** (1780 bis 1790), dem Sohn Kaiserin Maria Theresias, zuzuschreiben. Mit einem Erlass schuf er 1784 das **Buschenschankpatent,** welches im Prinzip noch heute Gültigkeit hat. Dieses Patent gab jedem die Freiheit, jederzeit und ohne Preiseinschränkung selbst erzeugten Wein und selbst erzeugte Lebensmittel zu verkaufen.

Ende des 19. Jahrhunderts lösten die aus **Amerika eingeschleppten Pilzkrankheiten** Oidium (Echter Mehltau) und Peronospora (Falscher Mehltau) sowie die **Reblaus** (1872) eine neuerliche Katastrophe aus. Der Direktor der weltweit **ersten Weinbauschule in Klosterneuburg,** August Wilhelm Freiherr von Babo, führte eine wirksame Methode zur Bekämpfung der Reblaus ein. Er pfropfte die europäischen Reben auf reblausimmune amerikanische Unterlagsreben.

Nach dem 2. Weltkrieg wurden vor allem die alten Strukturen durch Rationalisierung und Mechanisierung geändert. Die Umstellung auf **Hochkulturen** durch **Prof. Dr. Lenz Moser im Jahre 1956** ermöglichte den Einsatz moderner Geräte. 1962 folgte ein modernes und strenges Weingesetz. Heute wird auf eine möglichst **naturnahe, ökologische Bewirtschaftung** größter Wert gelegt.

Der **Weinskandal 1985** brachte die Weinwirtschaft zum Erliegen. Damals wurde mit Glykol versetzter Wein in Umlauf gebracht. Der Skandal schadete dem Ruf Österreichs als Weinland sehr. Es folgte daraus nicht nur ein neues, noch strengeres Weingesetz, sondern auch eine Strukturbereinigung unter der Winzerschaft. Mit dem Beitritt zur EU 1995 erfolgte auch eine Angleichung an das EU-Weinrecht.

Änderungen bei den Anbaumethoden und bei der Weinherstellung durch eine junge, innovative Winzergeneration sorgten Anfang der 1990er-Jahre für einen Höhenflug des österreichischen Weines. Die Gründung der **Österreichischen Wein Marketing GmbH** als Präsentationsplattform, neue Weinbezeichnungsvorschriften und neue Weinhandelsstrukturen waren die Voraussetzung für den hohen nationalen und internationalen Stellenwert des österreichischen Weines.

Die europäische Urrebe wird als **Vitis vinifera** bezeichnet. Sie ist der Vorläufer aller bekannten europäischen Reben und hat als erste kultivierte Rebe gegenüber wilden Trauben den Vorteil, dass sie eine entsprechende Größe aufweist, süßere Trauben hervorbringt und viel Saft produziert.

Sortenbereinigung bedeutet, dass nur mehr eine einzige Rebsorte im Weingarten ausgepflanzt wird. Vorher war es üblich, die Reben gemischt auszusetzen, um witterungsbedingte Ernteausfälle zu mindern.

Unterlagsrebe

Eine **Unterlagsrebe** ist ein reblausresistenter Wurzelstock einer Rebe, auf die die gewünschte Rebe aufgepfropft wird (wie bei der Veredelug von Bäumen).

Hybride/Direktträger nennt man ein Kreuzungsprodukt einer amerikanischen mit einer europäischen Rebe, um Pilzkrankheiten und Reblausbefall zu verhindern (z. B. Uhudler – ein Direktträgerwein aus dem Südburgenland).

Heute versucht man die Züchtung von **„PiWis"** (pilzwiderstandsfähige Reben), um Pilzbefall zu verhindern und Pflanzenschutzmaßnahmen einzuschränken.

3 Natürliche Produktionsfaktoren

3.1 Das Terroir

Die wichtigste Voraussetzung für guten Weinbau ist das passende Terroir. Gemeint sind damit das viel diskutierte Zusammenspiel von **Boden**, **Klima** und **Lage** (Topografie) eines Weingartens mit der **Rebsorte**. Und natürlich ist nicht zuletzt auch die Art und Weise ausschlaggebend, wie der **Winzer/die Winzerin** arbeitet.

> Österreich besitzt nicht zuletzt auf Grund seiner vielen verschiedenen Bodenarten und Klimaverhältnisse eine reiche Auswahl an eigenen und an internationalen Rebsorten.

Der Boden

Die **Bodenbeschaffenheit** ist einer von vielen Faktoren, die den künftigen Charakter des Weines beeinflussen. Daher ist der Weinbau auch nur in bestimmten geografischen Gebieten möglich. Die Eigenschaften des Bodens, wie zum Beispiel seine Fruchtbarkeit (Nährstoffgehalt) im Zusammenspiel mit den Jahressonnenstunden, wirken über die Rebe auf den Weincharakter ein. Leichte Böden sind durchlässiger und speichern weniger Niederschläge als schwere Böden.

In Österreichs Weinbaugebieten sind **Bodenarten** wie Löss, Lehm, Mergel, Sand, Kalk, Kreide, Schiefer, Urgestein, Braun- und Schwarzerde sowie Vulkangestein anzutreffen.

Das Klima

Die österreichischen Weinbauregionen sind grundsätzlich vom **kontinentalen und pannonischen Klima** geprägt. Eine Ausnahme ist die Steiermark, sie liegt auch im Einflussbereich des **illyrischen Klimas** (Mittelmeerklima). Der Norden gibt dem Wein Frische und Fruchtigkeit, der Süden sorgt für die Ausgewogenheit und den Gehalt.

Ein Frühjahr ohne Frost, ein nicht zu trockener, sturm- und hagelfreier Sommer, ein milder Herbst mit vielen Sonnenstunden und ein nicht zu strenger Winter sind die besten Voraussetzungen für den Weinbau. Ebenso wichtig wie die Sonnenstunden ist die Niederschlagsmenge. Gewässer wie der Neusiedlersee und die Donau dienen einerseits dem Temperaturausgleich und andererseits als Feuchtigkeitsspender und Wärmespeicher. Die Sonne gibt der Traube ihren Zucker, das gesamte Klima gibt dem Wein seine Eleganz und seinen Geschmack.

Die Lage (Topografie)

Österreichs Weinbaugebiete liegen in der **gemäßigten Klimazone** (ca. 47. bis 48. Breitengrad). Die Anbauflächen liegen im Durchschnitt zwischen 200 und 400 Metern Seehöhe – Kitzeck und St. Andrä im steirischen Sausal liegen sogar auf 560 Metern. Die tiefstgelegenen Orte Österreichs sind die Weinbaugemeinden Illmitz und Apetlon im burgenländischen Seewinkel mit rund 114 Metern Seehöhe.

Auswirkungen dieser Topografie sind aber auch in der Lage der einzelnen Weingärten zu finden. In Österreich finden wir **Hanglagen, Steillagen, Tallagen, Flachlagen, Kessellagen** usw. Diese werden wiederum durch natürliche Faktoren wie **Wälder** und größere **Wasserflächen** beeinflusst.

Das **Begrünen von Weingärten** soll das Halten von Feuchtigkeit, aber auch der Auflockerung des Bodens durch Kleinstlebewesen und der Förderung von Nährstoffen dienen. In den Steillagen des Steirerlandes ist diese Maßnahme auch wichtig, um eine Abschwemmung des Bodens zu verhindern.

Beachten Sie, dass ...
neben Boden, Klima und Lage auch die Sortenauswahl und das Einwirken des Menschen großen Einfluss auf die Qualität des Produktes haben.

Löss im Kamptal

Das Klima ist maßgeblich an der Qualität des Weines beteiligt.

Wussten Sie, dass ...
die gesamte Rebfläche in der EU nach klimatischen Kriterien in sieben Weinbauzonen eingeteilt ist? Österreichs Weinbaugebiete gehören, wie auch die französische Region Champagne, zur kühleren Zone B.

3.2 Die Sortenwahl

Nicht außer Acht lassen darf man im modernen Weinbau die Sortenwahl. Diese steht bezüglich **Nährstoffgehalt** und **Klimaeinwirkung** im Vordergrund. Es wird daher bei einer Neuauspflanzung großer Wert auf die Untersuchung der **Bodenzusammensetzung** gelegt. Nicht jede Rebe bevorzugt die gleichen Nährstoffe und Niederschlagsmengen. Dazu gehören aber auch der Reb- und Zeilenabstand sowie die Stockanzahl pro Hektar. Die Vegetationszeit des Rebstockes beträgt im Regelfall 180 bis 240 Tage. Gemeint ist damit die Zeit vom Austrieb im Frühling bis zum Blattfall im Herbst.

Die **Lage und die Ausrichtung einer Rebanlage** (südlagig, südostlagig, südwestlagig) und bei Steillagen auch der **Neigungswinkel** nehmen Einfluss auf die Entwicklung und die Qualität der Rebsorte.

Tal- oder Flachlage

Speziell in Österreich finden wir dazu viele Beispiele

- Die **Wachau** mit ihren steilen Südlagen auf Urgestein, besonders am linken Donauufer, ist prädestiniert für fruchtige, mineralische Rieslinge und Veltliner.
- Das **„Haugsdorfer Becken"**, eine Kessellage im Weinviertel, ist Standort für schöne geschmeidige Zweigelt und Burgunder.
- Die **Thermenregion** mit ihren flachen Rebflächen und kalkhaltigen Böden, auf denen rund um Sooß und Tattendorf tiefgründige Burgunder und Sauvignons wachsen.
- Aber auch die Steiermark als hügeliges, steiles **„Vulkanland"**; hier gedeihen Spezialitäten wie Sauvignon blanc, Welschriesling und Schilcher, die nur dort auf Grund des Terroirs in so hohen Qualitäten anzutreffen sind.

Hanglage

Die Vielfältigkeit des Terroirs, die Rebenvielfalt und die Innovation der Winzerinnen und Winzer ermöglichen schlussendlich die Produktion von hervorragenden Weinspezialitäten.

? Arbeitsaufgabe

Finden Sie die gesuchten Begriffe:

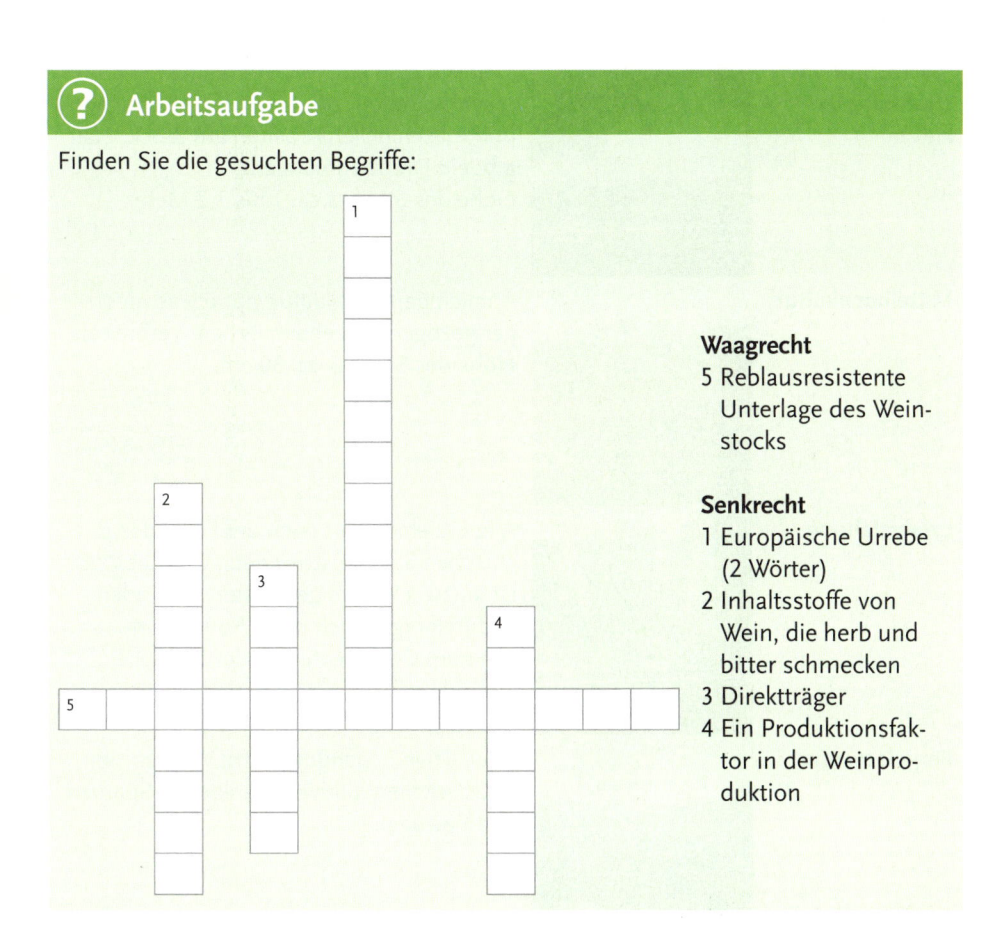

Waagrecht
5 Reblausresistente Unterlage des Weinstocks

Senkrecht
1 Europäische Urrebe (2 Wörter)
2 Inhaltsstoffe von Wein, die herb und bitter schmecken
3 Direktträger
4 Ein Produktionsfaktor in der Weinproduktion

Terrassen- bzw. Steillage: Dürnsteiner Kellerberg im Frühling (oben) und im Sommer

Das Produkt Wein

👉 **Wussten Sie, dass ...**
die Wissenschaft vom Wein Önologie genannt wird?

4 Der Weinbau

In Österreichs Weinlandschaft gibt es trotz der im internationalen Vergleich kleinen Anbaufläche eine **große Rebsortenvielfalt**. Dank der bereits erwähnten großen Bodenverschiedenheit und der verschiedenen Klimaverhältnisse wachsen nicht nur österreichische Spezialitäten wie der Grüne Veltliner und der Blaue Zweigelt, sondern auch internationale Rebsorten wie Chardonnay, Cabernet Sauvignon, Syrah u. a. Der **Weißweinanteil beträgt ca. 70 %**, der des **Rotweines ca. 30 %**.

Momentan ist eine steigende Tendenz zum Rotweinausbau zu beobachten. Weltweit sind einige Tausend Rebsorten bekannt, aber nur ca. 200 dienen dem Qualitätsweinbau. Im Rebsortenkataster des österreichischen Weingesetzes sind alle zugelassenen Qualitätsrebsorten verzeichnet. Es gibt derzeit **22 Weißweinsorten** und **13 Rotweinsorten**.

4.1 Die Weinrebe

Der Reb- oder Weinstock war vormals eine wild wachsende Kletterpflanze, die von den Völkern der Antike im Laufe der Zeit kultiviert wurde.

Stockkultur im Beaujolais

Erziehungsarten		
Stockkultur		Vor allem in südlichen Ländern anzutreffen; das Laub spendet Schatten und der Boden darunter speichert die spärlichen Niederschläge etwas länger; Halt bietet meist nur ein Stock.
Hochkultur oder Drahtrahmenkultur		Weltweit etabliert, in Österreich am häufigsten anzutreffen; erleichtert die händischen und maschinellen Arbeiten am Stock, Halt gibt ein Drahtrahmengerüst; Höhe des Stockes ca. 1 bis 1,2 Meter.
Mittelhochkultur		Ähnlich der Hochkultur, nur etwas niedriger gezogen und ebenfalls sehr verbreitet; Höhe des Stockes ca. 80 cm.
Lyraerziehung	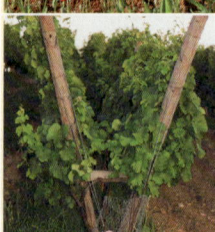	Alte Erziehungsart nach der Form des griechischen Saiteninstruments; Der Rebstock ist an zwei V-förmige Pfosten gebunden, dadurch ergibt sich mehr Sonneneinwirkung. Der Nachteil ist der doppelte Drahtrahmen.
Pergolasystem		Dachartige Erziehungsform; Vorkommen in Oberitalien, Südwestfrankreich, Spanien und Portugal.
Vertikosystem		Nur ein Drahtrahmen, Höhe des Stockes ca. 1,5 bis 1,6 Meter.

Unter **Fruchtholz** versteht man jene Fruchtruten (einjähriges Fruchtholz,), die in den Wintermonaten vom Winzer für den künftigen Austrieb „geschnitten" werden. Als **Kordon** wird hingegen das alte Holz bezeichnet.

Der **Rebtrieb** ist der Austrieb mit seinen Blättern und Ranken, an dem sich die Gescheine und in späterer Folge die Trauben bilden.

Gescheine (Infloreszenz) wird der Blütenstand der Weinrebe bezeichnet: Auf der Rispe (Rebtrieb) bilden sich Blüten, aus denen die Beere entsteht.

Mit den **Ranken** klammert sich die Rebe am Drahtrahmengerüst fest und gibt so dem Rebstock Halt.

Die **Blätter** haben einen Blattstiel und je nach Rebsorte eine größere oder kleinere Stielbucht sowie Blattlappen (drei- oder fünflappig) und Blattadern (Nerven), die für die Nährstoffversorgung zuständig sind.

Tannine sind Gerbstoffe, die in Stiel, Schale, Fruchtfleisch, Kernen und im Holzfass enthalten sind.

Die **Weintraube** besteht aus dem Kamm, auch Stiel oder Rappen genannt, und den Weinbeeren. Der Kamm enthält Tannine.

Die **Weinbeere** besteht aus der Schale – sie ist gerbstoffhaltig, und bei den blauen Trauben befindet sich der rote Farbstoff, das Oenin, an der Innenseite – und dem Fruchtfleisch. Das Fruchtfleisch enthält den Saft mit seinen Inhaltsstoffen und die Kerne, die ebenfalls gerbstoffhaltig sind.

Ableger: Triebe, die mit dem Stock noch verbunden sind, werden zur Wurzelbildung in die Erde gelegt.

4.2 Rebveredelung und Vegetationszeit

Die häufigste Art der Rebvermehrung seit der Reblausplage ist die „Veredelung". Auch Ableger oder Stecklinge können zur Rebvermehrung herangezogen werden. Die Rebveredelung dient aber auch dazu, die Rebe gegen andere Schädlinge und Krankheiten resistenter zu machen. Sie wird heute noch zum größten Teil mechanisch durchgeführt. Die wohl häufigste Art der Veredelung ist der sogenannte **Omegaschnitt.** Weiters gibt es den Lamellenschnitt und Zungenschnitt.

Stecklinge: „Einjähriges Holz" wird abgeschnitten und zur Wurzelbildung in die Erde gesteckt.

In Österreich eher selten zu finden ist die sogenannte Hochstammveredelung. Dabei erfolgt die Verbindung von Unterlagsrebe und Edelreis in ca. 70 cm Höhe.

Der **Zweck** der Veredelung ist, eine reblausimmune Unterlagsrebe mit dem gewünschten Edelreis zu verbinden.

Die Unterlagsrebe (Vitis riparia, amerikanische Rebe) ist reblausresistent, ca. 30 cm lang und hat durchschnittlich drei Augen. Aus ihr bildet sich die Wurzel des künftigen Rebstockes.

Das Edelreis (Vitis vinifera, Europäische Rebe) ist ca. fünf cm lang und hat ein Auge. Mit dem Edelreis wird die Sortenwahl getroffen.

Edelreis

Unter **Treibhaus** versteht man einen Raum mit gleichbleibender Temperatur und Luftfeuchtigkeit. In diesem Raum erfolgt im Laufe von drei bis vier Wochen der erste Antrieb. Dies geschieht meist in Holzkisten, die mit feuchten Sägespänen, Torf oder Sand gefüllt sind.

Die Rebschule
Die veredelten Setzlinge kommen „gebündelt" gesetzt bis zum Herbst in den Weingarten. Dort kommt es zur „Verwachsung" von Unterlagsrebe und Edelreis und zur endgültigen Wurzel- sowie Triebbildung. In der Rebschule werden die veredelten Reben sortiert und schwache Pflanzen aussortiert. Nach der Überwinterung in konstant temperierten Räumen werden die Reben im Frühjahr ausgepflanzt.

Omegaschnitt
Das Omega-Zeichen und das Gegenstück werden in die Unterlagsrebe bzw. in das Edelreis gestanzt. So können beide Teile zusammengefügt werden.

Vom Aussetzen bis zur Lese
Nach dem richtigen Auspflanzen im Weingarten kommt es nach drei bis vier Jahren zum ersten Ertrag des Rebstocks. Die erste Lese (Ernte) eines neu gepflanzten Weingartens nennt man **Jungfernlese.**

Das Produkt Wein

Fungizide sind pilztötende chemische Mittel.

Ein vom echten Mehltau befallener Rebstock

👉 **Wussten Sie, dass ...**

die **Arbeitsschritte** des Weinhauers im Weingarten
- mit dem Rebschnitt,
- dem Anbinden,
- diversen Laubarbeiten,
- diversen Bodenarbeiten,
- dem Ausdünnen,
- der Krankheitsbekämpfung,
- der Reifekontrolle, sowie
- mit dem Einbringen der Lese (Ernte),

sehr umfangreich sind?

4.3 Krankheiten und Schädlinge

Beim **echten Mehltau** (Oidium) und bei dem **falschen Mehltau** (Peronospora) handelt es sich jeweils um einen **Pilz.** Bei zu großer Feuchtigkeit und zu dichter Laubwand trocknen Blätter und Trauben nicht rechtzeitig ab. In Folge befällt der Pilz die Blätter und die Beeren. Zur Bekämpfung werden Schwefel und diverse Fungizide eingesetzt.

Bei der **Kräuselmilbe** handelt es sich um einen winzigen Erreger, der die Blätter aussaugt. Diese Milbe wird mit speziellen Schwefel- bzw. Kupfermitteln bekämpft.

Traubenwickler (Heu-/Sauerwurm) sind kleine Schmetterlingsraupen. Das Spritzen mit Insektiziden oder das Aussetzen von Raubmilben als natürliche Feinde sind häufige Abwehrmethoden. Umweltschonend, wenn großflächig angewandt, ist die „Verwirrmethode". Durch das Aushängen von Pheromonen (synthetisch hergestellten Sexualduftstoffen) im Weingarten kann das Männchen das Weibchen nicht finden.

Weitere Schädlinge sind **Zikaden,** die an Blattadern saugen, sowie Vögel, Wildtiere usw.

❓ Arbeitsaufgaben

1. Welche Erziehungsarten für Weinreben kennen Sie? Beschreiben Sie ihre Formen.
2. Wie können Reben veredelt werden?
3. Finden Sie drei Schädlinge, die einen Rebstock befallen können:

R	F	A	Q	L	L	S	E	B	B	Y	N	E	I	S
Z	E	S	D	N	A	N	B	R	Y	O	O	B	N	M
D	T	L	R	E	T	A	S	Z	W	F	T	L	A	O
B	Q	I	K	W	O	D	H	C	X	J	Y	I	J	P
S	S	T	S	C	V	J	E	N	S	H	X	M	E	L
V	D	C	X	B	I	A	A	R	R	S	P	L	J	I
Q	K	G	X	K	W	W	J	M	Q	B	E	Q	J	
D	I	U	C	L	H	Q	N	T	H	L	E	S	K	O
E	V	H	P	A	L	E	E	E	H	H	U	U	X	A
R	I	L	Z	I	E	D	Y	U	B	D	D	Ä	D	J
G	I	Y	Y	W	A	W	L	I	E	U	S	R	Y	S
P	B	K	F	K	L	M	D	E	Q	B	A	K	M	J
O	X	F	I	Q	P	Q	U	R	J	U	A	R	E	T
M	X	Z	B	R	G	X	C	P	O	E	V	U	T	Y
J	N	H	X	I	N	X	S	L	V	H	U	W	A	R

5 Die Weinerzeugung

Ziel ist es, das qualitativ hochwertige Traubenmaterial so schonend wie möglich als guten Wein in die Flasche zu bringen. Wein ist ein **Naturprodukt** und daher von vielen Faktoren abhängig. Nicht zuletzt aber entscheidet der Weinproduzent, welchen „Weintyp" er herstellen möchte. Kellertechnik und Know-how der Winzerin bzw. des Winzers sind dabei entscheidende Faktoren.

5.1 Die Weinlese

Hauptlese

Sie findet meistens von Mitte September bis Ende Oktober statt. Sie ist abhängig von der Witterung und der Beginn erfolgt nicht in allen Weinbauregionen gleichzeitig. Die Weine müssen einen Mindestalkohol von 8,5 Vol.-% inklusive der Anreicherung erreichen.

Spätlese

Die Spätlese findet zeitlich nach der Hauptlese statt. Sie ist notwendig für Qualitätsweine besonderer Reife und Leseart, den **Prädikatsweinen.** Spätlese bedeutet, dass die reifen Trauben noch länger am Rebstock bleiben, um mehr Traubenzucker zu produzieren. Das Mindestmostgewicht für diese Weinkategorie beträgt 19° KMW.

Lesegutkontrolle

Sowohl während der Lesezeit als auch während der Weinerzeugung kann es zu unterschiedlichen Kontrollen durch die Bundeskellereiinspektion kommen. So hat zum Beispiel jeder Erzeuger von Trauben, aus denen Prädikatswein gewonnen werden soll, der Gemeinde, in der die Betriebsstätte liegt, eine **Absichtsmeldung** zu machen. Sie muss bis spätestens 9:00 Uhr des Lesetages erfolgen und die Sorte, die Grundstücksbezeichnung und die Grundstücksgröße enthalten.

Am Lesetag ist für diese Trauben eine Kontrolle durch den Bundeskellereiinspektor oder Mostwäger zu ermöglichen. Für Trauben, aus denen Prädikatsweine hergestellt werden sollen, besteht eine **Vorführpflicht** (in sogenannten Vorführgemeinden), ansonsten ist dem Mostwäger eine Begutachtung des Lesegutes zu ermöglichen. Der Mostwäger stellt für den Vorführer, die Gemeinde, die Bezirksverwaltungsbehörde und das Bundesministerium eine Bestätigung aus.

Die **Erntemeldung** gilt für alle Weine und muss bis zum 30. November abgegeben werden. Sie muss die Sorte, die Qualitätsstufe, die Menge und die Gesamtfläche beinhalten.

5.2 Die Weißweinerzeugung

Zur Weinerzeugung werden prinzipiell nur die dafür zugelassenen Traubensorten verwendet. Generell spricht man von weißen Trauben und blauen Trauben. Aus weißen Trauben wird nur Weißwein hergestellt, aus blauen Trauben kann man neben Rotwein auch Roséwein und Weißwein herstellen.

Rebeln und Maischen

Das gesunde Traubenmaterial wird in dafür vorgesehenen Transportbehältern angeliefert, eventuell gewogen und kontrolliert. Anschließend werden die Beeren durch einen Rebler von den gerbstoffhaltigen Kämmen getrennt und gleich danach durch Walzen aufgequetscht – es entsteht die **Maische.**

Teils gehen Winzer/-innen wieder dazu über, die Trauben zu pressen, ohne sie vorher zu rebeln. Man spricht dann von einer **Ganztraubenpressung.** Gründe dafür liegen in der Erleichterung beim Arbeitsablauf, aber auch in der Philosophie des jeweiligen Winzerbetriebes.

Schon ab diesem Produktionsschritt versucht die Winzerin/der Winzer, so es der Betriebsaufbau zulässt, nach dem Schwerkraftprinzip zu arbeiten. Das bedeutet, es soll so wenig mechanischer Druck wie möglich auf das Traubenmaterial ausgeübt werden.

Jungsommelier-/-sommelière-Schüler/-innen bei der Weinlese

KMW steht für **Klosterneuburger Mostwaage** (Spindelwaage). Man kann mit ihr den natürlichen Frucht- und Traubenzucker vor der Gärung, das sogenannte Mostgewicht, messen. Ein Grad KMW ist 1 kg natürlicher Traubenzucker in 100 kg Most bei 20 °C. In Deutschland wird das Mostgewicht in **Öchsle** (° Oe) angegeben (Umrechnung siehe Kap. Der Weinbau in Deutschland, S. 145).

💡 Der natürliche Zuckergehalt kann auch mit einem Handrefraktometer gemessen werden. Dieser empfiehlt sich jedoch mehr für den Gebrauch im Weingarten.

Handrefraktometer

Rebler

Das Produkt Wein

Schwefeln

Der Maische kann **Schwefeldioxid** beigefügt werden, um die Bildung von Essig- und Milchsäurebakterien zu unterbinden. Dies verhindert eine Braunfärbung durch eine etwaige Oxidation durch Sauerstoff, fördert die Haltbarkeit und die Bukettentwicklung. Bei schneller Verarbeitung und gesunder Maische kann darauf verzichtet werden. Mit genauem „Timing" versucht die Winzerin/der Winzer die Maische schnellstmöglich beziehungsweise zum bestmöglichen Zeitpunkt weiterzuverarbeiten. Je nach Traubenmaterial und künftiger Weinqualität ist auch eine Maischestandzeit vorgesehen.

Pressen (Keltern)

Bei diesem Vorgang wird großer Wert auf moderne Kellertechnik gelegt. Durch modernste Pressanlagen wird die Maische mit sanftem Druck gepresst. Bei der oben erwähnten Ganztraubenpressung wird mit weniger Druck gepresst, daher dauert der Vorgang auch länger und erfolgt „sanfter".

Pressanlagen

- Bei der **Baum- oder Spindelpresse** wird durch eine Spindel von oben Druck auf den Presskorb ausgeübt. Früher geschah dies händisch, heute mechanisch. Diese Presse findet immer weniger Verwendung.
- Bei der **hydraulischen Horizontalpresse** üben zwei Platten von beiden Seiten her Druck aus. Sie sind mit Ketten verbunden, damit sie beim Auseinandergehen den Presskuchen auflockern.
- Bei der **pneumatischen Horizontalpresse** wird der Druck durch eine in der Presse liegende Membran ausgeübt.

Alte Baumpresse

Moderne pneumatische Presse

Beim Pressen entsteht	
Seihmost	Fließt bereits ohne Druck ab und wird oft separat vergoren. Er ist der wertvollste Most.
Pressmost	Entsteht durch das Pressen/Keltern und stellt den größten Anteil dar.
Scheitermost	Ist das Produkt des nochmaligen stärkeren Pressens vom Presskuchen (mindere Qualität).
Trester oder Presskuchen	Dabei handelt es sich um die festen Pressrückstände. Der Presskuchen (Trester) wird als Dünger in den Weingarten ausgebracht, ist aber auch das Grundprodukt für den Tresterbrand.

Der Bezeichnung **Scheitermost** ist darauf zurückzuführen, dass der nochmalig aufgelockerte Presskuchen in der früher hauptsächlich verwendeten Baumpresse mit noch mehr Holzscheitern und damit größerem Druck erneut gepresst wurde.

Vorklären (Entschleimen)

Um den trüben Most von etwaigen Verunreinigungen wie Teilen von Kernen, Fruchtfleisch, Schalen usw. zu trennen, kann er mit einem Separator (einer Klärschleuder) geklärt werden. Diesen mechanischen Eingriff kann man durch das Stehenlassen des Mostes oder den Einsatz von Enzymen umgehen. Dies bewirkt das Absetzen der Trubstoffe. Der Vorgang selbst ist wichtig, da diese „Fremdstoffe" die Gärung negativ beeinflussen können.

👉 **Wussten Sie, dass ...**

die Begriffe Traubenmost und Traubensaft eigentlich das Gleiche meinen? „Most" steht aber immer für das frische, meist noch trübe Produkt, „Saft" hingegen für das klare haltbargemachte Getränk.

Chaptalisation und Entsäuerung

Darunter versteht man das **Aufbessern des Mostes** zur Erreichung eines höheren Alkoholgehaltes. Das geltende EU-Recht erlaubt eine Höchstaufbesserung um maximal 2 Vol.-% Alkohol, allerdings nur bis max. 13,5 Vol.-% bei Weißweinen und 14,5 Vol.-% bei Rotweinen.

Es gibt unterschiedliche Verfahren

1. Die in Österreich häufigste Art des Aufbesserns des Lesegutes geschieht durch die Zugabe von Saccharose (Rüben- oder Kristallzucker in fester Form).
2. Auch die Zugabe von konzentriertem Traubenmost oder von rektifiziertem Traubenmostkonzentrat (RTK) ist gestattet.
3. Eine weitere Möglichkeit zur Alkoholanreicherung ist die **Mostkonzentration** mit dem Nebeneffekt der Konzentration sämtlicher Inhaltsstoffe wie Farb-, Extrakt-, Gerb- und Aromastoffen. Erlaubt sind Reduktionen von 20 % des Gesamtvolumens, im Durchschnitt sind es momentan ca. 10 % Wasser, das dem Most entzogen wird. Die Mostkonzentration kann geschehen
   - durch Wasserentzug mittels **Vakuumverdampfung,** wobei das Wasser unter Vakuum bereits bei 20° bis 30° verdampft.
   - durch **Umkehrosmose:** Dabei wird durch Druck, der über dem osmotischen Druck liegt, Wasser aus dem Most gepresst, die Inhaltsstoffe des Mostes bleiben aber erhalten.

   Vorteile: Die Weinlese ist wetterunabhängiger (z. B. von Regen), eine Zuckergehaltserhöhung ist ohne Saccharose oder Süßmostreserven möglich, alle Inhaltsstoffe werden konzentriert.

   Nachteile: Sehr teuer, Weinverlust, auch minderwertige Qualität wird potenziert (unreife Produkte werden noch unreifer), eingeschränkter Einsatzbereich (momentan fast nur bei Rotweinen), das Gesamtaromabild verändert sich.

4. Die **Kryoextraktion**
   Durch Ausscheiden gefrorener Eiskristalle im Most oder Wein kann eine Art künstlicher Eisweineffekt erzielt werden. In Österreich ist dieser Vorgang nur zur Alkoholerhöhung bei der Weingüteklasse „Wein" erlaubt.

Konzentrierter Traubenmost = Traubensaftkonzentrat, der durch Verdampfen des Wassers im Traubenmost hergestellt wird.

Rektifziertes Traubenmostkonzentrat (RTK) wird durch einen mehrmaligen Konzentrationsvorgang des Traubenmostes erzeugt. Es entsteht eine Art „geschmackloser" Flüssigzucker. Im Gegensatz zur Saccharose entsteht eine Volumensvergößerung von 5 %. Die Herstellung ist energieaufwendig und daher sehr teuer.

Eine Verringerung der Säure ist durch Entsäuerung mit Kalk oder durch einen biologischen Säureabbau (BSA) möglich.

Gärung

Die Gärung ist die Umwandlung des vergärbaren Zuckers in Alkohol und Kohlendioxid durch Reinzuchthefen oder natürliche Hefen des Weingartens oder des Kellers (Spontangärung). Die Gärung erfolgt zumeist im Nirostatank oder im Holzfass. Das Gebinde sollte nicht vollgefüllt sein, da Wärmeenergie entsteht. Um eine Sauerstoffzufuhr zu unterbinden und gleichzeitig das Kohlendioxid entweichen zu lassen, wird ein Märaufsatz (Gärspund) verwendet. Die stürmische Gärung dauert fünf bis sieben Tage und hört auf:

- wenn der Zucker vergoren ist
- bzw. wenn ein Alkoholgehalt von ca. 15 Vol.-% erreicht ist,
- bei falscher Temperatur,
- wenn der Winzer/die Winzerin die Gärung durch Kälteeinwirkung abbricht.

Enthält der Traubenmost vor der Gärung viel Traubenzucker und ist der Alkoholgehalt erreicht, sterben die Hefezellen ab und es bleibt ein **Restzucker.**

Temperatur und Dauer der Gärung sind auf Grund der Rebsorte und der gewünschten Ausbauweise des Traubenmaterials verschieden und liegen bei Weißwein bei ca. 15 bis 20 °C, bei Rotwein mit bis zu ca. 28 °C deutlich höher. In der modernen Kellertechnik werden die Nirostatanks, aber auch die großen Fässer mit Computerprogrammen temperaturgesteuert.

💡 Der Most bekommt bei der stürmischen Gärung eine milchige Farbe, es entsteht Alkohol und Kohlensäure. Der Most heißt nun **Sturm.**

Ist die Gärung abgeschlossen, wird das Geläger (Trubstoffe, abgestorbene Hefe) durch eine Entschleimungsfiltration (Kieselgur) entfernt. Aus dem Sturm ist der Jungwein entstanden.

Reinzuchthefe = gezüchteter Hefestamm, der eine kontrollierte Gärung bewirkt.

Holzfass mit Gärspund

Abziehen vom Geläger

Der Jungwein wird vom Geläger (von den Gärrückständen) abgezogen (umgefüllt) und es erfolgt eine natürliche Klärung (Spontanklärung). Durch Filtration (Kieselgur) wird dieser Vorgang beschleunigt. Die mögliche Zugabe von Schwefel verhindert eine Oxidation und verhilft dem Wein zu seiner Stabilität und Bukettentfaltung.

Kieselgurfiltration

Kieselgur ist das Mehl der Kieselalgen. Bei dieser „Anschwemm"-Filtration legt sich das nasse Kieselgur an metallenen Schichtenplatten an, die die Trubstoffe des Weines zurückhalten.

Das Produkt Wein

Lagerung und Ausbau

Konsumenten verlangen immer mehr und immer öfter leichte, frische, fruchtige junge Weine. Das verlangt von den Winzern und Winzerinnen eine Anpassung ihrer Kellertechnik, damit es möglich wird, diese Jungweine schnell zu produzieren und in den Handel zu bringen.

Prinzipiell gilt die Regel: „Je höher die Qualität des Weines, desto länger seine Lagerzeit". Das Bukett wird ausgebaut, die Inhaltsstoffe und Geschmackskomponenten verbinden sich harmonisch miteinander. Werden international Weiß- und Rotweine meist im großen oder kleinen Holzfass (Barrique) aus Eiche ausgebaut, bevorzugt man in Österreich bei Weißweinen den Stahltank (Nirosta).

Bei kräftigeren Weißweinen ist der Einsatz großer Holzfässer gang und gäbe. Bei vollen, runden Rotweinen hingegen passt man sich der internationalen Ausbauweise immer mehr an: Kleinere, neue Holzfässer (Barrique-Fässer) beeinflussen den Geschmack des Weines aufgrund der Relation von Holzoberfläche zum Fassinhalt (große Holzfläche, kleiner Inhalt). Barrique-Fässer verleihen dem Wein besondere rauchige und herbe Geschmackskomponenten.

Die Verwendung von Barrique-Fässern, vor allem wenn neue und gebrauchte zusammen verwendet werden, bedarf einer Cuvéetierung der Weine. Das bedeutet ein Zusammenführen der einzelnen Weine, um ein gleiches Produkt zu erlangen. Nicht jedes Fass gewährleistet auf Grund der Tanninabgabe oder des Toastings die genau gleiche Entwicklung des Weines. Es ist die große Kunst der Winzerin/des Winzers bzw. der Kellermeisterin/des Kellermeisters, aus den einzelnen Weinen ein ausgeglichenes, reifes und harmonisches Produkt zu fertigen.

Holztöne im Wein können aber auch durch das Zufügen von oak chips (Eichenspänen) erlangt werden.

Oak chips

Toasting

Schönen und Stabilisieren

Während der Ruheperiode kommt es, falls notwendig, auch zur Schönung und Stabilisierung. Darunter versteht man Schritte, die den Wein klären, stabilisieren (haltbar machen) und geschmacklich verbessern.

Folgende Möglichkeiten finden Anwendung

- Gelatineschönung gegen zu hohem Gerbstoffanteil
- Hausenblasenschönung zur Klärung (zum Blank-Machen) und gegen Mufftöne
- Kohleschönung gegen Farb-, Geruchs- und Geschmacksfehler
- Blauschönung zur Entfernung von Schwermetallen
- Eiklarschönung bei Rotwein mit zu hohem Gerbstoffanteil
- Metaweinsäure gegen Weinstein
- Bentonit gegen Eiweißtrübung

Barrique

International verwendet man gerne Fässer aus der französischen Allier und der Limousin Eiche, in Österreich bietet sich die Manhartsberger und die Weinviertler Eiche an. Füllmenge: 225 Liter.

In Barrique-Fässern gelagerter Wein

👉 **Wussten Sie, dass ...**

mit „Cuvée" ein Wein, der aus mehreren Weinen verschnitten wurde, bezeichnet wird? Damit können säurearme mit säurereichen, leichte mit schweren, im Holzfass und im Stahltank gelagerte Weine gemischt und auch mancher kleine Weinmangel behoben werden.

Toasting = Ausfeuern der Fässer. Man unterscheidet:
- leicht (light),
- mittel (medium),
- schwer (heavy).

Oak chips = Eichenspäne, die dem Wein zugegeben werden, um den Holzton ohne Holzfass zu erlangen. Sie sind ein Abfallprodukt bei der Herstellung von Barrique-Fässern.

Hausenblase = getrocknete und zu Granulat verarbeitete Innenhaut bestimmter Fische.

Abfüllen

Dem Wein darf Kohlensäure und L-Ascorbinsäure zwecks Frische und Konservierung zugesetzt werden. Der Wein durchläuft dabei eine Schichtenfiltration (Entkeimungs-Filtration), bei der auch Mikroorganismen entfernt werden.

Abhängig von der Qualitätsstufe und der Rebsorte bestimmt die Winzerin/der Winzer den Zeitpunkt der Flaschenfüllung. Dies kann bei Jungweinen bereits im Oktober/November des gleichen Jahres sein; meist wird aber ab März/April des Folgejahres und auch später abgefüllt. Mit der EU-Verordnung 2009 darf auch Qualitätswein in Tetrapack, bag-in-boxes und in Plastikflaschen abgefüllt werden.

Die auf einem Etikett angeführte Rebsorte darf, ohne Hinweis darauf, mit maximal 15 % einer anderen Rebsorte verschnitten sein. Das Gleiche gilt für den Jahrgang.

Bei Spätlesen ist der frühestmögliche Zeitpunkt des Verkaufes der 1. Jänner des Folgejahres. Ab der Weingüteklasse Auslese ist der frühestmögliche Zeitpunkt erst der 1. Mai des Folgejahres.

L-Ascorbinsäure (Vitamin C) gibt Frische und verhindert Oxidation.

Bag-in-box

5.3 Die Roséweinerzeugung

Wie bei der Weißweinherstellung wird auch bei der Roséweinerzeugung die Maische sofort bzw. bereits nach kurzer Zeit abgepresst. Es kommt zu keiner Maischevergärung, wodurch sich der rote Farbstoff (Oenin) nur geringfügig aus der Beerenschale lösen kann. Der Most wird normal vergoren und der fertige Wein hat, abhängig von der Rebsorte und dem Auslaugungsgrad der Maische, eine meist hellrote Farbe.

Dieser „Gleichgepresste" erfreut sich besonders in den Sommermonaten als Wein für „zwischendurch" oder auch als Aperitif großer Beliebtheit. Er wird wie Weißwein serviert und auch dementsprechend temperiert getrunken.

❗ Ein Verschnitt von Rotwein mit Weißwein ist nicht erlaubt.

5.4 Die Rotweinerzeugung

Wie schon bei der Weißweinerzeugung erwähnt, ist generell ein absolut reifes und gesundes Traubenmaterial für die Weinerzeugung erforderlich. Bei den blauen Trauben ist dies noch bedeutender, da diese auch den **Farbstoff Oenin** bilden müssen. Dieses ist nicht im Saft der Beere enthalten, sondern bildet sich an der Innenseite der Beerenschale. Damit der Wein Farbe bekommt, ist es notwendig, dass die oeninhaltigen Schalen mitvergoren werden. Deshalb wird für die Rotweinerzeugung die sogenannte **Maischegärung** vorgenommen. Sollte ein Aufbessern des Lesegutes notwendig sein, geschieht es bereits jetzt.

Die Maischegärung

Die gerebelte Maische wird im Gärbehälter (Gärständer) vergoren. Das heißt, während sich der Zucker in Alkohol und Kohlendioxid umwandelt, wird auch der rote Farbstoff (Oenin) und das im Fruchtfleisch und in den Kernen enthaltene Tannin (Gerbstoffe) ausgelaugt. Diesen Vorgang nennt man Farbextraktion. Die Gerbstoffe geben dem Rotwein den herben Geschmack.

Geschieht die Maischegärung in einem offenen Behälter, müssen die Beerenschalen an der Oberfläche (der sogenannte Tresterhut) mehrmals täglich untergetaucht werden, um eine optimale Auslaugung zu gewährleisten und eine etwaige Oxidation zu verhindern. Bei modernen Gärbehältern geschieht dies durch sich langsam bewegende Rotoren innerhalb des Behälters und erfolgt temperaturgesteuert.

Der biologische Säureabbau (BSA)

Während der Maischegärung wird auch ein biologischer Säureabbau (BSA) durchgeführt. Der biologische Säureabbau, auch **malolaktische Gärung** genannt, verwandelt durch Milchsäurebakterien die eher aggressive Apfelsäure teilweise in die mildere Milchsäure.

Blick ins Innere (Rührwerk) eines Gärtanks

💡 Die Geschmacksrichtungen

Trocken: bis 9 g RZ/l und wenn die Gesamtsäure höchstens um 2 g/l niedriger ist als der Restzuckergehalt (RZ).

Halbtrocken: höchstens 18 g RZ/l und wenn die Säure 10 ‰/l niedriger ist als der RZ.

Lieblich: zwischen nicht halbtrocken und max. 45 g RZ/l.

Süß: bei höherem RZ/l.

Das Produkt Wein

💬 Worin liegt der wesentliche Unterschied zwischen der Weißwein- und Rotweinherstellung?

Dieser Vorgang macht den Geschmack des Rotweines runder und milder. Werden solche Weine zu jung getrunken, kann es in der Nase und am Gaumen zu Joghurt- und Sauerkrauttönen kommen. Diese verlieren sich jedoch mit dem Alter des Weines.

> **Was bedeutet Säure?**
> Die Gesamtsäure des Weines gliedert sich in Wein-, Apfel-, Milch-, Essig-, Zitronen-, Bernstein-, Amino- und Propionsäuren. Sie beeinflussen Geschmack und Aroma und sind ausschlaggebend, ob ein Wein frisch, fruchtig, fad oder schal schmeckt. Sie sind auch für die Lagerung des Weines von Bedeutung.

5.5 Weitere Erzeugungsarten

Claretwein	Die Maische **aus blauen Trauben** wird nicht vergoren, sondern sofort schonend gepresst. Es entsteht dadurch ein **Weißwein,** weil sich das Oenin nicht aus der Beerenhaut herauslösen kann. Eine direkte Sortenbezeichnung ist nicht erlaubt.
Mistella	Dabei handelt es sich um süßen Traubensaft, dessen Gärung durch die Zugabe von Weindestillat verhindert wird. Er enthält mindestens 13 Vol.-% Alkohol.
Alkoholarmer Wein	Enthält 0,5 bis 5 Vol.-% Alkohol.
Entalkoholisierter Wein	Enthält höchstens 0,5 Vol.-% Alkohol.

5.6 Weinmängel, Weinfehler, Weinkrankheiten

Die Gründe für Weinschädigungen können auf schlechtes Traubengut, schlechte Vergärung, fehlende Kellerhygiene, nicht richtigen Ausbau des Weines oder nicht vorhandene Stabilität des Weines zurückgeführt werden.

Weinmängel

Von einem Weinmangel spricht man dann, wenn eine Weinkomponente zu wenig oder zu viel vorhanden ist, wie zum Beispiel Säure, Schwefel, Alkohol oder Aroma.

Zu wenig/zu viel Säure

Merkmal ist ein schaler, fader Geschmack, das Bukett ist beeinflusst, der Wein entwickelt keine Harmonie. Daher setzt man Weinsäure zu. Bei saurem, agressivem Geschmack wird kohlesaurer Kalk zugesetzt.

Überschwefelung

Von Überschwefelung spricht man bei einem zu hohen Anteil an schwefeliger Säure.
Merkmale: helle Farbe, stechender Geruch, kratziger Geschmack.

Unterschwefelung

Bei zu schwachem Anteil an schwefeliger Säure erfolgt eine Gerbstoff-Oxidation.
Merkmale: hochfarbig bis braun, altert schnell, baut rasch ab, Sauerkrautgeruch (Acetaldehyd).

Weinstein

Der Weinstein (Kaliumhydrogentartrat) ist eine natürliche Ausscheidung von Weinsäure und Kalium in kristalliner Form, die beim Transport, bei Zugluft oder einfach bei langer Lagerung auftreten kann.
Merkmal: kristalline Ausscheidung. **Behandlung:** Zugabe von Metaweinsäure oder zwei bis drei Wochen Lagerung bei niedriger Temperatur.

Weinstein aus einer Zisterne, Alter ca. 17 Jahre. Der Weinstein ist nicht qualitätsmindernd, aber beim Einschenken sollte darauf geachtet werden, dass er in der Flasche bleibt.

Weinfehler

Ein Weinfehler kann auf einen chemischen oder physikalischen Einfluss, aber auch auf das Einwirken fremder Stoffe zurückgeführt werden.

Weinfehler	Beschreibung	Merkmale/Behandlung
Eiweißtrübung	Das „Wein-Eiweiß" (Stickstoffsubstanzen) fällt in Form einer Trübung aus. Ursachen können größere Temperaturschwankungen, Licht (z. B. bei Lagerung im Schaufenster) oder Erschütterungen (z. B. beim Transport) sein.	Schleierartige Trübung. Behandlung: meist Bentonitschönung oder Pasteurisierung.
Luftgeschmack	Entsteht bei zu viel Luftberührung bei nicht vollem Fass und/oder zuwenig Schwefel. Der Oxidationsvorgang beeinflusst die Bukettstoffe.	Sauerkrautähnlicher Geruch, matter, schaler Geschmack.
Kunststoffgeschmack (Styrol)	Zumeist zurückzuführen auf Beschädigung des Kunststoffbehälters.	Styrolton – ein Geruch nach Lack und Lackgeschmack.
Papiergeschmack (Zellulose)	Bei schlecht vorbereiteten Filterschichten gelangt dieser Papierton beim Filtern in den Wein.	Unangenehmer Geschmack nach Papier oder Zellulose.
Muffton	Schimmeliges Traubenmaterial, Lagerung in muffigen Fässern, Benützung von muffigen Schläuchen und Geräten (mangelnde Hygiene) kann die Ursache sein.	Dumpfer, muffiger Geruch.
Bittermandelgeschmack	Bei Schwermetallen im Wein wird das gelbe Blutlaugensalz zur Behandlung eingesetzt. Bei nicht exakter Dosierung kommt es zu einer Überschönung – Gefahr freier Blausäure.	Blaustich im Wein, Geruch und Geschmack nach Bittermandel. Nicht zu verwechseln mit dem Geruchs- oder Geschmackston einzelner Weinsorten!
Fassgeschmack	Schlecht gepflegte Holzfässer und ein nicht gelüfteter Weinkeller können für diesen muffigen Schimmelton verantwortlich sein.	Geruch nach Schimmel, muffig und dumpf im Geschmack.
Holzgeschmack	Wird ein neues Holzfass nicht ausreichend gewässert, gehen zu viele Gerb- und andere Holzinhaltsstoffe in den Wein über. Diese verändern den Geschmack und teilweise auch die Farbe des Weines.	Hochfärbigkeit, Geruch und Geschmack nach Holz.
Nachgärung	Bei Restzucker im Wein kann bei mangelnder Flaschenhygiene durch noch lebende Hefeteilchen eine Nachgärung eintreten.	Moussieren (durch CO_2), Schleier und abgelagertes Hefedepot.
Korkgeschmack	Er entsteht beim Desinfizieren der Korkplatten bei der Chlorbleiche, durch falsche Lagerung, durch die Maden der Korkmotte oder einen Schimmelpilz.	Unangenehmer, muffiger Schimmelton.

💡 **Weinfehler** werden meistens durch den Menschen verursacht.

Hygiene und Sorgfalt bei der Produktion und im Weinkeller kann das Entstehen von Weinfehlern verhindern.

💡 **Holzgeschmack** kann manchmal auch beabsichtigt sein – siehe Einsatz von Barrique-Fässern oder oak chips (S. 88).

Das Produkt Wein

> 💡 Eine Weinkrankheit wird durch **Mikroorganismen** ausgelöst. Weinkrankheiten bringt die Natur bzw. die Umwelt hervor.

Reduktiv = durch Reduktion (z. B. von Sauerstoff) bewirkt.

Spundvollhalten bedeutet, dass das Fass (der Behälter) komplett vollgefüllt sein muss.

> ❗ In Österreich ist ein Geranienton ab der Weingüteklasse Qualitätswein nicht erlaubt.

Das Gütezeichen demeter garantiert Konsumenten einen Wein (oder andere landwirtschaftliche Produkte) aus biologisch-dynamischer Wirtschaft.

Weinkrankheiten

Weinkrankheit	Beschreibung	Merkmale/Behandlung
Böckser	Ein reduktiver Vorgang, ausgelöst durch Schwefelwasserstoff. Er kann in ganz leichter, aber auch in ganz starker Form auftreten.	Fremdton von unangenehm bis widerlich (faule Eier). Behandlung mit Kupfersulfat, das in etwas Wasser gelöst und dann dem Wein zugefügt wird. Nach einigen Tagen erfolgt eine Filtration.
Essigstich	Wird durch Essigsäurebakterien hervorgerufen (z.B. durch verletzte Beerenhaut) und kann bereits im Keller durch eine rasche Vergärung, Einsatz von Schwefel und „Spundvollhalten" verhindert werden.	Leichter bis starker Essiggeruch, manchmal Trübung.
Zähwerden	Durch Bakterien in der Flasche kann es durch Abbau von Apfelsäure und Zucker zu Trübungen kommen. Der Wein bekommt eine zähe, dickflüssige Konsistenz (Milchsäurestich).	Trübung, Dickflüssigkeit, Milchsäureton (Sauerkraut).
Mäuseln	Ursachen sind zumeist unsauberes Arbeiten im Keller, langes Liegen auf der Hefe, zu wenig Säure oder falsches Schwefeln. Kommt selten und meist nur bei Rotweinen vor.	Intensiver Geruch und Geschmack, der an Mäuse-Urin erinnert.
Geranienton	Entsteht durch die Veränderung der Sorbinsäure durch Milchsäurebakterien. Sorbinsäure wird im Ausland oft zur Konservierung beigegeben.	Geruch und Geschmack nach Geranien (Pelargonium).

5.7 Biodynamischer Weinbau

Ein biodynamisch ausgerichteter landwirtschaftlicher Betrieb präsentiert sich als geschlossener Organismus, in dem sich Boden, Pflanzen und Tiere gegenseitig ergänzen. Die Betriebe nutzen diese Synergien zur Qualitätssteigerung. Wurden Winzer/-innen, die biodynamischen Weinbau betreiben, früher belächelt, hat ihr biodynamischer Wein heutzutage einen beachtlichen Stellenwert erreicht.

Ziel eines **biodynamischen oder ökologischen Weinbaus** ist es, auf Verwendung von Herbiziden zu verzichten und die Düngung mit Abfällen der Weinerzeugung, Stroh, Rindenkompost, biologisch-dynamischen Kompostpräparaten sowie organischem Dünger durchzuführen. Die Bodenfruchtbarkeit wird durch die Begrünung der Rebzeilen mit diversen Gräsern, Klee, Lupinen usw. gefördert. Diese bewähren sich als Humusbildner und Nährstofflieferanten, bilden die Grundlage eines vielfältigen Bodenlebens und dienen somit als Lebensraum für zahlreiche Nützlinge. Die Bepflanzung sorgt auch gegen Erosion vor.

Der **Demeter-Anbau** geht noch einen Schritt weiter. Hier werden zusätzlich die positiven Wirkungen aus den wechselnden Stellungen von Sonne, Mond und Planeten ausgenützt. Erreicht werden soll die Erziehung gesunder, widerstandsfähiger Rebstöcke, die Förderung und Vermehrung der Artenvielfalt der Pflanzen- und Tierwelt im Weingarten, ein schonender Umgang mit der Natur durch die Verwendung schadstoffarmer Rohstoffe und Abfälle und vieles mehr. Auch bei der Verarbeitung der Trauben bis hin zum fertigen Wein gelten die gleich strengen Regeln wie beim Anbau.

Weinproduzentinnen und -produzenten, deren Produkte das Demeter-Gütezeichen tragen, unterliegen einer ständigen und strengen Kontrolle des Demeter-Verbandes. Das Gütezeichen garantiert dem Konsumenten einen Wein (oder andere landwirtschaftliche Produkte) aus einer biologisch-dynamischen Wirtschaft.

Bekannte biodynamische Winzer/-innen sind: Familie Saahs (Nikolaihof, Mautern), Familie Soellner (Gösing/Wagram), Bioweingut Johannes Zillinger (Velm-Götzendorf), Weingut Weninger (Horitschon), Familie Michlits (Meinklang/Pamhagen).

Der Nikolaihof in Mautern

🎯 Ziele erreicht?

1. Definieren Sie den Begriff Wein.
2. Was verstehen Sie unter dem Begriff Terroir?
3. Nennen Sie vier Bodenarten der Weinregion Österreich.
4. Welchen Einfluss hat das Klima auf den Wein? Nennen Sie zwei Klimaarten.
5. Erklären Sie die Vegetationszeit der Rebe und ihre Dauer.
6. Welchen Einfluss hat die Lage auf die Qualität des Weines? Nennen Sie zwei Lagen.
7. Nennen Sie drei verschiedene Arten der Reb(er)ziehung.
8. Welchen Beitrag leistete Prof. Dr. Lenz Moser im österreichischen Weinbau?
9. Erklären Sie den Begriff „biodynamischer Weinbau".
10. Erklären Sie den Begriff „Veredeln" der Weinreben.
11. Erklären Sie den Begriff „Geschein".
12. Nennen Sie Bestandteile der Weintraube.
13. Nennen Sie sechs wichtige Arbeitsschritte im Weingarten.
14. Erklären Sie den Begriff „Pressen".
15. Nennen Sie das Schema der Weißweinerzeugung.
16. Nennen Sie das Schema der Rotweinerzeugung.
17. Beschreiben Sie die Arbeitsschritte a) „Rebeln", b) „Maischen".
18. Welche Bedeutung hat der Schwefel für den Wein?
19. Nennen Sie die „Mostarten" bei der Weißweinproduktion.
20. Erklären Sie die Begriffe a) „Mostaufbesserung", b) „Säurebehandlung".
21. Erklären Sie den Begriff „Klosterneuburger Mostwaage" (KMW) und „Öchsle".
22. Erklären Sie den Begriff „alkoholische Gärung".
23. Nennen Sie die Gärtemperatur bei der a) Weißwein- und b) Rotweinproduktion.
24. Warum erfolgt die Gärung bei der Rotweinproduktion auf der Maische?
25. Erklären Sie den Begriff „biologischer Säureabbau" bei der Weinproduktion.
26. Erklären Sie den Begriff „Cuvée" und nennen Sie mindestens zwei Vorteile.
27. Erklären Sie den Begriff „österreichischer Roséwein".
28. Was ist unter den Begriffen „Sturm" und „Jungwein" zu verstehen?
29. Definieren Sie den Begriff „Geläger" und was kann daraus gewonnen werden?
30. Definieren Sie den Begriff „Trebern" und was kann daraus gewonnen werden?
31. In welchen Behältern werden junge, leichte, frisch-fruchtige Weißweine vergoren und gelagert?
32. In welchen Behältern werden internationale Weißweine ausgebaut?
33. In welchen Behältern werden Rotweine traditionell gelagert?
34. a) Erklären Sie den Begriff „Ausbau in kleinen Holzfässern" und
    b) welche Weinstile werden dadurch erzielt?
35. a) Erklären Sie den Begriff „Ausbau im Stahltank" und
    b) welche Weinstile werden dadurch erzielt?
36. Wozu dient die Lagerung von Weinen vor der Flaschenfüllung?
37. Erklären Sie die Begriffe „Weinmängel", „Weinfehler" und „Weinkrankheiten".

👉 **Wussten Sie, dass ...**
der Weinbau in Österreich ca. 1 % des internationalen Weinbaues beträgt?

💡 Daten und Fakten, laufend aktualisiert, zum Weinbau in Österreich finden Sie auch unter www.oesterreichwein.at.

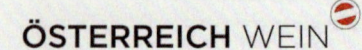

ÖSTERREICH WEIN

Weinbauregionen
Die österreichischen Weinbauregionen heißen **Weinland** (NÖ, Wien und Bgld.), **Steirerland** (Steiermark) und **Bergland** (restliches Österreich).

Weinbaugebiete
Die Herkunftsbezeichnungen werden marketingtechnisch in **generische Weinbaugebiete** mit den Namen der Bundesländer und in **16 spezifische Weinbaugebiete** eingeteilt. Auf der generischen Ebene der Gebiete regiert die Vielfalt der Sorten und Weinstile. Auf der Ebene der spezifischen Gebiete geht es um klare, gebietstypische Weinprofile, die DAC-Weine.

6 Der Weinbau in Österreich

6.1 Das österreichische Weingesetz

Das österreichische Weingesetz ist eines der strengsten der Welt. Die Basis bildet der lebensmittelrechtliche Teil der **Gemeinsamen Marktordnung für Wein,** die im August 2009 EU-weit in Kraft getreten ist. In dieser sind, verbindlich für alle Mitgliedsländer der EU, u. a. die Grundlagen des Weinrechts geregelt. Da es sich um umfassende Neuerungen handelt, wurde in Österreich keine Novelle zum alten Weingesetz, sondern ein neues Weingesetz erlassen, das mit November 2009 Rechtswirksamkeit erlangt hat.

Die nationalen Weingesetze der Mitgliedsländer – wie beispielsweise das österreichische Weingesetz – bilden die Klammer zwischen den allgemeinen Regeln der EU-Weinmarktordnung und den spezifischen Eigenheiten jedes Landes. So konnte sich auch Österreich seine strikten Auflagen bewahren.

Die tragenden Säulen des österreichischen Weingesetzes sind die **kontrollierte Herkunft** (Weinbaugebiete), die **Hektarertragsbeschränkung**, die **Qualitätsstufen** und die **staatliche Qualitätskontrolle**.

> **In Ergänzung zu den jeweiligen Regeln der EU-Weinmarktordnung enthält das österreichische Weingesetz u. a. Bestimmungen zu folgenden Themen:**
> - Herstellung und richtige önologische Behandlung von Wein (Anreichern, Entsäuern, Süßen, Verschneiden etc. wurden geregelt)
> - Definitionen und Bestimmungen zu den verschiedenen Qualitätsstufen
> - Welche Herkünfte und welche traditionellen Bezeichnungen dürfen verwendet werden?
> - Regeln über die Kontrolle des Weinsektors (Erntemeldung, Bestandsmeldung, Rebflächenverzeichnis, Weinbaukataster, Banderole, Führung des Kellerbuches, Kompetenzen und Organisation der Bundeskellereiinspektion)
> - Obstwein (Begriffsbestimmungen und Herstellungsvorschriften)
> - Verwaltungstechnische Bestimmungen (z. B. Strafbestimmungen)
>
> *Nach: Kostbare Kultur, Österreich Wein Marketing GmbH, Seite 80 f.*

Im Folgenden werden die wichtigsten Punkte ausführlicher erläutert.

Geografische Herkunftsbezeichnungen

Die auf dem Weinetikett angeführte **Herkunft des Weines** ist gebunden an die Weingüteklasse. Das bedeutet, je größer die geografische Herkunft, desto einfacher sind die Weine.

Bei **Wein** (Weißwein/Rotwein/Roséwein) **ohne** Ursprungs-, Rebsorten- und Jahrgangsbezeichnung handelt es sich um einfache österreichische Weine.

Weinbauregion
Österreichischer Landwein muss aus Trauben der auf dem Etikett angeführten Weinbauregion erzeugt worden sein. Kleinere Herkunftsangaben sind nicht erlaubt.

Weinbaugebiet
Österreichischer Qualitätswein (DAC und Kabinettwein) und Prädikatswein müssen ausschließlich aus Trauben des auf dem Etikett angeführten Weinbaugebietes erzeugt worden sein. Allerdings dürfen sie eine kleinere Herkunft haben und diese zusätzlich führen.

Großlage
Die Großlage ist eine Weinbaufläche innerhalb eines Weinbaugebietes, die die Hervorbringung gleichartiger und gleichwertiger Weine erwarten lässt. Sie darf ab der Güteklasse

Qualitätswein auf dem Etikett angeführt sein, wenn der Wein ausschließlich aus Trauben der Großlage erzeugt wurde.

Gemeinde
Eine Gemeinde darf ab der Güteklasse Qualitätswein auf dem Etikett angeführt sein. Der Wein muss aus Trauben der angeführten Gemeinde erzeugt worden sein.

Riede (Lage)
Die Riede oder Lage ist ein Gebietsteil einer Gemeinde, hat natürliche oder künstliche Grenzen, eine besondere Lage und Bodenbeschaffenheit und gewährleistet die Hervorbringung gleichartiger und gleichwertiger Weine. Sie darf ab der Güteklasse Qualitätswein auf dem Etikett angeführt sein, wenn dieser **ausschließlich** aus Trauben der angeführten Riede erzeugt wurde.

Die österreichischen Weingüteklassen

Wein

Wein – (ohne Sorten- und Jahrgangsangabe)
- Kein Hektarhöchstertrag vorgegeben.
- Verschnitt mit EU-Weinen erlaubt.

Wein – Herkunft Österreich (mit Sorten- und Jahrgangsangabe)
- Bestimmte Rebsorte.
- Hektarhöchstertrag.

Landwein (Wein mit geschützter geografischer Angabe – W. g. g. A.)
- Trauben müssen aus einer Weinbauregion stammen.
- Ausschließlich Qualitätsrebsorten dürfen verwendet werden.
- Saft der Weintrauben muss ein Mindestmostgewicht von 14° KMW aufweisen.
- Der Wein muss die der Bezeichnung entsprechenden typische Eigenart aufweisen.
- Gesamtsäure beträgt mindestens 4 g/l.
- Hektarhöchstertrag 9 000 kg Weintrauben oder 6 750 l Wein.
- Muss in Aussehen, Geruch und Geschmack frei von Fehlern sein.

Angabe auf dem Etikett: Landwein.

Weine aus Österreich mit Sorten- und Jahrgangsangabe auf dem Etikett, welche die restlichen Bestimmungen eines Landweines erfüllen, werden dem Landwein gleichgestellt.

Qualitätswein (Wein mit geschützter Ursprungsbezeichnung – W. g. U.)
- Trauben müssen aus einem Weinbaugebiet stammen.
- Ausschließlich Qualitätsrebsorten dürfen verwendet werden.
- Saft der Weintrauben muss ein Mindestmostgewicht 15° KMW aufweisen.
- Muss staatlich geprüft sein (staatliche Prüfnummer auf dem Etikett).
- Mindestalkoholgehalt 9 Vol.-%.
- Gesamtsäure mindestens 4 g/l.
- Hektarhöchstertrag 9 000 kg Weintrauben oder 6 750 l Wein.
- Muss in Aussehen, Geruch und Geschmack frei von Fehlern sein.
- Kann Hinweis auf örtliche Herkunft aufweisen (Großlage, Riede, Gemeinde).

Angabe auf dem Etikett: Qualitätswein.

Zur Kategorie Qualiätswein (Kabinett, DAC) gehören auch Qualitätsweine besonderer Reife und/oder Leseart (Prädikatsweine).

Qualitätswein Kabinett oder Kabinettwein
- Der Saft der Weintrauben muss ein Mindestmostgewicht von 17° KMW aufweisen.
- Der Most darf nicht aufgebessert (angereichert) werden.
- Er darf höchstens 9 g Restzucker/l enthalten (ohne Restzuckerverleihung – keine Süßung des Weines); das entspricht der Geschmacksrichtung „trocken".
- Höchstens 13 Vol.-% Alkohol.

Das Produkt Wein

Beginnende Edelfäule

Edelfäule
Die Botrytis cinerea ist bei manchen Prädikatsweinen erwünscht. Der Grauschimmelpilz perforiert die Beerenschale, Wasser verdunstet und der Traubenzucker wird konzentriert. Bei zu frühem Befall jedoch kommt es zur unerwünschten Sauerfäule.

Eisweintrauben

Trauben für Strohwein/Schilfwein

Prädikatsweine (Qualitätswein besonderer Reife und/oder Leseart)

Die Trauben für diese Weine werden meist nach der Hauptlese eingebracht und brauchen eine höhere Mostgradation. Der Most darf nicht aufgebessert (angereichert) werden und der Wein darf keine Süßung erhalten. Er muss mindestens 5 Vol.-% Alkohol enthalten und muss den jeweiligen Kriterien entsprechen.

Das System der Prädikatsweine – d. h. die Unterscheidung von Weinen mit höherem natürlichem Zuckergehalt nach speziellen Reife- und Lesearten – ist eine Spezialität des österreichischen und deutschen Weinrechts. Für die Deklaration von Prädikatswein muss eine Bestätigung durch die Weinkontrolle über die Qualität der gelesenen Trauben (sogenannte Mostwägerbestätigung) vorliegen. Der Traubenmost darf nicht aufgebessert werden. Die Restsüße darf nur durch die vorzeitige Unterbrechung der Gärung herbeigeführt werden, nicht aber durch Zusatz von Traubenmost zum Wein.

Prädikatsweinstufen	
Spätlese (SL)	Mindestmostgewicht 19° KMW. Es werden nur vollreife Trauben geerntet; eine maschinelle Ernte ist möglich. Vermarktung frühestens ab dem 1. Jänner des Folgejahres.
Auslese (AL)	Mindestmostgewicht 21° KMW. Alle nicht vollreifen, fehlerhaften und kranken Beeren müssen bei der Lese ausgesondert werden (Positivauslese). Vermarktung frühestens ab dem 1. Mai des Folgejahres.
Beerenauslese (BA)	Mindestmostgewicht 25° KMW. Die überreifen Beeren sind von der Edelfäule (Botrytis cinerea) befallen.
Eiswein (EW)	Mindestmostgewicht 25° KMW. Wein aus Trauben, die beim Lesen und Keltern gefroren sind. Dies geschieht ab ca. minus 7 °C, sonst ist es Qualitätswein. Er darf nicht mit anderen Prädikatsweinen verschnitten werden. Eine maschinelle Ernte ist möglich.
Strohwein/Schilfwein (SW)	Mindestmostgewicht 25° KMW. Wein aus vollreifen, zuckerreichen Trauben, die vor dem Keltern mindestens 3 Monate auf Stroh (Schilf) gelagert oder an Schnüren aufgehängt wurden. Haben die Trauben nach mindestens zwei Monaten bereits 30° KMW oder mehr, dürfen sie sofort gepresst werden. Bei weniger Graden ist kein Verschnitt erlaubt.
Ausbruch (AB)	Mindestmostgewicht 27° KMW. Wein aus ausschließlich überreifen, edelfaulen, natürlich eingetrockneten Beeren. Zur besseren Auslaugung des Zuckergehaltes kann frisch gekelterter Traubenmost oder Spätlese-, Auslese- oder Beerenauslesewein aus derselben Lage dem Lesegut zugesetzt werden.
Trockenbeerenauslese (TBA)	Mindestmostgewicht 30° KMW. Wein aus großteils edelfaulen, eingeschrumpften Beeren.

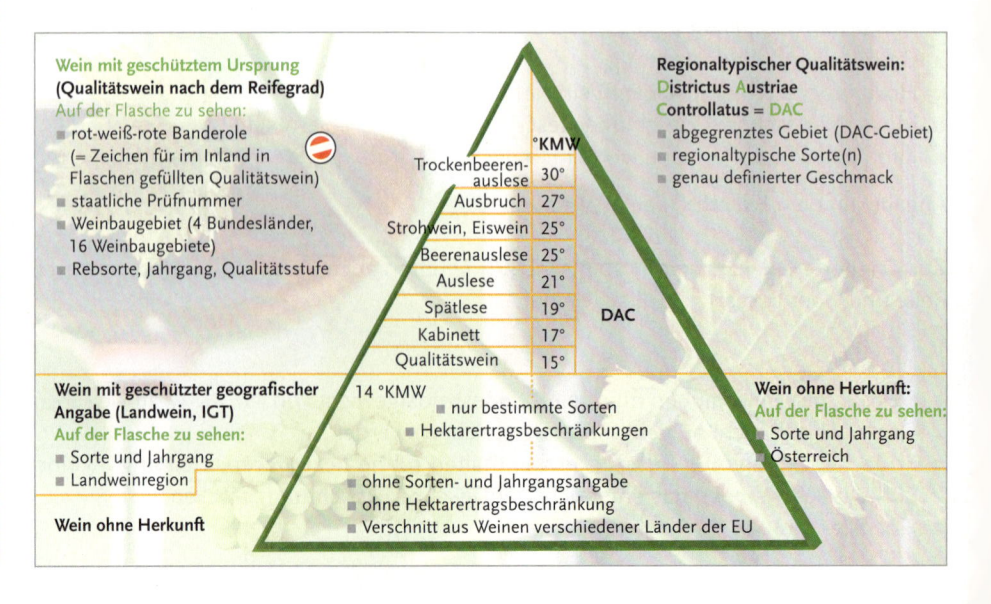

Wein mit geschütztem Ursprung
(Qualitätswein nach dem Reifegrad)
Auf der Flasche zu sehen:
- rot-weiß-rote Banderole (= Zeichen für im Inland in Flaschen gefüllten Qualitätswein)
- staatliche Prüfnummer
- Weinbaugebiet (4 Bundesländer, 16 Weinbaugebiete)
- Rebsorte, Jahrgang, Qualitätsstufe

Regionaltypischer Qualitätswein:
Districtus **A**ustriae **C**ontrollatus = DAC
- abgegrenztes Gebiet (DAC-Gebiet)
- regionaltypische Sorte(n)
- genau definierter Geschmack

	°KMW
Trockenbeerenauslese	30°
Ausbruch	27°
Strohwein, Eiswein	25°
Beerenauslese	25°
Auslese	21°
Spätlese	19°
Kabinett	17°
Qualitätswein	15°

DAC

Wein mit geschützter geografischer Angabe (Landwein, IGT)
Auf der Flasche zu sehen:
- Sorte und Jahrgang
- Landweinregion

14 °KMW
- nur bestimmte Sorten
- Hektarertragsbeschränkungen

Wein ohne Herkunft:
Auf der Flasche zu sehen:
- Sorte und Jahrgang
- Österreich

Wein ohne Herkunft
- ohne Sorten- und Jahrgangsangabe
- ohne Hektarertragsbeschränkung
- Verschnitt aus Weinen verschiedener Länder der EU

Der österreichische DAC-Wein

DAC steht für **Districtus Austriae Controllatus** und bedeutet österreichische kontrollierte Herkunftsbezeichnung.

Die **Herkunft** und **nicht die Rebsorte** soll in Zukunft **bei diesen Weinen im Vordergrund stehen.** Angelehnt an die Appellationssysteme renommierter Weinbaugebiete, wie das französische AOC, das italienische DOC oder das spanische DOC, möchte man die Identität der einzelnen Regionen stärken. Ein DAC-Wein ist also grundsätzlich kein neuer Wein. Es handelt sich dabei um **Qualitätsweine, die geschmacklich unverkennbar typisch für ihre Herkunft aus einem bestimmten Weinbaugebiet** stehen. Diese Weine sollen sich durch ihr gebietstypisches Geschmacksprofil auszeichnen und tragen anstelle der Bezeichnung „Qualitätswein" die Bezeichnung „DAC". Entscheidend ist aber nicht das Kürzel DAC, sondern der geografische Begriff, der davor steht.

Auch für den österreichischen Export, in dem es wegen der großen Vielfalt bei den Rebsorten, den Anbauregionen, den vielen Anbaugebieten mit ihren vielen Einzellagen schwierig ist, den Wein marketingstrategisch zu positionieren, wird es in Zukunft einfacher werden.

Aber auch der Handel soll künftig mit größeren Mengen beliefert werden können, weil jedes DAC-Gebiet seinen gebietstypischen Wein nach den vom „Regionalen Weinkomitee" bestimmten Vorgaben vermarkten kann, z. B.:
- bestimmte Rebsorte
- bestimmte Fruchttöne
- Holzeinsatz oder Botrytis-Ton (DAC-abhängig)
- bestimmter Alkoholgehalt
- bestimmte Geschmacksrichtung (trocken)
- maximaler Restzucker
- Erstvermarktungstermin

Alle anderen Qualitätsweine eines DAC-Gebietes dürfen als geografische Herkunft nur mehr das übergeordnete Weinbaugebiet (Bundesland) auf dem Etikett anführen.

Vom zuständigen Bundesminister wird ein **nationales Weinkomitee** auf 5 Jahre bestellt. Es stellt die Verbindung der **regionalen Weinkomitees** zum Bundesministerium dar. Außerdem überprüft das nationale Weinkomitee die Gründung von regionalen Weinkomitees und deren Beschlüsse, die die Festlegung von DAC-Weinen betreffen, und alle sonstigen rechtlichen Beschlüsse des österreichischen Weinbaus.

Geplant ist, ein Weinkomitee pro Weinbaugebiet einzurichten, das sich aus Vertretern der Weinwirtschaft des örtlichen Wirkungsbereiches zusammensetzt (Trauben- bzw. Weinproduzenten, Weinhandelsbetriebe sowie Genossenschaftsvertreter). Jedes Weinbaugebiet kann und soll durch sein regionales Komitee einen oder mehrere DAC-Weine festlegen.

Ziele und Aufgaben des regionalen Weinkomitees
- Bessere Vermarktung des DAC-Weines.
- Aktuelle Marktforschung und Marketingmaßnahmen zusammen mit der Österreichischen Wein Marketing GmbH.
- Erstellung von Bedingungen für Produktion und Vermarktung von regionaltypischen hochwertigen Weinen mit ihren typischen Herkunftsprofilen.

So bietet zum Beispiel der SALON Österreich Wein eine ausgezeichnete nationale und internationale Präsentationsplattform für den österreichischen Wein. Die Österreichische Wein Marketing GmbH präsentiert alljährlich die 260 besten Weine Österreichs, die mit der SALON-Schleife gekennzeichnet werden.

Österreichs DAC-Weine
- Weinviertel DAC
- Mittelburgenland DAC
- Traisental DAC
- Kremstal DAC
- Kamptal DAC
- Leithaberg DAC
- Eisenberg DAC

SALON 10 ÖSTERREICH WEIN

Die Salon-Tournee führt diese jährlich rund 260 ausgewählten Weine durch ganz Österreich. Zu beachten ist aber: Nicht alle guten Weine Österreichs tragen derartige Auszeichnungen. Manche Winzer/-innen reichen ihre Produkte prinzipiell nicht zu Prämierungen ein.

Regionalzusammenschlüsse

Die steigende Nachfrage am Qualitäts- und Prädikatsweinsektor in den letzten Jahren führte nicht zuletzt auch zur Gründung diverser Qualitätsgemeinschaften. Diese dienen dem Zweck einer gemeinsamen Vermarktung (Werbung, gemeinsame Messeauftritte im In- und Ausland usw.) und eines Gebietsschutzes.

Die Hinweise auf ein bestimmtes Gebiet, diverse Qualitätsrebsorten, Weingartenarbeiten sowie Ausbaumethoden kommen in den verschiedensten Formen wie Flaschengrößen, Flaschenarten, Flaschenausstattung usw. zum Ausdruck. Durch dieses gemeinsame Auftreten ergibt sich der gewünschte Bekanntheitsgrad in der Öffentlichkeit.

Einige Beispiele von Regionalzusammenschlüssen	
Niederösterreich	Wachau: Vinea Wachau Nobilis Districtus
	Kremstal: Kremstaler Convent, Vinum circa Montem
	Kamptal: Kamptal Klassik, Traditionsweingüter, Vinovative
	Traisental: Vereinigung Traisentaler Weingüter, Kufferner Situla
	Wagram: Wagramer Selektion, Weingüter Wagram, Ursprung – erste Vereinigung naturnahen Weinbaus in Österreich (VENA)
	Weinviertel: Weingüter Retzer Land, Initiative Junge Winzer Matthias Corvinus
	Carnuntum: Primus Carnuntum
	Thermenregion: Thermenwinzer
Burgenland	Burgenland: Renommierte Weingüter Burgenlands (RWB)
	Neusiedler See: Pannobile
	Neusiedler See-Hügelland: Cercle Ruster Ausbruch, Leithaberg
	Mittelburgenland: Vitikult
	Südburgenland: Vinum Ferreum
Steiermark	Südoststeiermark: Eruption, Vulkanland
	Südsteiermark: Steirische Klassik, Steirischer Junker
	STK – Steirische Terroir- und Klassikwinzer
	Weststeiermark: Weißes Pferd
Wien	WienWein, Vienna Classic

Angaben auf dem Etikett und der Banderole

Bezeichnungen wie Gesundheitswein, Stärkungswein, biologisch usw. dürfen nicht verwendet werden.

Bezeichnungen wie „aus ökologischem Anbau" oder „aus ökologischem Landbau" sind zulässig.

Bei **Obstweinen** und **Obstschaumweinen** muss die Bezeichnung auf das Grundprodukt hinweisen, um Verwechslungen mit Wein aus Trauben zu vermeiden (z. B. Ribiselwein oder Marillenschaumwein).

Bei der Bezeichnung **„Heuriger"** muss der Wein aus österreichischen Trauben hergestellt worden sein. Die Bezeichnung gilt bis zum 31.12. des darauffolgenden Jahres. Wenn der Wein in Flaschen gefüllt wird, muss der Jahrgang angegeben werden.

Bei der Bezeichnung **„Bergwein"** handelt es sich um Weine aus Weingärten mit einer Hangneigung von mehr als 26 %. Die Weinbauregion darf angegeben sein.

Die Bezeichnung **„Schilcher"** darf nur für Roséweine der Sorte Blauer Wildbacher aus der Steiermark verwendet werden.

Vinea Wachau Nobilis Districtus
Seit 1983 ist das oberste Prinzip der Mitglieder das Bekenntnis zu Qualität, Ursprung und Reinheit. Die Weine sind immer trocken ausgebaut und werden in die Kategorien Steinfeder, Federspiel und Smaragd eingeteilt.

Pannobile
Die Winzer dieser Vereinigung setzen (seit 1994) kompromisslos auf Qualität und tauschen Wissen und Erfahrung ständig aus. Die Weine – maximal eine Weiß- und eine Rotweincuvée – werden eigenständig vermarktet.

Steirischer Junker
Diese Winzervereinigung ist wohl die bekannteste der Steiermark. Sie wurde 1995 gegründet. Das Etikett dieser frischen, fruchtigen Weine ziert der typische Steirerhut. Diese Weine werden immer am Mittwoch vor Martini (11. November) österreichweit präsentiert.

WienWein
Hochmotivierte Wiener Winzer/-innen haben sich 2006 zusammengeschlossen mit dem Ziel, den Wiener Wein durch diverse Veranstaltungen national und international bekannter zu machen.

Der Markenname

Unter diesem Namen wird der Wein verkauft. Das kann der Name eines Weinguts, die Rebsorte oder ein Fantasiename sein.

Name und Standort des Weingutes

Auf jedem Etikett müssen Name und Standort des Erzeugers, Abfüllers oder des Verkäufers angegeben sein.

Die staatliche Prüfnummer

Die staatliche Prüfnummer ist für alle Qualitäts- und Prädikatsweine verpflichtend. Die Ausstellung erfolgt durch Antrag zur Untersuchung. Sie gilt nur für den Wein, von dem die Probe gezogen wurde. Der Antrag zur Untersuchung einer Probe muss den Namen und die Anschrift des Einsenders, die Rebsorte, Menge, Qualitätsstufe, Farbe, einen möglichen Verschnitt sowie den Jahrgang und seine örtliche Herkunft enthalten. Der Bescheid hat innerhalb von 5 Wochen zu erfolgen. Die Verwendung der Prüfnummer ist jederzeit nachzuweisen.

Die Banderole

Sie gilt ebenfalls ab der Stufe Qualitätswein und trägt die Betriebsnummer des Produzenten. Sie ist als rotweißrotes Zeichen über der Flaschenöffnung angebracht bzw. wird in der Flaschenkapsel oder im Kronenkorken direkt eingedruckt. Sie wird beim Flaschenöffnen „zerstört".

Herkunft oder örtliche Herkunftsbezeichnung

Österreichischer Wein muss zu 100 % aus heimischen Trauben hergestellt sein und hat mit „Österreichischer Wein", „Wein aus Österreich" oder „Österreich" bezeichnet zu werden. Folgende kleinere geografische als Österreich können für Wein aus Trauben verwendet werden, die ausschließlich im angegebenen Herkunftsbereich erzeugt wurden: Weinbauregion, Weinbaugebiet, Großlage, Gemeinde, Riede oder Weinbauflur in Verbindung mit dem Namen der Gemeinde, in der diese liegt.

Sorten- und Jahrgangsbezeichnung

Der Wein muss mindestens zu 85 % aus der genannten Sorte/dem genannten Jahrgang stammen (EU-Weinmarktverordnung). Prädikatsweine und Heuriger müssen den Jahrgang ausweisen. Bei Spätlesen und Auslesen sind in jedem Fall die Rebsorten anzugeben.

Qualitätsstufe

Die Angabe reicht von Wein bis Qualitätswein (Kabinett, DAC-, Prädikatswein).

Alkoholgehalt

In Volumprozent; Angabe nur in vollen oder halben Einheiten (z. B. 12 Vol.-% oder 12,5 Vol.-%).

Restzuckergehalt

Die Angabe des Restzuckergehaltes basiert auf der Grundlage der EU-Weinmarktverordnung und gilt daher in der gesamten EU. Auf jedem Etikett muss der Gehalt an unvergorenem Zucker im Wein angegeben sein.

- **Trocken:** Wenn der Zuckergehalt folgende Werte nicht überschreitet: 4 g/l oder maximal 9 g/l, sofern der in Gramm pro Liter ausgedrückte Gesamtsäuregehalt höchstens um 2 g/l niedriger ist als der Restzuckergehalt.
- **Halbtrocken:** Wenn der Zuckergehalt folgende Werte nicht überschreitet: 12 g/l oder maximal 18 g/l, sofern der Gesamtsäuregehalt um maximal 10 g/l niedriger ist als der Restzuckergehalt.
- **Lieblich:** Wenn der Gesamtzuckergehalt 12 bis maximal 45 g/l beträgt.
- **Süß:** Wenn der Zuckergehalt mindestens 45 g/l beträgt.

Nenninhalt/Füllvolumen

Das Inhaltsvolumen ist nach EU-Recht zwingend vorgeschrieben und muss in Litern (z. B. 0,75 l) angegeben werden.

Die Banderole dient der eindeutigen Kennzeichnung von österreichischem Qualitätswein.

1. Banderole (in der Flaschenkapsel oder im Verschluss)
2. Herkunftsbezeichnungen
3. Herkunftsbezeichnungen
4. Bezeichnung „Qualitätswein" und die verliehene Prüfnummer
5. Nenninhalt: Inhaltsmenge in Litern (e = EU-Norm)
6. Jahrgangs- und Sortenbezeichnung
7. Restzuckergehalt
8. Name und Standort des Weingutes
9. Alkoholgehalt
10. Bezeichnung „enthält Sulfite" muss verzeichnet sein; ab 2011 ist eine Kennzeichnung bezüglich Allergenen obligat.

Das Produkt Wein

Das Bezeichnungsrecht: zwingende und zugelassene Angaben

Wein (Weißwein/Rotwein/Roséwein)	
Zwingende Angaben	**Zugelassene Angaben**
Name, Firmenname und Anschrift des Abfüllers	Verbraucherempfehlung (geeignet zu ...)
Alkoholgehalt	Markenname (eingetragene Marke)
Geschmacksrichtung (Restzucker)	
Weiß-, Rot- und Roséwein	
Nennvolumen (Inhalt, z.B. 0,75 l)	
Verweis auf Österreich	
Loskennzeichnung „L"	
Enthält Sulfite	

Wein mit Sorten und Jahrgangsangabe	
Zwingende Angaben	**Zugelassene Angaben**
Wie bei Wein (siehe oben)	Wie bei Wein (siehe oben)
	Sorte und Jahrgang

Landwein – Wein mit geschützter geografischer Angabe (W. g. g. A)	
Zwingende Angaben	**Zugelassene Angaben**
Wie bei Wein (siehe oben)	Wie bei Wein (siehe oben)
Landwein	Rebsorte (mindestens 85 % der angegebenen Rebsorte)
Herkunft Österreich, Weinbauregion	Zwei Rebsorten (in anteilsmäßiger Reihenfolge, Summe 100 %)
	Jahrgang (mind. 85 % der angegebenen Jahrgänge, mehrere Jahrgänge verboten)
	Auszeichnung einer amtlichen Stelle
	Information zur Geschichte des Weins

Qualitätswein – Wein mit geschütztem Ursprung (W. g. U.)	
Zwingende Angaben	**Zugelassene Angaben**
Wie bei Landwein (siehe oben)	Wie bei Landwein (siehe oben)
Qualitätswein, DAC, Kabinett, Prädikatswein oder die Prädikatsstufe	Herkunft zusätzlich zum Weinbaugebiet: Großlage, Gemeinde, Riede
Herkunft Österreich, Weinbaugebiet	Ergänzende traditionelle Begriffe
Prüfnummer und Banderole	

> **Wussten Sie, dass ...**
> Bezeichnung Landwein für Österreich, Deutschland und Südtirol geschützt ist?

> Der jährliche Pro-Kopf-Verbrauch liegt bei etwa 30 Litern.

6.2 Die österreichischen Weinbauregionen und ihre Weinbaugebiete

Österreich besitzt eine sehr alte Weinbautradition. Das kontinentale, pannonische und auch mediterrane (illyrische) Klima sowie das Zusammentreffen der nördlichen mit der südlichen Anbauzone Europas ermöglichen die Hervorbringung großartiger Weine mit absoluten Spitzenqualitäten, welche zunehmend für nationales und internationales Aufsehen sorgen.

Etwa 20 000 Weinbaubetriebe, davon ca. 40 % im Vollerwerb geführt, erwirtschaften mit Wein einen Verkaufswert von ca. 650 Mio. Euro. Der Großteil des verkauften Weines wird im Inland getrunken. Auf Grund der hohen Qualität steigt der Weinexport aber stetig an. Zwei Drittel der österreichischen Weine sind **Qualitätsweine,** ein im internationalen Vergleich sehr hoher Anteil.

6 Der Weinbau in Österreich

Überblick
Rebfläche: ca. 50 000 Hektar
Weinproduktion: ca. 2,5 Mio. Hektoliter/Jahr

Weinbau-regionen	Generische Weinbaugebiete	Spezifische Weinbaugebiete
Weinland	Niederösterreich (31 350 ha)	Wachau, Kremstal, Kamptal, Traisental, Wagram, Weinviertel, Carnuntum, Thermenregion
	Burgenland (15 850 ha)	Neusiedler See, Neusiedler-See-Hügelland, Mittelburgenland, Südburgenland
	Wien (700 ha)	Wien
Steirerland	Steiermark (3 700 ha)	Süd-Oststeiermark, Südsteiermark, Weststeiermark
Bergland	Vorarlberg, Tirol, Kärnten, Oberösterreich und Salzburg. Es werden meist frühreife Sorten von Hobbywinzern angebaut. Die Weine dienen großteils der Eigenversorgung.	

💡 Die Weinbaufläche Österreichs gliedert sich in drei Weinbauregionen, in generische Weinbaugebiete (mit den Namen der Bundesländer) und in 16 spezifische Weinbaugebiete.

Weinland (45 000 ha)

Durch die Weingesetznovellen 1999, 2002 und 2007 wurden neue Gebietsregelungen in Form größerer Weinbaugebiete unter Beibehaltung der kleineren getroffen. Der Vorteil liegt darin, dass nun für die Produktion eines Landweines die Bezeichnungen „Weinland Österreich" bzw. „Steirerland" – ein nach europäischen Maßstäben großes Einzugsgebiet (Niederösterreich, Burgenland, Wien bzw. Steiermark) – zur Verfügung steht.

Niederösterreich (30 500 ha)

Niederösterreich kann auf eine sehr alte Weinkultur zurückblicken. Man glaubt auf Grund von Traubenkernfunden in Nußdorf und Mödling aus der vorrömischen Zeit, dass hier bereits die Illyrer und die Kelten aus einer Wildrebe eine Kulturrebe gezogen haben.

Als bewiesen hingegen gilt, dass die Römer südlich der Donau kultivierten Weinbau betrieben. Auch die Aufzeichnungen des Hl. Severin (5. Jahrhundert n. Chr.) belegen die Existenz von Weingärten. Ab dem 10. Jahrhundert bis in das 13. Jahrhundert trugen auch die Babenberger viel zum Weinbau in Niederösterreich bei. Die Reblauskatastrophe im 19. Jahrhundert bereitete lange, fast unüberwindliche Schwierigkeiten.

💡 **Die Weinbaugebiete Niederösterreichs:**

- Niederösterreich (als generisches Weinbaugebiet)

Spezifische Weinbaugebiete:
- Wachau
- Kremstal
- Kamptal
- Traisental
- Wagram
- Weinviertel
- Carnuntum
- Thermenregion

Das Produkt Wein

Die niederösterreichischen Weine bieten heute durch die Vielzahl der Rebsorten, die Unterschiedlichkeit der Landschaften mit ihren verschiedenen Bodenverhältnissen und vorhandenen Klimazonen (diverse Kleinklimata) eine reiche Auswahl an Charakter und Geschmack für jeden Gaumen.

Weinbaugebiete Niederösterreich

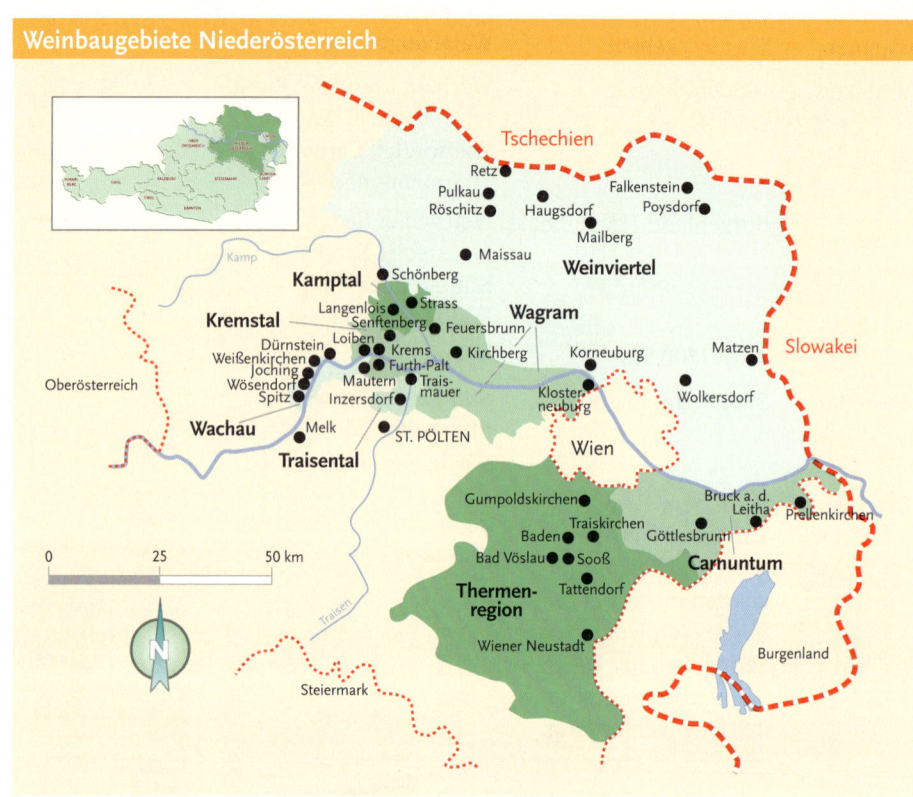

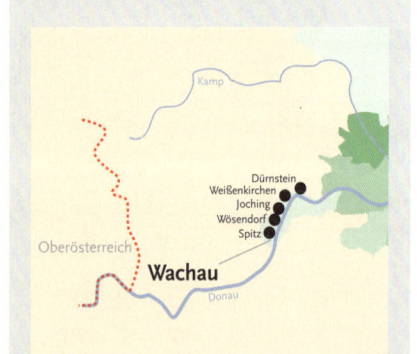

Wachau (1 400 ha)

Die Wachau umfasst die Gemeinden Dürnstein, Weißenkirchen, Mautern, Bergern im Dunkelsteinerwald, Rossatz und den Gerichtsbezirk Spitz. Sie ist sicherlich eines der bekanntesten und landschaftlich schönsten Weinbaugebiete des Landes. Geprägt wird es durch sein **Mikroklima** und seine **Bodenbeschaffenheit.** Flussaufwärts herrscht noch der Einfluss des pannonischen Klimas vor, vom nördlichen Waldviertel und südlichen Dunkelsteinerwald ist aber der kühlere, feuchtere Einfluss gegeben. Die Steillagen, bis zu 200 m über der Donau, bestehen aus verwittertem Urgestein (Schiefer, Gneis, Granit), die flachen Lagen basieren auf Löss und Sand. Nicht zuletzt hilft auch die Donau als Wärmespeicher zum Temperaturausgleich und damit als Klimaregulator mit, den Weinen einen besonderen Charakter, einen eigenen Charme, eine volle Dichte und eine schöne Säure zu verleihen.

Zum Schutz und zur Förderung der Wachauer Weine wurde der Verein **„Vinea Wachau Nobilis Districtus"** gegründet, die wohl **bekannteste Markengemeinschaft Österreichs.** Sie unterscheidet drei Weinkategorien:

Steinfeder	Federspiel	Smaragd
■ Trocken, leicht, spritzig ■ 15 bis 17° KMW ■ Maximal 11,5 Vol.-% Alkohol	■ Trocken, elegant, klassisch ■ 17 bis 18,2° KMW ■ Maximal 12,5 Vol.-% Alkohol	■ Trocken, hochreif, kraftvoll ■ Ab 18,2° KMW ■ Mindestens 12,5 Vol.-% Alkohol

💡 Die **Steinfeder** ist ein unter Naturschutz stehendes getrocknetes Gras „Stipa pinnata", das bei der Wachauertracht den Hut ziert.

💡 Der Begriff **Federspiel** geht zurück auf die herrschaftliche Falkenjagd in der Wachau und war jener Gegenstand, den man in die Luft warf, um den Beizvogel zurückzuholen.

Smaragdeidechsen sind das Symbol für die wertvollsten Weine der Wachau – die **Smaragd**weine.

Auf einen Blick

Rebsorten	Bekannte Rieden
Grüner Veltliner, Riesling, Chardonnay, Muskateller, Muskat-Ottonel, Neuburger, Blauer Zweigelt, St. Laurent	Schütt, Loibenberg, Kellerberg, Superin, Hollerin, Klaus, Achleiten, Rotes Tor, Steinporz, Achspoint, Hochrain, Tausendeimerberg, Singerriedel

Großlage
Frauenweingarten

Weingüter
- Dürnstein: Domaine Wachau, Leo Alzinger, Emmerich Knoll, F. X. Pichler
- Wösendorf/Joching: Rudi Pichler, Josef Jamek, Johann Schmelz, Karl Holzapfel
- Spitz: Franz Hirtzberger, Karl Lagler, Josef Högl
- Weißenkirchen: Karl Stierschneider, Manfred Jäger, Weingut Prager-Bodenstein, u. a.

Weingartenmauer mit Stufen am Tausendeimerberg

Kremstal (2 600 ha)

Zum Kremstal gehören die Stadt Krems an der Donau, die Gemeinden Furth bei Göttweig, Gedersdorf, Paudorf, Senftenberg, Imbach, Stratzing/Droß und Rohrendorf/Krems.

In diesem Gebiet herrscht großteils ein **mildes Klima**, das auf das Zusammentreffen des milderen pannonischen mit dem eher rauen Klima des Waldviertels zurückzuführen ist. Es kommt zu größeren Temperaturunterschieden, da das weitläufige Kremser Becken – im Gegensatz zur Enge der Wachau – weniger Schutz vor Nachtabkühlung bietet. Die Böden bestehen teils aus Urgestein, großteils aber aus Löss und Lehm, die Ebenen aus Sand und Schotter. Die Weine sind geprägt von Bukett, Frucht und Frische.

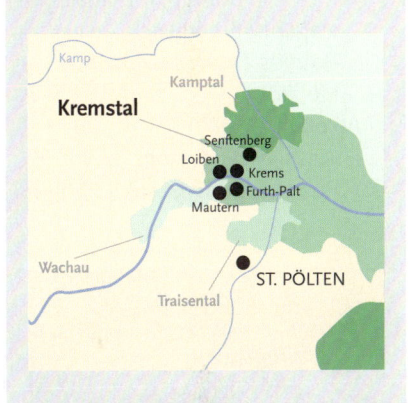

Auf einen Blick

Rebsorten	Bekannte Rieden
Grüner Veltliner, Riesling, Weißer Burgunder, Chardonnay, Sauvignon blanc, Neuburger, Rivaner, Blauer Zweigelt, Blauer Burgunder, Blauer Portugieser, St. Laurent	Pfaffenberg, Kögl, Goldberg, Wachtberg, Grillenparz, Spiegel, Steiner Hund, Kremsleiten, Sandgrube, Gebling, Ehrenfels

Großlagen
- Kaiserstiege (Rohrendorf, Gedersdorf)
- Kremstal (Stadtgemeinde Krems)
- Göttweiger Berg (Furth, Paudorf)

Weingüter
- Krems: Winzer Krems, Weingut Stadt Krems, Wolfgang Aigner, Bertold Salomon
- Hollenburg: Winzerhof Meinhard Forstreiter
- Furth/Palt: Weingut Dr. Unger, Gerald & Wilma Malat
- Höbenbach: Josef Dockner
- Senftenberg/Priel: Franz Proidl, Josef Nigl
- Droß: Vorspannhof Anton Mayr
- Rohrendorf: Sepp Moser, Weingut Lenz Moser, Thiery-Weber
- Gedersdorf: Erich Berger, Sepp Mantler u. a.

Kremstal DAC
- **Rebsorten**: Grüner Veltliner, Riesling
- **Geschmacksprofil**:
  - Grüner Veltliner: frisch, fruchtbetont, keine Botrytis-Note, kein Holzton
  - Riesling: duftig, mineralisch, keine Botrytis-Note, kein Holzton
- **Alkohol**:
  - Klassik: mindestens 12 Vol.-%,
  - Reserve: mindestens 13 Vol.-%

Das Produkt Wein

Kamptal (4 000 ha)

Das Kamptal entspricht dem **Gerichtsbezirk Langenlois.** Das Klima ist ähnlich dem des Kremstales, aber die **Einwirkung des raueren Klima das Waldviertels** macht sich bemerkbar. Bei der Bodenbeschaffenheit herrschen Lehm und Löss vor. Im hügeligen Teil des Kamptales gibt es auch Urgestein. Die wohl bekannteste Lage des Anbaugebietes ist der **Heiligenstein.** „Höllenstein" im Mittelalter genannt, lässt der Name bereits damals wie heute auf viel Sonnenschein auf den wunderschön gelegenen Terrassen schließen. Die Weine besitzen Fülle, Frucht, Charme und Spritzigkeit.

Heiligenstein und Gaisberg

Kamptal DAC
- **Rebsorten:** Grüner Veltliner, Riesling
- **Geschmacksprofil:**
  - Grüner Veltliner: fruchtbetont, feine Würze, keine Botrytis-Note, kein Holzton
  - Riesling: duftig, aromatisch, elegant, mineralisch, keine Botrytis-Dominanz, kein Holzton
- **Alkohol:**
  - Klassik: mindestens 12 Vol.-%,
  - Reserve: mindestens 13 Vol.-%

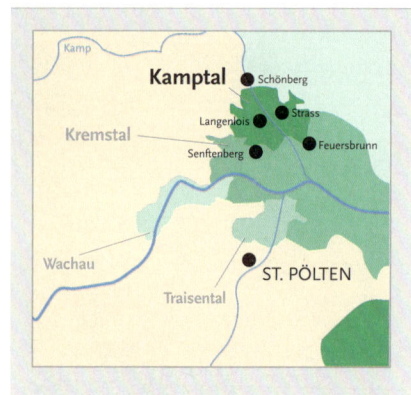

Weinerlebniswelt Loisium

Auf einen Blick

Rebsorten	Bekannte Rieden
Grüner Veltliner, Riesling, Welschriesling, Weißer Burgunder, Sauvignon blanc, Chardonnay, Rivaner, Frühroter Veltliner, Blauer Zweigelt, Blauer Burgunder, Blauer Portugieser	Heiligenstein, Loiserberg, Lamm, Dechant, Steinsetz, Spiegel, Renner, Vogelsang, Hasel, Gaisberg

Großlage
- Kamptal

Weingüter
- Langenlois: Willi Bründlmayer, Sonnhof Jurtschitsch, Karl Steininger, Hubert Traxler, Fred Loimer, Thomas Leithner, Ludwig Hiedler, Rudolf Rabl
- Kammern: Johannes Hirsch
- Strass: Peter Dolle, Johann Topf, Weingut Allram, Birgit Eichinger
- Gobelsburg: Gerald Schneider – Cobaneshof, Weingut Schloss Gobelsburg
- Schönberg: Weingärtnerei Aichinger u.a

Traisental (800 ha)

Zum Traisental gehören die Stadt St. Pölten, die Gemeinden Böheimkirchen und Weißenkirchen/Perschling und der Gerichtsbezirk Herzogenburg.

Das Weinbaugebiet liegt **südlich der Donau** und erstreckt sich von Traismauer über Inzersdorf und Herzogenburg bis nach St. Pölten. Auch hier ist das Klima vorwiegend mild und der Einfluss des kontinentalen Klimas ist zu spüren. Der Einfluss der Donau hingegen ist nicht mehr so groß. Die Böden bestehen großteils aus Löss, Lehm und Schotter. Nur im Westen sind noch die Ausläufer des Wachauer Urgesteins zu erkennen.

Auf Grund der vielen frühgeschichtlichen Ausgrabungen weiß man, dass dieses Gebiet als **Wiege des Weinbaus in Österreich** gilt. Die Weine, großteils Grüne Veltliner, werden teilweise von „Winzer Krems" vermarktet. Das Gebiet wird sich in nächster Zeit noch ein eigenes, intensiveres Profil seiner Weine erarbeiten. Ansätze sind in den Zusammenschlüssen „Junger Traisentaler" und „Vereinigung Traisentaler Weingüter" sowie des Traisentaler DAC bereits erkennbar.

Frühling in Traisental

Auf einen Blick

Rebsorten	Bekannte Rieden
Grüner Veltliner, Frühroter Veltliner, Riesling, Welschriesling, Rivaner, Blauer Zweigelt, Blauer Portugieser, St. Laurent	Hintern Schloß Nußgarten Hochschopf Gaisruck Feldsetzen Alte Setzen

Großlage
- Traismaurer Weinberge

Weingüter
- Inzersdorf: Ludwig Neumayer
- Nußdorf: Andreas Holzer, Andreas Herzinger
- Traismauer: Hans Schöller, Rudi Hoffmann
- Reichersdorf: Weingut Markus Huber
- Kuffern: Johann Steyrer u. a.

Traisental DAC
- **Rebsorten:** Grüner Veltliner, Riesling
- **Geschmacksprofil:**
  - Grüner Veltliner: frisch, fruchtig, würzig, keine Botrytis-Note, kein Holzton
  - Riesling: kräftig, kernig, aromatisch, mineralisch, keine Botrytis-Note, kein Holzton
- **Alkohol:**
  - Klassik: mindestens 12 Vol.-%,
  - Reserve: mindestens 13 Vol.-%

Wussten Sie, dass ...

ein „Gemischter Satz" ein Wein ist, dessen Trauben aus verschiedenen Rebsorten aus einem Weingarten stammen und gemeinsam verarbeitet werden?

In manchen Weinbaugebieten sind auch heute noch gemischt ausgesetzte Weingärten anzutreffen. Grund dafür war früher der witterungsbedingte Ausfall einer Rebsorte.

Wagram (2 800 ha)

Zum Weinbaugebiet Wagram gehören der politische Bezirk **Tulln** und der Gerichtsbezirk **Klosterneuburg** südlich der Donau. Nördlich der Donau erstreckt es sich vom Weinbaugebiet Kamptal nach Osten.

Einst Donauland genannt, wurde es 2007 mit der Begründung von zu großen Unterschieden im Terroir und folglich auch im Weintyp in Wagram umbenannt. Herrscht am Wagram noch der Löss vor, geht dieser südlich der Donau in kalkhaltige Böden über. Im Klima machen sich pannonische und kontinentale Einflüsse bemerkbar. Die Weine sind daher, wie oben erwähnt, auch nicht vergleichbar. Eine ausgesprochene Rarität dieses Anbaugebietes sind vor allem die **Eisweine.**

Weingut Leth

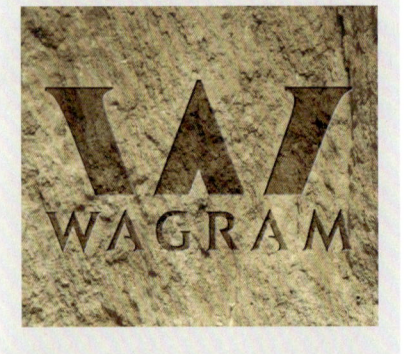

Der Weinbau ist auch ein Motor für den Tourismus einer Region, siehe z. B. **www.weinstrassen.at.**

Auf einen Blick

Rebsorten	Bekannte Rieden
Grüner Veltliner, Frühroter Veltliner, Roter Veltliner, Weißer Burgunder, Riesling, Rivaner, Blauer Zweigelt, Blauer Burgunder, Blauer Portugieser	Spiegel Scheiben Rosenberg

Großlagen
- Klosterneuburg (Bereiche Klosterneuburg, Atzenbrugg, St. Andrä/Wördern)
- Tulbinger Kogel
- Wagram/Donauland

Weingüter
- Kirchberg/Wagram: Weinberghof Karl Fritsch
- Fels/Wagram: Franz Leth, Wimmer-Czerny
- Feuersbrunn: Eduard Ott, Josef Bauer, Anton Bauer, Bernhard Ott
- Großriedenthal: Karl Diwald, Stephan Mehofer
- Klosterneuburg: Weingut Stift Klosterneuburg, Karl Inführ KG Sektkellerei u. a.

Weinviertel (15 500 ha)

Das Weinviertel umfasst die politischen Bezirke Gänserndorf, Korneuburg, Mistelbach, Hollabrunn und Horn und ist **Österreichs größtes und nördlichstes Anbaugebiet.** Es erstreckt sich vom Manhartsberg bis an die March und von der Grenze der Slowakei bis an die Donau. Weinbaulich spricht man auch von einem **westlichen Weinviertel** (das Retzer Gebiet, das Pulkautal, das Mailberger Gebiet, das Röschitzer Gebiet sowie die Gebiete um Hollabrunn und Hohenwarth) und einem **östlichen Weinviertel** (die Gebiete Wolkersdorf, Matzner Hügelland, Zistersdorf, Poysdorf, Falkenstein, Mistelbach und Korneuburg).

Das Klima ist großteils kontinental, mit Ausnahme im Süden (Gänserndorf). Hier macht sich ein pannonischer Einfluss bemerkbar. Auch die Böden sind verschieden. Von etwas Urgestein im Westen gehen sie über in Lössböden mit Schwarzerde, Lehm- und Kalkböden. Dementsprechend vielfältig sind hier daher die Weine. Nicht zuletzt kommen aus dem Weinviertel auch sehr viele Grundweine (Grüner Veltliner, Welschriesling) für die Versektung.

Pulkau

Kellergasse in Falkenstein

Weinviertel DAC
- **Rebsorte:** Grüner Veltliner
- **Geschmacksprofil:**
  - Klassik: fruchtig, würzig, pfeffrig, keine Botrytis-Note, kein Holzton
  - Reserve: trocken, kräftig, würzig, zarter Botrytis- und Holzton zulässig
- **Alkohol:**
  - Klassik: mindestens 12 Vol.-%,
  - Reserve: mindestens 13 Vol.-%

Auf einen Blick

Rebsorten	Bekannte Rieden
Grüner Veltliner, Welschriesling, Riesling, Rivaner, Weißer Burgunder, Blauer Zweigelt, Blauer Portugieser, Blauburger, Cabernet Sauvignon	Galgenberg Steinleiten Hundschupfen

Großlagen
- Bisamberg-Kreuzenstein
- Falkensteiner Hügelland
- Matzner Hügel
- Retzer Weinberge
- Wolkersdorfer Hochleite

Weingüter
- Höbersbrunn: Josef Leberwurst
- Stetten: Roman Pfaffl
- Mannersdorf: Gerhard Lobner, Roland Minkowitsch
- Martinsdorf: Weingut Zuschmann-Schöffmann
- Obermarkersdorf: Johann Diem
- Hohenruppersdorf: Manfred Bannert
- Poysdorf: Helmut Taubenschuß, Weingut Schuckert
- Röschitz: Ewald Gruber, Weinhof Edlinger
- Unterretzbach: Walter Pollak
- Schrattenthal: Werner Zull
- Kleinhadersdorf: Friedrich Rieder „Weinrieder"
- Hohenwarth: Weingut Setzer
- Seefeld-Kadolz: Schlossweingut Graf Hardegg
- Hagenbrunn: Schwarzböck u. a.

Auch das ist das Weinviertel

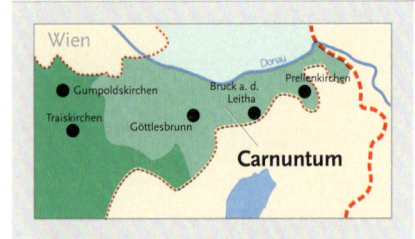

Carnuntum (950 ha)

Der politische Bezirk Bruck/Leitha und der Gerichtsbezirk Schwechat bilden das Weinbaugebiet Carnuntum. Es erstreckt sich am rechten Donauufer von Wien bis Hainburg. Die Zentren sind **Göttlesbrunn** und **Höflein.** Es herrscht das pannonische Klima vor, das man schon in der frühen Reife der Trauben erkennt. Die Böden sind vergleichbar mit denen des Wagrams (Donaulandes). Bei den Weinen gewinnt der Rotwein immer mehr an Bedeutung.

Das Wahrzeichen dieses Gebietes ist das Heidentor. In Carnuntum gibt es zwei Winzervereinigungen: Primus Carnuntum (weiß), Rubin Carnuntum (rot).

Das Heidentor – das Wahrzeichen von Carnuntum

Wussten Sie, dass ...

das Heidentor Österreichs bekanntestes römisches Baudenkmal ist? Der einstige Prachtbau, von dem nur mehr das Tor übrig ist, wurde als Triumphmonument für Kaiser Constantinus II. im 4. Jahrhundert n. Chr. errichtet.

Auf einen Blick

Rebsorten	Bekannte Rieden
Grüner Veltliner, Weißer Burgunder Rivaner, Blauer Zweigelt, Blauer Portugieser, Blaufränkisch St. Laurent, Merlot, Cabernet Sauvignon, Blauer Burgunder	Kräften Holzwegäcker Bärnreiser Rosenberg Steinäcker

Großlage
- Carnuntum

Weingüter
- Göttlesbrunn: Johann Pitnauer, Walter Glatzer, Johann Edelmann, Lukas Markowitsch, Gerhard Markowitsch, Franz Netzl, Hans Netzl, Philipp Grassl, Johann Artner, Franz Taferner, Oppelmayer
- Höflein: Hannes Artner
- Berg/Wolfsthal: Horst Pelzmann u. a.

Thermenregion (2 450 ha)

Die Thermenregion umfasst die Gerichtsbezirke Mödling, Baden, Ebreichsdorf, Pottenstein, Neunkirchen und Wiener Neustadt. Das Gebiet beginnt **südlich von Wien** und erstreckt sich Richtung **Semmering.**

Klimatisch ist es durch den Wienerwald und die Ausläufer der Alpen gegen allzu kalte Einflüsse geschützt. Der Boden ist kalkhaltig und bestens geeignet für kräftige Weißweine, deren Spezialitäten der Zierfandler und der Rotgipfler sind (deren Cuvée heißt Spätrot-Rotgipfler). Die Regionen um Sooß, Tattendorf und Teesdorf haben sich als ganz ausgezeichnete Rotweingebiete entwickelt.

Weinherbst Thermenregion

Auf einen Blick

Rebsorten	Bekannte Rieden
Zierfandler, Rotgipfler, Blauer Portugieser, St. Laurent, Blauer Burgunder, Cabernet Sauvignon, Neuburger, Weißer Burgunder, Traminer, Blaufränkisch, Merlot	Goldeck Römerberg Radauner Dorninfeld Steinfeld

Großlagen
- Schatzberg (Gemeinde Gumpoldskirchen)
- Kapellenweg (Gemeinde Guntramsdorf)
- Weißer Stein (Gemeinde Perchtoldsdorf)
- Tattendorfer Steinhölle
- Badener Berg
- Vöslauer Hauerberg

Weingüter
- Tattendorf: Johann Reinisch Johanneshof, Leopold Auer, Georg Schneider
- Traiskirchen: Johann Stadlmann, Andreas Schafler, Karl Alphart, Josef Piriwe
- Gumpoldskirchen: Gottfried Schellmann, Othmar/Susanne Biegler, Stefan Köstenbauer, Johanna/Johannes Gebeshuber „Weingut spaetrot", Othmar Biegler, Harald Zierer, Richard/Hannes Thiel, Gustav Krug
- Tribuswinkel: Leopold Aumann
- Teesdorf: Johann Gisperg
- Reisenberg: Toni Hartl
- Sooß: Christian Fischer, Gaby Schlager
- Pfaffstätten: Johann Böck
- Bad Vöslau: Schlumberger u. a.

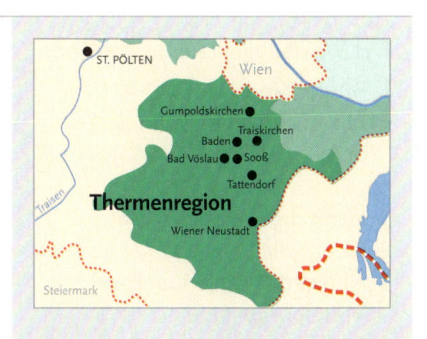

WEINLAND THERMEN REGION

Beschreiben Sie ein Weinbaugebiet Niederösterreichs und diskutieren Sie über das Terroir sowie die Auswirkungen auf Rebsorten und Weinarten.

Das Produkt Wein

Die Weinbaugebiete Burgenlands

- Burgenland
  (als generisches Weinbaugebiet)

Spezifische Weinbaugebiete:
- Neusiedler See
- Neusiedler-See-Hügelland
- Mittelburgenland
- Südburgenland

👉 **Wussten Sie, dass …**

man in der Weinakademie die weltweit höchste Wein-Ausbildung machen kann? Dr. Josef Schuller, Leiter der Weinakademie, war Österreichs erster „Master of Wine".

Burgenland (14 500 ha)

Im Burgenland dürfte es schon ca. 1 000 v. Chr. (in der späten Bronzezeit) eine primitive Weinwirtschaft gegeben haben. Im Mittelalter spielte der Weinbau bereits eine bedeutende Rolle. So können Eisenstadt und Rust auf Grund ihres Wohlstandes durch den Weinbau auf verliehene Privilegien (Freistadt) verweisen.

Klimatisch ist die ganze Region durch den pannonischen Einfluss bevorzugt. Durch die hohe Anzahl an Jahressonnenstunden wird der Reifeprozess der Trauben beschleunigt. Dieser Umstand bewirkt die Hervorbringung von weltweit anerkannten Prädikatsweinen. Natürlich tragen auch der Neusiedlersee als Klimaregulator und die Vielfalt an Sand-, Schotter-, Kalk- und Lehmböden dazu bei.

1989 wurde die **Weinakademie Österreich** in Rust (mit Zweigstellen in Krems und Wien) gegründet. Sie beherbergt eine Vinothek mit Weinen aus allen Anbaugebieten.

Weinbaugebiet Burgenland

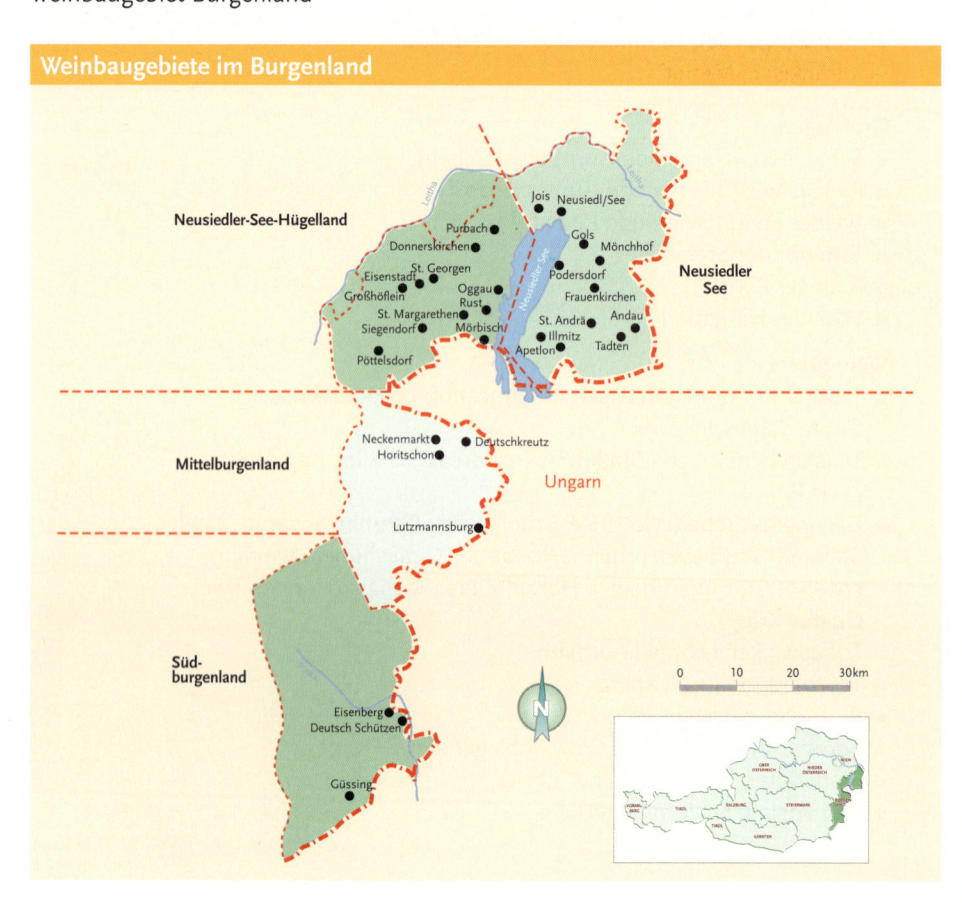

Weinbaugebiete im Burgenland

Neusiedler See (7 850 ha)

Das Gebiet Neusiedler See ist der politische Bezirk Neusiedl am See. Dieses Gebiet, auch **„der Seewinkel"** genannt, liegt östlich des Neusiedler Sees am Rand der Parndorfer Platte. Das pannonische Klima, das sehr viele Jahressonnenstunden bringt, der große Steppensee als Klimaregulator (Wärmeausgleich, Luftfeuchtigkeit) und die Bodenverhältnisse (Löss, Kalk und Sand), prädestinieren dieses Weinbaugebiet zur Hervorbringung großartiger **Süßweine.** Aber auch der **Rotwein,** vor allem aus dem nördlichen Teil, besitzt beachtliches Format.

Neusiedler See

Auf einen Blick

Rebsorten	Bekannte Rieden
Weißer Burgunder, Rivaner, Traminer, Welschriesling, Neuburger, Muskat-Ottonel, St. Laurent, Blauer Burgunder, Blauer Zweigelt, Blaufränkisch, Cabernet Sauvignon	Gabarinza Salzberg Hallebühl Altenberg Tiglat

Großlage
- Kaisergarten

Weingüter
- Gols: Weingut Juris Axel Stiegelmar, Anita und Hans Nittnaus, Gernot Heinrich, Andreas Allacher, Matthias und Ilse Gsellmann, Paul Achs, Werner Achs, Weingut Pittnauer, Szigeti
- Illmitz: Willi Opitz, Weinlaubenhof Kracher, Angerhof Tschida
- Podersdorf: Julius Steiner, Heidi und Josef Lentsch
- Frauenkirchen: Josef Umathum
- Mönchhof: Josef Pöckl
- Jois: Leo Hillinger
- Apetlon: Weinbau Velich
- Tadten: Robert Goldenits u. a.

Riede Gabarinza – Weingut Heinrich

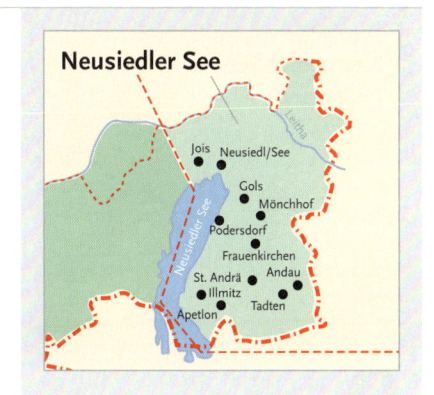

Das Produkt Wein

Neusiedler-See-Hügelland

Neusiedler-See-Hügelland (3 900 ha)

Zum Weinbaugebiet Neusiedler-See-Hügelland gehören die politischen Bezirke Eisenstadt, Mattersburg und die Freistädte Rust und Eisenstadt.

Das Gebiet erstreckt sich von den Süd- und Osthängen des Leithagebirges südwärts entlang der westlichen Seite des Neusiedlersees. Auch hier ist das pannonische Klima dominant und der positive Einfluss des Steppensees spürbar. Ausgehend vom Leithagebirge besteht der Boden aus Schiefergestein und Kalk. Südwärts findet man Löss und Lehm. Die wohl bekannteste Winzervereinigung für Süßwein, der „Cercle Ruster Ausbruch", und die Vereinigung „Leithaberg" sind hier zu finden.

Leithaberg DAC

(ab Jahrgang 2009 weiß, ab Jahrgang 2008 rot)

- **Rebsorten:** Pinot blanc, Chardonnay, Neuburger, Grüner Veltliner, Blaufränkisch
- **Geschmacksprofil:**
  - weiß: fruchtig, würzig, frisch
  - rot: würzig, elegant, mineralisch, kein bis kaum merkbarer Holzton
- **Alkohol:**
  - mindestens 12 Vol.-%
  - maximal 13,5 Vol.-%

Auf einen Blick

Rebsorten	Bekannte Rieden
Grüner Veltliner, Welschriesling, Weißer Burgunder, Chardonnay, Sauvignon blanc, Rivaner, Muskat-Ottonel, Blauer Zweigelt, Blaufränkisch, Cabernet Sauvignon	Altenberg Ruster Vogelsang Mariental Steinzeiler Kirchsatz Haussatz

Großlagen
- Sonnenberg (politischer Bezirk Eisenstadt)
- Vogelsang (Freistadt Rust)
- Rosaliakapelle (politischer Bezirk Mattersburg)

Weingüter
- Rust: Ernst Triebaumer, Feiler-Artinger, Peter Schandl, Heidi Schröck, Robert Wenzel, Erich Giefing
- Großhöflein: Weingut Römerhof Kollwentz, Josef Leberl
- Schützen: Adelshof Engelbert Prieler
- Purbach: Birgit Braunstein
- St. Margarethen: Rosi Schuster
- Oggau: Weingut Mad u.a.

Herbstlicher Weingarten am Leithagebirge

Mittelburgenland (2 150 ha)

Zu Mittelburgenland gehört der politische Bezirk Oberpullendorf. Das „Blaufränkisch-Land" mit den Zentren Horitschon, Neckenmarkt, Deutschkreuz und Lutzmannsburg hat pannonisches Klima und sandige bis schwere Lehmböden. Dies sind die Gründe für die hervorragenden Rotweine (vor allem Blaufränkisch) dieses Gebietes. Der Rotweinanteil beträgt ca. 70 %.

Weingut Gesellmann, Deutschkreuz

Uhudler – eine geschütze Marke

Auf einen Blick

Rebsorten	Bekannte Rieden
Welschriesling, Rivaner, Weißer Burgunder, Blaufränkisch, Blauer Zweigelt, Cabernet Sauvignon, Merlot, Shiraz	Hochäcker Sandäcker Dürrau, Mitterberg Hochberg, Goldberg Satz, Siglos, Gfanger

Großlage
- Goldbachtal

Weingüter
- Deutschkreutz: Hans Igler, Albert Gesellmann, Josef Gager, Johann Heinrich
- Horitschon: Franz Weninger, Paul Kerschbaum, Arachon T.FX.T, Anton Markus Iby
- Neckenmarkt: Stefan Wellanschitz, Heribert Bayer, Rotweingut Lang u. a.

Mittelburgenland DAC
- **Rebsorte:** Blaufränkisch
- **Geschmacksprofil:**
  - Klassik: fruchtig, würzig, kräftig, im traditionellen großen Eichenfass oder in gebrauchten Barriques
  - Reserve: fruchtig, würzig, kräftig, im traditionellen großen Eichenfass oder in Barriques
- **Alkohol:**
  - Klassik: mindestens 12 Vol.-%, mit Lage mindestens 13 Vol-%
  - Reserve: mindestens 13 Vol.-%

Südburgenland (600 ha)

Das Südburgenland umfasst die politischen Bezirke Oberwart, Güssing und Jennersdorf. Auch das Südburgenland liegt im pannonischen Klimaeinfluss. Die Böden bestehen aus Schiefer und Lehm. Es bietet landschaftliche Reize wie die Gegend um den Eisenberg mit seinen Steillagen.

Der **Uhudler**, ein Wein aus Direktträgern (Hybriden wie Ripatella, Isabella, Noah, Othello), gilt bei seinen Liebhabern als Rarität. **„Weinidylle"** ist das Synonym dieses Weinbaugebietes mit seinen kleinen Weinstraßen und seinem uralten Kellerviertel in Heiligenbrunn.

Auf einen Blick

Rebsorten	Bekannte Rieden
Grüner Veltliner, Welschriesling, Blaufränkisch, Cabernet Sauvignon	Königsberg Szapary Fasching Gmärk Ratschen

Großlagen
- Rechnitzer Geschriebenstein
- Pinkatal

Weingüter
- Deutsch Schützen: Hermann Krutzler, Faulhammer-Körper, Arkadenhof Franz Wachter, Wachtler-Wiesler, Manfred Kopfensteiner
- Eisenberg: Vinum Ferreum
- Rechnitz: Johann Herist
- Welgersdorf: Uwe Schiefer u. a.

Eisenberg DAC
- **Rebsorte:** Blaufränkisch
- **Geschmacksprofil:**
  - Klassik: fruchtig, mineralisch-würzig, kein bis kaum merkbarer Holzton
  - Reserve: fruchtig, mineralisch-würzig, kräftig, Ausbau im traditionellen großen Eichenfass oder im Barrique
- **Alkohol:**
  - Klassik: mindestens 12,5 Vol.-%
  - Reserve: mindestens 13 Vol.-%

Wussten Sie, dass ...
das Südburgenland die Heimat des „Uhudlers" ist? Dabei handelt es sich um Wein von Direktträgern (nicht veredelten Reben).

Das Produkt Wein

Die Weinbaugebiete des Steirerlandes

- Steiermark (als generisches Weinbaugebiet)

Spezifische Weinbaugebiete:
- Südoststeiermark
- Südsteiermark
- Weststeiermark

Steirische Buschenschank

Das steirische Hügelland

Steirerland (4 400 ha)

Steiermark

Die Steiermark ist wegen ihrer geologischen Voraussetzungen großteils eine sogenannte **Bergweinzone** (mindestens 26 % Hangneigung). Sogar Lagen mit 60 % Hangneigung sind hier zu finden. Die Bearbeitung ist dementsprechend schwierig und aufwendig. Das Klima liegt im Mittelmeereinfluss (illyrisches Klima) und bei den Böden findet man Vulkangestein, Schiefer, Sand und Löss.

In der Geschichte des Weinbaus kann auch die Steiermark bis zu den Kelten zurückblicken. Mit Unterstützung durch Erzherzog Johann zu Beginn des 19. Jahrhunderts wurden bezüglich der Qualität große Fortschritte erzielt.

Heute sind die Weine der Steiermark sehr gefragt. Auch die hohen Pappelbäume (früher als Blitzableiter gepflanzt) und das Wahrzeichen – der Klapotetz (zur Abwehr der Stare) – tragen zum Landschaftsbild dieser Region bei.

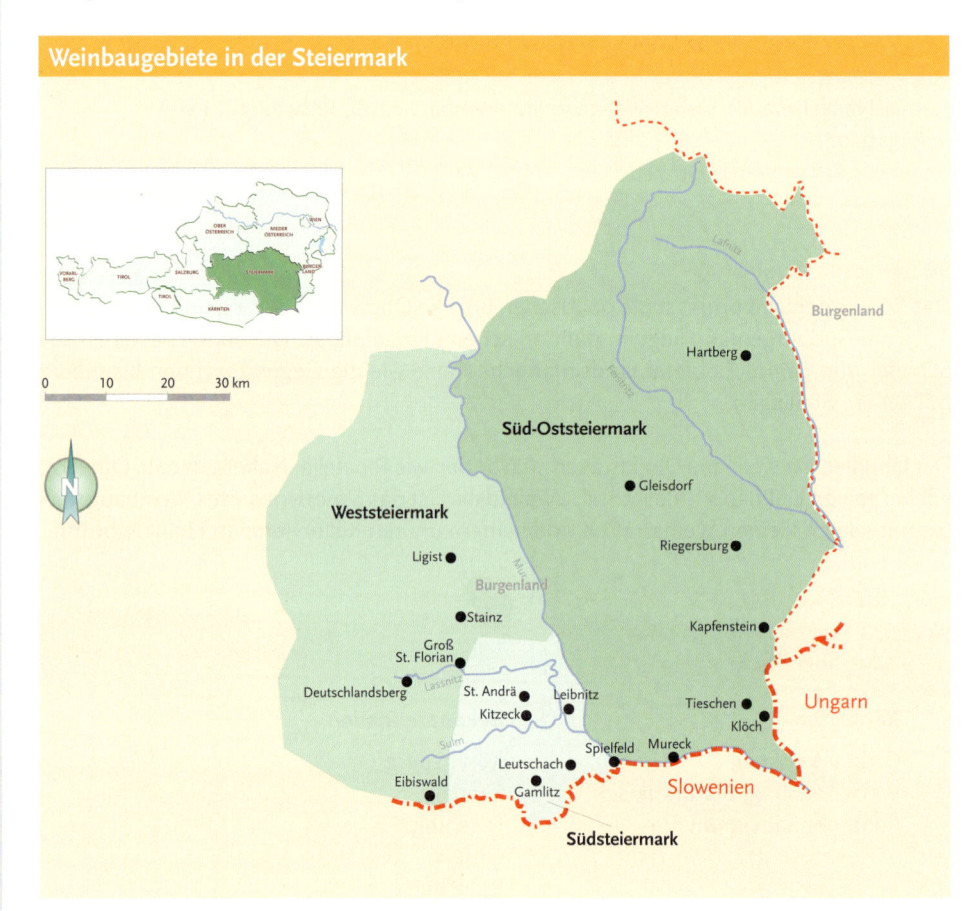

Weinbaugebiete in der Steiermark

Süd-Oststeiermark (1 600 ha)

Die Süd-Oststeiermark umfasst die politischen Bezirke Feldbach, Fürstenfeld, Hartberg, Radkersburg und Weiz sowie die Gebiete entlang des linken Murufers der politischen Bezirke Graz-Umgebung und Leibnitz. Der Großteil dieses Weinbaugebietes ist eine Hügellandschaft mit teilweise steilen Hanglagen.

Das Klima wird bestimmt von einem trockenen ungarischen Landklima einerseits und einem feuchtwarmen Mittelmeereinfluss andererseits. Die Bodenverhältnisse sind bestimmt durch Sand und Lehm. Auch Böden vulkanischen Ursprungs sind vorhanden. Die Weine, meist **Welschrieslinge,** haben regionale Bedeutung (sie werden vorwiegend in Buschenschanken ausgeschenkt) und der **Traminer** (Gewürztraminer) gilt als Leitsorte rund um Klöch.

6 Der Weinbau in Österreich

Auf einen Blick

Rebsorten	Bekannte Rieden
Welschriesling, Chardonnay (Morillon), Sauvignon blanc, Traminer, Weißer Burgunder/Klevner, Ruländer, Blauer Zweigelt	Riegersburg Klöchberg Kirchleiten

Großlagen
- Steirisches Vulkanland
- Oststeirisches Hügelland

Weingüter
- Kapfenstein: Georg und Margot Winkler-Hermaden
- Straden: Albert Neumeister, Walter Frauwallner, Weingut Krispel
- Großwilfersdorf: Karl Thaller
- Klöch: Gräflich Stürgkh'sches Weingut
- Tieschen: Manfred Platzer
- St. Peter am Ottersbach: Weingut Ploder-Rosenberg u.a.

Blick ins Steirerland

Wussten Sie, dass …

in der Steiermark Morillon das Synonym für Chardonnay ist?

Südsteiermark (2 250 ha)

Die Südsteiermark umfasst den politischen Bezirk Leibnitz mit Ausnahme der Gemeinden am linksseitigen Murufer (siehe Süd-Oststeiermark, S. 114).

Die Südsteiermark mit ihren landschaftlichen Reizen ist das bekannteste Weinbaugebiet mit den steilsten Weinbergen des Steirerlandes. Die Bearbeitung dieser steilen, großteils aus Schiefer bestehenden Böden ist sehr mühsam. Als Wahrzeichen findet man die Pappeln und den Klapotetz. Die an den Südhängen wachsenden Morillons, Sauvignon blancs, Muskateller und Traminer sind erstklassige Weine und erfreuen sich großer Beliebtheit.

Auf einen Blick

Rebsorten	Bekannte Rieden
Welschriesling, Riesling, Chardonnay (Morillon), Weißer Burgunder/Klevner, Sauvignon blanc, Traminer, Muskateller, Blaufränkisch	■ Sernauberg ■ Pößnitzberg ■ Czamillonberg ■ Grassnitzberg ■ Zieregg

Großlagen
- Südsteirisches Rebenland
- Sausal

Weingüter
- Gamlitz: Wilhelm Sattler Sattlerhof, Lackner-Tinnacher, Walter Skoff
- Ratsch: Alois Groß
- Kitzeck/Freising: Gerhard Wohlmuth
- Berghausen: Manfred Tement
- Leutschach: Erwin Sabathi, Roland Tscheppe
- Graßnitzberg: Erich und Walter Polz
- Hochgraßnitzberg: Robert Strablegg u. a.

Klapotetz heißt das Windrad, das durch sein rhythmisches Klappern die Vögel von den Trauben fernhalten soll.

Das Produkt Wein

Weststeiermark (550 ha)

Zur Weststeiermark gehören die Stadt Graz, die Gemeinden des politischen Bezirkes Graz-Umgebung mit Ausnahme der Gemeinden des linksseitigen Murufers und die politischen Bezirke Deutschlandsberg und Voitsberg.

Die Weststeiermark wird auch oft **„Schilchergebiet"** genannt und ist die Heimat des säurereichen Roséweines. Der Blaue Wildbacher ist mit ca. 80 % die Hauptrebsorte. Die bekannte Schilcher-Weinstraße führt von Ligist über Stainz, Deutschlandsberg und Schwanberg bis Eibiswald. Auch dieses Gebiet ist sehr hügelig. Klimatisch liegt es im Einfluss des Mittelmeerklimas.

Blauer Wildbacher und Schilcher

Das „Weiße Pferd" als das Symbol des „Vereins zum Schutze und zur Förderung des klassischen weststeirischen Schilchers".

Wussten Sie, dass ...
die Rebsorte Blauer Wildbacher großteils als Roséwein (Schilcher) ausgebaut wird? Auch Schilchersekt und Schilcherfrizzante gelten als feine Spezialitäten. Als eigentlicher Rotwein ist er weniger bekannt.

Auf einen Blick

Rebsorten	Bekannte Rieden
Welschriesling, Chardonnay (Morillon), Sauvignon blanc, Weißer Burgunder/Klevner, Blauer Wildbacher, Blauer Zweigelt	Burgegg Hochgrail

Großlagen
- Südsteirisches Rebenland
- Sausal

Weingüter
- Groß St. Florian: Domäne Müller
- Wernersdorf: Johannes Jöbstl
- Langegg: Langmann vulgo Lex, Friedrich, Lazarus vulgo Pers
- Obergreith: Erich Kuntner
- Hochgrail: Markus Klug
- St. Stefan: Eduard Oswald vulgo Trapl, Weingut Friedrich
- Wies/Lamberg: Christian Reiterer u. a.

Wien (700 ha)

Bundesland Wien

Auch Wien kann auf eine große und lange Weinbautradition zurückblicken. Es gab schon in der Zeit v. Chr. Weinbau, der durch die Römer betrieben wurde. Wien gilt bis heute weltweit als einzige Bundeshauptstadt mit Weinbau. Nicht zuletzt dürfte dazu Kaiser Joseph II. beigetragen haben, indem er die Voraussetzungen für den bis heute geschätzten **„Heurigen"** schuf. Wien liegt im Einfluss des pannonischen Klimas und auch die Donau trägt in ihrer Funktion als Klimaregulator ihren Teil zu geeigneten klimatischen Verhältnissen für Weinbau bei. Der Boden besteht aus Löss, Schiefer und Kalk.

6 Der Weinbau in Österreich

Auf einen Blick

Rebsorten	Bekannte Rieden
Grüner Veltliner, Riesling, Weißer Burgunder, Neuburger, Blauer Burgunder, Blauer Zweigelt, St. Laurent	Herrenholz Hochfeld Rosengartl Nußberg Neubergen Kaasgraben

Großlagen
- Bisamberg
- Nußberg
- Kahlenberg
- Georgenberg

Weingüter
- Jedlersdorf: Rainer Christ, Leopold Breyer
- Strebersdorf: Herbert Schilling
- Liesing: Michael Edlmoser, Richard & Alfred Zahel
- Heiligenstadt: Weingut Mayer/Am Pfarrplatz
- Stammersdorf: Fritz Wieninger
- Döbling: Johann Kattus
- Rodaun: Weinbau Distl
- Grinzing: Weingut Reinprecht
- Nußdorf: Martin Kierlinger u. a.

Wien und seine Weinorte
- Nußdorf
- Grinzing
- Döbling
- Heiligenstadt
- Stammersdorf
- Strebersdorf
- Jedlersdorf
- Liesing

☞ **Wussten Sie, dass …**

der Heurige (Buschenschank) zwar in allen Weinbaugebieten, besonders aber in Wien eine sehr beliebte Institution geworden ist? Der Heurige wird von Gästen und Einheimischen gleichermaßen geschätzt und gerne besucht.

Bergland (80 ha)

Die Rebflächen der Bundesländer Oberösterreich, Salzburg, Kärnten, Tirol und Vorarlberg werden großteils von Hobbywinzern bewirtschaftet. Genauere Angaben bzw. Einteilungen in Anbaugebiete liegen derzeit noch nicht vor.

Auf einen Blick

Rebsorten

Rivaner, Grüner Veltliner, Riesling, Chardonnay, Weißer Burgunder, Blauer Zweigelt, Blauer Burgunder

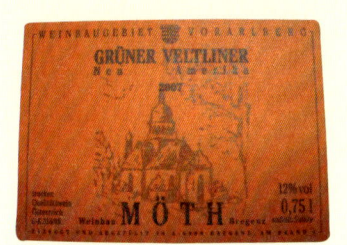

Weinbau Möth   Rebanlage in Bregenz

☞ **Wussten Sie, dass …**

im April 2009 das 1. Oberösterreichische Weinfest mit ausschließlich oberösterreichischen Winzern stattfand?

Vorarlberg hat von diesen Bundesländern sicherlich die längste Weinbautradition. 1997 schloss sich der „Verein der Weinbautreibenden Vorarlbergs" zusammen. Der Weinbau erstreckt sich von Begrenz über Röthis bis nach Feldkirch. Die Böden und der Föhn des Rheintales sowie die Speicherwärme des Bodensees sind für Weine aus Vorarlberg bestimmend.

Das Produkt Wein

> **Wussten Sie, dass ...**
> der Begriff „autochthone Rebsorte" für gebietstypische, heimische, alteingesessene, bodenständige Rebsorten (wie Grüner Veltliner, Rotgipfler, Zierfandler und Blauer Zweigelt in Österreich) steht?

Grüner Veltliner

> **Der Name Müller-Thurgau** stammt vom Züchter der Rebe, Dr. Hermann Müller aus dem Schweizer Thurgau. Ursprünglich wurde vermutet, dass dafür Riesling und Silvaner gekreuzt wurden, daher stammt auch das Synonym „Rivaner". Heute weiß man, dass es sich um eine Kreuzung aus Riesling und Madeleine Royale (muskatartig schmeckende Tafeltraube) handelt.

Riesling

> Die Angaben der Farben der Rebsorten sind auch abhängig vom Extrakt und vom Alter der Weine.

Neuburger

6.3 Österreichs Qualitätsweinrebsorten

Österreich hat 35 Qualitätsrebsorten: 22 Weißwein- und 13 Rotweinsorten.

Weißwein		Rotwein	
Rebsorte	**Synonym**	**Rebsorte**	**Synonym**
Bouvier		Blauburger (Blauer Portugieser und Blaufränkisch)	
Chardonnay	Morillon (Stmk)	Blauer Burgunder	Blauburgunder, Spätburgunder, Pinot noir
Frühroter Veltliner	Malvasier	Blauer Portugieser	
Furmint		Blauer Wildbacher	Schilcher/Stmk
Goldburger (Welschriesling und Orangetraube)		Blauer Zweigelt (St. Laurent und Blaufränkisch)	Rotburger
Grüner Veltliner	Weißgipfler	Blaufränkisch	Lemberger
Jubiläumsrebe (Grauer Portugieser und Frühroter Veltliner)	(nur für Prädikatsweine)	Cabernet	Cabernet Franc
Rivaner	Müller-Thurgau	Cabernet Sauvignon	
Muskateller (Gelber/Roter)		Merlot	
Muskat-Ottonel		St. Laurent	
Neuburger		Syrah	Shiraz
Riesling	Rheinriesling, Weißer Riesling	Rathay Neuzüchtung aus Klosterneuburg (Kreuzung von Blauburger und Blaufränkisch)	
Roter Veltliner		Roesler Neuzüchtung aus Klosterneuburg (Kreuzung von Blauer Zweigelt und Blaufränkisch)	
Rotgipfler			
Ruländer	Grauer Burgunder, Pinot gris, Pinot grigio		
Sauvignon blanc			
Scheurebe	Sämling 88		
Sylvaner (Grüner/Roter)			
Traminer (Gewürztraminer, Roter Traminer)			
Weißer Burgunder	Weißburgunder, Klevner, Pinot blanc		
Welschriesling			
Zierfandler	Spätrot		

6.4 Kurzbeschreibungen ausgewählter Rebsorten und deren Anbaugebiete

Rebsorte	Charakteristik Duft und Geschmacksstoffe	Anbaugebiet
Grüner Veltliner/ Weißgipfler	Gelbgrün bis hellgelb, fruchtig, feinwürzig, vegetabile Noten, pfeffrige Würzigkeit, spritzig, frisch und lebendig, feine Säure, die im Abgang für Frische sorgt	NÖ, B, W
Welschriesling	Grüngelb, frisch, dezente Fruchtaromen: grüner Apfel, Pfirsich (Stachelbeeren); zartwürzig, Heublumen, leicht, schlank strukturiert, rassiges Säurespiel, zartherber Abgang	B, ST, NÖ
Rivaner/ Müller-Thurgau	Hellgelb, feine Säure, dezenter, leicht aromatischer Muskatton, mild mit zarter, blumiger Fruchtigkeit, spritzig mit frischer Säure	W, NÖ, B, ST
Weißer Burgunder/Pinot blanc/Klevner	Gelbgrün, Lindenblüten, Fruchtigkeit im Duft, am Gaumen kompaktes Walnussaroma, vollmundig, extraktreich, ausgewogen und harmonisch	W, NÖ, B, ST
Riesling/ Rheinriesling/ Weißer Riesling	Hellgelb, feinfruchtig, eleganter, vielschichtiger Duft nach Steinobst wie Marille und Pfirsich; Zitrone, Grapefruit, Mango, spritzig, (stahlige) fruchtige Säure, mineralische Noten, Petrolton im Alter	W, NÖ
Neuburger	Goldgelb, feinwürzig, fruchtige, ausgewogene dezente Aromatik, nussartiger Geschmack, weich und vollmundig	W, NÖ, B
Muskat-Ottonel	Goldgelb, feines und würziges Muskatbukett, leicht und schlank, mild mit intensivem Muskatton im Abgang	NÖ, B
Chardonnay/ Morillon	Gelb, eleganter, vielschichtiger Duft nach tropischen Früchten (Zitrus, Ananas, Melone), Karamell, vanillewürzig, Butter, extraktreich mit schöner Säure	W, NÖ, B, ST
Traminer	Gelb bis goldgelb, ausdrucksvolles, blumiges Sortenbukett (Rosen), traubige Fruchtigkeit, füllig, extraktreich, mild und geschmeidig, langer, aromatischer Abgang	W, NÖ, B, ST
Ruländer/ Grauer Burgunder/ Pinot gris	Gelb mit Kupferschimmer, extraktreich, Honig- und Karamellton, Brot, geröstete Haselnüsse, Mandeln, füllig bis wuchtig wirkend und manchmal mit spürbarer Restsüße, trocken ausgebaut, frisch und harmonisch	B, ST, NÖ
Sauvignon blanc	Hellgrün-gelb, gehaltvoll, aromatisch, frischfruchtig oder grasige Würze, spezifische Bukettnote; früh gelesen: Holunderblüten, Stachelbeeren; spät gelesen: grasig, Paprika, grüne Noten	ST, B, NÖ
Zierfandler/ Spätrot	Goldgelb, würziger Extraktreichtum, fruchtige Säure, kräftiges Aroma mit harmonischer Geschmacksfülle	NÖ Thermenregion
Rotgipfler	Goldgelb, würziger Extraktreichtum, fruchtige Säure, kräftiges Aroma mit harmonischer Geschmacksfülle	NÖ Thermenregion
Gelber Muskateller	Gelb bis goldgelb, körperreich mit ausgeprägtem Muskatbukett, traubig, Rosen, Orangen, Rosinen, Würznoten, leicht, frisch mit fruchtiger Säure	ST, NÖ
Scheurebe/ Sämling 88	Gelbgrün, aromatisch, vollfruchtig, mit feiner, pikanter Säure, schwarze Johannisbeere, Mango, Mandarine, Banane	NÖ
Blauer Zweigelt	Hell- bis dunkelrot, lila Rand, fruchtig, Geschmack nach Kirschen, voll, kräftig, leicht würzig, oft körperreich, ansprechende Säure, mit zunehmender Reife milder	W, NÖ, B, ST

Weißer Burgunder

Blauer Zweigelt

Das Produkt Wein

St. Laurent

Spätburgunder

Blaufränkisch	Rubinrot, frisch, fruchtig nach Beeren (Brombeeren), samtig, feine Säure, dezent gerbstoffhaltig	B
Blauer Portugieser	Helles rubinrot, fruchtig (Preiselbeere, Hagebutte), mild, säurearm, geringer Extrakt- und Gerbstoffgehalt, jung zu trinken	NÖ, B
Blauer Wildbacher/ Schilcher	Zwiebelschalenfarben bis hellrot, trocken, fruchtig (Erdbeere), frisch, spritzig, kräftige manchmal aggressive Säure	ST West-Stmk
St. Laurent	Granatrot, samtig, trocken, fruchtig, vollmundig, Weichselton, angenehm gerbstoffhaltig	NÖ, B, ST
Blauer Burgunder/Pinot Noir/ Spätburgunder	Rubinrot, hoher Extraktgehalt, vollmundig und würzig (Himbeere, Kirsche, Kakao, Rose), samtig, harmonisch	NÖ, B
Cabernet Sauvignon	Granatrot, kräftiges Cassis-Aroma (schwarze Johannisbeere) mit grasig-grüner Note, Schokolade, Röstaromen, Vanille, Leder; kräftiger Körper, gerbstoffbetont und herb	B, NÖ

6.5 Weinfachausdrücke

A	Ampelographie	Rebsortenkunde
	Antoziane (Oenin)	Farbpartikel unter der Beerenschale (Grünreflexe bei jungen Weißweinen)
	Aräometer	Mostwaage
	aufbessern	Verbessern des Traubenmostes (siehe dazu Chaptalisation, S. 86)
	aufspriten (gespritet)	Zusatz von Branntwein, Weinbrand u. ä.
	ausbauen	vom Jungwein zum trinkfertigen Wein
	ausdünnen	Reduzieren des Traubengutes
	ausgewogen	harmonisch
	Austromagnum	Doppelliterflasche
B	Barrique	kleines Eichenfass, ca. 225 Liter
	biologischer Säureabbau (BSA)	Apfel-Milchsäure-Gärung (malolaktische Gärung)
	Bodengeschmack	Erdgeschmack, Mineralien
	Botrytis cinerea	Edelschimmelpilz, Edelfäule, Grauschimmel, Prädikatsweine
	Böckser	Geruch und Geschmack nach faulen Eiern
	Braunwerden	Oxidation
C	chaptalisieren	Most oder Maische vor der Gärung mit Zucker anreichern (siehe aufbessern)
	Claret (Klaret)	aus blauen Trauben gekelterter Weißwein
	Cuvée	Verschnitt von verschiedenen Weinen
D	Direktträger	Hybride, z. B. Rebsorte Noah
E	entalkoholisiert	Alkoholgehalt von maximal 0,5 Vol.-%
	Entsäuerung	mit kohlesaurem Kalk oder durch biologischen Säureabbau (malolaktische Gärung)
	Epidermis	Schale, Haut, enthält die Antoziane (Oenin)
	Erziehungsform	Art der Rebziehung und des Rebschnittes
	Essigstich	Weinkrankheit durch Essigsäure
	Extrakt	gelöste Stoffe, die beim Verdampfen zurückbleiben
	Extraktgehalt	arm: 11–15 g/l, mittel: 15–22 g/l, reich: über 22 g/l

F	Fassgeschmack	entsteht durch unreine Fässer
	Federweißer	in Gärung befindlicher Most (siehe Sturm, S. 87)
	Fehler	Weinfehler, durch chemische und physikalische Vorgänge
	Fermentation	chemische Reaktion beim Gärprozess
	Filtration	durch diverse Filteranlagen
G	gebrochen	fehlerhaft, trüb (weißer, schwarzer, brauner Bruch)
	Geläger	abgesetzter Trub nach Gärung
	gemischter Satz	Wein aus gemischten Trauben in einem Weingarten
	Gerbstoffe	Tannine (Schale, Kerne, Kämme – adstringierend)
	G'spritzter	Wein mit Sodawasser (Sommerfrischer: mit Mineral)
H	Herbizid	chemisches Unkrautbekämpfungsmittel
	Hochkultur	Rebziehungsart in Österreich
J	Jungfernlese	erster Traubenertrag
	Jungfernwein	Wein aus erstem Traubenertrag
	Jungwein	Wein nach Gärung vor Hefeklärung
K	Kelter(n)	Presse, Pressvorgang
	Kleinklima	Klimaverhältnis innerhalb einer Großklimazone
	Klon	Zucht einer Rebe
	Klosterneuburger Mostwaage	Senkwaage
	°KMW	Maßeinheit zur Angabe des Zuckergehalts im Most
L	Lage (Riede)	bestimmte Rebfläche
	Luftgeschmack	Oxidation
	Lyraziehung	Rebziehungsart
M	Maischegärung	teilweise Vergärung der Rotweinmaische
	Massenträger	auf hohen Ertrag gerichtete Rebsorten
	Mostauslaugung	Ausbruchweine, Trockenbeerenmaische Mostzugabe
Ö	Öchslegrade	Mostgewicht in Öchsle; das Mostgewicht in Deutschland wird mit der Öchsle Mostwaage bestimmt
	Önologie	Weinkunde, Weinbaukunde
	Önothek	Vinothek, Weinsammlung (meist gehobene Qualität)
O	oxidativer Ausbau	Luftzufuhr beschränkt; Sortencharakteristik
R	Rebschnitt	beeinflusst den Traubenertrag, erfolgt von Winter bis Frühjahr
	reduktiver Ausbau	keine Sauerstoffzuführung, Drucktanks, Schwefelung
	Refraktometer	Zuckermessgerät auf Lichtbrechungsbasis
	Restzucker	Restsüße, unvergorener Zucker
S	Sauser	noch süßlicher Sturm
	Schönung	Klärung durch Zugabe diverser Stoffe
	Schwefeln	Konservierungsmethode
	Sturm	in Gärung befindlicher Most
	Sommerfrischer	österreichischer Qualitätswein, mit Mineralwasser vermischt
	Sortenbukett	typischer Sortengeruch
	Staubiger	unfiltrierter Jungwein
	Süßreserve	steril eingelagerter, unvergorener Traubensaft
T	Terroir	Boden, Bodenbeschaffenheit, Lage und Mikroklima
	Toasting	Behandlung (Ausbrennen) eines neuen Holzfasses

V	verrieseln	nur teilweise befruchtete Blüten
	Verschnitt	Vermischen von Trauben, Most oder Wein
	versetzter Wein	Zusatz von Kräutern, Zucker, Alkohol usw.
	Vinifizierung	Kellertechniken zur Weinerzeugung
	Vinometer	Messinstrument zum Messen des Alkohols
W	Weinsteinkristalle	ausgeschiedene Weinsäure
Z	Zuckerrest	unvergorener Restzucker

🎯 Ziele erreicht?

1. Nennen Sie die Qualitätsstufen laut österreichischem Weingesetz.
2. Zählen Sie die österreichischen Prädikatsweinstufen und deren Mindestmostgrade auf.
3. Erklären Sie den Begriff „staatliche Prüfnummer".
4. Was ist auf einer Banderole angeführt? Erörtern Sie den Einsatz der Banderole.
5. Welche Angaben müssen bei Qualitätsweinen am Etikett zwingend aufgeführt sein?
6. Was sind autochthone Rebsorten?
7. Zählen Sie sechs weiße Qualitätsweinrebsorten Österreichs auf.
8. Nennen Sie vier rote Qualitätsweinrebsorten Österreichs.
9. Beschreiben Sie die wichtigsten Kriterien für österreichischen Qualitätswein.
10. Erklären Sie die wichtigsten Kriterien für österreichischen Kabinettwein im Unterschied zu Qualitätswein.
11. Definieren Sie die Geschmacksstufe „trocken" bei Wein.
12. Erläutern Sie den Begriff „Botrytis cinerea".
13. Beschreiben Sie den Produktionsablauf von Eiswein. Welche Kriterien sind dafür ausschlaggebend?
14. Erklären Sie den Begriff „Ausbruch".
15. Was ist ein Strohwein/Schilfwein?
16. Nennen Sie die Weinbauregionen Österreichs.
17. Erklären Sie die Begriffe Weinland, Steirerland und Bergland.
18. Zählen Sie die 16 spezifischen Weinbaugebiete Österreichs auf.
19. Nennen Sie die 12 Weinbaugebiete der Region Weinland.
20. Wie heißen die drei Weinbaugebiete der Region Steirerland?
21. Nennen Sie vier Weinbauorte des generischen Weinbaugebietes Wien.
22. Beschreiben Sie das Weinbaugebiet Wachau (z. B. Boden, Klima, Rebsorten, Winzer/-innen, Orte).
23. Erörtern Sie die Weinkategorien a) Steinfeder, b) Federspiel und c) Smaragd im Detail.
24. Zählen Sie vier bekannte Weinbaubetriebe aus Niederösterreich auf.
25. Beschreiben Sie das Weinbaugebiet Neusiedler See (z. B. Boden, Klima, Rebsorten, Winzer/-innen, Orte).
26. Welche Weinspezialität wird im Südburgenland produziert?
27. Nennen Sie vier bekannte Weinbaubetriebe aus dem Burgenland.
28. Beschreiben Sie das Weinbaugebiet Südsteiermark (z. B. Boden, Klima, Rebsorten, Winzer/-innen, Orte).
29. Wie heißt die Weinspezialität der Weststeiermark und aus welcher Rebsorte darf sie hergestellt werden?
30. Zählen Sie vier bekannte Weinbaubetriebe aus der Steiermark auf.
31. Nennen Sie vier bekannte Weinbaubetriebe aus Wien.

32. Was sind die Hauptrebsorten, die in Wien angebaut werden?
33. Zählen Sie die Hauptrebsorten auf, die in Niederösterreich angebaut werden.
34. Nennen Sie die Hauptrebsorten, die im Burgenland angebaut werden.
35. Führen Sie die Hauptrebsorten an, die in der Steiermark angebaut werden.
36. Wählen Sie ein österreichisches Weinbaugebiet aus und geben Sie davon eine Kurzanalyse ab.
37. Welche Aufgabe erfüllt der „Salon Österreich Wein"?
38. Führen Sie vier Top-Weinlagen (Rieden) aus dem Weinbaugebiet Niederösterreich an.
39. Nennen Sie vier Top-Weinlagen (Rieden) aus dem Weinbaugebiet Burgenland.
40. Zählen Sie vier Top-Weinlagen (Rieden) aus dem Weinbaugebiet Steiermark auf.
41. Was versteht man unter dem Kürzel „DAC"? Was wird damit bezweckt?
42. Erklären Sie die gesetzlichen Vorgaben eines „Weinviertel DAC".
43. Erörtern Sie die gesetzlichen Vorgaben eines „Traisental DAC", „Kremstal DAC" und „Kamptal DAC".
44. Erläutern Sie die gesetzlichen Vorgaben eines „Mittelburgenland DAC".
45. Wie lautet das Synonym für Weißburgunder?
46. Wie kann Chardonnay noch bezeichnet werden?
47. Nennen Sie das Synonym für Blauer Burgunder.
48. Führen Sie das Synonym für Blauer Zweigelt an.
49. Wie lautet das Synonym für Grauburgunder?
50. Erklären Sie den Begriff „gemischter Satz".

7 Weinbau international

Rund **270 Millionen Hektoliter Wein** werden weltweit jährlich produziert, vorrangig in **Europa,** das mit etwa 73 % der größte Weinproduzent der Welt ist. Den großen Produktionsmengen steht ein ständig sinkender Weinkonsum gegenüber. Vor allem in den großen Weinverbraucherländern Frankreich, Italien und Spanien hat sich der Weinkonsum in den letzten 20 Jahren halbiert. Allerdings: Die Nachfrage nach hochwertigen Weinen ist dagegen enorm angestiegen.

7.1 Frankreich

Frankreich ist das Anbauland mit der beeindruckendsten Weinvielfalt. Es erzeugt eine **Vielzahl der weltweit berühmtesten Weine,** zum Beispiel aus Bordeaux, Burgund und der Champagne. Es gibt etwa 450 Qualitätsanbaugebiete und ca. 100 Anbaugebiete für Landweine. Zentraler Gedanke des französischen Weinbaues ist es, dass jeder Wein den typischen Ausdruck seiner Ursprungsregion besitzt. Frankreich hat 14 Weinbauregionen.

Überblick
Rebfläche: ca. 900 000 Hektar
Weinproduktion: ca. 55 Mio. Hektoliter/Jahr

Château Pichon Longueville
Comtesse de Lalande in Pauillac

Das Produkt Wein

Weinbaugebiete in Frankreich

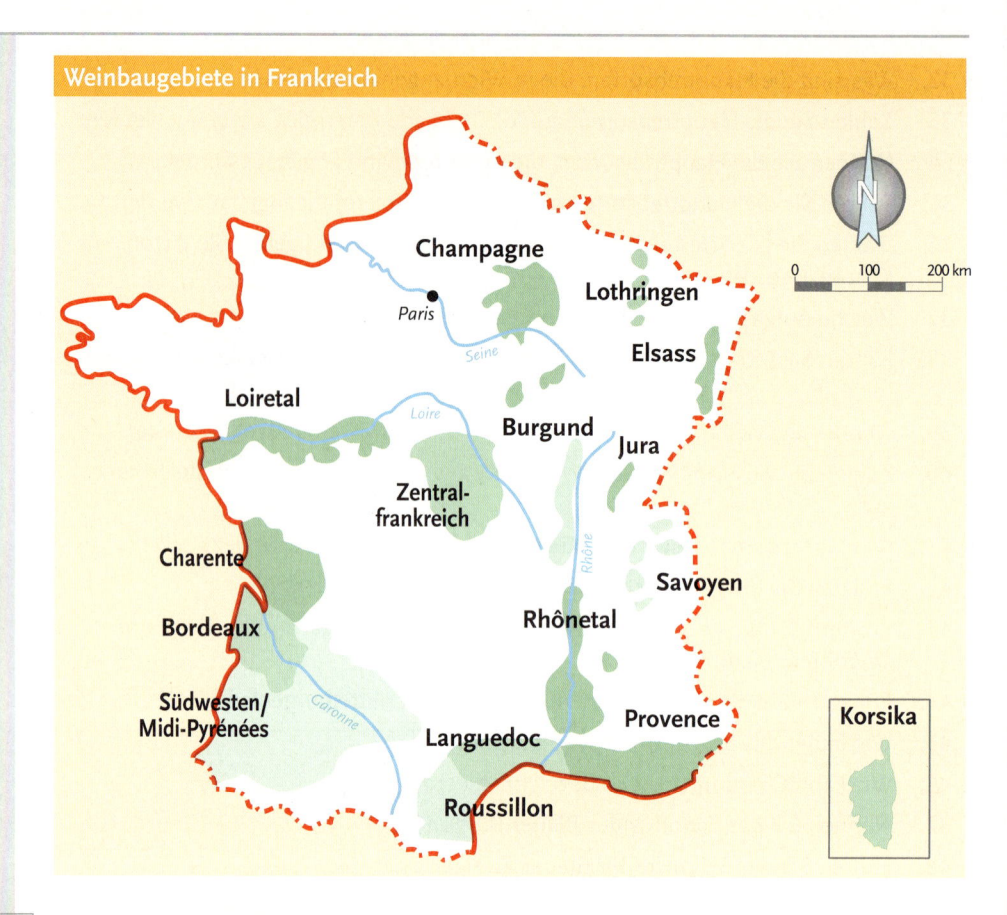

Karte Frankreichs mit Weinbaugebieten: Champagne, Lothringen, Elsass, Loiretal, Burgund, Jura, Zentralfrankreich, Charente, Savoyen, Bordeaux, Rhônetal, Südwesten/Midi-Pyrénées, Languedoc, Provence, Roussillon, Korsika

INAO

Das französische „Institut National des Appellations d'Origine (des Vins et Eau-de-Vins)" mit Sitz in Paris ist für die Verwaltung, Regulierung, Antragsbearbeitung, Zuerkennung, Kontrolle und den Schutz des Appellation Côntrolée zuständig. Dies betrifft aber nicht nur rund 470 Weine und zwei Weinbrände, sondern auch alle herkunftsgeschützten landwirtschaftlichen Produkte und Lebensmittel (z. B. Käse, Olivenöl, Fleisch).

💡 Appellation

Unter diesem französischen Begriff wird eine kontrollierte und garantierte Herkunfts- und Qualitätsbezeichnung für Weine verstanden.

Die französischen Weingüteklassen

Gültig bis zum Jahr 2010:
- **Vin de Table** – Tafelweine
- **Vin de Pays** – Landweine
- **V.-D.-Q.-S.-Weine** (Vins Délimités de Qualité Supérieure) – Weine höherer Qualität aus begrenzten Anbaugebieten
- **A.-O.-C.-Weine** (Appellation d'Origine Contrôlée) – Weine höchster Kategorie mit kontrollierten Herkunfts- und Produktionsbestimmungen

Ab dem Jahr 2010 gelten folgende Weingüteklassen	
Vin de France	Weine ohne regionale/geografische Angabe, mit oder ohne Rebsorte und Jahrgang; ersetzt die bisherige Bezeichnung „Vin de Table".
IGP **Indication Géographique Protégée**	Franz.: geschützte geografische Angabe bzw. Protected Geographical Indication (PGI); ersetzt die bisherige Bezeichnung „Vin de Pays"; die Qualität dieser Weine wird vom INAO gewährleistet.
AOP **Appellation d'Origine Protégée**	Franz.: geschützte Ursprungsbezeichnung bzw. Protected Designation of Origin (PDO); ersetzt die bisherigen Bezeichnungen „V.-D.-Q.-S.-Weine" und „A.-O.-C.-Weine"; die hohe Qualität dieser Weine wird von INAO gewährleistet.

Bordeaux (Bordelais)

Die bedeutendste Weinbauregion der Welt ist nach Bordeaux, der Hauptstadt des Départements Gironde, benannt und liegt in der Nähe des Atlantiks im Südwesten Frankreichs. Diese weltweit größte Anbaufläche (100 000 ha) für Qualitätsweine wird von 20 000 Weinbauern liebevoll gepflegt. Ihre Gutshöfe bezeichnen die Winzer als **Châteaux,** die zwar nicht immer Schlösser, aber meistens prachtvolle Herrschaftssitze sind. 57 Qualitätsanbaugebiete mit kontrollierter Herkunftsbezeichnung gehören zum Bordelais, darunter die Großappellation AC Bordeaux. Die Rebflächen liegen an den Ufern des Flusses Gironde sowie der Flüsse Dordogne und Garonne.

In diesem Gebiet herrschen ideale klimatische Bedingungen für stilvolle und körperreiche Weine. Die **Nähe des Atlantiks** und der **warme Golfstrom** sorgen für ein gemäßigtes Klima, wobei die ausgedehnten Wälder auch gegen die kräftigen Meereswinde schützen und so die Frostgefahr stark reduzieren. Die Sommer sind warm, aber nicht zu trocken oder zu heiß, der Herbst meist warm und sind sonnig und die Winter mild.

Die Böden verfügen über eine gute Wasserdurchlässigkeit und hervorragende Wärmespeicher. Am nördlichen Dordogne-Ufer dominieren Sand und schwere Lehmböden, im Süden überwiegen Kiesböden.

Auf einen Blick

Rebsorten weiß	Sémillon, Sauvignon blanc, Muscadelle
Rebsorten rot	Cabernet Sauvignon, Merlot, Cabernet Franc, Malbec, Petit Verdot

Die Weinlese erfolgt hier nicht nach dem traditionellen Vergleich des Säure- und Zuckergehaltes, sondern nach dem **Tanningehalt.** Aus diesem Grund wird erst einige Tage nach der maximalen Zuckerkonzentration mit der Traubenernte begonnen, nämlich dann, wenn die enthaltenen Tannine wasserlöslich und dadurch zarter werden.

Durch moderne Arbeitsmethoden im Weingarten und im Keller erlangt der Wein schneller seine Trinkreife und kann früher auf den Markt gebracht werden. Die Dauer der Fasslagerung wurde von früher bis zu fünf Jahren auf heute durchschnittlich 1,5 Jahre verkürzt.

Für die Herstellung von Bordeauxweinen werden vorwiegend kleine Eichenholzfässer – sogenannte **Barriques** – verwendet. Diese haben ein Füllvolumen von 225 Litern und werden neu vor allem für die Reifung von Premiers Crus verwendet.

Klassifikation der Bordeauxweine

Die Klassifikation der Bordeauxweine wurde anlässlich der Weltausstellung in Paris im Jahre 1855 ins Leben gerufen. Die Klassifikation basiert bis heute auf den Marktpreisen und dem **Prestige der Weine.** 87 Gewächse wurden damals klassifiziert. Heute hat fast jedes Weinbaugebiet von Bordeaux eine eigene Klassifizierung.

Klassifizierung in drei Stufen

Allgemeine Herkunftsbezeichnung	Bordeaux A. C. oder Bordeaux Supérieur A. C. (höherer Alkoholgehalt).
Regionale Herkunftsbezeichnung	Diese entspricht den Gebieten, wie beispielsweise Médoc, Graves, Sauternes, Saint-Émilion, Pomerol.
Lokale Herkunftsbezeichnung	Diese bezieht sich auf einen Weinbauort, vielfach in Verbindung mit einem Erzeugerbetrieb, z. B. Pauillac (Ort) – Château Pichon Longueville, Comtesse de Lalande (Erzeugerbetrieb).

Médoc

Der Name Médoc leitet sich vom lateinischen „medio aquae" (= in der Mitte des Wassers) ab. Dieses ca. 10 km breite Gebiet liegt im Nordwesten von Bordeaux zwischen dem linken Gironde-Ufer und der Atlantikküste. Das Gebiet unterteilt sich in zwei Zonen: **Médoc im Norden** und **Haut-Médoc im Süden.**

Die im **Médoc** produzierten Weine sind weniger körperreich und nicht so langlebig wie jene des Haut-Médocs. Crus Classés gibt es im Médoc nicht, die Weine werden unter dem

---

Die Klassifizierung von 1855 umfasst heute:

- 5 Premiers grands Crus classés
  - Château Lafite-Rothschild
  - Château Mouton-Rothschild (seit 1973)
  - Château Latour (alle Pauillac in Médoc)
  - Château Margaux (Margaux in Médoc)
  - Château Haut Brion (in Graves)
- 14 Deuxièmes grands Crus classés
- 14 Troisièmes grands Crus classés
- 10 Quatrièmes grands Crus classés
- 18 Cinquièmes grands Crus classés

Die fünf Premiers grands Crus classés

Wussten Sie, dass …

Premier Cru die höchste Stufe der Klassifikation im Gebiet Bordeaux ist?

Namen der Châteaux verkauft. Im Jahre 2003 sah die Klassifikation 247 Crus Bourgeois vor. Diese setzen sich aus 9 Crus Bourgeois Exceptionnels, 87 Bourgeois Supérieurs und 151 Crus Bourgeois zusammen.

Das **Haut-Médoc** hingegen ist Heimat der berühmtesten klassifizierten Crus: Saint-Estèphe (5), Pauillac (18), Saint-Julien (11), Margaux, Listrac und Moulis. Die Crus Classés machen jedoch nur einen kleinen Teil der Appellation Haut-Médoc aus, den größeren Teil nehmen Crus Bourgeois, gefolgt von Crus Artisans und Crus Paysans, ein.

Cabernet Sauvignon ist die traditionelle Traube des Médoc und am stärksten verbreitet (rund 50 %), gefolgt von Merlot (ca. 40 %) und Cabernet Franc (ca. 10 %).

> Die meisten Rotweine aus dieser Region sind in ihrer Jugend verschlossen. Nach entsprechend langer Reifung (oft bis zu 20 Jahre) gehören sie zu den besten der Welt: charaktervoll, kraftvoll, körperreich und gut strukturiert.

Die Gemeinde **Saint-Estèphe** erstreckt sich entlang der Gironde. Die obersten Bodenschichten bestehen hier aus silikathaltigem Kies und Sand, die tieferen Schichten sind eisen- und kalkhaltig. Diese Komponenten verleihen dem Wein eine **erdige Note, viel Tannin und Säure**.

Die auf eisenhaltigen Schotter- und Sandböden angebauten Weine der Gemeinde **Pauillac** gelten als die edelsten und zeigen typische Aromen von **Minze, Zeder und schwarzen Johannisbeeren**. Von dort kommen auch drei der vier Premiers grands Crus classés, nämlich **Lafite, Latour und Mouton**. Die Weine von Pauillac zeigen unter den Médoc-Weinen am meisten Charakter und sind von unübertrefflicher Zartheit und Harmonie.

Die Gemeinde **Saint-Julien** weist die größte Anzahl an Crus auf und bietet als Besonderheit noch die eleganten, fruchtigen Clairets, welche auf Kiesböden gedeihen und vorwiegend aus Cabernet Sauvignon und Merlot erzeugt werden.

Im Süden von Médoc befinden sich die namhaften Gemeinden **Margaux, Listrac und Moulis**. Die Böden hier sind vergleichbar mit jenen von Pauillac, wobei der Cabernet hier seine ganze Kraft entfalten kann. **Margaux** gilt als die feinste Herkunftsbezeichnung – unter anderem wegen seines Château Margaux.

Graves

Der Ruhm der exzellenten Rotweine von Graves, die als „zart wie Seide" beschrieben wurden, reicht bis ins Mittelalter zurück. Die ältesten Weinberge von Bordeaux wurden in Graves angelegt. Das 1953 als A. O. C. eingestufte Gebiet erstreckt sich von der Stadt Bordeaux aus in südlicher Richtung bis nach Langon.

Die Appellation gilt für Weiß- und Rotweine. Rund zwei Drittel sind mit Cabernet Sauvignon, Merlot und Cabernet Franc bepflanzt. Auf den Geröllterrassen aus Kiesel (daher der Name) wachsen komplexe, weiche, aromatische, rauchige Weine, die verhältnismäßig **schnell trinkreif** sind, dabei aber **sehr langlebig** sein können. Die Weißweine, vorwiegend aus Sauvignon blanc und Sémillon, sind gehaltvoll, körperreich, charaktervoll, elegant und meist im **Barrique** vergoren.

Der Norden der Appellation Graves hat seit 1987 seine eigene Appellation mit dem Namen **Pessac-Léognan** (benannt nach den beiden Städten). Zu den bekanntesten Weinen zählen sicherlich jene des 1855 bereits klassifizierten Château Haut-Brion und des 1300 von Papst Clemens V. gegründeten Château Pape Clément.

Sauternes und Barsac

Im Norden der kleinen Stadt Langon befindet sich eine Hügellandschaft, deren Winzer sich auf die Produktion von **edelsüßen Weißweinen** spezialisiert haben. Als Trauben-

---

Château Lafite Rothschild in Pauillac

Obwohl das **Château Haut Brion** nicht im Gebiet von Médoc liegt, wurde es bereits 1855 mitklassifiziert.

Clairets sind dunkle, fruchtige Roséweine, die schon im Mittelalter in großen Mengen nach England verschifft wurden.

Die Klassifizierung von Graves umfasst:
- einen Premier grand Cru classé
  - Château Haut-Brion (in Pessac)
- Grands Crus classés rouge: z. B.
  - Château Olivier (in Léognan)
  - Château Pape Clément (in Pessac)
- Grands Crus classés blancs: z. B.
  - Château Bouscaut (in Cadaujac)

sorten werden vorwiegend Sémillon (ca. 70 %) und Sauvignon Blanc (ca. 25 %) angebaut. An der Spitze dieses A.-O.-C.-Gebietes steht ein Premier grand Cru classé – Château d'Yquem.

> Eine Erzählung besagt, dass Marquis de Lur Saluces, der Besitzer des Château d'Yquem, 1847 etwas verspätet von einer Russlandreise zurückgekommen ist. Während die benachbarten Weinberge bereits abgeerntet waren, wagte es keiner der beim Marquis angestellten Winzer, ohne dessen persönliche Anordnung mit der Ernte zu beginnen. Fast alle Trauben waren bereits vom Edelschimmel befallen – und so begann die ruhmreiche Geschichte dieses Süßweines...

Die Ernte der edelfaulen ausgelesenen Beeren, die großteils von Hand erfolgt, kann mehrere Monate dauern. Der Most wird in neuen Eichenfässern vergoren und bis zu drei Jahre ausgebaut. Die Weine weisen einen Zuckergehalt von 80 bis 120 g/l sowie einen Alkoholgehalt von 14 bis 15 % auf. Aroma und Bukett erinnern an Honig, Nüsse, Traubenmost, Orangen und Pfirsiche.

Saint-Émilion

Das Städtchen Saint-Émilion, auf einem Hügel aus Kalkstein gelegen, zählt zu den schönsten Weinbauorten des Bordelais. Das gleichnamige Weinbaugebiet liegt etwa 40 km nordöstlich der Stadt Bordeaux und südlich von Libourne in einem Bogen um das Dordogne-Tal. 1969 zum A.-O.-C.-Gebiet erklärt, umfasst es **sechs Appellationen** (Saint-Émilion, Saint-Émilion Grand Cru sowie die vier Satelliten-Appellationen Montagne, Lussac, Puisseguin und Saint-Georges). Die Anbauflächen sind geprägt von Kalkboden auf tonigem, kalkigem oder lehmig-sandigem Untergrund.

Die Hauptrebsorte ist **Cabernet Franc** (bis zu 70 %). Die Weine sind fruchtbetont, würzig, vollmundig, elegant und harmonisch. Durch ihren höheren Anteil an Merlot als Verschnittpartner reifen die Weine rascher, sind leichter zu trinken und sind nicht so lange lagerfähig, wie etwa die Weine aus dem Médoc.

Pomerol

Die Appellation Pomerol, die seit 1900 besteht, zählt zu den kleinsten (ca. 800 ha), aber auch zu den bedeutendsten Bereichen des Bordeaux' und besitzt keine eigene Klassifizierung. Noch stärker als in Saint-Émilion dominiert hier die **Merlot-Traube** den Rebsortenspiegel. Auf den lehm- und kalkhaltigen Böden ergibt sie geschmeidige, raffinierte Weine, schwer, üppig und rassig. Der Merlot-Anteil liegt zwischen 50 und 90 %. Dieser hohe Anteil an Merlot führt zu einer raschen Entwicklung der Weine.

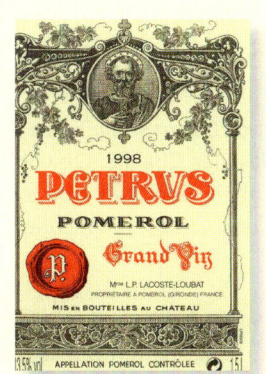

> Der **Château Petrus**, sehr oft als der beste Wein der Welt betitelt, wächst auf einer einzigen, 11,5 ha großen Rebfläche in der Nähe von Libourne und zählt zu den teuersten Weinen der Welt.

Etikette eines Petrus'

Wussten Sie, dass ...

vom Ertrag der 100 ha großen Fläche des Château d'Yquem nicht einmal 100 000 Flaschen erzeugt werden? Das sind nur rund 800 Liter je Hektar. Wegen der strengen Qualitätskriterien ist nicht jedes Jahr eine Produktion möglich.

Diese von einem Edelpilz befallenen Trauben bilden die Grundlage für den Sauternes.

Die Klassifizierung von Sauternes umfasst:

- einen Premier grand Cru classé
  - Château d'Yquem
- Premiers Crus classés: z. B.
  - Château Suduiraut (in Preignac)
  - Château Guiraud (in Sauternes)
  - Château Rieussec (in Sauternes)
- Deuxièmes Crus classés: z. B.
  - Château de Myrat (in Barsac)
  - Château Filhot (in Sauternes)

Die Klassifizierung von Saint-Émilion umfasst:

- Zwei Premiers grands Crus classés A:
  - Château Ausone
  - Château Cheval Blanc
- Elf Premiers grands Crus classés B: z. B.
  - Château-Figeac
  - Château La Gaffelière
  - Château Pavie
- Grands Crus classés
- Grands Crus

Das Produkt Wein

Die Weinregion Burgund

👉 **Wussten Sie, dass ...**

das von Napoleon angeordnete Erbrecht dazu führte, dass im Burgund immer kleinere Parzellen (Rebflächen) entstanden? Viele Winzer füllen ihre Weine nicht selbst in Flaschen, sondern verkaufen den Wein im Fass an die sogenannten Négociants (Händler). Die Händler bauen den Wein aus und füllen ihn in Flaschen ab.

Burgund (Bourgogne)

Das weltweit berühmte Burgund verfügt über jahrtausendelange Weinbauerfahrung. Die im Osten von Frankreich gelegene Region besteht aus vielen einzelnen charakteristischen Weinbaugebieten. Burgund grenzt im Norden an die südlichsten Weinberge der Champagne und im Süden an das Departement Rhône. Die Weinberge von Burgund erstrecken sich über etwa 25 000 ha. Hier wachsen die fast immer sortenreinen Weine, welche sich durch große Komplexität, Finesse, Körper und Fülle auszeichnen. Überwiegend wird **Rotwein** produziert (80 %).

Das Klima in Burgund ist **kontinental.** Der Winter ist kalt und trocken und kann vor allem im Gebiet Chablis bis in den späten Frühling mit Spätfrösten wiederkehren. Der Sommer ist warm, aber unbeständig. Von größter Bedeutung ist für alle Bodenarten im Burgund die Wechselwirkung einer guten Entwässerung in den Gesteinsanteilen mit dem Wasserhaltevermögen des lehmigen, tonigen oder mergeligen Substrats.

Auf einen Blick

Rebsorten weiß	Chardonnay, Aligoté, Pinot blanc, Pinot gris
Rebsorten rot	Pinot noir, Gamay

Klassifikation der Burgunderweine

Die erste Klassifikation stammt von Dr. Jules Lavalle aus dem Jahre 1861. Mit der Gründung des INAO im Jahre 1935 legte der Gesetzgeber in den Folgejahren alle Ursprungsbezeichnungen für das Burgund fest.

Die Klassifizierung umfasst	
Grands Crus	Höchste Qualitätsstufe, auf der Etikette wird die Lagenbezeichnung genannt, z. B. Le Chambertin, Musigny, Clos de Vougeot, La Romannée (bleibt den besten 32 Lagen der Côte d'Or sowie 7 Lagen in Chablis vorbehalten).
Premiers Crus	Zweite Qualitätsstufe, auf der Etikette wird der Gemeindename mit der Lage genannt, z. B. Appellation Gevrey-Chambertin-Varoilles Contrôlée, Aloxe-Corton-Fournières contrôlée.
Appellation communale (Gemeindeweine)	Dritte Qualitätsstufe, auf der Etikette wird nur der Gemeindename genannt, z. B. Aloxe-Corton, Vosne-Romanée, Vougeot, Gevrey-Chambertin, Puligny-Montrachet.
Appellation régionale (Distriktweine)	Vierte Qualitätsstufe, auf der Etikette wird Burgund in Verbindung mit einem Gebiet genannt, z. B. Bourgogne Côtes de Nuits, Bourgogne Côtes de Beaune.
Appellation générique (Gebietsweine)	Niedrigste Qualitätsstufe, z. B. Bourgogne, Bourgogne Aligoté, Bourgogne Passe-Tout-Grains.

Chablis besitzt eine eigene Weinklassifizierung:
- Grands Crus: die Lagenbezeichnungen sind Valmur, Vaudésir, Les Clos, Grenouilles, Les Preuses, Bougros und Blanchots
- Premiers Crus
- Chablis
- Petit Chablis

Chablis

Das nördlichste Weinbaugebiet der Region Burgund liegt rund 200 km südlich von Paris und ist Heimat **eines der berühmtesten Weißweine der Welt – des Chablis.** Obwohl die kleinklimatischen Eigenschaften sowie die Bodenbeschaffenheit (Ton, Kalk und fossile Muscheln) sehr vielfältig sind, wird hauptsächlich der für den Chablis ausschließlich verwendete **Chardonnay** angepflanzt.

Der häufige Spätfrost, der bis Mitte Mai den Reben gefährlich werden kann, stellt für die Winzer eine besondere Herausforderung dar. Bereits in den 1960er-Jahren wurde damit begonnen, die Weinberge zu beheizen, indem man Ölöfen in die Rebzeilen stellte. Um dem Frost entgegenzuwirken, werden die Reben heute mit Wasser berieselt, was zur Folge hat, dass die jungen Triebe von einem Eisfilm überzogen werden und so vor noch tieferen Temperaturen geschützt sind.

Der elegante, finessenreiche **Chablis** wird vorwiegend im Edelstahltank (gibt dem Wein mineralische Noten), manchmal auch im Holzfass (hier wird er weicher und voller) ausgebaut. Die vielfältige Frische des Chardonnays, seine zarte Fruchtigkeit und blumige Note, seine Komplexität und sein Reichtum an Salzen, die Bukett und Würze noch erweitern, zeigen, was diesen Gebietstyp auszeichnet. Seine Vorzüge kommen erst nach entsprechender Lagerung (bis zu 20 Jahren) zur vollen Entfaltung. Er ist der **bekannteste Weißwein Frankreichs.**

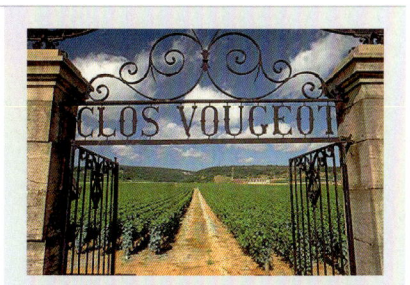

Côte d'Or

Das Herzstück des Burgund, die etwa 50 km lange Côte d'Or, liegt zwischen Dijon und Chagny. Im nördlichen Teil, der **Côte de Nuits**, wachsen die großartigsten Rotweine der Bourgogne, allesamt reinsortige Pinot noirs. Hier befinden sich u. a. die berühmten Appellationen Chambertin, Clos de Vougeot und Romanée-Conti. Sie gelangen jedoch nicht unter dem Namen Côte de Nuits, sondern unter dem Lagen- oder Gemeindenamen in den Verkauf.

Clos sind von Mauern umgebene, zusammengehörige Weingärten. Die Mauern wurden errichtet, wenn die Weingärten durch Erbfolge aufgeteilt wurden.

Mit rund 400 ha Rebfläche ist Gevrey-Chambertin die größte Weinbaugemeinde. Bekannt ist der Ort für seine Grands und Premiers Crus, die zu den kräftigsten roten Burgunderweinen gehören. Die Weinbaugemeinde Vougeot verfügt mit dem etwa 50 ha großen Clos de Vougeot über die größte Grand-Cru-Lage der Côte de Nuits. Der weltberühmte Weinberg ist vollständig von einer Mauer eingefasst. 80 Winzer teilen sich heute diesen Weinberg. Das kleine Dorf Vosne-Romanée liegt im Herzen der Côte de Nuits, deren Weine durch ihre besonders duftige, feinwürzige und samtige Art bestechen. In der Mitte der Gemeinde liegen die weltbekannten Grand-Cru-Lagen: Romanée-Conti, Richebourg, La Romanée, La Tâche, La Grand-Rue, Romanée-Saint-Vivant, Grands-Echézeaux und Echézeaux.

Wussten Sie, dass …

Clos de Vougeot bereits im 12. Jahrhundert von Mönchen des Zisterzienserordens angelegt wurde?

Im südlichen Teil der Côte d'Or befindet sich die Côte de Beaune, benannt nach der berühmten Weinstadt Beaune, dem wichtigsten Handelszentrum der Côte d'Or. Neben dem Pinot noir ist das Gebiet vor allem wegen seiner ausdrucksstarken Chardonnays bekannt geworden. Diese sind reinsortig, unvergleichlich voll, körper- und alkoholreich. Die berühmte Weinbaugemeinde **Puligny-Montrachet** erzeugt einige der besten Weißweine der Welt wie Montrachet, Bâtard-Montrachet, Chevalier-Montrachet und Bienvenues-Bâtard-Montrachet. Die Appellation Volnay bringt duftige Rotweine mit zarter Frucht, die zu den feinsten der Côte de Beaune zählen. Aloxe-Corton ist ein kleines Dorf am Fuße des Berges Corton mit den beiden Grand-Cru-Lagen Corton (für Weiß- und Rotwein) und Corton-Charlemagne (nur Weißwein).

Côte Chalonnais

Dieses Gebiet hat keine Grands-Crus, dafür aber eine Vielzahl kommunaler A.-O.-C.-Weine. Hier werden aus Pinot noir und Chardonnay die Weine Rully, Mercurey, Givry und Montagny erzeugt. In Bouzecon werden der für das Burgund einzigartige Bourgogne Aligoté sowie der Passe-Tout-Grain produziert. Seit 1975 wird hier auch der Crémant de Bourgogne, ein ausgezeichneter Schaumwein hergestellt.

Passe-Tout-Grain wird aus Pinot noir und Gamay hergestellt.

Crémant: Darunter versteht man alle französischen flaschenvergorenen Schaumweine mit Ausnahme jener, die aus der Region Champagne kommen.

Mâconnais

Das Mâconnais ist die **sonnigste Region von Burgund.** Rund um die Stadt Mâcon am Fluss Saône werden gute Weißweine produziert. Auf den Kalksteinhügeln um das Dörfchen Pouilly im Süden des Mâconnais entstehen sehr gute Qualitäten. Aus den Gemeinden Fuissé (Pouilly-Fuissé) und Saint-Véran (Saint-Véran) kommen die besten Weißweine des Gebietes.

Beaujolais

Ganz im Süden der Bourgogne befindet sich das Beaujolais-Gebiet. Der gleichnamige Wein zählt zu den bekanntesten Rotweinen der Welt und wird aus der Gamay-Traube gewonnen.

Die Trauben der Gamay-Rebe werden für die Erzeugung des Beaujolais – einer der am meisten konsumierten Rotweine der Welt – verwendet.

> **Wussten Sie, dass …**
>
> Beaujolais Nouveau bei 12 bis 14 °C getrunken wird, länger gereifter Beaujolais bei 16 °C?
>
> **Beaujolais Nouveau** weist ein Aroma von Erdbeeren und Himbeeren auf, das nur wenige Monate anhält. Der Wein verliert danach sehr rasch an Qualität.

Die Herkunftsbezeichnungen des Beaujolais:
- **Beaujolais** und **Beaujolais Supérieur** umfasst 72 Gemeinden (50 % des Gebietes).
- **Beaujolais Village** umfasst 39 ausgesuchte Gemeinden im Zentrum der Region.
- **Beaujolais Primeur** ist ein junger, frischer, leicht zu trinkender Rotwein, der bereits am dritten Donnerstag im November in den Handel kommt.
- **Beaujolais Nouveau** gelangt immer am 15. Jänner in den Handel.

Das Anbaugebiet nördlich von Lyon hat aber weitaus mehr zu bieten als die verschiedenen Varianten des Beaujolais. Die im Norden gelegenen Crus-Lagen Brouilly, Côte de Brouilly, Chénas, Chiroubles, Fleurie, Juliénas, Morgon, Moulin-à-Vent, Régnié und Saint-Amour bringen charaktervolle Spitzengewächse hervor, die außerhalb Frankreichs wenig bekannt sind.

Elsass (Alsace)

Das Elsass liegt zwischen der Rheinebene und den Vogesen im äußersten Nordosten Frankreichs und erstreckt sich zwischen Straßburg im Norden und der Ortschaft Thann im Süden. Das Klima ist mild mit kontinentalem Einfluss, die Bodenarten sind aufgrund der geologischen Formation sehr vielfältig. Wie die Champagne hat auch das Elsass nur **eine einzige A.-O.-C.: Alsace**. Anders als in den übrigen französischen Anbaugebieten sind die Weine nicht nach ihrer genaueren Herkunftsregion benannt, sondern nach dem Namen der Rebsorte. Elsässer Weine sind rebsortenrein und der Name der verwendeten Rebsorte ist auf dem Etikett vermerkt.

> **Wussten Sie, dass …**
>
> rund 18 % der französischen Weißweine aus dem Elsass kommen? Nur ein geringer Teil aller Winzer füllt die Weine selbst ab, die meisten verkaufen ihre Trauben an Genossenschaften und Handelshäuser.

Auf einen Blick

Rebsorten weiß	Pinot blanc, Traminer, Gewürztraminer, Riesling, Sylvaner, Pinot gris und Muscat
Rebsorten rot	Pinot noir

Eine Spezialität aus dem Elsass ist der **Edelzwicker**, eine Weißweincuvée aus mehreren elsässischen Rebsorten. In Jahren mit besonders warmen und sonnigen Herbstmonaten werden aus Riesling, Pinot gris, Muscat und Gewürztraminer ausgezeichnete Spätlesen, sogenannte **Vendanges tardives** oder **Sélections des Grains nobles** (Beerenauslesen) produziert.

Loiretal (Val de Loire)

Tausend Kilometer lang ist die Loire und ein Großteil der Flussufer ist mit Reben bepflanzt. Die Vielfalt der Weine ist enorm und reicht von trocken bis lieblich, von leicht bis kräftig und von still bis moussierend.

Das Loiretal ist in vier große Weinbaugebiete unterteilt. Ganz im Westen rund um die Stadt Nantes liegt das Pays Nantais, bekannt durch die Muscadet-Weine. Östlich anschließend liegt das nach den beiden Städten benannte Gebiet Anjou-Saumur. Noch weiter östlich, rund um die Stadt Tour, befindet sich die Touraine mit den sehr guten Rotweinlagen Bourgueil und Chinon. An der oberen Loire, ganz im Osten, im sogenannten Centre (Zentralzone) wachsen die berühmten Weißweine **Pouilly Fumé** und **Sancerre** (beide aus Sauvignon blanc erzeugt).

Die berühmten Loire-Schlösser prägen die Landschaft des Loiretals.

Auf einen Blick

Rebsorten weiß	Sauvignon blanc, Chenin blanc, Chardonnay
Rebsorten rot	Cabernet Franc und Cabernet Sauvignon

Rhônetal (Côtes du Rhône)

Die zweitgrößte Region Frankreichs erstreckt sich entlang der Rhône von der Stadt Lyon im Norden bis nach Avignon im Süden auf einer Länge von 200 km. Es werden vorwiegend Rotweine produziert (95 %).

Der Nordteil der Côtes-du-Rhône hat klimatisch und geologisch viel mit der Nachbarregion Burgund gemeinsam. Die Erzeugnisse von den steilen Hängen im Norden sind charaktervoll, wuchtig, gerbstoffreich und langlebig. Es entstehen Weine von Weltklasse: Hermitage, Côte Rôtie, Château Grillet, Crozes-Hermitage, Cornas, Condieu, Saint-Joseph und Saint-Péray. Die rote Hauptrebsorte ist **Syrah**, die traditionell sortenrein vinifiziert wird.

Der Südteil der Côtes-du-Rhône zeigt deutliche mediterrane Züge. Vor allem aus den Crus-Lagen Châteauneuf du Pape, Gigondas, Vaqueyras, Lirac und Tavel kommen charaktervolle Weine. Der Châteauneuf du Pape ist der bekannteste Wein des Rhônetales und wird aus bis zu 13 Rebsorten hergestellt. Als „Könige der Rosés" wird der **Tavel** bezeichnet, ein Roséwein aus der gleichnamigen Appellation.

Die Grenache-Rebe bildet neben dem Syrah und dem Mourvèdre die wichtigste Rebsorte für den Châteauneuf du Pape.

Auf einen Blick

Rebsorten weiß	Viognier, Marsanne, Roussanne
Rebsorten rot	Syrah, Grenache, Mourvèdre, Cinsault

Languedoc-Roussillon (Midi)

Das Midi im äußersten Süden Frankreichs erstreckt sich von Marseille bis zur spanischen Grenze und ist mit rund 400 000 ha die größte Weinbauregion der Welt. Bekannt wurde sie aufgrund ihrer zahlreichen preiswerten Landweine. Ein enormer Qualitätsschub im Weinbau und in der Vermarktung führten zur Schaffung vieler Appellations contrôlées und zu einem rasanten Aufstieg der Vins de Pays d'Oc.

Auf Grund der Größe des Gebietes sind auch die Klima- und Bodenbedingungen sehr unterschiedlich. Die Böden im Norden bestehen aus Granit und Gneis, wodurch die Weine sehr körperreich und mineralisch wirken. Im Süden herrscht hingegen mediterranes Klima, die Böden bestehen aus Sandstein, Schiefer und Kalk-Lehm. Die Weine sind leichter, würziger und erinnern an Wildkräuter.

Es werden **vorwiegend Rotweine** produziert (85 %). Von den elf Appellationen ist Corbières die größte. Weitere bekannte klassifizierte Weine sind: Saint-Chinian (elegante Rotweine), Minervois, Corbières, Fitou (körperreiche Rotweine), Crémant de Limoux (Schaumwein), Banyuls (ein Rotwein, der an dunklen Portwein erinnert).

Vins de Pays d'Oc

Unter dieser Bezeichnung werden alle Vins de Pays aus dem Midi zusammengefasst, welche aus für die Region typischen Reben erzeugt werden.

Auf einen Blick

Rebsorten weiß	Picpoul, Clairette, Bourboulenc, Marsanne, Roussanne
Rebsorten rot	Grenache, Carignan, Cinsault, Mourvèdre, Syrah, Cabernet Sauvignon

Das Produkt Wein

Weingut in der Provence

Provence

Die mediterrane Region Provence erstreckt sich von Arles bis Nizza entlang der Côte d'Azur. Die meistverbreitete Rebsorte ist die **rote Grenache.** Die Großappellation Côtes de Provence sowie die A. O. C. Coteaux d'Aix-en-Provence bringen eine große Qualitätspalette an Roséweinen auf den Markt, für die sie auch sehr bekannt sind. Eine Ausnahmestellung nimmt Bandol ein, die Appellation der gleichnamigen Hafenstadt. Die roten Bandol-Weine sind feurig, körperreich, würzig und tanninreich, aber dabei sanft, was auf die Verwendung der Mourvèdre-Traube zurückzuführen ist, die zu 50 % vorhanden sein muss.

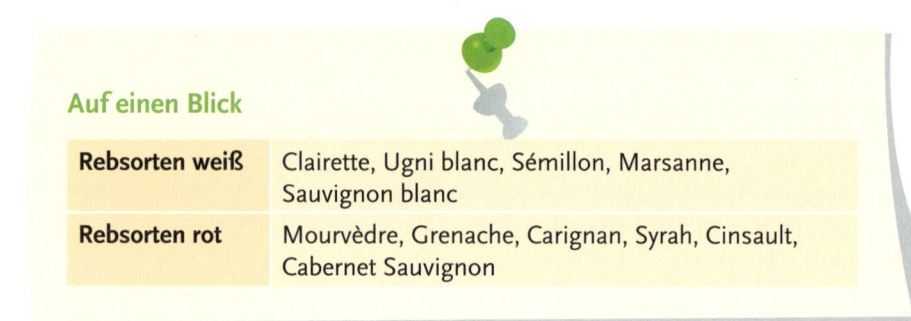

Auf einen Blick

Rebsorten weiß	Clairette, Ugni blanc, Sémillon, Marsanne, Sauvignon blanc
Rebsorten rot	Mourvèdre, Grenache, Carignan, Syrah, Cinsault, Cabernet Sauvignon

Jura

Aus dem Kalksteingebirge, dem französischen Jura, das parallel zur Côte d'Or verläuft, kommen unverwechselbare, eigenständige Weine. Die Region hat vier Appellationen, darunter die bekannteste Arbois und die kleine Appellation L'Étoile. Eine Spezialität ist der **Vin Jaune** (gelber Wein), ein sherryähnlicher Wein, der sechs Jahre unter einer Florhefeschicht reift. Eine weitere regionale Besonderheit ist der Vin de Paille, ein Strohwein.

Auf einen Blick

Rebsorten weiß	Savagnin (Traminer), Chardonnay, Pinot blanc
Rebsorten rot	Trousseau, Poulsard, Pinot noir

Pinot noir

Die weiteren Weinbauregionen Frankreichs sind: Champagne (siehe Kapitel Schäumende Weine), Charente (siehe Kapitel Spirituosen), Savoyen, Südwesten und Korsika.

🎯 Ziele erreicht?

1. Nennen Sie sechs wichtige Weinbauregionen Frankreichs.
2. Nennen Sie die Weingüteklassen (Qualitätsstufen) des französischen Weingesetzes.
3. Nennen Sie mindestens vier Weinbaugebiete des Bordeaux'.
4. Nennen Sie zwei Rotweinrebsorten, die in der Weinbauregion Bordeaux dominieren.
5. Nennen Sie zwei Weißweinrebsorten, die in der Weinbauregion Bordeaux dominieren.
6. Wie unterteilt man die Region Burgund?
7. Nennen Sie drei Rebsorten, die in Burgund dominieren.

7 Weinbau international

7.2 Italien

Italien kann auf eine mehr als 2 500-jährige Geschichte im Weinbau zurückblicken. Bereits die Griechen bezeichneten Italien als das „Land des Weines", da die Reben, die von griechischen Siedlern und Händlern gepflanzt wurden, hier besser gediehen als in ihren Herkunftsländern.

Neben Frankreich und Spanien nimmt Italien einen führenden Platz unter den Weinnationen der Welt ein. Die unterschiedlichen Klimazonen, Bodenarten und vor allem die Vielzahl der Rebsorten zwischen Südtirol im Norden und Sizilien im Süden ergeben eine große Vielfalt an Weinen.

Die erste verbindliche Wein-Appellation wurde bereits 1761 vom Großherzog der Toskana getroffen, als dieser eine Festlegung des Chiantigebietes vornahm. Es dauerte jedoch bis 1963, bis eine nationale Weingesetzgebung über die Herkunftsbezeichnung erlassen wurde. Italien besitzt 21 Weinbauregionen.

Weinberge in Italien

Überblick
Rebfläche: ca. 830 000 Hektar
Weinproduktion: ca. 60 Mio. Hektoliter/Jahr

Weinbaugebiete in Italien

Das Produkt Wein

Die italienischen Weingüteklassen

Gültig bis zum Jahr 2010:

- **Vini da tavola** – Tafelweine
- **Vini da tavola indicazione geografica tipica** – Tafelweine mit typischer geografischer Herkunft – I. G. T.)
- **D.-O.-C.-Weine** (Denominazione di origine controllata) – Qualitätsweine mit kontrollierter Ursprungsbezeichnung
- **D.-O.-C.-G.-Weine** (Denominazione di origine controllata e garantita) – Qualitätsweine mit kontrollierter und garantierter Ursprungsbezeichnung

Ab dem Jahr 2010 gelten folgende Weingüteklassen	
Vino	Entspricht dem als Begriff nun nicht mehr erlaubten „Vino da Tavola".
IGP (Indicazione Geografica Protetta)	Ital.: geschützte geografische Angabe bzw. Protected Geographical Indication (PGI)
DOP (Denominazione di Origine Protetta)	Neue Klassifizierung für die bisherigen D.-O.-C.- und D.-O.-C.-G.-Weine. Die Unterteilungen in die Klassen D.-O.-C. und D.-O.-C.-G. bleiben in Italien bestehen. Die Weine oder Regionen können nach wie vor in der Qualitätshierarchie auf- oder absteigen. Weine, die fünf Jahre ihre Qualität aufrechterhalten haben, kann der D.-O.-C.-Status und nach weiteren fünf Jahren der D.-O.-C.-G.-Status zuerkannt werden.

👉 Wussten Sie, dass ...

das Mischverhältnis von roten und weißen Traubensorten für die Herstellung von Chianti gesetzlich geschützt ist? Im Jahre 1847 wurde sie von Baron Ricasoli festgelegt:

- Sangiovese 75 bis 100 %
- Canaiolo Nero maximal 10 %
- Trebbiano Toscano und/oder Malvasia Bianca maximal 10 %

Die Weinbauregion Toskana

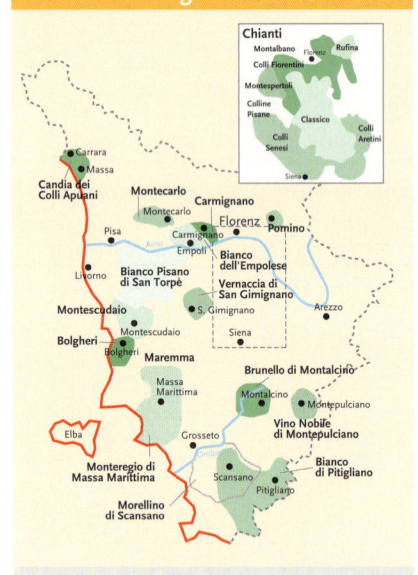

Sassicaia

Lange Zeit konnten diese nach französischem Vorbild vinifizierten Weine nur als Tafelweine deklariert werden. Heute besitzt der Sassicaia den D.-O.-C.-Status.

Toskana (Toscana)

Die Weinberge der Toskana erstrecken sich über eine 200 km lange Hügellandschaft zwischen dem Apennin und dem Tyrrhenischen Meer und sind Heimat des im Ausland bekanntesten italienischen Weines, des **Chianti**. Das Chianti-Gebiet nimmt rund ein Drittel der Rebfläche der Toskana ein und erstreckt sich von Pisa über Florenz und Siena bis nach Montalcino im Süden. Es ist in sieben Unterzonen aufgeteilt, von denen das Chianti Classico die bekannteste ist. Chianti, Chianti Classico (seit 2006 nur aus roten Trauben erzeugt) und Chianti Montespertoli sind als D.-O.-C.-G.-Weine klassifiziert.

In Montalcino in der Provinz Siena entsteht der als erster im Jahre 1980 von den italienischen Weinen mit dem D.-O.-C.-G.-Prädikat ausgezeichnete Wein, der berühmte **Brunello di Montalcino**. Er wird ausschließlich aus Sangiovese gekeltert. Mit zunehmendem Alter entwickelt er sich zu einem hochklassigen, eleganten, rassigen und vollmundigen Wein.

Aus den Hügellagen in der Gemeinde Montepulciano kommt der **Vino Nobile di Montepulciano** (D. O. C. G.), der zweite bedeutende Rotwein der Südtoskana. Er muss mindestens zwei Jahre lagern und erhält nach dreijähriger Lagerung die Bezeichnung „Riserva".

Die erste Erzeugung des **Carmignano** (D. O. C. G.) geht in der Geschichte so weit zurück, dass er zu den ältesten Weinen Italiens zählt. Er unterscheidet sich von den Chianti-Weinen durch die zusätzliche Verwendung von Rebsorten aus dem Bordeaux (Cabernet Sauvignon und Cabernet Franc). Das Dorf Bolgheri, südlich von Pisa, ist die Heimat des berühmten **Sassicaia** sowie **Ornellaia** und **Tignanello**, die ebenso aus französischen Reben erzeugt werden.

Vernaccia di San Gimignano (D. O. C. G.) und **Vin Santo Toscana** gehören zu den großen Weißweinen der Region Toskana.

Toscana

Auf einen Blick

Rebsorten weiß	Trebbiano Toscano, Malvasia del Chianti, Vernaccia di San Gimignano, Vermentino
Rebsorten rot	Sangiovese, Canaiolo nero, Aleatico

Piemont (Piemonte)

Das Piemont liegt rund um die Stadt Turin im Nordwesten Italiens und ist die Heimat großer Rotweine. Hauptrebsorten sind Barbera, Dolcetto und die Nebbiolo-Traube. Aus ihr werden die namhaften Rotweine **Barolo, Barbaresco, Gattinara, Ghemme und Roero** (alle D. O. C. G.) erzeugt. Barolos zeichnen sich durch einen vollen Körper und kräftige Tannine aus. Der Barbaresco ist nicht so kraftvoll, sondern zeigt sich differenziert, finessenreicher und rassig. Gattinara und Ghemme sind charaktervoll und mächtig. Die meistangebaute Rebsorte des Piemonts ist die Barbera-Traube, aus der der kräftige **Barbera del Monferrato** erzeugt wird. Rund um den Ort Asti befindet sich die Heimat des süßen D. O. C. G.-Schaumweines Asti Spumante und des Moscato d'Asti. Aus der Gegend bei Alessandria stammen die leichten, zart-fruchtigen Weißweine der D. O. C. G. **Gavi**.

> Die Leitsorte des Piemonts ist der Nebbiolo.

Auf einen Blick

Rebsorten weiß	Moscato bianco, Cortese, Arneis, Favorita
Rebsorten rot	Nebbiolo, Barbera, Dolcetto, Grignolino

Lombardei (Lombardia)

Die im Norden gelegene Region mit der Hauptstadt Mailand, die stark industriell geprägt ist, kann in drei Zonen eingeteilt werden: Oltrepò Pavese, Franciacorta und Valtellina. Aus dem Gebiet **Oltrepò Pavese**, an der Grenze zum Piemont, kommen vor allem Rotweine aus **Barbera**, **Bonarda** und **Pinot nero,** aber auch edelste Schaumweine. Fast die Hälfte der erzeugten Weinmenge geht als Grundwein in die benachbarte Region Piemont für die Schaumweinerzeugung. Auch das Gebiet **Franciacorta** ist für seine Schaumweine (D. O. C. G.) sowie für Chardonnay und rustikale Rotweine bekannt. Im Gebiet **Valtellina** wird ein gleichnamiger Rotwein (80 % Nebbiolo) erzeugt. Valtellina Superiore und Sforzato di Valtellina tragen das D.-O.-C.-G.-Prädikat. Nennenswert ist auch das Weißweingebiet Lugana (D. O. C.) südlich von Sirmione (Gardasee), das delikate, extraktreiche Weißweine hervorbringt.

Superiore = Weine, die einen höheren, als den vorgeschriebenen Alkoholgehalt aufweisen.

Sforzato = aus Nebbiolo-Trauben gewonnen, die rund drei Monate in Körben getrocknet werden. Dabei verlieren sie 40 % des Wassers und der Zucker wird freigesetzt. Der Alkoholgehalt beträgt mindestens 14 Vol.-% und die Reifezeit mindestens 25 Monate.

Auf einen Blick

Rebsorten weiß	Pinot bianco, Chardonnay, Pinot grigio, Trebbiano, Malvasia
Rebsorten rot	Cabernet Sauvignon, Barbera, Croatina, Merlot, Chiavennasca

Das Produkt Wein

Trentin (Trentino)

In der Region Trentin beherrschen Genossenschaften die Weinproduktion. Viele der Weine sind leicht und sortenrein. Trentin gilt heute als das bedeutendste Anbaugebiet für Pinot Grigio und Chardonnay in Italien. Der Chardonnay wird vorwiegend für die Spumante-Erzeugung verwendet. Auch die Vernatschrebe findet große Verbreitung. **Marzemino** und **Teroldego** bringen würzige, charaktervolle und konzentrierte Rotweine hervor.

Auf einen Blick

Rebsorten weiß	Chardonnay, Pinot grigio, Nosiola
Rebsorten rot	Vernatsch, Teroldego, Marzemino

Südtirol (Alto Adige)

Die Weinberge von Südtirol erstrecken sich in den Tälern entlang der Etsch zwischen Schlanders und Salurn und entlang des Flusses Eisack, **zwischen Bozen und Brixen.** Die Weinbauregion Südtirol beeindruckt einerseits durch den hohen Anteil an Qualitätsweinen und andererseits durch die Vielfalt der Rebsorten. Drei wichtige Rebsorten werden mit Südtirol verbunden und haben hier ihre Wurzeln: der typische und weitverbreitete **Vernatsch**, der aromatische **Gewürztraminer** und der wiederentdeckte, kraftvolle **rote Lagrein.** Neben den unterschiedlichen Bodenformationen dominiert in der Nähe des Gardasees fast mediterranes Klima, im übrigen Teil kontinentales und kühles Klima. 98 Prozent der gesamten Weinbaufläche von Südtirol stehen heute unter D.-O.-C.-Schutz und liegen damit an der Spitze der Weinnation Italiens. Die wichtigsten Ursprungsbezeichnungen zur Kennzeichnung sind „**Südtiroler**" oder „**Südtirol**" und „**Kalterersee**".

Südtiroler oder **Südtirol:** Weiß-, Rosé- und Rotweine, die aus einer Vielzahl von Rebsorten (meist reinsortig) erzeugt werden und den Namen der Rebsorte tragen. Weitere Weine Südtirols haben die Unterbezeichnungen Eisacktaler, Terlaner und Vinschgauer.

Kalterersee sind Rotweine bestimmter Gemeinden der Provinzen Bozen oder Trient aus Großvernatsch und/oder Edelvernatsch und Grauvernatsch.

Pergolasystem in Südtirol

Auf einen Blick

Rebsorten weiß	Chardonnay, Grau- und Weißburgunder, Sauvignon blanc, Müller-Thurgau, Goldmuskateller, Kerner
Rebsorten rot	Vernatsch, Pinot nero, Cabernet Sauvignon, Cabernet Franc, Merlot

Friaul (Friuli)

Das Friaul liegt im äußersten Nordosten Italiens, grenzt an Österreich und Slowenien und ist für seine **hervorragenden Weißweine** bekannt. Aus den D.-O.-C.-Gebieten Colli Orientali del Friuli und Collio kommen Weine mit knackiger Säure, Körper und ausdrucksstarken, fruchtigen Primäraromen. Der moderne Weinbau wurde bereits Mitte des 20. Jahrhunderts mit der Einführung europäischer Edelsorten begonnen. Aber auch einige der regionalen Sorten wurden nicht vernachlässigt und sind auch heute noch weit verbreitet.

Der Verduzzo di Ramandolo trägt das D.-O.-C.-G.-Prädikat.

Auf einen Blick

Rebsorten weiß	Chardonnay, Sauvignon blanc, Tocai Friulano, Pinot grigio, Ribolla, Verduzzo, Picolit
Rebsorten rot	Merlot, Cabernet Franc, Pinot nero, Refosco, Schiopettino, Tazzelenghe

7 Weinbau international

Venetien (Veneto)

Das auf Grund seines gemäßigten Klimas und der außerordentlich fruchtbaren Böden begünstigte Venetien kann in drei Weinbauzonen eingeteilt werden. Die Provinz Verona im Westen mit den Bergen um den Gardasee und der Stadt Soave, die Hügelregionen in den Provinzen Treviso, Padua und Vicenza und die Ebene nordöstlich von Venedig.

In der Weißweinzone **Soave** (D. O. C.) werden große Mengen des gleichnamigen Weines aus der Garganega-Traube erzeugt. Eine Besonderheit stellen der **Soave Superiore** (D. O. C. G.) sowie der delikate Süßwein **Recioto** (D. O. C. G. aus getrockneten Trauben) dar. Garganega- und Trebbiano-Trauben bilden auch die Basis für die milden D.-O.-C.-Weißweine **Gambellara** und **Bianco di Custoza** vom südlichen Gardasee.

Eine große Popularität hat in den letzten Jahren der **Prosecco di Conegliano-Valdobbiadene** (Frizzante oder Spumante) sowie der **Bardolino** (fruchtiger Rot- und Roséwein vom Gardasee) erreicht. Er wird aus den drei Sorten Corvina, Rondinella und Negara gekeltert. Wird bei der Assemblage die Negara durch die Molinara ersetzt, entsteht daraus der beliebte **Valpolicella**. Eine Rotweinspezialität aus dem Gebiet nördlich von Verona ist der feurige **Amarone.**

Proseccotraube

Assemblage = Verschnitt oder Vermischen verschiedener Traubensorten.

Amarone = durchgegorener Wein mit hohem Alkoholgehalt (14 bis 17 %), mit drei Jahren Fass- und 1,5 Jahren Flaschenreifung.

Auf einen Blick

Rebsorten weiß	Garganega, Prosecco, Verduzzo, Trebbiano, Chardonnay
Rebsorten rot	Corvina, Rondinella, Molinara, Negara, Cabernet Sauvignon, Merlot

Emilia-Romagna

Die Weinbauregion in Norditalien reicht von Ligurien bis zur Adria und ist bekannt für **Lambrusco**. Lediglich zehn Prozent der erzeugten Menge sind als D.-O.-C.-Weine eingestuft, der Rest wird als Tafelwein vermarktet.

Hauptsächlich werden in der Region um Bologna leichte Rotweine und neutrale Weißweine erzeugt. Aus der Romagna kommen vorwiegend reinsortige Weine wie **Sangiovese di Romagna** (D. O. C.) und **Trebbiano di Romagna** (D. O. C.) sowie der weiße **Albana di Romagna** (D. O. C. G.).

Auf einen Blick

Rebsorten weiß	Malvasia, Moscato giallo, Sauvignon blanc, Albana, Trebbiano
Rebsorten rot	Lambrusco, Barbera, Sangiovese, Canaiolo nero, Montepulciano

Der Lambrusco ist der Klassiker aus Emilia-Romagna.

Marken

Östlich der Toskana gelegen sind die Marken – die Heimat der hervorragenden Verdicchio-Weißweine, welche bereits in den 1950er- bis 1970er-Jahren die Aufmerksamkeit der Konsumenten in aller Welt auf sich gezogen haben.

Nach einer weniger erfolgreichen Phase zählen heute der **Verdicchio dei Castelli di Jesi** und der **Verdicchio di Matelica** zu den Aushängeschildern der Region. Bekannte Rotweine sind der **Rosso Conero** aus der Montepulciano-Traube, der **Rosso Piceno** aus Sangiovese und der rote Schaumwein **Vernaccia di Serrapetrona** (D. O. C. G.).

Auf einen Blick

Rebsorten weiß	Verdicchio
Rebsorten rot	Montepulciano, Sangiovese, Vernaccia nera

Umbrien

Das zwischen der Toskana, Latium und den Adriaregionen liegende Umbrien wird auf Grund seines reichhaltigen Wasservorkommens als das „grüne Herz" Italiens bezeichnet und ist vor allem wegen des **Orvieto-**Weißweines bekannt. Er stammt aus der Provinz Viterbo und wird vorrangig aus Trebbiano- und Verdello-Trauben erzeugt. Die bekanntesten Rotweine sind der **Sagrantino di Montefalco** (starker roter Dessertwein) sowie der **Torgiano Rosso Riserva,** beide mit D.-O.-C.-G.-Prädikat, sowie der D.-O.-C.-Wein **Montefalco Rosso**.

Auf einen Blick

Rebsorten weiß	Malvasia, Trebbiano, Grechetto, Verdello
Rebsorten rot	Sangiovese, Barbera, Canaiolo, Montepulciano

Latium

Die Region Latium rund um die Stadt **Rom** ist geprägt von Weißweinen, von denen der **Frascati**, aus Malvasia- und Trebbiano-Trauben gekeltert, der bekannteste ist. Auch der **Est! Est!! Est!!! di Montefiascone**, ein frisch-fruchtiger Weißwein mit Mandelgeschmack, zählt zu den bekannten Spezialitäten des Latiums.

> Der **Est! Est!! Est!!! di Montefiascone** verdankt seinen Namen einer geschichtlichen Begebenheit. Der deutsche Bischof Johann Fugger war auf der Reise zur Krönung Heinrich V. nach Rom. Er beauftragte seinen persönlichen Diener mit der Aufgabe, gute Unterkünfte für ihn und sein Gefolge zu erkunden und vorrauszureiten, um die Gasthöfe mit der Bezeichnung „Est" über dem Eingang zu kennzeichnen. Bei ihrer letzten Übernachtung vor der Ankunft in Rom war an einem Gasthof die Bezeichnung „Est Est Est" zu lesen. Dem Bischof schmeckte der Wein des Hauses so gut, dass er sich mit Moscato sprichwörtlich zu Tode trank und Rom nicht mehr erreichte.

Auf einen Blick

Rebsorten weiß	Trebbiano, Malvasia
Rebsorten rot	Sangiovese, Montepulciano

Basilikata

Einfache Tischweine dominieren die Weinerzeugung der Basilikata, die zu den wirtschaftlich ärmsten Regionen Italiens zählt. Der **Aglianico del Vulture** (D. O. C.), ein tanninreicher Rotwein der gleichnamigen Rebsorte, ist ein Geheimtipp in der Region zwischen Kalabrien und Apulien.

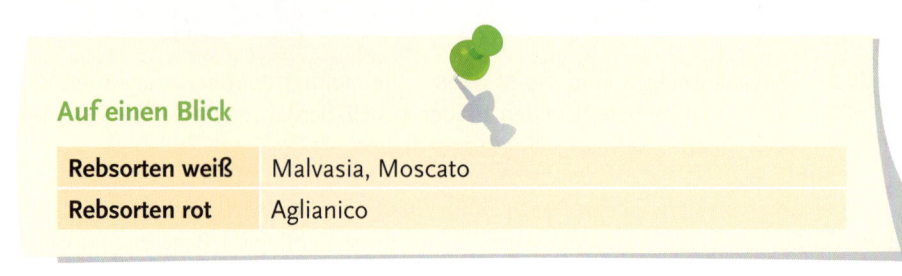

Auf einen Blick

Rebsorten weiß	Malvasia, Moscato
Rebsorten rot	Aglianico

Kampanien

Die süditalienische Region mit der Hauptstadt **Neapel** ist eine der heißesten und niederschlagsärmsten Zonen Italiens. Schwere, extrakt- und körperreiche Rotweine aus der Aglianico-Traube beherrschen die Weinlandschaft. Der bedeutendste Aglianico-Wein ist der **Taurasi** (D. O. C. G.). Von den Hängen des Vesuvs stammen der **Vesuvio** und der **Lacryma Christi del Vesuvio** (Weiß-, Rosé- und Rotweine). **Greco di Tufo** und **Fiano di Avellino** sind ausdrucksstarke Weißweine mit D.-O.-C.-G.-Prädikat.

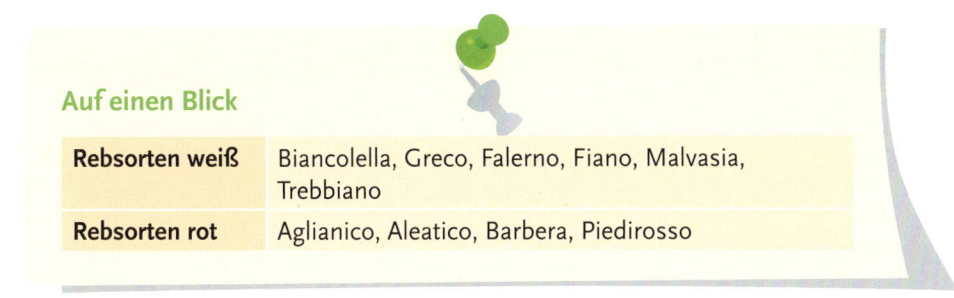

Auf einen Blick

Rebsorten weiß	Biancolella, Greco, Falerno, Fiano, Malvasia, Trebbiano
Rebsorten rot	Aglianico, Aleatico, Barbera, Piedirosso

Blick auf den Vesuv

Apulien

Apulien, der Absatz des italienischen Stiefels, ist die zweitgrößte Weinregion des Landes und produziert rund ein Fünftel der gesamten Weinmenge Italiens. Die Region hat etwa 25 D.-O.-C.-Zonen, die teilweise nur geringe Flächen aufweisen. Zu den bekannten D.-O.-C.-Weinen zählen die Rotweine **Castel del Monte** (aus den uralten Reben Uva di Troja und Aglianico), **Salice Salentino** sowie **Primitivo di Manduria**. Sehr erfolgreich sind die Landweine der Region (z. B. Puglia und Salento).

Auf einen Blick

Rebsorten weiß	Bombino bianco, Fiano, Falanghina, Moscato bianco
Rebsorten rot	Primitivo, Negroamaro, Montepulciano, Uva di Troja, Aleatico

Castel del Monte in Apulien

Kalabrien

Kalabrien ist die südlichste Region des italienischen Festlandes und bildet die Spitze des italienischen Stiefels. Bereits die Griechen waren von den klimatischen Bedingungen dieser Region für den Weinbau begeistert. Sie ist geprägt von Hügeln und Bergen. In dieser heißen, trockenen Gegend dominieren zwei ursprünglich griechische Rebsorten: Gaglioppo (rot) und Greco (weiß). Der bekannteste Wein ist der **Cirò**, ein feinwürziger, körperreicher Rotwein.

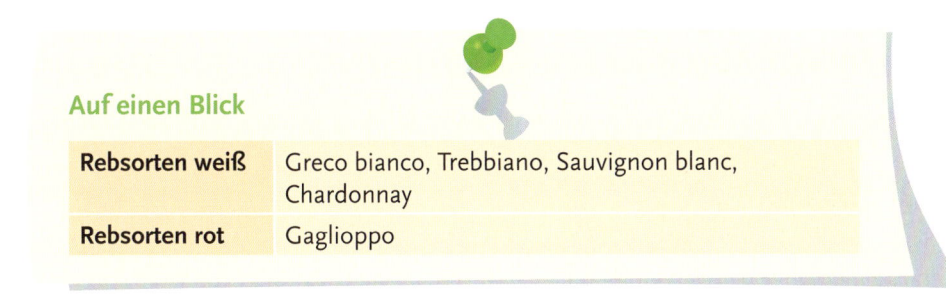

Auf einen Blick

Rebsorten weiß	Greco bianco, Trebbiano, Sauvignon blanc, Chardonnay
Rebsorten rot	Gaglioppo

Sardinien

Von der Insel Sardinien stammen großteils reinsortige Weine. Aus dem Norden kommt der Vermentino di Galluro (D. O. C. G.), ein fruchtiger Weißwein aus der Vermentino-Rebe. Aus den Sorten Malvasia und Moscato entsteht eine Vielzahl von Dessertweinen. Regionstypisch sind substanzreiche, alkoholintensive Rotweine.

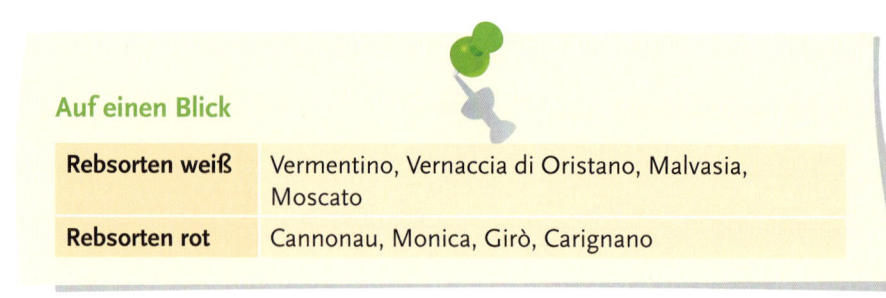

Auf einen Blick

Rebsorten weiß	Vermentino, Vernaccia di Oristano, Malvasia, Moscato
Rebsorten rot	Cannonau, Monica, Girò, Carignano

Sizilien

Mit rund 130 000 ha Rebfläche ist Sizilien die größte Weinbauregion Italiens, zu welcher auch die nordöstlich und südwestlich gelegenen Inseln zählen. Einen großen Teil nimmt allerdings die **Produktion von Tafeltrauben** ein. Jahrzehntelang galt Sizilien als Erzeuger von Massenweinen, die von Genossenschaften dominiert wurden. Immer häufiger entstehen jedoch frische, modern vinifizierte Weine, etwa aus der D. O. C. **Alcamo.** Der bekannteste D.-O.-C.-Wein der Insel ist der **Dessertwein Marsala** aus der Provinz **Trapani.**

Weingut bei Marsala

Auf einen Blick

Rebsorten weiß	Catarratto, Grillo, Inzoliza, Chardonnay, Sauvignon blanc
Rebsorten rot	Nero d'Avola, Nerello, Perricone

Weitere italienische Weinbauregionen mit regionaler Bedeutung liegen in Ligurien, Abruzzen, Molise und im Aostatal.

Ziele erreicht?

1. Nennen Sie sechs wichtige Weinbauregionen Italiens.
2. Zählen Sie die Weingüteklassen (Qualitätsstufen) des italienischen Weingesetzes auf.
3. Nennen Sie die jeweilige Leitsorte aus der Toskana und dem Piemont.
4. Nennen Sie sechs D.-O.-C.-G.-Weine aus Italien.

7.3 Spanien

Spanien hat zwar die größte Rebfläche aller Weinbauländer der Erde, liegt aber bei der erzeugten Menge deutlich hinter Italien und Frankreich. Dies hängt vor allem damit zusammen, dass die Abstände zwischen den Rebzeilen, aber auch zwischen den einzelnen Rebstöcken um ein Vielfaches größer sind als in den anderen Ländern.

Die Geschichte des spanischen Weinbaues geht auf die Phönizier und Griechen etwa 1 000 vor Christus zurück. Auf Grund der Reblauskatastrophe in Europa (Mitte des 19. Jahrhunderts) emigrierten viele Winzer aus Bordeaux nach Spanien und brachten ihr

Wissen um den Ausbau von Rotweinen im kleinen Eichenfass mit. 1850 kam der erste moderne, im Barrique ausgebaute Rotwein – **Rioja** – auf den Markt und begründete den Erfolg der gleichnamigen Region.

Weingut in Rioja

Vor knapp 20 Jahren begann der spanische Weinbau mit einer qualitätsorientierten Modernisierung. Der stetig wachsende Anteil an Qualitätsweinen liegt derzeit bei rund 30 % der gesamten Weinproduktion. Etwa die Hälfte der in Spanien erzeugten Weine sind Weißweine, 27 % sind Rotweine und 23 % entfallen auf die Roséweinproduktion. Spanien besitzt 17 Regionen, in denen sich 66 Qualitätsweinbaugebiete (D. O.) befinden, die vom **Consejo Regulador** kontrolliert werden.

> Der **Consejo Regulador** definiert für jedes D.-O.-Gebiet das „Reglamento" mit der Beschreibung der zugelassenen Rebsorten, Entscheidungen über Neupflanzungen, der Regulierung des Hektarertrags, der Dichte der Bestockung, dem Rebschnitt und den Herstellungsmethoden. Erst nach sensorischer Prüfung gibt der Consejo das Etikett frei. Die zentrale Behörde nennt sich **INDO** (Instituto Nacional de Denominaciónes de Origen).

Überblick
Rebfläche: ca. 1 100 000 Hektar
Weinproduktion: ca. 48 Mio. Hektoliter/Jahr

Weinbaugebiete in Spanien

Die spanischen Weingüteklassen
Gültig bis zum Jahr 2010:
- **Vinos de Mesa** (VdM) – Tafelweine.
- **Vinos Comarcal** (VC oder CV) – Tafelweine mit dem Recht zur Verwendung einer geografischen Herkunftsbezeichnung.

- **Vinos de la Tierra** (VT) – Landweine, bei denen auf dem Etikett auch die Rebsorte und ein geografisches Gebiet angegeben sein muss.
- **Vinos de Calidad con Indicación Geografica** (IG) – Qualitätsweine eines bestimmten Anbaugebietes.
- **Vinos de Pago** (VdP) – neue Wein-Qualitätsstufe mit dem Charakter einer D. O., bezeichnet Wein aus Einzellagen.
- **D.-O.-Weine** (Denominación de Origen) – Qualitätsweine mit kontrollierter Ursprungsbezeichnung.
- **D.-O.-Ca.-Weine** (Denominación de Origen Calificada) – Qualitätsweine mit besonders kontrollierten Bestimmungen.

Ab dem Jahr 2010 gelten folgende Weingüteklassen	
Vino	Wein ohne regionale/geografische Angabe; mit oder ohne Rebsorte und Jahrgang; ersetzt die bisherige Bezeichnung „Vino de Mesa".
IGP (Indicación Geográfica Protegida)	Span.: geschützte geografische Angabe bzw. Protected Geographical Indication (PGI); ersetzt die frühere Bezeichnung „Vino de la Tierra".
DOP (Denominación de Origen Protegida)	Span.: geschützte Ursprungsbezeichnung bzw. Protected Designation of Origin (PDO); ist die neue Klassifizierung für die bisherigen „D.-O.-Weine" bzw. „D.-O.-Ca.-Weine", die, wie in Italien, vermutlich bestehen bleiben.

Etikettensprache für spanische Qualitätsweine
- **Crianza:** müssen mindestens sechs Monate im Eichenfass und zwei Jahre in der Flasche oder länger beim Erzeuger reifen, bevor sie in den Handel kommen.
- **Reserva:** müssen mindestens drei Jahre ausgebaut sein, davon eines im Eichenfass und eines in der Flasche (dazwischen gegebenenfalls im Tank).
- **Gran Reserva:** Das ist der höchste Titel für Weine aus besten Jahrgängen oder aus den besten Trauben einer Saison. Sie müssen zumindest fünf Jahre ausgebaut sein, davon mindestens zwei Jahre im Eichenfass und drei in der Flasche.

Rioja

Das berühmte spanische Weinbaugebiet liegt im Norden an den Ufern des Ebros und erstreckt sich über eine Länge von 120 Kilometern. Bereits 1926 wurde die Region Rioja gesetzlich eingegrenzt und erhielt 1991 den D.-O.-Ca.-Status. Das Rioja-Gebiet gliedert sich in drei Unterzonen: Rioja Alavesa im Westen, Rioja Alta im Süden (beste Weine aus diesem Gebiet) und Rioja Baja im Osten.

Die besten Rioja-Rotweine enthalten auf Grund der Rebsorte **Tempranillo** viele Gerbstoffe und eine kräftige Säure, sodass sie viele Jahre und Jahrzehnte reifen können.

Auf einen Blick

Rebsorten weiß	Macabeo (auch Viura), Malvasia, Garnacha blanca
Rebsorten rot	Tempranillo, Garnacha tinta, Graciano, Mazuelo

Die Tempranillo-Traube gilt als die bedeutendste Rotweintraube Spaniens.

Priorato

Das zweite Qualitätsanbaugebiet der D.-O.-Ca.-Kategorie zählt zu den kleinsten von Spanien. Es liegt in der Region Katalonien und umfasst lediglich elf Dörfer. Der Großteil der Anbaufläche ist mit Garnacha- und Cariñena-Rebstöcken bepflanzt, aus denen tiefdunkle, alkoholreiche und intensive Rotweine gekeltert werden. Daneben werden Syrah, Cabernet Sauvignon und Merlot für komplexe, finessenreiche Rotweine mit fast süßlichen Tanninen verwendet.

Ribera del Duero

Das bedeutendste Anbaugebiet der Region Castilla y León weist eine besondere klimatische Situation auf (kurze, trockene Sommer und lange frostkalte Winter), die sich in den Weinen widerspiegelt. Dunkelfarbene, mächtige Rotweine aus der Tinta del País (Tempranillo-Variante) stehen den großen Riojas um nichts nach.

Navarra

Das nordspanische D.-O.-Anbaugebiet zählt zu den aufstrebendsten und erfolgreichsten Weinbaugebieten Spaniens. Neben einfachen, fruchtigen Rosés aus der Garnacha-Traube werden immer mehr moderne Rotweine aus Garnacha, Tempranillo, mit Mazuelo (Cariñena) und Graciano oder Cabernet Sauvignon und Merlot verschnitten.

La Mancha

Die einsame Hochebene im Südosten von Toledo war lange Zeit ein Anbaugebiet für Massenweine aus der weißen Airén-Traube. Rund die Hälfte der Anbaufläche ist als D.-O.-Herkunftsgebiet anerkannt. Neben den Weißweinen aus der Airén-Rebe werden auch verstärkt Rotweine aus Cencibel (Tempranillo), Cabernet Sauvignon, Syrah und Petit Verdot erzeugt.

Rias Baixas

Das in der nordspanischen Region Galicien gelegene D.-O.-Anbaugebiet gilt als das **beste Weißweingebiet Spaniens.** Die Albariño-Rebe dominiert (90 %) und ergibt hocharomatische, elegante, frische, würzige Weine. Weiters gibt es Weißweincuvées aus den heimischen Rebsorten Treixadura, Loureira und Caiño.

Katalonien

Katalonien ist eine der größten und vielfältigsten Regionen Spaniens und verfügt über zehn Anbauzonen mit kontrollierter Ursprungsbezeichnung. Im Gebiet Penedès werden überwiegend einfache Weißweine erzeugt. Besondere Qualitäten, die reinsortig ausgebaut werden, sind auch für längere Haltbarkeit bestimmt. Bekannt geworden ist das Gebiet allerdings durch den Cava. Dieser mindestens neun Monate in der Flasche gereifte Schaumwein wird traditionell aus den Rebsorten Xarel-lo, Macabeo und Parellada erzeugt.

Wussten Sie, dass ...
der Rotwein „**Unico Reserva Especial**" vom Weingut **Vega Sicilia** zu den spanischen Kultweinen zählt?

Eine für die Gegend typische Windmühle in La Mancha

Cava = ein spanischer Schaumwein, der nur in den Regionen Katalonien, Aragon, Extremadura, Kastilien-Léon, Navarra, Rioja und Valencia erzeugt werden darf.

🎯 Ziele erreicht?

1. Zählen Sie drei Weinbaugebiete Spaniens auf.
2. Nennen Sie die wichtigste spanische Rotweinrebsorte und einen bekannten Wein daraus.

7.4 Deutschland

Die Weinbaugebiete Deutschlands liegen vorwiegend im **Südwesten des Landes.** Sie zählen zu den nördlichsten Weinanbaugebieten der Welt und befinden sich im Grenzbereich zwischen dem feuchtwarmen Golfstromklima im Westen und dem trockenen Kontinentalklima im Osten. Auch die Bodenvielfalt – großteils Vulkan- und Schieferböden, Muschelkalk- sowie Löss- und Lehmböden – trägt zu den vielfältigen Weinqualitäten bei. Deutschland verfügt daher auch über eine dementsprechende Sortenvielfalt.

Bis in die 1990er-Jahre wurden deutsche Weine großteils durch Winzergenossenschaften vermarktet. Sie waren bekannt durch ihren Hang zur Restsüße. Dies änderte sich in den letzten Jahren und man begann, sich auf die besten Rebsorten und Lagen zu konzentrieren. Viele Genossenschaften sowie Weingüter erkannten den Trend der internationalen Weinwelt und reagierten darauf mit modernen Vinifikationsmethoden und Weinstilen.

Deutsche Weine werden heute in viele Länder **exportiert – besonders die Rieslinge und Prädikatsweine** besitzen internationalen Ruf. Ein wesentlicher Absatzmarkt ist auch der Lebensmittelhandel und der Tourismus.

Überblick
Rebfläche: ca. 10 000 Hektar
Weinproduktion: ca. 10 Mio. Hektoliter/Jahr

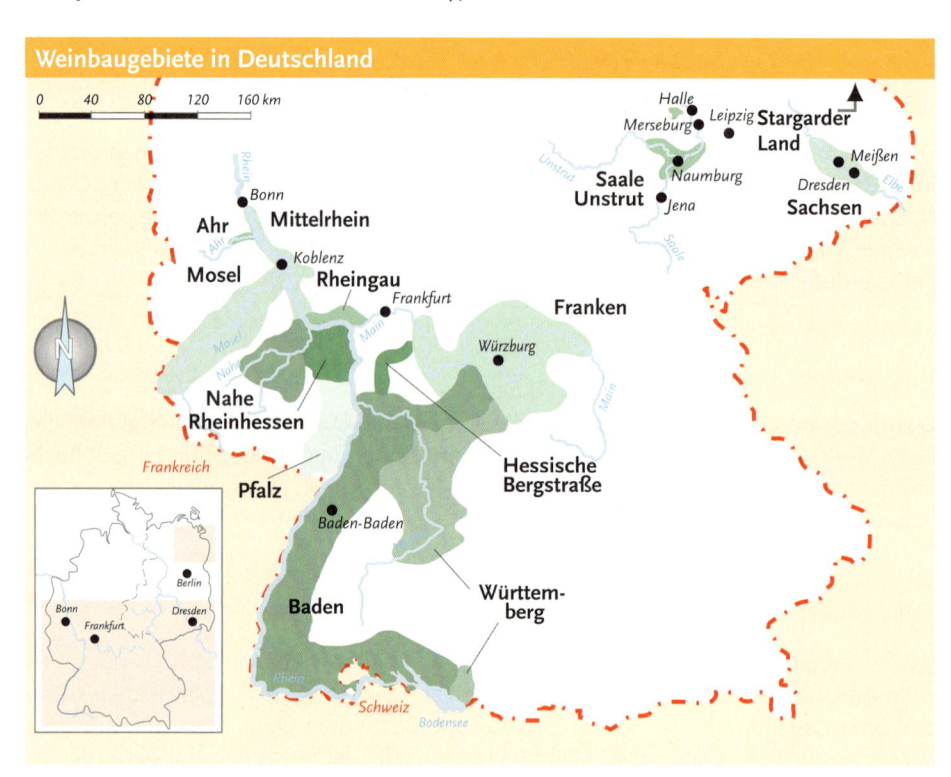

Weinbaugebiete in Deutschland

Deutschland verfügt über eine Gesamtrebfläche von rund 100 000 Hektar und produziert jährlich ca. 10 Mio. Hektoliter Wein. 25 % der Weinmenge werden exportiert. Der Anteil weiß/rot hat sich in den letzten Jahren von 80/20 auf 65/35 verschoben.

Die deutschen Weinbaugebiete werden in **26 Landweingebiete** unterteilt. Die Weinbaugebiete ergeben auch jene **13 bestimmten Anbaugebiete,** die die geografische Herkunft der deutschen Qualitätsweine festlegen. Ein bestimmtes Anbaugebiet gliedert sich in **Bereiche,** die sich wiederum in **Großlagen** gliedern. Die Großlagen setzen sich aus **Einzellagen** zusammen.

Das deutsche Weingesetz

Jeder deutsche Wein muss, soll er als Qualitätswein vermarktet werden, bestimmte Auflagen erfüllen. Nach einer chemischen und sensorischen Überprüfung wird eine amtliche Prüfnummer (A.P.Nr.) erteilt, die auf dem Etikett angeführt werden muss. Verpflichtende

Angaben bei einem deutschen Qualitäts- oder Prädikatswein sind die Qualitätsstufe und das Anbaugebiet. Zusätzlich kann eine genauere Herkunftsbezeichnung, ein Weinort oder eine Weinlage genannt werden. Auf dem Etikett müssen außerdem die amtliche Prüfnummer, der Erzeuger (Gutsabfüllung oder Erzeugerabfüllung) oder der Abfüller, der Alkoholgehalt in Vol.-% und der Flascheninhalt angegeben sein.

Die deutschen Weingüteklassen
Wie in Österreich wird auch in Deutschland der Wein nach dem Zuckergehalt des Mostes klassifiziert. Das Mostgewicht wird mit der **Öchsle-Mostwaage** gemessen. Ein Grad Öchsle (° Oe) enthält ca. 2,3 g Zucker.

Deutscher Wein (Grundwein)
- Wein ohne Rebsorten- oder Jahrgangsangabe
- Wein mit Rebsorten- oder Jahrgangsangabe

Landwein
Weine mit geografischer Angabe
- Muss zu mindestens 85% aus einem Landweingebiet stammen
- Geschmacksrichtung nur trocken oder halbtrocken
- Mindestmostgewicht 47 bis 55° Oe
- Anreicherung ist erlaubt
- Unterliegt keinem staatlichen Prüfverfahren

Qualitätswein bestimmter Anbaugebiete
(Weine mit geschützter Ursprungsbezeichnung W. g. U.)
Die Trauben müssen zugelassen sein, aus einem der 13 bestimmten Anbaugebiete stammen und dort verarbeitet werden.
- Mindestalkoholgehalt 9 Vol.-% Alkohol
- Mindestmostgewicht 51 bis 72° Oe
- Muss in Aussehen, Geruch und Geschmack frei von Fehlern sein
- Chemische Analyse und Verkostung notwendig
- Eine amtliche Prüfnummer (A.P.Nr.) ist erforderlich
- Traubenmost darf angereichert sein

Prädikatswein
Diese müssen in einem Bereich geerntet und in einem bestimmten Anbaugebiet verarbeitet werden sowie alle Voraussetzungen eines Qualitätsweines erfüllen.

- Mindestmostgewicht 73 bis 154° Oe
- Darf nicht aufgebessert sein und die Lese ist meldepflichtig

Es gibt sechs verschiedene Prädikatsweine mit unterschiedlichen Mindestmostgewichten je nach Rebsorte und Anbaugebiet:

Formel für die Umrechnung von Öchslegraden auf die KMW:

$$KMW = \frac{\text{Öchslegrade}}{4} - 3$$

Umrechnungsfaktor:
1° KMW entsprechen 5° Oe.

Prädikatsweinstufen		
Kabinett	73 bis 82° Oe	Feine, meist leichte Weine aus reifen Trauben, meist trocken oder halbtrocken, nicht aufgebessert/angereichert.
Spätlese	76 bis 90° Oe	Reife, elegante Weine mit feiner Frucht und voller Reife, werden zunehmend trocken ausgebaut.
Auslese	83 bis 100° Oe	Edle Weine aus vollreifen Trauben, die manuell geerntet werden müssen. Unreife Trauben werden ausgesondert.
Beerenauslese	110 bis 128° Oe	Volle, fruchtige Weine aus überreifen, edelfaulen Beeren mit Botrytis-Befall.
Trockenbeerenauslese	150 bis 154° Oe	Aus rosinenartig eingeschrumpften, edelfaulen Beeren.
Eiswein	110 bis 128° Oe	Aus Trauben, die im gefrorenen Zustand unter minus 7 °C gelesen und gekeltert werden.

Das Produkt Wein

Der **Verband deutscher Prädikats- und Qualitätsweingüter** ist ein Zusammenschluss von 200 Qualitätswinzern. Die Weine dieser Prädikatsweingüter tragen als äußeres Kennzeichen den Traubenadler als Siegel für hohe Weinkultur auf dem Flaschenhals.

Qualitätsbezeichnungen

Erste Lage (Große Gewächse, Erste Gewächse im Rheingau) ist der Name für hochwertige Lagen, der vom Verband deutscher Prädikats- und Qualitätsweingüter für seine Mitglieder vergeben wird.

Der Begriff **Classic** sagt aus, dass es sich um einen Wein aus einer klassischen gebietstypischen Rebsorte handelt. Er erfüllt die Erwartungen eines gehobenen Qualitätsanspruchs, ist trocken, gehaltvoll und aromatisch.

Die Bezeichnung **Selection** steht für die trocken ausgebauten Spitzenweine (Rheingau: Erstes Gewächs). Handlese, wenig Ertrag und bestimmte Lagen sind Voraussetzung. Ebenso dürfen sie nicht vor dem 1. September des Folgejahres in den Handel kommen.

Besondere Weinarten

Weißweine werden grundsätzlich aus Weißweintrauben und Rotweine grundsätzlich aus Rotweintrauben hergestellt. Darüber hinaus sind im Weingesetz besondere Weinarten verankert, deren Charaktere sich durch die geografische Herkunft, durch bestimmte Rebsorten, durch die Farbgewinnung und die Produktionsart ergeben. Sie sollen deutlichere Geschmacksprofile bestimmter Regionen aufweisen, um das **Gebietsimage** und deren Vermarktung zu unterstützen. Die bekanntesten sind:

Weißherbst	Roséwein, der nur aus einer einzigen Rotweinsorte bestehen darf und ein Q. b. A. oder ein Qualitätswein mit Prädikat bzw. ein Qualitätsschaumwein sein muss.
Rotling	Entsteht durch Mischung von Weißwein- und Rotweintrauben oder deren Maische, die gemeinsam gekeltert werden muss.
Schillerwein	Ein Rotling aus Württemberg, der ein Qualitäts- oder Prädikatswein sein muss.
Badisch Rotgold	Ein Rotling aus Baden, der durch Mischung von Grauburgunder- und Spätburgundertrauben entsteht und Qualitäts- oder Prädikatswein sein muss.
Liebfrauenmilch	Ein lieblicher Qualitätswein aus Riesling, Silvaner, Müller-Thurgau oder Kerner, ohne Sortenangabe. Anbaugebiete sind Rheinpfalz, Rheinhessen, Rheingau und Nahe.
Moseltaler	Qualitätswein aus Riesling, Müller-Thurgau, Elbling oder Kerner, ohne Sortenangabe, Restzucker zwischen 15 und 30 g/l und mindestens 7 g Säure/l.
Riesling-Hochgewächs	In allen Anbaugebieten zugelassen zur Förderung des Rieslinganbaus. Er muss mindestens 10° Oe mehr aufweisen als vorgeschrieben und bei der amtlichen Prüfung zumindest drei Punkte erhalten.

Weinauszeichnungen

Das deutsche Weingütesiegel

Dieses Gütesiegel gibt es in drei verschiedenen Farben und signalisiert dem Verbraucher gehobene Qualität. Es wird nur an Weine mit der amtlichen Prüfnummer verliehen. Die Geschmacksrichtungen sind identisch mit denen Österreichs (EU-Richtlinien):

Gelb	Grün	Rot
Für trockene Weine	Für halbtrockene Weine	Für liebliche Weine

Prämierungsstreifen

Des Öfteren tragen deutsche Weinflaschen am Flaschenhals sogenannte „Prämierungsstreifen" in Gold, Silber, Bronze usw. Sie geben Aufschluss über Platzierungen bei diversen Weinprämierungen. Die besten Weine werden mit dem „Goldenen Preis Extra" ausgezeichnet.

Weinbaugebiete

Deutschland hat insgesamt 13 Anbaugebiete. Ein Anbaugebiet setzt sich aus mehreren Bereichen zusammen, ein Bereich aus mehreren Großlagen, eine Großlage wiederum aus verschiedenen Einzellagen.

Ahr

Die Ahr gehört zu den nördlichsten Anbaugebieten Deutschlands und ist vergleichsweise klein. Das Klima ist mild, die Böden bestehen aus Löss, Schiefer und Vulkangestein. Die Anbauflächen sind großteils Steillagen. Vor allem die Rotweine sind überregional bekannt, obwohl sie nur etwa 2 % der deutschen Produktion ausmachen. Im Fachhandel und in der Gastronomie werden sie als Spezialität zu guten Preisen vermarktet.

Auf einen Blick

Rebsorten weiß	Riesling, Müller-Thurgau (Rivaner)
Rebsorten rot	Spätburgunder (Pinot noir), Portugieser

Landweingebiete
Arthaler Landwein
Landwein Rhein

Bekannte Weinorte
Neuenahr, Altenahr, Walporzheim, Kreuzberg

Weinanbau an den Steilhängen an der Ahr

Mittelrhein

Auch der Mittelrhein gehört zu den nördlichsten und kleinsten Gebieten Deutschlands. Es erstreckt sich am linken Rheinufer von Bingen bis Koblenz und Bonn, am rechten Ufer von Kaub flussabwärts. Milde Sommer und der Rhein als Wärmespeicher sowie Löss-, Schiefer- und Vulkangesteinsböden lassen die Trauben gut gedeihen. Sie dienen auch als Sektgrundwein und es dominiert ebenfalls der Direktverkauf.

Auf einen Blick

Rebsorten weiß	Riesling, Müller-Thurgau (Rivaner), Kerner, Silvaner
Rebsorten rot	Spätburgunder (Pinot noir), Dornfelder

Landweingebiete
Rheinburgen-Landwein
Landwein Rhein

Bekannte Weinorte
Bacharach, Kaub, St. Goarshausen, St. Goar

Das Produkt Wein

Weinberge an der Mosel. Das Weinbaugebiet an der Mosel ist das älteste in Deutschland. Entsprechende Funde gehen zurück bis in die Zeit der Kelten (500 v. Chr.).

Mosel

Die hier wachsenden **Rieslinge** haben internationalen Ruf. Kerner, Elbling und Müller-Thurgau werden auch als Grundwein zur Versektung herangezogen. Es gibt ein optimales Erwärmungs- und Niederschlagsverhältnis in den Tälern und felsigen Steilhängen. In den Tallagen gibt es Sand-, Kies- und Schotterböden. Die Region hat eine starke Position im Handel und spielt im Tourismus eine große Rolle.

Auf einen Blick

Rebsorten weiß	Riesling, Müller-Thurgau (Rivaner), Elbling
Rebsorten rot	keine Bedeutung

Landweingebiete
Landwein der Mosel
Landwein der Saar
Saarländischer Landwein
Landwein Rhein
Landwein der Ruwer

Bekannte Weinorte
Cochem, Zell, Kröv, Bernkastel, Trier

Nahe

Die Nahe, zwischen Mosel und Rhein gelegen, ist ebenfalls für die **Rieslinge** bekannt. Ihre Weine verbinden in ihrem Charakter die Mosel- und die Rheinweine. Das Klima ist eher ausgeglichen, mild und frostarm. Die Böden bestehen aus Quarz, Schiefer, Ton, Löss und Sand.

Auf einen Blick

Rebsorten weiß	Riesling, Müller-Thurgau (Rivaner), Silvaner
Rebsorten rot	Spätburgunder (Pinot noir), Dornfelder

Landweingebiete
Nahegauer Landwein
Landwein Rhein

Bekannte Weinorte
Bad Kreuznach, Böckelheim

Das Schloss Johannisburg im Rheingau begann bereits 1720 mit dem geschlossenen Rieslinganbau – damals eine Weltpremiere.

Rheingau

Der Rheingau gilt als die **beste Weingegend Deutschlands** und erstreckt sich von Hochheim bis Aßmannshausen am rechten Rheinufer. Er liefert den höchsten Anteil aller deutschen Spitzenweine. Dabei handelt es sich bis zu 80 % um Rieslingsqualitäten. Aber auch die **Spätburgunder** aus Aßmannshausen sind ausgezeichnete Weine. Auch hier ist das Klima ausgeglichen und die Böden vergleichbar mit jenen des Nahegebiets. Neben dem regionalen Handel, der Selbstvermarktung sowie der Gastronomie und dem Tourismus ist auch der Export für diesen Wein von Bedeutung.

Gründe für die hohe und gleichbleibende Qualität der Rheingauer Weine liegen
- in der Bodenbeschaffenheit,
- in den durch Wälder geschützten steilen Südlagen,
- in der Wärme ausgleichenden Wirkung des Rheins (vgl. Wachau/Donau)
- und auch in der wissenschaftlichen Forschung (Geisenheim).

Auf einen Blick

Rebsorten weiß	Riesling, Müller-Thurgau (Rivaner)
Rebsorten rot	Spätburgunder (Pinot noir), Portugieser

Landweingebiete
Rheingauer Landwein

Bekannte Weinorte
Geisenheim, Rüdesheim, Aßmannshausen

👉 **Wussten Sie, dass ...**
Geisenheim am Rhein Sitz einer der anerkanntesten Weinbauschulen und Weinforschungsstätten der Welt ist?

Rheinhessen

Dieses Gebiet am „Rheinknie" bei Mainz ist das größte deutsche Anbaugebiet. Hier gibt es eine breite Sortenvielfalt. Das Gebiet zwischen Bingen, Mainz und Worms wird auch das „Sonnendreieck" genannt. Auf Grund des Taunus und des Odenwaldes hat es hier eher milde Durchschnittstemperaturen. Es gibt Verwitterungsböden mit Löss und Mergel. Stark im Handel und in der Gastronomie, ist dieses Gebiet auch im Export sehr gut vertreten – nicht zuletzt durch die **Liebfrauenmilch**.

Die Sonne scheint in Rheinhessen mehr als 1 500 Stunden im Jahr.

Auf einen Blick

Rebsorten weiß	Müller-Thurgau (Rivaner), Riesling, Silvaner, Kerner, Grauburgunder, Scheurebe
Rebsorten rot	Spätburgunder (Pinot noir), Dornfelder, Portugieser

Landweingebiete
Rheinischer Landwein
Landwein Rhein

Bekannte Weinorte
Bingen, Worms, Nierstein, Ingelheim

Pfalz

Die Pfalz ist etwas kleiner als Rheinhessen, aber Deutschlands größter Weinproduzent. Es gibt einen großen Anteil an Sonnentagen, die ein angenehmes Temperaturmittel ergeben. Es gibt Sand-, Kalk-, Lehm- und Schieferböden. Die „Deutsche Weinstraße" führt von Worms in den Elsass. Erzeuger- und Vermarktungsstruktur entsprechen der von Rheinhessen.

Die Pfalz ist das zweitgrößte deutsche Weinbaugebiet und der größte deutsche Weinproduzent.

Auf einen Blick

Rebsorten weiß	Riesling, Müller-Thurgau (Rivaner), Weißburgunder, Grauburgunder, Kerner
Rebsorten rot	Dornfelder, Portugieser, Spätburgunder (Pinot noir)

Landweingebiete
Pfälzer Landwein
Landwein Rhein

Bekannte Weinorte
Bad Dürkheim, Deidesheim, Neustadt, Speyer

Das Produkt Wein

Der Bocksbeutel ist das Markenzeichen des Frankenweins.

Franken

Franken steht für den „Bocksbeutel", der besonders bauchigen Flaschenform. Die Weine gelten als herzhaft und kernig und werden öfters als „männlichster" Wein bezeichnet. Es gibt ein kontinentales Klima und Urgesteinsböden sowie kalkhaltige Böden mit Lehm und Löss. Bereits Goethe soll ein Anhänger der Frankenweine gewesen sein. Auch hier sind Handel und Gastronomie Großabnehmer. Vier von fünf Flaschen werden im Gebiet selbst getrunken.

Franken ist ein Weißweinland – rund 80 % der Weinanbauflächen sind mit Weißweinreben bepflanzt.

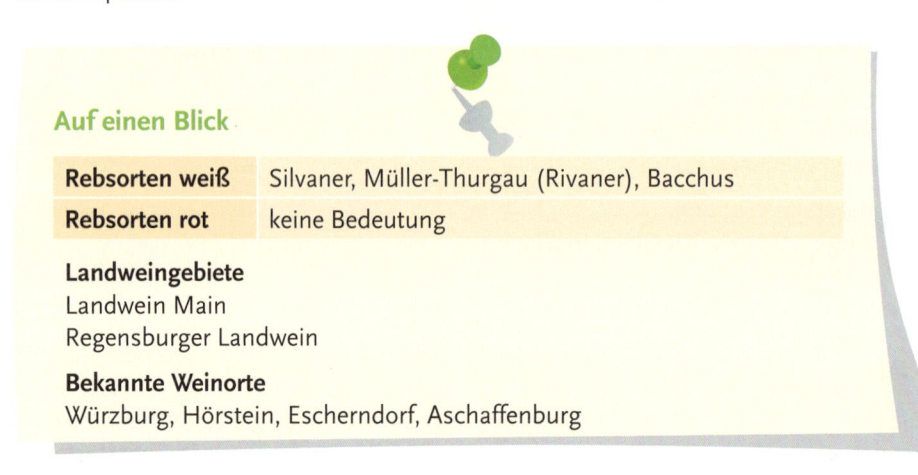

Auf einen Blick

Rebsorten weiß	Silvaner, Müller-Thurgau (Rivaner), Bacchus
Rebsorten rot	keine Bedeutung

Landweingebiete
Landwein Main
Regensburger Landwein

Bekannte Weinorte
Würzburg, Hörstein, Escherndorf, Aschaffenburg

Hessische Bergstraße

Dieses kleine Gebiet liegt nördlich von Mannheim und hat nur lokale Bedeutung. Es liegt im Schutz des Odenwaldes, hat genügend Sonne und Niederschläge und vorwiegend Lössböden.

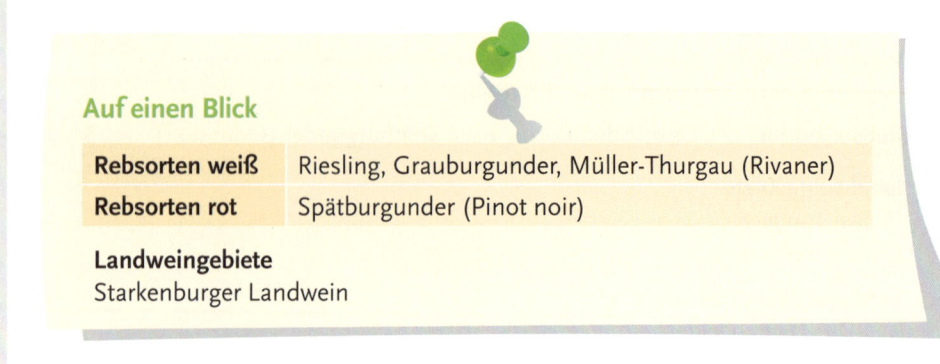

Auf einen Blick

Rebsorten weiß	Riesling, Grauburgunder, Müller-Thurgau (Rivaner)
Rebsorten rot	Spätburgunder (Pinot noir)

Landweingebiete
Starkenburger Landwein

Baden

Baden ist das südlichste und am längsten ausgedehnte Anbaugebiet. Es erstreckt sich über 300 km entlang des rechten Rheinufers vom Bodensee bis Mannheim. Hier kommt es zu verschiedenen Wachstumsbedingungen. Es gibt ein sonniges, warmes Klima und die Böden bestehen aus Moränenschotter, Kalk-, Ton- und Lössablagerungen. Die bekanntesten Bereiche sind Kaiserstuhl und Ortenau. 85 % der Weine werden durch Winzergenossenschaften vermarktet.

Auf einen Blick

Rebsorten weiß	Riesling, Weißburgunder, Grauburgunder, Gutedel, Müller-Thurgau (Rivaner)
Rebsorten rot	Spätburgunder (Pinot noir)

Landweingebiete
Taubentäler Landwein
Landwein Oberrhein
Badischer Landwein
Landwein Rhein-Neckar

Bekannte Weinorte
Baden-Baden, Heidelberg, Meersburg, Breisach

Weinreben am Kaiserstuhl in Baden

Württemberg

In diesem Gebiet ist der **Rotwein** dominant. Schwabens Weine sind wenig bekannt, weil sie zum Großteil im Gebiet selbst getrunken werden. Die Tallage am Neckar ist geschützt vom Schwarzwald, hat milde Durchschnittstemperaturen und es gibt Kalkmuschelböden. Handel und Gastronomie sorgen aber immer mehr für das Bekanntwerden dieser Weine. Als Spezialität gelten die **Schillerweine.**

Auf einen Blick

Rebsorten weiß	Riesling, Silvaner, Kerner
Rebsorten rot	Trollinger, Schwarzriesling, Lemberger, Spätburgunder (Pinot noir)

Landweingebiete
Schwäbischer Landwein
Bayrischer Bodensee Landwein
Landwein Neckar
Landwein Rhein-Neckar

Bekannte Weinorte
Heilbronn, Salzberg, Uhlbach

In Württemberg regiert der Rotwein – der Rotweinanteil liegt bei über 70 %.

Saale-Unstrut

Dieses Gebiet in den Tälern der beiden Flüsse hat ebenfalls eine angenehme Jahresmitteltemperatur. Die Böden enthalten Muschelkalk und Sandstein. Es gibt hier großteils **Weißweine** mit regionaler Bedeutung.

Auf einen Blick

Rebsorten weiß	Weißburgunder, Müller-Thurgau (Rivaner), Riesling, Silvaner
Rebsorten rot	Blauer Portugieser, Dornfelder

Landweingebiete
Mitteldeutscher Landwein

Bekannte Weinorte
Freyburg, Naumburg

Sachsen

Dieses Gebiet liegt zwischen Dresden und Diesbar-Seußlitz. Auch hier hat der Wein nur regionale Bedeutung. Das Klima ist ähnlich jenem in Saale-Unstrut, die Böden aber vielfältiger. Es gibt Granit, Lehm, Löss und Sand.

Auf einen Blick

Rebsorten weiß	Riesling, Weißburgunder, Grauburgunder, Müller-Thurgau (Rivaner)
Rebsorten rot	keine Bedeutung

Landweingebiete
Sächsischer Landwein

Bekannte Weinorte
Meißen, Dresden

Das sächsische Staatsweingut Schloss Wackerbarth liegt zwischen Dresden und Meißen mitten in den Radebeuler Weinbergen. Schon mehrmals wurde Wackerbarth für seine Weine ausgezeichnet; Tradition hat das Federweißerfest im September.

Außerdem gibt es noch folgende Landweingebiete, die keinem der 13 Anbaugebiete zugeordnet werden:

Landweingebiete ohne Zuordnung
- Mecklenburger Landwein
- Brandenburger Landwein
- Schleswig-Holsteiner Landwein

🎯 Ziele erreicht?

1. Nennen Sie zwei wichtige Weinbaugebiete Deutschlands.
2. Nennen Sie zwei wichtige Weißweinrebsorten in Deutschland.

7.5 Weitere Weinbauländer Europas

Neben den Weinbauländern Frankreich, Italien, Spanien und Deutschland haben in den letzten Jahren folgende europäische Weinbauländer an Bedeutung gewonnen:

Tschechien und Slowakei

1993 wurde die Tschechoslowakei in die Tschechische Republik im Westen und die Slowakei im Osten aufgeteilt. Die Tschechische Republik besteht aus den alten Regionen Böhmen und Mähren.

Das Klima ist relativ kühl und üblicherweise recht trocken (zentraleuropäisches Klima). Die Ernte beginnt spät im September oder erst Anfang Oktober und dauert bis Ende November. Die Anbautechniken entsprechen im Wesentlichen jenen in Österreich.

Die Qualitätskontrolle beschränkt sich nur auf die Rebsorte und auf einen einfachen Test des Mindestmostgewichts.

Überblick
Rebfläche: ca. 45 000 Hektar
Weinproduktion: ca. 2 Mio. Hektoliter/Jahr

Auf einen Blick

Rebsorten weiß	Rivaner, Vlassky Ryzling (lokale Bezeichnung für Welschriesling), Pinot blanc, Silvaner, Leanyka, Muskat Ottonel, Grüner Veltliner und Irsay Oliver (eine Kreuzung verschiedener Muskat-Klone, die 1930 entstand)
Rebsorten rot	Frankovka (Blaufränkisch), St. Laurent, Cabernet Sauvignon, Pinot noir

Weinbauregionen
Böhmen, Mähren und die Slowakei.

Ungarn

Ungarn hat eine große Weintradition. Bereits im 17. Jahrhundert wurden die berühmten **Tokajerweine** in Europa gehandelt. In den letzten Jahrzehnten – seit dem Ende der kommunistischen Herrschaft – haben Weinbau und Weinproduktion einen großen Wandel erfahren. Viele Weingüter und Kellereien wurden privatisiert, alte Rebbestände gerodet und durch internationale Sorten ersetzt.

Der Produktionsschwerpunkt liegt heute nicht mehr auf Quantität, sondern auf Qualität. Ein neues Weingesetz, das dem der Europäischen Union entsprechen soll, ist im Entstehen. Der Anteil der Weißweine liegt bei 70 %.

Die beliebteste und am meisten verbreitete Rebsorte in Ungarn ist der **weiße Olaszrizling**. Der Plattensee, an dessen flachen Ufern sich die Weinberge entlangstrecken, ist der größte See Europas. Klimatisch gesehen wirkt er als großartiger Wärmespeicher und -spender.

Überblick
Rebfläche: ca. 100 000 Hektar
Weinproduktion: ca. 4,5 Mio. Hektoliter/Jahr

Wussten Sie, dass ...
der Tokajer sehr ähnlich den österreichischen Ausbruchweinen ist? Der Wein der Kaiser- und Königshäuser lagert oft Jahrzehnte, bis er seine Trinkreife erlangt.

Beim Tokajer findet man drei Ausbaustufen:
- Tokaji Eszencia
- Tokaji Aszú
- Tokaji Szamorodni

Das Produkt Wein

Auf einen Blick

Rebsorten weiß	Welschriesling (Olaszrizling), Furmint, Lindenblättriger (Harslevelü), Grauer Burgunder, Mädchentraube (Leánka), Traminer
Rebsorten rot	Blaufränkisch (Kékfrancos), Kadarka, Cabernet franc, Cabernet Sauvignon, Portugieser (Oporto), Merlot, Zweigelt

Weinbaugebiete
Die ungarischen Anbauflächen werden in vier geografische Hauptanbaugebiete eingeteilt: Alföd, Nordtransdanubien, Südtransdanubien und Nordungarn.

Slowenien

Die Weinberge über dem Meer, in den Alpen, über der pannonischen Tiefebene und unter der Gorjanci sind mit rebenfreundlicher Sonne und mit fruchtbarem Boden gesegnet.

Schon zu Zeiten der Illyrier und Kelten wurden Reben gezüchtet, der Weinbau blühte während des Römischen Reiches auf und auch im Mittelalter kümmerten sich Mönche um die Weiterentwicklung der Rebkulturen. Junge Winzer übernahmen im 19. Jahrhundert deren Wissen und vertieften es bis in die jetzige Zeit.

Klimatisch ist Slowenien vom Mittelmeerklima abhängig. So vielschichtig wie die Rebsorten sind auch die Bodenarten. Sie reichen von Urgesteinsböden wie Schiefer bis zu Mergel und Muschelkalk. Feuchtwarmes, mediterranes Klima ist verantwortlich für eine lange Vegetationszeit in den Weingärten Sloweniens.

Überblick
Rebfläche: ca. 24 000 Hektar
Weinproduktion: ca. 1 Mio. Hektoliter/Jahr

Auf einen Blick

Rebsorten weiß	Weißburgunder (Beli Pinot, Bijeli burgundac) Grauburgunder (Sivi pinot), Chardonnay, Rheinriesling (Ranjski Rizling), Welschriesling (Grasevina, Italijanski rizling), Sauvignon Blanc, Furmint (Sipon), Traminer, Gelber Muskateller, Pikolit, Pinela, Zelen (Rotgipfler), Malvasier, Zlate Rebula
Rebsorten rot	Blaufränkisch, Blauer Köllner, St. Laurent, Blauer Portugieser, Blauburgunder, Kraski Teran, Merlot, Cabernet Sauvignon, Barbera

Neben bekannten und renommierten Rebsorten findet man auch weniger bekannte, autochthone und alte Rebsorten. Aus der Vielfalt verschiedener slowenischer Reben produzieren die Winzer Qualitätsweine, Spitzenweine, Weine besonderer Qualitäten, Prädikatsweine und Schaumweine.

Weinbauregionen und -gebiete
Slowenien hat drei Weinbauregionen (Primorska, Posavje und Podravje), aufgeteilt auf 14 Weinbaugebiete.

Auch in **Kroatien** und **Serbien** ist man bestrebt, die Qualitäten der slowenischen Weine zu erreichen. Besonders aus der Lokalrebe Zilavka werden trockene, erstaunlich fruchtige Weißweine gekeltert. Die Weine werden meist in Genossenschaften produziert. Einen Kontrast dazu bilden die kleinbäuerlichen Betriebe an der dalmatinischen Küste und auf den davor liegenden Inseln.

Schweiz

Der schweizerische Weinbau wird hauptsächlich auf einer Meereshöhe von 400 bis 600 Metern betrieben. 60 % der Produktion davon entfallen auf Weißwein, 35 % auf Rotwein und 5 % auf Rosé- und Schaumweine. Weniger als ein Prozent der Gesamtproduktion werden exportiert, da die Weine fast ausschließlich im eigenen Land konsumiert werden.

Überblick

Rebfläche: ca. 15 000 Hektar
Weinproduktion: ca. 1,1 Mio. Hektoliter/Jahr

Weinbaugebiete in der Schweiz

Festung Munot – Schaffhausen, Schweiz

Auf einen Blick

Rebsorten weiß	Chasselas, Pinot gris, Ermitage, Muscat, Grüner Silvaner, Humage, Amigne, Rivaner, Gutedel
Rebsorten rot	Pinot noir, Gamay, Merlot

Weinbauregionen
Westschweiz, Ostschweiz und Südschweiz

Portugal

Von allen großen europäischen Weinbauländern gehört Portugal – das ca. 200 km breite und knapp 800 km lange Randgebiet der Iberischen Halbinsel – wohl zu den am wenigsten bekannten. Spricht man von portugiesischem Wein, denkt man in erster Linie an **Portwein** und **Madeira**. Neben diesen **weltbekannten Likörweinen** hat Portugal aber eine große Vielfalt unterschiedlicher und qualitativ hochwertiger Weiß-, Rosé- und Rotweine zu bieten. Außerhalb Portugals sind hiervon allerdings hauptsächlich der **Vinho Verde** und die **aus dem Dourogebiet stammenden Roséweine** bekannt.

Wegen der zum großen Teil sehr kargen und steinigen Verwitterungsböden und der oftmals kleinen Anbauflächen sind die Erträge häufig geringer als in anderen Weinbauländern. Es werden etwa 1,7 Mio. Hektoliter exportiert. Port- und Roséweine halten dabei den größten Anteil. Etwas mehr als 40 % der Weine Portugals sind Weißweine, knapp 60 % Rot- bzw. Roséweine.

Das Produkt Wein

Weinbaugebiete in Portugal

I.-P.-R.-Zonen (Indicação de Proveniência Regulamentada): Darunter versteht man Weine hoher Qualität aus begrenzten Anbaugebieten.

Kourtaki – einer der bekanntesten Retsina

Mit der Erzeugung von Roséweinen wurde in Portugal erst in den 1940er-Jahren, in der Umgebung von Vila Real im Dourogebiet, begonnen. Die Marken **„Mateus Rosé"** und **„Lancers Rosé",** Verschnittweine aus überwiegend roten und auch weißen Traubensorten, erreichten schnell internationale Bedeutung. Sie wurden zu den meistverkauften Roséweinen der Welt.

Überblick

Rebfläche: ca. 385 000 Hektar
Weinproduktion: ca. 8 Mio. Hektoliter/Jahr

Auf einen Blick

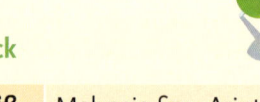

Rebsorten weiß	Malvasia fina, Arinto, Rabo de Ovelha, Ropeiro
Rebsorten rot	Ramisco, Mourisco, Tinta Roriz, Tinta Pinheira, Tinta Cao, Touriga Franca, Touriga Nacional, Bastardo, Aragonez, Moreto

Weinbaugebiete
Portugal ist in 25 D.-O.-C.-Gebiete eingeteilt. Sie umfassen knapp 85 % der gesamten Rebfläche des Landes. Weiters wurden insgesamt 31 I.-P.-R.-Zonen gesetzlich festgelegt, die in etwa der französischen V.-D.-Q.-S.-Stufe entsprechen, z. B. Alentejo, Algarve, Bairrada, Tejo-Mündung bei Lissabon, Dão, Douro, Madeira, Setubal und Vinho Verde.

Griechenland

Griechenland ist das älteste europäische Weinbauland. Ein Qualitätsbewusstsein hat sich aber erst in den letzten 20 Jahren entwickelt. Der Weinbau hat sich in dieser Zeit stärker verändert als in den letzten zwei Jahrtausenden. Vor allem waren es die EU-Richtlinien, die den Weinbau, die Weinerzeugung und die Qualität auf den heutigen Standard brachten.

Die ureigene Weinspezialität des Landes ist der **Retsina,** ein einfacher, geharzter Muskatwein. Er wird wie jeder trockene Weißwein zubereitet, dem Most wird aber dann Pinienharz beigegeben. Nach dem ersten Abzug des Jungweines wird es wieder ausgeschieden. Von der EU wurde ihm eine traditionelle Bezeichnung zuerkannt.

Einer der bekanntesten griechischen Weine im Ausland ist der aromatische weiße Süßwein **Samos.** Er wird aus Muskatellertrauben der gleichnamigen ägäischen Insel hergestellt. Die Trauben sind zum Zeitpunkt der Verwendung bereits überreif, der Most weist einen Restzuckergehalt von 130 g/l auf. Dem noch nicht voll vergorenen Most wird Branntwein zugesetzt und so die Gärung gestoppt. Nach einer fünfjährigen Reifezeit in Eichenholzfässern besitzt der Samos einen natürlichen Alkoholgehalt von zirka 14 Vol. %. Er wird mit Branntwein der Region auf 15 Vol.-% aufgespritet.

Überblick

Rebfläche: ca. 130 000 Hektar (ca. 70 000 ha für Weinbau, der Rest entfällt auf die Rosinenerzeugung sowie auf die Erzeugung von Destillaten)
Weinproduktion: ca. 4 Mio. Hektoliter/Jahr

Auf einen Blick

Rebsorten weiß	Assyrtiko, Athiri, Debina, Malagousia, Moscato, Robola, Rotitis, Savatiano, Vilana
Rebsorten rot	Agiorgitiko, Kotsifali, Limnio, Mavrodaphne, Xinomavro

Weinbauregionen
Die bekanntesten Regionen sind Zentralgriechenland, Ipiros, Ionische Inseln, Peloponnes, Kreta, Ägäische Inseln, Thessalien.

Rumänien

Rumänien liegt auf derselben geografischen Breite wie Frankreich und produziert bei etwas kontinentalerem Klima (sehr heiße Sommer) beachtliche Qualitäten verschiedenster Weine. Auch bei der Quantität steht Rumänien durch enorme Anbauflächenerweiterungen an sechster Stelle unter den europäischen Weinbauländern.

Der ursprünglich aus Moldawien stammende, früher weltweit bekannte **Cotnari,** ein Süßwein ähnlich dem Tokajer, jedoch etwas zarter und schlanker, war für einige Jahre in Vergessenheit geraten. Daneben werden auch Weißweine, besonders für den Export, gekeltert. Es sind das vor allem **Riesling** (Welschriesling aus Siebenbürgen) und ein süßer **Muskateller** (nahe der Schwarzmeerküste), dessen Tradition bis in die Antike zurückgeht.

Die größten Weinbaugebiete befinden sich an den Ausläufern der Karpaten, wo besonders Rotweinsorten (vor allem Cabernet Sauvignon) angepflanzt wurden. Diese früher süßen und plump wirkenden Weine wurden in den letzten Jahren verfeinert und auf den Export in den Westen (besonders in die USA) abgestimmt. Sie sind wie fast alle Weine aus Osteuropa sehr preisgünstig.

Bulgarien

Bulgarien exportiert etwa 85 % seiner Produktion, wodurch der Wein eine enorme Bedeutung als Devisenbringer gewonnen hat. Der Weinbau in Bulgarien ist extrem mechanisiert und modernisiert worden, was eine für Osteuropa ungewohnte Konstanz der Qualität garantiert. Es sind vor allem die französischen Sorten **Cabernet Sauvignon, Merlot** und **Chardonnay,** die hier die wichtigste Rolle spielen.

Die heimischen Rebsorten (Gamza, Pamid, Mavrud, Roter Misket, Muskat-Ottonel) werden immer mehr von den französischen verdrängt.

Es gibt in Bulgarien seit 1978 eine **Appellation von fünf Regionen.** Die nördlichen Regionen bringen, genauso wie der Süden, hauptsächlich Rotweine hervor. Der Osten an der Schwarzmeerküste ist hingegen vorwiegend auf Weißwein spezialisiert. Im Südwesten halten sich Rotweine (Mavrud) und Weißweine in etwa die Waage. Es wurde in letzter Zeit auch eine neue, sehr qualitätsorientierte Kategorie von Weinen geschaffen, die zwar teurer als gewohnt, aber von erstaunlicher Qualität sind.

> 💡 Bulgarien hat nach eigenen Angaben eine viermal größere Cabernet-Anbaufläche als Kalifornien. Die Cabernets zeichnen sich durch gute Frucht, große Fülle und Kraft aus.

Das Produkt Wein

! Bedenken Sie, dass in der „Neuen Weinwelt" die Lese- bzw. die Weinbereitung immer ein halbes Jahr vor uns geschieht.

7.6 Weinbau in Übersee

Weine der „Neuen Weinwelt"

Bei der Bewertung der Weine der „Neuen Welt" muss in Betracht gezogen werden, dass die **Vitis vinifera** (die kultivierte Weinrebe) aus Europa stammt. Zur Erzeugung von qualitativen Weinen war es deshalb für all diese Länder notwendig, Rebsetzlinge aus Europa zu importieren.

Obwohl diese außereuropäischen Länder zum Großteil eine lange Tradition des Weinbaues und der Weinbauproduktion hatten, trat erst ab den 1960er-Jahren eine neue Generation von hochqualifizierten Önologinnen und Önologen ins Rampenlicht. Es waren Önologinnen und Önologen aus Davis in Kalifornien bzw. aus Roseworth in Australien, die mit großem Enthusiasmus und mit Hilfe von wissenschaftlichen Forschungen die optimalen Keltertechniken und Ausbauarten von Wein studierten und auch anwandten.

Australien

Völlig frei von Einschränkungen durch alte Traditionen ist der „Winemaker", also der Önologe, heute der einzige bestimmende Faktor bei der Produktion eines Weines. Dem „Terroir" – diesem umfassenden Ausdruck für naturgegebene Faktoren (Boden, Klima, Sonne, Topografie etc.) wird hier nur geringer Wert beigemessen.

Es gibt keine gesetzlichen Vorgaben bei der Wahl der Rebsorten, der Bewässerung, der Experimentierfreude, keinerlei Beschränkung beim Zukauf, Lesezeitpunkt, bei der Methodik oder dem Einsatz von Hilfsmitteln (z. B. Holzchips) – allein das Ergebnis zählt. Das Gesetz verlangt allerdings, dass alle Angaben auf dem Etikett der Wahrheit entsprechen.

Kein anderes Land hat ein solches Entwicklungspotenzial auf Grund der geografischen und klimatischen Voraussetzungen. Die Weinproduktion wird von einigen Großkonzernen bestimmt, wie Southcorp Wines, denen unter anderem die Domainen Penfolds und Lindemans gehören, Orlando-Wyndham, die die Marke Jacob's Creek geschaffen haben, und BRL Hardy. Die vier größten Weinbetriebe des Landes produzieren allein fast 80 % des australischen Weines.

Überblick
Rebfläche: ca. 160 000 Hektar
Weinproduktion: ca. 10 Mio. Hektoliter/Jahr

💡 **Bekannte australische Weinbaubetriebe:** Penfold's, Lindeman's, Hardy's, Wynn's, Yalumba, Peter Lehmann

☞ **Wussten Sie, dass ...** das „Australian Wine Research Institute of Adelaide" eines der größten Forschungszentren für Weinbau ist?

Weinbaugebiete in Australien

Auf einen Blick

Rebsorten weiß	Chardonnay, Semillon, Sauvignon blanc, Rheinriesling
Rebsorten rot	Shiraz (Syrah), Cabernet Sauvignon, Merlot, Pinot noir

Weinbauregionen
Zwar wird Wein in allen australischen Bundesstaaten angebaut, aber er konzentriert sich doch hauptsächlich auf den Südosten, auf die Staaten **Neusüdwales, Victoria** und **Südaustralien.** Seit kurzem erlebt der Weinbau auch im Südwesten in der Nähe von Perth einen Aufschwung.

Neuseeland

Die Weingärten Neuseelands sind vom Norden bis in den Süden auf einigen Zentren verteilt, wobei Central Otago auf der Südinsel das südlichste Weinbaugebiet der Welt ist. Das kühle Klima und ausreichende bis üppige Niederschläge schaffen der Rebe günstige Bedingungen, die teilweise mit europäischen Verhältnissen gleichzusetzen sind. Dies ist auch an den Weinen erkennbar. Die durchwegs jungen vulkanischen Böden gelten als besonders fruchtbar und erbringen einen durchschnittlichen Ertrag von etwa zwölf Tonnen pro Hektar.

Mit 80 % Weißweinanteil ist Neuseeland ein **klassisches Weißweinland,** und wie in Australien wird ein Großteil des Weines im Massenware-(Cask-)Segment verkauft. Der verbleibende Marktanteil wird mit Rotwein (über 10 %), Schaumweinen und versetzten Weinen abgedeckt.

Schon durch die verschiedenartigen klimatischen, geografischen und geologischen Konditionen und die daraus resultierende Zusammenfassung der Weingartenflächen in Gebiete und Regionen ist in Neuseeland so etwas wie eine Ursprungsbezeichnung gegeben. Ein eigenständiges Appellationssystem gibt es allerdings noch nicht.

Bekannte neuseeländische Weinbaubetriebe: Cloudy Bay Vineyards, Grove Mill Wine Company, Goldwater Estate, Morton Estate.

Überblick
Rebfläche: ca. 20 000 Hektar
Weinproduktion: ca. 1 Mio. Hektoliter/Jahr

Auf einen Blick

Rebsorten weiß	Sauvignon blanc, Chardonnay, Gewürztraminer, Semillon, Chenin blanc und Riesling
Rebsorten rot	Pinot noir, Merlot und Cabernet Sauvignon

Weinbauzonen und -gebiete
Wie das Land selbst, werden auch die Weinbauzonen in die Nord- und die Südinsel eingeteilt. Die drei größten Weinbaugebiete sind Marlborough auf der Südinsel und Gisborne sowie Hawke's Bay auf der Nordinsel. Insgesamt wird Neuseeland in neun Weinbaugebiete eingeteilt.

Südafrika

Südafrika hat eine vergleichsweise lange Weinbautradition. Bereits 1653 wurden die ersten Trauben aus europäischen Weinsorten geerntet. Ende des 18. Jahrhunderts waren die Süßweine der Region an Europas Fürstenhöfen sehr beliebt. In den letzten 30 Jahren fand

Das Produkt Wein

eine stürmische Entwicklung statt, die zu einem breiten Angebot an international angesehenen Qualitätsweinen führte. Große Genossenschaften bilden das tragende Gerüst der Weinwirtschaft (80 %), aber auch eine immer größer werdende Anzahl privater Weingüter liefert in großem Umfang hauptsächlich Rotweine, aber auch Süßweine erster Güte.

Überblick
Rebfläche: ca. 95 000 Hektar
Weinproduktion: ca. 8 Mio. Hektoliter/Jahr

Auf einen Blick

Rebsorten weiß	Chenin blanc, Sauvignon blanc, Steen, Chardonnay, Riesling
Rebsorten rot	Cabernet Sauvignon, Colombard, Merlot, Pinotage (Kreuzung Pinot noir mit Cinsault), Pinot noir, Syrah (Shiraz)

Weinbauregionen und -gebiete
Grundsätzlich unterscheidet man in Südafrika zwei Hauptzonen, in denen heute Wein angebaut wird: das unter dem Einfluss des Meeres gemäßigtere, regenreichere sogenannte Küstengebiet mit meist trockenen Weiß- und Rotweinen und die regenärmeren, heißeren, durch Bergketten von der Küste abgetrennte Kleine Karoo mit im allgemeinen eher alkoholreicheren Weinen.

Argentinien

Argentinien betreibt seit gut 450 Jahren Weinbau. Mit mehr als 270 000 ha ist es eines der zehn größten Weinbauländer der Erde. Die Weinbaugebiete liegen hauptsächlich an den Ausläufern der Anden, also im Nordwesten des Landes. In den letzten Jahren ist ein sehr hoher Qualitätsanstieg bei argentinischen Weinen bemerkbar.

Überblick
Rebfläche: ca. 270 000 Hektar
Weinproduktion: ca. 17 Mio. Hektoliter/Jahr

Auf einen Blick

Rebsorten weiß	Chardonnay, Chenin blanc
Rebsorten rot	Malbec, Cabernet Sauvignon, Barbera, Tempranillo

Weinbauregionen
Mendoza ist die wichtigste Weinbauregion des Landes. Von hier stammen mehr als 75 % der Gesamtproduktion. Sie liegt etwa 1 000 km westlich von Buenos Aires, am Fuße der Anden, klimatisch bevorzugt, aber trocken. Rio Negro (südlich von Mendoza) ist klimatisch Europa am ähnlichsten. Nicht umsonst ist dies die Region, für die sich europäische Investoren interessieren. Weitere Regionen sind Occidente, Norte und Cordoba.

Weinbaugebiete in Südafrika

Bekannte südafrikanische Weinbaubetriebe: Kanonkop Estate, Meerlust Estate, Simonsig Estate, Mulderbosch Vineyards, Stellenbosch Vineyards.

Weinbaugebiete in Argentinien

Bekannte argentinische Weinbaubetriebe: La Acricola, Norton, Weinert, Etchart.

Chile

Das Klima reicht von subtropisch bis zu polar im Süden. Durch die exponierte Lage Chiles, nämlich einerseits durch den Pazifik und andererseits durch die schier unüberwindlichen Höhenzüge der Anden, blieb Chile weitgehend von Weinschädlingen, insbesondere der Reblaus, verschont. Dies mag allerdings auch daran liegen, dass zu dieser Zeit Wein nur exportiert, aber keine Trauben oder Rebstöcke importiert wurden. Der Weinbau in Chile geht bis in das 16. Jahrhundert zurück. Weitsichtige, engagierte Gutsbesitzer stellten französische Önologen in ihren Dienst. Bis heute setzt sich diese Tradition des europäischen Engagements in Chile fort, was viele **Joint Ventures** wie jene von **Rothschild, Torres** und anderen eindrucksvoll beweisen.

Überblick
Rebfläche: ca. 83 000 Hektar
Weinproduktion: ca. 5 Mio. Hektoliter/Jahr

Auf einen Blick

Rebsorten weiß	Chardonnay, Sauvignon blanc, Sauvignon vert (Tocai Friuliano), Semillon.
Rebsorten rot	Cabernet Sauvignon, Pais, Merlot, Cabernet Franc

Weinbauregionen

Chile gliedert sich in drei Weinbauregionen, die in Unterregionen und Zonen unterteilt sind. Die nördlichste – ca. 100 km von Santiago entfernte – Region ist das **Aconcaguatal**. Das trockene Klima fördert alkoholschwere und säurearme Weine. Die Produktion geht hauptsächlich an Brennereien (Pisco) oder wird als Tafeltrauben verkauft.

Die mit Abstand bekannteste und wichtigste Region ist das **Zentraltal (Zona del Valle Central)** mit ihren Unterregionen Maipotal (Valle del Maipo) und Maule (Valle del Maule). Das Zentraltal ist mit 40 000 ha die zweitgrößte Region des Landes. Die Niederschläge variieren von 300 mm bis 750 mm pro Jahr. Das Klima ähnelt ein wenig der Nordküste Kaliforniens, ist also optimal für den Qualitätswein.

Die von Santiago ca. 400 km entfernte **Südregion (Región del Sur)** mit ihren Zonen Valle del Itata, Valle del Biobío und Valle del Malleco ist die kühlste Region Chiles und ist eher für einfache Tafelweine bekannt.

Weinbaugebiete in Chile

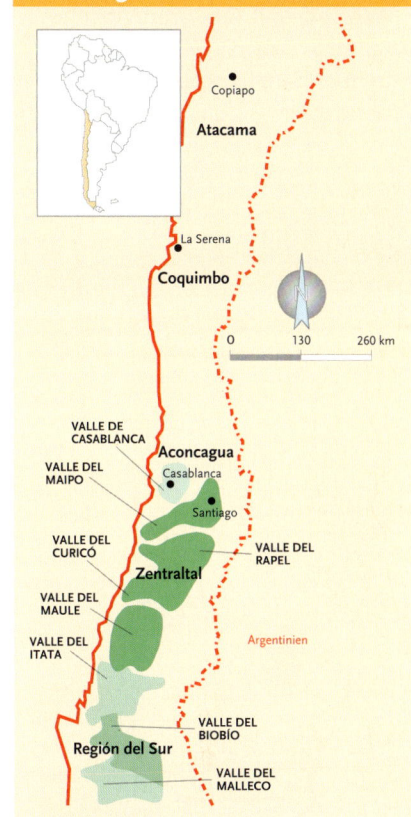

👉 **Wussten Sie, dass ...**
Chile ca. 5 000 km Küstengebiet hat?

💡 **Bekannte chilenische Weinbaubetriebe:** Santa Rita, Carmen, Errázuriz und Terra Noble.

Kalifornien

Der spanische Missionar Junipero Serra brachte 1769 Samen und Stecklinge einer zwar mittelmäßigen, aber doch genießbaren europäischen Rebsorte nach Kalifornien. Der erste kalifornische Wein wurde 1782 gekeltert. In den 1830er-Jahren pflanzten dann französische Siedler mit Erfolg europäische Reben in größerem Stil. Die Fundamente des amerikanischen Weinbaus waren gelegt.

Die Prohibition brachte in den 1920er-Jahren den Weinbau fast zum Erliegen. Nur wenige Betriebe überlebten diese schwierige Zeit. Sie produzierten Messweine für die Kirche und Wein für medizinische Zwecke. Die lange Unterbrechung ließ auch eine Generation heranwachsen, die von Geschichte, Tradition und Geschmack des Weines keinen rechten Begriff mehr hatte. Die Auswirkungen waren lange spürbar.

Anfang der 1980er-Jahre stieg die Nachfrage nach kalifornischen Weinen stark an und es kam zu einer großen Blüte im Weinbau. Vor allem das **Napa Valley** hat den Boom der letzten Jahre angeführt. Auf einer Rebfläche von ca. 12 500 Hektar werden internationale Spitzenweine hergestellt.

Prohibition = staatliches Verbot von Alkoholherstellung und -abgabe.

Das Produkt Wein

AVA bedeutet American Viticultural Area. Dies ist gleichzusetzen mit der französischen Appellation Contrôlée.

Ein Weinbaugesetz mit strengen europäischen Normen gibt es nicht. Die wichtigste Regel aber lautet: Mindestens 85 % der in einem AVA-Wein verarbeiteten Trauben müssen tatsächlich aus dem angegebenen Gebiet stammen. Innerhalb der Regionen liegen die Countys, also Verwaltungsbezirke, denen wiederum die Anbaugebiete zugeordnet sind.

Weitere gesetzliche Bestimmungen:
- Weine mit der Herkunftsbezeichnung „Kalifornien" müssen zu 100 % aus dem angegebenen Gebiet stammen.
- Ist eine Weinlage angegeben, muss der Wein zu 95 % aus dieser Lage stammen.

Klima
So unterschiedlich sich die einzelnen Regionen und Gebiete zeigen, so unterschiedlich ist auch das Klima. Die Gebiete nördlich von San Francisco sind durch ein gemäßigtes Klima begünstigt. Der kalte kalifornische Strom auf der einen Seite und heiße Luftströme auf der anderen Seite ermöglichen ideale Wachstumsbedingungen. Im Süden und vor allem im Landesinneren herrscht ein heißes, trockenes Klima.

Überblick
Rebfläche: ca. 280 000 Hektar
Weinproduktion: ca. 13,8 Mio. Hektoliter/Jahr

Weinbaugebiete in Kalifornien

Auf einen Blick

Rebsorten weiß	Chardonnay, Chenin blanc, Viognier, Semillon
Rebsorten rot	Cabernet Sauvignon, Cabernet Franc, Merlot, Zinfandel, Syrah, Malbec

Weinbauregionen und -gebiete
Von Mendocino im Norden bis San Diego im Süden kultivieren ca. 800 Weinbauern ihre Reben auf einer Fläche von ca. 280 000 Hektar, wovon ca. die Hälfte momentan für die Qualitätsweinerzeugung genützt wird. Die kalifornischen Regionen und ihre Gebiete sind:
- **North Coast:** Mendocino, Sonoma, Lake und Napa Valley. Wenn es in Amerika eine sehr gute Lage gibt, wo Weinbau betrieben wird, dann ist es die Rutherford Bench im Napa Valley. Hier befinden sich z. B. große Weingüter wie die von Robert Mondavi, der sicherlich den größten Teil besitzt.
- **Central Coast:** Alamenda, Santa Clara, Santa Cruz, Monterey, San Benito, San Lois Obispo, Santa Barbara
- **South Coast:** San Bernadino, San Diego, Riverside
- **Central Valley:** San Joaquin
- **Sierra Foothills:** Sierra Foothills

Bekannte kalifornische Weinbaubetriebe: Robert Mondavi und Châteaux Mouton Rothschild, Robert Mondavi Winery, Shafer Vineyards, E. & J. Gallo, Fetzer Vineyards, Beringer Vineyards.

🎯 Ziele erreicht?

1. Nennen Sie vier wichtige Weinbauländer der sogenannten „Neuen Welt".
2. Beschreiben Sie das Weinland Südafrika (Rebsorten, Weinbaubetriebe, Regionen etc.)
3. Beschreiben Sie das Weinland Australien (Rebsorten, Weinbaubetriebe, Regionen etc.)
4. Beschreiben Sie das Weinland Kalifornien (Rebsorten, Weinbaubetriebe, Regionen etc.)
5. Nennen Sie zwei wichtige Weinländer in Südamerika.
6. Zählen Sie fünf international bekannte Weine und das Herkunftsland auf.
7. Nennen Sie drei bekannte europäische Regionen für die Süßweinproduktion.

Der Wein – Faktoren für den Genuss

Um die Qualität und den Geschmack eines Weines professionell beurteilen zu können, ist es wichtig, die dafür nötigen Faktoren zu kennen: Welche Sinnesorgane werden dafür eingesetzt? Was ist das ideale Glas zur Beurteilung von Wein? Welches Vokabular wird zur Weinbeschreibung verwendet? Ausgestattet mit diesem Grundwerkzeug steht der Weinbeurteilung dann – neben der notwendigen Übung und der Bereitschaft, sich auf die verschiedenen Geschmäcker auch wirklich einzulassen und ihnen auf die Spur zu kommen – nichts mehr im Wege.

Meine Ziele

Nach Bearbeitung dieses Kapitels kann ich
- eine sensorische Beurteilung von Wein vornehmen;
- beschreiben, welche Aufgabe die einzelnen Sinne dabei übernehmen;
- die einzelnen Sinne bei der Degustation richtig einsetzen;
- bei praktischen Übungen das internationale Degustationsvokabular verwenden;
- die Weinansprache richtig vornehmen;
- Degustationen vorbereiten und durchführen;
- die Eigenschaften eines perfekten Kostglases beschreiben;
- die verschiedenen Gläserformen dem Weintyp zuordnen;
- über die Harmonie von Speisen und Wein Auskunft geben;
- die Grundregeln für die Kombination von Speisen und Wein nennen;
- die neuen Trends der Harmonie von Speisen und Wein schildern;
- den Einfluss des Weingenusses auf die Gesundheit erläutern.

Sensorisch = die Sinnesorgane, die Aufnahme von Sinnesempfindungen betreffend.

Der Wein – Faktoren für den Genuss

1 Die sensorische Beurteilung von Wein

Die Bewertung eines Weines kann entweder subjektiv sein: „Ich verstehe nichts davon, aber ich weiß, was ich mag" oder objektiv, beruhend auf einem grundlegenden Wissen bezüglich Weinbau, Rebsorten und der Weinbereitung.

Die Prüfung des Weines mit all seinen Sinnen nennt man ==organoleptische== oder sensorische Analyse.

Es werden drei Hauptgruppen von Weinverkostungen unterschieden:
- Die Verkostung zu Kontrollzwecken (z. B.: Qualitätskontrolle, Prüfnummernvergabe).
- Die Verkostung im Rahmen von Wettbewerben.
- Die Verkostung durch die Konsumentinnen und Konsumenten.

Die Weinqualität

Es gibt verschiedene Definitionen für Weinqualität. Sie basieren auf Weingesetzen, Klassifizierungen oder analytischen Untersuchungen.

> Für den mündigen Konsumenten/die mündige Konsumentin ist vor allem ein Qualitätsbegriff entscheidend: „Schmeckt mir der Wein oder schmeckt er mir nicht?"

Bei der Bewertung eines Weines gebrauchen wir alle unsere Sinne:
- den Sehsinn,
- den Geruchssinn,
- den Geschmackssinn,
- den Tastsinn und
- den Hörsinn.

1.1 Die Sinne

Der Sehsinn

Mit unserem Auge nehmen wir in erster Linie die Klarheit, die Farbe sowie den CO_2-Gehalt im Glas wahr. Bei der Beurteilung der Farbe des Weines sind die Lichtverhältnisse von entscheidender Bedeutung. Vor einem weißen Hintergrund kann man die Farbe des Weines in verschiedenen Positionen am besten beurteilen.

Einflussfaktoren für die Farbe des Weines sind:
- die Rebsorte,
- der Reifegrad,
- der Boden,
- die ==Vinifizierung==,
- die Lagerung (Holzfass oder Stahltank) und
- das Alter des Weines.

Der Geruchssinn

Prinzipiell kann man zwischen dem **Aroma** eines Weines unterscheiden, das von der **Traube** stammt, und dem **Bukett**, das von der **Weinbereitung** und der **Lagerung** herrührt. Die erste geruchliche Bewertung des Weines erfolgt **extern**, indem man am Wein riecht. Man kann auch am Wein schnüffeln. Darunter versteht man das mehrmalige kurz auf-

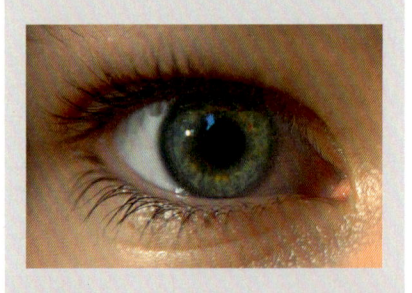

Organoleptisch = Lebensmittel nach einem Bewertungsschema in Bezug auf Eigenschaften wie Geschmack, Geruch, Farbe ohne Hilfsmittel, nur mit den Sinnen prüfend.

Vinifizierung = Bezeichnung für die Verarbeitung der Trauben.

einanderfolgende Einatmen durch die Nase, um die Gerüche besser wahrnehmen zu können. Kurz bevor man einen Schluck nimmt, macht man unbewusst einen kurzen Atemzug. Dadurch wird das Bukett stärker wahrgenommen.

Die nächste geruchliche Beurteilung erfolgt **intern**, also im Mund: Durch das Einsaugen von Luft und durch die Erwärmung des Weines werden weitere Gerüche freigesetzt und gelangen durch die Mund- und Nasenhöhle ins Geruchszentrum. Ein Ausatmen durch die Nase macht uns den Unterschied deutlich, was Geschmacks- und was Geruchskomponenten sind.

Nachdem das Glas geleert wurde, ist die gesamte Innenoberfläche des Glases benetzt und bietet uns eine optimale Geruchsfläche. Daher wird auch das leere Glas noch einmal einer Geruchsprüfung unterzogen.

Unsere Geruchseindrücke in Worte zu fassen und sie anderen Personen zu vermitteln ist sehr schwierig, da man den persönlichen Geruchseindruck auf einen allgemein bekannten Duft abstimmen und in allgemein verständliche Begriffe fassen muss.

Der Geschmackssinn

Unser Geschmacksempfinden beschränkt sich hauptsächlich auf folgende Geschmackseindrücke: **süß, sauer, salzig, bitter** und **umami.**

> „Umami", mit dem die Aminosäure Glutamat erkannt wird, wurde in den 1990er-Jahren von amerikanischen Psychologen als fünfte Geschmacksrichtung definiert. Dieser Geschmack findet sich u. a. in Algen, Sojasauce, getrockneten Shiitake-Pilzen, Parmesan, reifen und getrockneten Tomaten. Ein reifer Cabernet Sauvignon und manche Pinot-noir-Weine weisen ebenfalls diese Geschmacksrichtung auf. Die Bezeichnung „umami" (jap.: Wohlgeschmack, größte Köstlichkeit) stammt vom japanischen Forscher Kikunae (1864–1936), der diesen Geschmack bereits 1907/08 identifiziert hatte.

Bei der Verkostung von Wein unterscheiden wir folgende Geschmackskomponenten:
- **Säuren:** Dies sind einerseits mineralische, andererseits organische Säuren, wobei Apfelsäure und Weinsäure dominieren: Bei Weintrauben, die in kühlerem Klima gewachsen sind, kommt eher die Apfelsäure zum Tragen, bei Weintrauben, die in wärmerem Klima gewachsen sind, die Weinsäure.
- **Zucker:** Abhängig davon, wie viel Traubenzucker unvergoren blieb, schmeckt der Wein mehr oder weniger süß. Der nach der Gärung verbleibende Zucker wird als **Restsüße** bezeichnet.
- **Bitterkeit:** Bitterkeit oder Gerbstoffe im Wein kommen von der Extraktion der Beerenschalen, der Kerne und den Kämmen. Vor allem für Rotweine ist ein relativ hoher Gerbstoffgehalt erwünscht.

Der Tastsinn

Wenn man in der Weinsprache Wörter wie prickelnd, cremig, rau, rund und hart verwendet, bezieht man diese Sinneseindrücke auf den Tastsinn. Wir nehmen diese Eindrücke über Zunge und Gaumen wahr und unterscheiden zwischen:

- **Temperatur:** Obwohl normalerweise Temperaturunterschiede den Geschmack von Weinen nicht verändern, lehnen wir warme Weißweine oder kalte Rotweine generell ab.
- **Schmerz:** Obwohl der Schmerz eher bei scharfen Speisen vorkommt, kann z. B. ein zu hoher Alkoholgehalt im Wein unsere Nase reizen. Dasselbe trifft auch bei zu hohem Schwefelgehalt zu.
- **Druck:** Die Hauptursachen, die den Druck im Wein beeinflussen, sind Traubengerbstoffe, Holzgerbstoffe (Barriques) und das Kohlendioxid.

Wussten Sie, dass ... der Geruchssinn der einzige unserer Sinne ist, den wir durch konsequentes Training schulen können? Obwohl unsere Nase täglich Tausende Gerüche wahrnehmen kann, sind es nur ganz wenige, die wir tatsächlich beschreiben können.

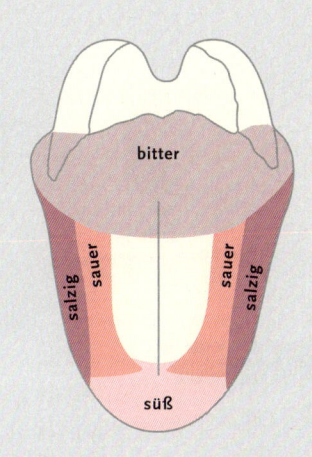

Die Geschmackszonen auf der Zunge

Wussten Sie, dass ... amerikanische Wissenschaftler vor einigen Jahren „fett" als sechste Geschmacksrichtung nachgewiesen haben und eine siebente Geschmacksrichtung – nämlich „Wasser" – vermutet wird?

Natürlich spielt bei der Verkostung von Wein auch der **Hörsinn** eine gewisse Rolle: Das Zischen beim Öffnen unterschiedlicher Flaschenverschlüsse oder das Zerplatzen der Perlen eines Schaumweines im Glas sind die erwünschte Begleitmusik beim Weingenuss.

1.2 Degustationsvorbereitung und Vokabular

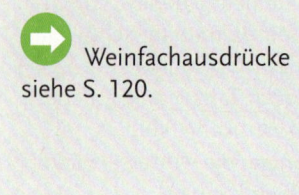

Als **Degustation** bezeichnet man die Kunst, einen Wein zu beurteilen:
- Das Auge prüft das Aussehen, also Farbton und Farbtiefe.
- Die Nase nimmt die Duftaromen auf.
- Der Gaumen analysiert Eigengeschmack, Sortencharakter und Harmonie einer Probe.

Bereits die Römer beschäftigten sich intensiv mit dem Thema „Weinprobe". Aus jener Zeit stammt die Formel **COS: Color (Farbe) – Odor (Geruch) – Sapor (Geschmack)**. Diese Reihenfolge wird beim Probieren von Wein auch heute noch eingehalten.

➡ Weinfachausdrücke siehe S. 120.

Folgende Punkte sind Garant für eine erfolgreiche Weinverkostung:
- **Klarer Kopf:** Das Degustieren beansprucht alle Sinne, daher ist es wichtig, ausgeruht zu sein.
- **Neutraler Gaumen:** Die Geruchs- und Geschmacksnerven dürfen nicht durch ein vorheriges Essen, durch Kaffee oder durch Zigarettenrauch erschöpft sein.
- Möglichst **keine Speisen** zur Verkostung anbieten, evtl. **ungesalzenes Weißbrot**.
- **Richtiger Zeitpunkt:** Degustieren ist ein Akt der Ruhe. Um den Zauber des Weines zu ergründen, braucht man genügend Zeit. Die geeignete Tageszeit dazu ist die Zeit vor dem Mittag- oder Abendessen.
- **Ideales Umfeld:** Stärkere Geschmacks- und Geruchseindrücke, wie z. B. Zigarettenrauch oder starke Parfüms, stören eine Weinprobe. Daher unbedingt in gut belüfteten Räumen degustieren. Für die optische Beurteilung des Weines braucht man gutes Licht und ein weißes Tischtuch oder weißes Papier als Hintergrund.
- **Optimales Glas:** Entscheidend für die Entfaltung der Gerüche bei der Weinprobe sind Form und Größe des Glases sowie die Füllmenge. Für eine einwandfreie Weinverkostung empfiehlt sich ein farbloses, dünnwandiges und durchsichtiges Glas mit Stiel, das sich nach oben tulpenförmig verengt (siehe auch S. 170, Das perfekte Kostglas).
- **Richtige Weintemperatur und zeitgerechtes Öffnen der Flasche:** Aroma und Geschmack entfalten sich je nach Temperatur unterschiedlich. Weißweine erst unmittelbar vor der Weinprobe öffnen, Rotweine können bereits Stunden vorher geöffnet werden, damit sie Gelegenheit haben zu „atmen".
- **Die Reihenfolge beachten**
  - Weißweine vor Rotweinen
  - Rotweine vor Süß- und Dessertweinen
  - Leichte Weine vor schweren Weinen
  - Trockene, säurereichere Weine vor lieblichen, säurearmen Weinen
  - Jüngere vor älteren Weinen
  - Kleine Jahrgänge vor großen Jahrgängen

Degustationssprache

Abgang	Nachhaltigkeit nach dem Schlucken des Weines; je länger ein Wohlgeschmack zurückbleibt, desto hochwertiger ist der Wein (kurz: 1–4 Sekunden, mittel: 4–7 Sekunden, lang 7–15 Sekunden oder länger).
adstringierend, zusammenziehend	Durch Phenole, Gerbstoffe, Tannine bedingtes Trockengefühl im Mund, das sehr appetitanregend wirkt.
alkoholisch	Der Alkoholgehalt ist überproportional, stechend und scharf.
Alterston	Ist ein Begriff für einen Geruchs- und Geschmackseindruck, der vor allem bei alten Weißweinen (z. B.: Rieslingen) auftritt. Gemeint sind damit würzige Noten. Auch Honig, Harz und Öl können dabei wahrgenommen werden.
ansprechend	Bei teuren Weinen eher abwertend, bei einfacheren ein Lob.
Aroma	Steht allgemein für den Geruch; wird aber erst beim Ausatmen wahrgenommen.
Ausgewogenheit	Säure, Alkohol, Geschmacksstoffe etc. sollten im gut abgestimmten Verhältnis zueinander stehen.
Bitterkeit	Durch Gerbstoffe bedingt; oftmals bei nicht voll ausgereiften Trauben.
blumig	Beschreibt die Anklänge von Blumen, wie z. B. Veilchen oder Rosen.

Botrytis	Bei vollreifen Trauben erwünschte Pilzkrankheit. Die Trauben werden durch den Pilz perforiert und das Wasser kann so aus der Beere diffundieren und verdunsten. Die Traube enthält so nur noch Zucker und Extraktstoffe. Aus diesen Trauben gekelterte Weine zählen zu den besten der Welt, z. B. Trockenbeerenauslese.
brandig	Zu alkoholbetont.
Bukett	Blume, Geruchsbild des Weines, Gesamtheit aller Duftstoffe im Wein.
Charakter	Geschmackseigenschaften des Weines.
dünn	Extraktarm, alkoholarm.
Eichenholz	Duft und Geschmack nach gesägtem Holz. Diese Weine eignen sich für eine lange Flaschenreife.
elegant	Besonders harmonisch in Säure, Alkohol und Bukett.
erdig	Bodengeschmack, Mineralien. Die Erde des Weinberges schlägt sich meist positiv im Aroma des Weines nieder.
Extrakt, extraktreich	Die Stoffe, die nach der Verdunstung einer Flüssigkeit zurückbleiben. Beim Wein sind dies vor allem Zucker, Alkohol, Säuren, Gerbstoffe, Farbstoffe und Mineralstoffe. Einfach gesagt: alle im Wein gelösten Stoffe. Ein extraktreicher Wein besitzt viel Geschmack.
fad	Säurearm und ausdruckslos.
fein	Ausdruck für hohe Qualität.
fett	Ein/e den Mund ausfüllende/r Geschmack/Konsistenz.
feurig	Bei Rotwein Ausdruck für kräftig und alkoholbetont.
firnig	Bereits merkbarer Alterston (Oxidationsbukett).
flach	Nichtssagend, kein Geschmack und Charakter.
flüchtig	Nur kurz wahrnehmbare Duftstoffe.
Foxton (Fuchsgeschmack)	Meist Hybriden, Erdbeer/Himbeer, nasses Fuchsfell/Fuchsbau.
frisch	Lebendigkeit/Spritzigkeit, fruchtige Säure.
fruchtig	Zarter Anklang von Fruchtaromen, bezeichnet den Körper und die Reichhaltigkeit des Weines.
gefällig	Ein Wein, der sich wenig filigran, unkompliziert, angenehm präsentiert. Braucht keine lange Reifezeit, bleibt wenig in Erinnerung.
gehaltvoll	Negativ gebraucht für Überfülle, im Vergleich zur Eleganz; im Allgemeinen aber ein positiv gebrauchter Begriff, bezogen auf den Gesamtgeschmack und auf den Alkoholgehalt.
geschmeidig	Harmonisch, ausgewogen in Säure und Alkohol.
Goudron	Teer (französ.), bei bestimmten Weinen wie Barolo und Barbaresco.
grasig	Geschmack nach Pflanzen, Heu, Kräutern und frisch geschnittenem Gras.
harmonisch	Damit ist das im Wein vorhandene Verhältnis der verschiedenen Geruchs- und Geschmackseindrücke zueinander gemeint. Harmonisch ist ein Wein dann, wenn der Abgang überzeugend an die Geruchs- und Geschmackseindrücke anschließt. Unharmonisch wäre er, wenn er im Duft viel Frucht besitzt, nicht aber im Geschmack.
herb	Hoher Gerbstoffgehalt, aber nicht sauer. Meist bei Rotwein.
honigartig	Bei reifen, guten Jahrgängen auftretender Duft und aromatischer Ton; bei weißen, edelsüßen Weinen besonders ausgeprägt.
kernig	Kräftig, säurebetont im Abgang.
Korkgeschmack	Inakzeptabler, muffiger Beigeschmack, bedingt durch die Reaktion des Korks mit Schimmelpilzen und chlorhaltigen Stoffen.
Körper	Siehe gehaltvoll und voll. Beschreibt das „Gewicht" eines Weines (Geschmacks- und Alkoholreichtum).
kräftig	Extrakt- und alkoholreich.
kurz	Kurzer Abgang, ohne nachhaltigen Geschmackseindruck.
leer	Dünn und ausdruckslos.

leicht	Weine mit wenig Alkohol und Körper.
markant	Bestimmte, typische Eigenschaften.
matt	Fehlende Frische, müde und schal.
mild	Säurearm.
mineralisch	Schwierig zu definierender Geruchs- und Geschmackseindruck, der an Gesteine oder Salze erinnert. Ausgesprochen trockene Weißweine können vor allem in ihrer Jugend mineralische Anklänge aufweisen.
nervig	Kräftiger, rassiger säurebetonter Wein.
oxidiert	Verändert in Farbe und Geschmack.
pfeffrig	Würziger Geschmack.
pikant	Betont feine, fruchtige Säure.
plump	Viel Alkohol und Extrakt, wenig Säure und Charakter.
rassig	Voller Körper, feine Säure.
rau	Herb (zu hoher Gerbstoffgehalt), Säure dominiert.
reich	Viel Bukett, Geschmack und Alkohol.
reichhaltig	Fülle, nicht unbedingt süß.
reif	Voll entwickelt.
reintönig	Sauber, kein Nebenton in Geruch und Geschmack.
resch	Säurebetont und spritzig.
robust	Extraktreich, noch nicht abgerundet.
rund	Ausgeglichen in Säure und Restzucker, harmonischer, voller Wein.
saftig	Hat Kraft und Saft, ist aber nicht fleischig.
samtig	Mild, bereits abgebautes Tannin.
sauber	Geruchlich und geschmacklich einwandfrei.
Säure	Für die Haltbarkeit eines Weines (besonders bei Weißweinen) unentbehrlich. Der Begriff Säure umfasst die Gesamtheit aller enthaltenen Säurearten.
schal	Inhaltslos.
schlank	Extraktarm.
schwer	Alkoholreich.
spritzig	Säuerlich frisch, leicht, mit einer oftmals spritzigen Kohlensäure.
stahlig	Kräftig, viel Fruchtsäure, nicht unbedingt sauer.
stilvoll	Eigenständiger, ausdrucksstarker Wein.
streng	Unreif und eckig.
Tiefe, tief	Kennzeichnet einen feinen Wein; er ist eindrucksvoller, als der erste Eindruck gezeigt hat.
verschlossen	Noch nicht voll entwickelt.
Viskosität (Kirchenfenster, Schlieren)	Ist ein Maß für die Zähflüssigkeit eines Stoffes. Flüssigkeiten mit niedriger Viskosität sind wässrig, solche mit höherer Viskosität ölig oder sirupartig. Verantwortlich dafür sind Alkohol, Restzucker und Extrakt.
voll, vollmundig	Körper-, extraktreich (Alkohol und Extrakt wirken vollmundig zusammen), hoher Gerbstoffgehalt (nicht sauer!), ausgeprägter Abgang; meist bei Rotweinen.
weich	Mild, säurearm, samtig.
wuchtig	Extrakt- und alkoholreich.
würzig	Beispiele sind Zimt, Pfeffer, Nelken, Vanille, Maggikraut (Liebstöckel).
zart	Fein, delikat, nuancenreich, unaufdringlich.

Checkliste zur sensorischen Weinanalyse

Das Auge: Farbe – Color

Klarheit		strahlend – klar – matt – trüb
Kohlensäure		perlend – prickelnd – schäumend
Farbtiefe		blass – mittel – intensiv
Farbton	Weißwein	grüngelb – blassgelb – strohgelb – goldgelb – bernsteinfarbig
	Rotwein	hellrot – ziegelrot – rubinrot – granatrot – purpurrot
	Rosé	hellrosa – orange – zwiebelschalenfarbig
Konsistenz, Extrakt, Viskosität		gering – mittel – hoch

Die Nase: Geruch – Odor

Reintönigkeit	reintönig – sauber – dumpf – leicht fehlerhaft – Kork – übelriechend
Intensität	verhalten – zart – dezent – gut ausgeprägt – intensiv – wuchtig – aufdringlich
Qualität, Entwicklungsstadium	komplex – fein – rassig – einfach – plump hefig – jugendlich – gereift – müde – oxidativ
Aromen	blumig – fruchtig – pflanzlich – nussig – erdig – würzig – holzig – Röstaromen – mineralisch – animalisch – chemisch

Der Gaumen: Geschmack – Sapor

Süße	trocken – halbtrocken – süß – extrasüß – edelsüß – picksüß
Säure	schal – flach – mild – frisch – gut integrierte Säure – stützende Säure – rassig – spitz – nervig – aggressiv – beißend – scharf
Gerbstoffe	weich – samtig – abgerundet – gerbstoffreich – adstringierend
Menge	leicht – mäßig – stark
Qualität	gut eingebundene Tannine – spröde Tannine – unreif – sperrig – rau – pelzig – bitter – adstringierend
Körper, Komplexität	dünn – schlank – mittelgewichtig – dicht – extraktreich leer – flach – kraftvoll – würzig
Geschmacksintensität, Alkohol	leicht – angenehm – mittelgewichtig – kräftig – schwer – wuchtig – mächtig – alkoholisch
Geschmackskategorien, Aromen	blumig – fruchtig – pflanzlich – nussig – erdig – würzig – holzig – Röstaromen – mineralisch – animalisch – chem.
Abgang, Länge	sehr kurz – kurz – mittel – lang – lang anhaltend – harmonisch

Gesamteindruck

Harmonie	harmonisch – elegant – ausgewogen – finessenreich – körperreich – vielschichtig – schwach – unausgewogen – fehlerhaft
Charakter	charakterarm – charmant – süffig – elegant – samtig – rau – rustikal – schwer – kraftvoll – außergewöhnlich
Qualität	fehlerhaft – schwach – mittelmäßig – gut – sehr gut – außergewöhnlich
Reife	unreif – Potenzial – jung – jugendlich – reif – abbauend – abgebaut

Der Wein – Faktoren für den Genuss

💡 Das Aromarad besteht aus zwei Seiten – die eine für Weißwein und die andere für Rotwein.

Das Weinaromarad

Mithilfe des Weinaromarades können einzelne Komponenten aus einem Gesamtaroma herausgefunden und treffend beschrieben werden. Zweck ist ein standardisiertes System zur sensorischen Beschreibung.

Geruchsklassen

Differenzierte Geruchsklassen

BLUMIG – Blumig: Lavendel, Geranie, Flieder, Veilchen, Rose

Einzelkomponenten:
Dafür wurden Geruchsempfindungen aus dem täglichen Leben herausgezogen, um eine Weinsprache zu entwickeln, die für jeden verständlich ist.

Führen Sie eine Weindegustation durch und verwenden Sie das folgende Musterblatt für Ihr Degustationsprotokoll.

Wein	
Farbe:	
Geruch:	
Geschmack:	
Gesamteindruck:	

Wein	
Farbe:	
Geruch:	
Geschmack:	
Gesamteindruck:	

Wein	
Farbe:	
Geruch:	
Geschmack:	
Gesamteindruck:	

Wein	
Farbe:	
Geruch:	
Geschmack:	
Gesamteindruck:	

Wein	
Farbe:	
Geruch:	
Geschmack:	
Gesamteindruck:	

Wein	
Farbe:	
Geruch:	
Geschmack:	
Gesamteindruck:	

1.3 Die Weinansprache

Einen Wein zu verkosten heißt, ihn mit allen Sinnen wahrzunehmen und zu analysieren.

Das Auge: Farbe – Color

Degustationstechnik
Der Wein wird zuerst im stehenden Glas direkt von oben betrachtet: Funkelt die Oberfläche, ist er klar. Beurteilt werden Farbtiefe und Kohlensäure.

Im zweiten Schritt wird das Glas vor eine weiße Fläche (Tischtuch, Serviette, Papier ...) gehalten. So können Farben im Zentrum sowie Farbschattierungen am Rand beurteilt werden.

Im dritten Schritt wird das Glas geschwenkt, um die Viskosität (Schlierenbildung) festzustellen.

Das Auge überprüft den Wein hinsichtlich:

Klarheit
Ein klarer Wein strahlt. Eine Trübung deutet im Allgemeinen auf unerwünschte Inhaltsstoffe hin, die jedoch nicht gesundheitsschädlich sind.

Kohlensäure
Sie tritt sichtbar in Bläschenform auf. Vor allem junge Jahrgänge, Weiß- und Roséweine enthalten Kohlensäure, was ein Zeichen von Lebendigkeit ist. Enthält Rotwein Kohlensäure, so deutet dies auf unerwünschte Nachgärung hin und ist somit ein Weinfehler.

Farbton
Der Farbton ist von vielen Faktoren abhängig: Rebsorte, Reifegrad, Klimazone, Boden, Jahrgang, Reifung im Holzfass (farblich dichter) oder im Stahltank (eher klar, glänzend) etc.

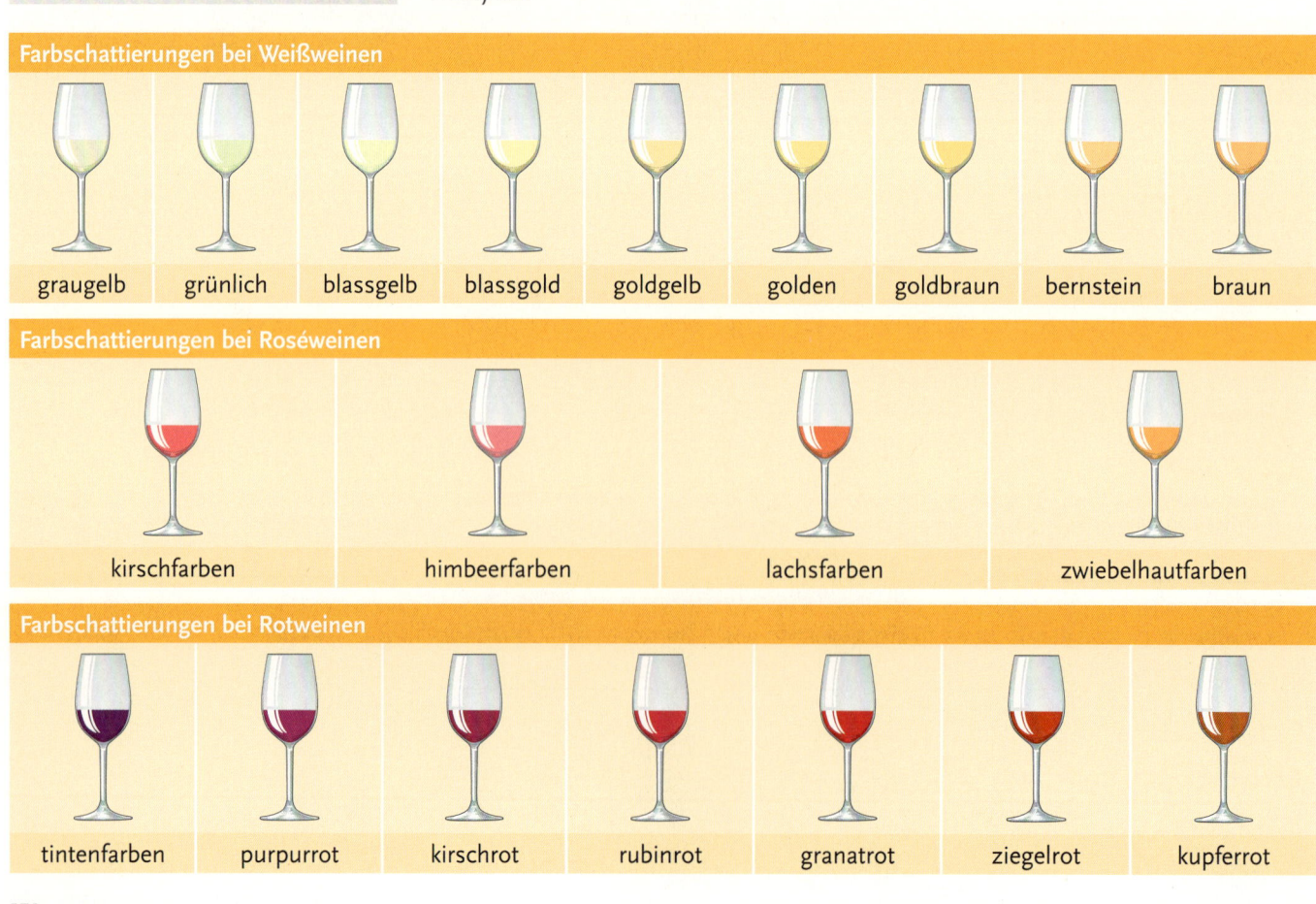

Farbschattierungen bei Weißweinen

graugelb	grünlich	blassgelb	blassgold	goldgelb	golden	goldbraun	bernstein	braun

Farbschattierungen bei Roséweinen

kirschfarben	himbeerfarben	lachsfarben	zwiebelhautfarben

Farbschattierungen bei Rotweinen

tintenfarben	purpurrot	kirschrot	rubinrot	granatrot	ziegelrot	kupferrot

Farbtiefe

Generell sind junge Weißweine heller, reifere Weißweine werden farbintensiver. Rotweine haben in der Jugend eine tiefere Farbe, mit zunehmendem Alter werden sie heller und nehmen orange oder bräunliche Töne an. Wasserrand und Reifefarbtöne sind Hinweise auf ein gewisses Alter des Weines.

Viskosität (Schlierenbildung)

Die Schlierenbildung ist ein Hinweis auf die Konzentration des Alkohols und der Extraktstoffe (= Dichte) im Wein. Um die Schlierenbildung beurteilen zu können, wird das Glas geschwenkt. Dabei beobachtet man, wie der Wein an der Glasinnenwand abläuft. Sind die Schlieren zähflüssig, deutet das auf einen hohen Alkoholgehalt und eine hohe Reife bei trockenen Weinen bzw. bei Süßweinen auf einen erhöhten Restzucker und auf Extrakt hin.

Die Schlierenbildung am Glas

Die Nase: Geruch – Odor

Die Geruchssubstanzen, die durch die Nase wahrgenommen werden, sind äußerst vielschichtig. Ein guter Wein weist immer einen angenehmen Duft auf.

Degustationstechnik

Erster Eindruck: Bei der Beurteilung des Geruches wird das Glas zuerst ruhig gehalten und der Duft eingeatmet oder es wird am Wein „geschnüffelt". Halten Sie das Glas an die Nase und konzentrieren Sie sich auf den ersten, flüchtigen Eindruck. Erkennen Sie bereits einige der sehr feinen Aromen?

Schwenken: Dann wird das Glas leicht geschwenkt, damit sich die verschiedenen Duftsubstanzen entfalten können. Mehrmaliges, kurzes Schnuppern ist tiefem Einatmen vorzuziehen.

Kräftiges Schwenken: Nun schwenkt man das Glas kräftig, damit die verschiedenen Duftsubstanzen sich noch besser entfalten und wahrgenommen werden können, und noch weitere, schwerere Aromastoffe freigesetzt werden.

Schnuppern Sie unmittelbar nach dem letzten Schluck am leeren Glas für den **abschließenden Eindruck.** Im leeren Glas entdecken Sie oft weitere Aromen, angenehme, wie auch weniger erfreuliche Gerüche.

Zum genaueren Analysieren bewertet man nicht nur die allgemeinen Duftempfindungen, sondern teilt in:
- **Reintönigkeit:** Riecht der Wein reintönig, sauber oder ist er unsauber und fehlerhaft?
- **Intensität:** Die Intensität des Geruches reicht von „verhalten, dezent" bis zu „duftig, ausgeprägt".
- **Art der Aromen:** blumig – fruchtig – pflanzlich – nussig – erdig – würzig – holzig – Röstaromen – mineralisch – animalisch – chemisch.

Der Mund: Geschmack – Sapor

Den Geschmack empfindet man auf der Zungenoberfläche durch die Geschmackspapillen mit ihren Geschmacksknospen. Man kann grundsätzlich vier Geschmacksempfindungen wahrnehmen, nämlich süß (Zungenspitze), salzig (vordere Seitenzone), sauer (hintere Seitenzone) und bitter (hinterer Zungenteil). Die fünfte Geschmacksempfindung, umami, steht für Wohlgeschmack.

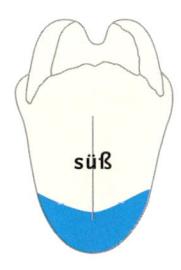

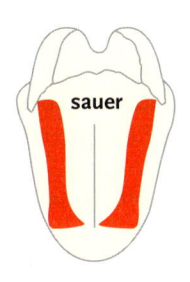

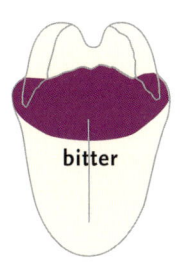

Degustationstechnik

Auf Grund der zuerst angeführten physiologischen Gegebenheiten der Geschmacksempfindungen ist es besonders wichtig, zur Beurteilung des Geschmacks eine kleine Menge Wein in den Mund zu nehmen, zu erwärmen und die Probe über die ganze Zungenoberfläche fließen zu lassen.

Leichtes Schlürfen bewirkt zusätzliche Luftzufuhr und intensiviert die Sinneseindrücke.

> Bei Weinverkostungen gibt es den Begriff des „Weinbeißens", weil durch das Im-Mund-Behalten des Probeschlucks der Eindruck entsteht, man „beiße" den Wein.

Kauen des Weines sowie zusätzliches Schlürfen intensivieren die Empfindungen und sind nicht nur erlaubt, sondern empfehlenswert.

Am Gaumen bestätigen sich meist die Eindrücke des Auges und der Nase. Man konzentriert sich zuerst auf folgende Parameter:	
Süßegrad	von trocken über halbtrocken bis süß
Säure	von mild über lebendig bis kräftig
Tannin (Gerbstoff)	von zart bis gerbstoffreich
Körper (Extrakt)	von schlank bis kräftig (= der Gehalt der Inhaltsstoffe des Weines)
Alkohol	von leicht bis kräftig (als wärmend-scharfer Geschmack spürbar)
Alter	von jung bis abgebaut (Wein unterliegt dem Werden, dem Reifen und dem Abbau)
Trinkreife	von Beginn der Trinkreife über Höhepunkt bis Höhepunkt überschritten
Potenzial	von „jetzt zu trinken" bis „noch viele Jahre Entwicklung"
Abgang	von kurz bis lang
Harmonie	Gleichgewicht der Komponenten: von einfach über ansprechend bis vielschichtig

Anschließend wird der Wein ausgespuckt und der Vorgang wiederholt. Der zweite Schluck darf die Kehle hinabrinnen, damit der Abgang des Weines beurteilt werden kann.

Zum Abschluss wird festgehalten, wie lange der Wein nach dem Schlucken noch am Gaumen spürbar ist:
- **Kurz:** 1–4 Sekunden
- **Mittel:** 4–7 Sekunden
- **Lang:** 7–15 Sekunden

Gesamteindruck

Nach Abschluss der Verkostung werden die Wahrnehmungen beschrieben und interpretiert.

Es ist schwierig, absolute Objektivität in der Beurteilung zu wahren. Je öfter man verkostet, desto treffender wird das Beurteilungsvermögen. Bei Verkostungen werden Eindrücke und Vergleichsmöglichkeiten gesammelt. Dies erweitert das Fachvokabular und macht die Beurteilungen sicherer und professioneller.

2 Glas und Wein

Wein und Kultur sind untrennbar miteinander verbunden. Eine anspruchsvolle Esskultur setzt auch voraus, dass man mit Wein entsprechend umgehen kann.

Wein kommt am besten in einem **farblosen, ungeschliffenen** und **dünnwandigen Glas** zur Geltung. Sieht man von dem aus Traditionsgründen verwendeten dickwandigen Heurigenglas mit Henkel ab, so gibt ein klarsichtiges Weinglas mit einem längeren Stiel die Gewähr, die Farbe des Weines gut beurteilen zu können, ohne dabei den Kelch selbst zu berühren und damit die Temperatur des Weines zu beeinflussen. Der Wein kann leichter geschwenkt werden, wodurch er sich mit Luft anreichert und die Duftstoffe entfaltet.

Geschichtliche Entwicklung der Trinkgefäße

Im alten Ägypten bediente man sich des **Kuhhorns,** aus dem der edle Rebensaft geschlürft wurde. Es gab auch den unglasierten Tonkrug, die **„Amphora",** die mit dem Spitzfuß in den Sand gesteckt wurde.

Das **Glas** entstand einer Sage nach 3 000 v. Chr. Nach einem Brand auf einem Meeresstrand glitzerte dessen Oberfläche glasig. So wurden die Rohstoffe für Glas, und zwar Sand, Quarz und Kalk, entdeckt.

Die Kunst des Glasmachens stammt aus Syrien, dem Libanon und Palästina. Als die Römer diese Länder okkupierten, erlernten sie dort dieses Kunsthandwerk. Die Legionäre tauschten ihre Trinkhörner gegen Glasbecher und stellten fest, dass der Wein daraus um vieles besser schmeckte. Jede Legion bekam daraufhin einen „Vetrarius" zugeordnet, der im Winterlager seinen Glasofen aufstellte, um aus Sand, Quarz und gemahlenem Kalkstein Glas zu schmelzen und Becher zu blasen.

Das Aneinanderschlagen der Becher bedeutete „Vinarius, bring' mehr Wein!". Erst als der Becher einen Stiel aus einer angedrehten Spirale bekam, wurde das Aneinanderschlagen der Becher Musik, ein rühmender Klang. Auch heute noch wird durch das Anstoßen der gefüllten Gläser auf unser Wohl getrunken.

Durch die Ausdehnung des Römischen Reiches verbreitete sich auch die Kunst des Glasmachens. Im 6. Jahrhundert zerbrach jedoch das Römische Reich und damit geriet auch das Glasmachen in Vergessenheit. Erst im 12. Jahrhundert entstanden wieder Glasmanufakturen in Venedig und Genua. Durch die Auswanderung von Venezianern und Genuesen wurde aus dem sorgfältig gehüteten Monopol des Glasmachens eine weltumspannende Handwerkskunst.

Herstellung von Glas

Kristallglas wird aus Quarz (Quarzsand), Pottasche und Kalk erschmolzen. Für Bleikristall wird noch 24 % Bleioxid beigemengt. Diese Grundmaterialien werden gemahlen, gemischt und bei 1 350 bis 1 500 °C in Glasöfen geschmolzen. Es entsteht der sogenannte Glasfluss, der gereinigt und geformt wird. Das Hohlglas wird maschinell geblasen bzw. gepresst oder mit der Glasmacherpfeife mundgeblasen.

Unterscheidungsmerkmale
- **Qualität:** Pressgläser, Kristallgläser, Bleikristallgläser.
- **Form:** Kelchgläser, Becher, Schalengläser, Fußbecher.

Verwendungszweck
- **Schankgläser:** Einfache Gläser aus Pressglas mit hoher Haltbarkeit, meist dickwandig und spülmaschinenfest.
- **Tischgläser:** sind qualitativ hochwertiger; meist Kristallgläser.
- **Tafelgläser:** Diese Gläser sind wesentlich besser in der Qualität (Bleikristall), vielfältiger in der Form, fein, elegant und haben immer einen Stiel.

Früher wurde Wein auch aus farbigen und geschliffenen Gläsern – mit und ohne Stiel – getrunken. Dies ist heute nicht mehr üblich.

Ein Glasmacher bei der Arbeit

Entstehung eines Glases mit der Glasmacherpfeife

Glasmodel

❗ Wird Wein nicht in der Originalflasche, sondern offen serviert, muss er in geeichten Gläsern oder Karaffen serviert werden.

Funktion der Glasform im Umgang mit Wein

Moderne Keltermethoden lassen neue Geschmacksrichtungen aufkommen. Die heutigen Weine schmecken anders als noch vor 50 Jahren. Deshalb wurden für diese neuen Weine auch neue Glasformen entwickelt.

Die Form des Glases ist ausschlaggebend für den Geschmack des Weines. Weintrinken ist nicht nur schmecken, sondern ein Genuss mit allen Sinnen.

Bereits beim Einschenken nimmt das **Auge** die Farbe des Weines wahr oder das samtartige Anlaufen des Glases, wenn kühler Weißwein serviert wird.

Wein muss man riechen. Darum dürfen Gläser nicht zu voll geschenkt werden, um dem Wein genügend Raum zur Duftentfaltung zu lassen. Rotweingläser werden maximal zu einem Viertel, Weißweingläser zu einem Drittel gefüllt. Ausnahmen gibt es natürlich auch hier: Ballongläser werden nur bodenbedeckend gefüllt. Bei geeichten Gläsern hat man sich an den Füllstrich zu halten.

Jedem Wein sein Glas

Um die Authentizität der Weine nicht zu verfälschen, ist es wichtig, dass die Form des Glases auf den Charakter der Rebsorte abgestimmt ist. Der erste Kontakt des Weines mit der Zunge ist der wichtigste. Er bestimmt den Gesamteindruck. Alle Geschmackssensoren werden aktiviert bis hin zum Abgang und Nachgeschmack.

Wie der Wein auf die Zunge gelenkt wird (schmal, breit, vorne oder hinten), dafür ist die **Form des Glases** und die **Beschaffenheit des Glasrandes (Rollrand)** verantwortlich.

Das perfekte Kostglas

In Zusammenarbeit mit Sommelièren und Sommeliers, Weinkennern und Designern werden heute Gläser geschaffen, die nicht nur optisch außerordentlich sind. Ihre Innenfläche hat die Großporigkeit schweren Bleikristalls. Dadurch wird das im Wein gelöste CO_2-Molekül durch Reibung in Schwingungen versetzt und am scharf geschliffenen Rand zu einem CO_2-Bläschen, das sich erfrischend auf die Zungenpapillen legt und so die Spritzigkeit bestimmt.

> Ein anerkannter Designer hat seine Weingläser als „Lautsprecher des Weines" bezeichnet. Tatsächlich ist die Wahl des richtigen Glases von großer Wichtigkeit für den perfekten Weingenuss.

Was zeichnet das perfekte Kostglas aus?

Das perfekte Kostglas sollte
- tulpenförmig sein, zum Konzentrieren der Weinaromen;
- farblos und durchsichtig sein und keine Ornamente haben, damit Klarheit und Farbe des Weines beurteilt werden können;
- dünnwandig sein, um gegebenenfalls den Inhalt mit den Handflächen erwärmen zu können;
- einen Stiel haben, damit es sich leichter schwenken lässt und ein unerwünschter Temperaturanstieg durch Handwärme vermieden wird;
- ein ausreichendes Fassungsvermögen haben, damit sich die Weinaromen voll entfalten können;
- richtig gewartet, also richtig gereinigt und aufbewahrt werden.

💡 Ein angenehmer Klang der Gläser beim Anstoßen ist wie Musik in den Ohren.

Das ideale Kostglas ist tulpenförmig.

💡 Zum Reinigen der Gläser sollte ein parfumfreies Spülmittel verwendet werden. Nach gründlichem Spülen mit Wasser werden die Gläser mit einem nicht fasernden Poliertuch poliert und dann an einem Ort aufbewahrt, wo Fremdgerüche keinen Zutritt haben.

Vergleich des Geschmacksprofils der Rebsorte mit der Glasform

Die Rebsorte	im Glas	am Gaumen

Riesling

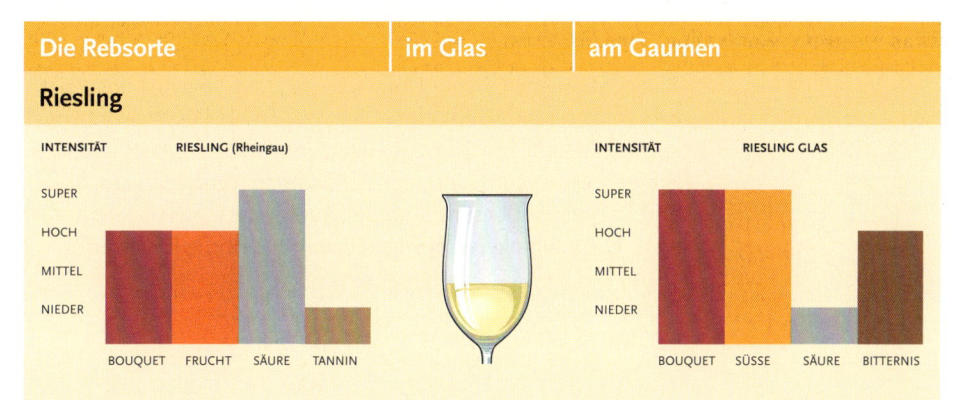

INTENSITÄT — RIESLING (Rheingau): BOUQUET, FRUCHT, SÄURE, TANNIN

INTENSITÄT — RIESLING GLAS: BOUQUET, SÜSSE, SÄURE, BITTERNIS

Fruchtbetonte, leichte Weißweine mit hoher Säure verlangen eine Glasform, die die Frucht mit zartbitterem Abgang betont.

Chardonnay

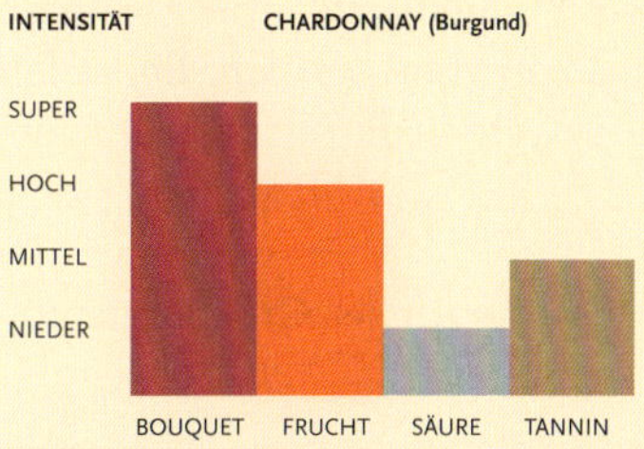

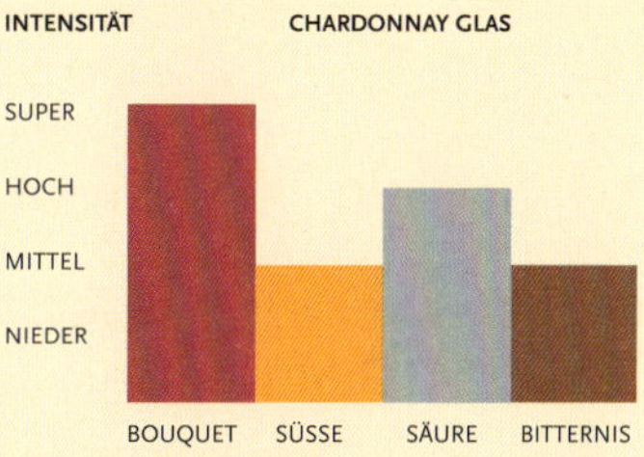

INTENSITÄT — CHARDONNAY (Burgund): BOUQUET, FRUCHT, SÄURE, TANNIN

INTENSITÄT — CHARDONNAY GLAS: BOUQUET, SÜSSE, SÄURE, BITTERNIS

Körperreiche, kräftige Weißweine mit mittlerer Säure verlangen eine Glasform, die die Säure betont und den Alkohol unterdrückt.

Cabernet Sauvignon

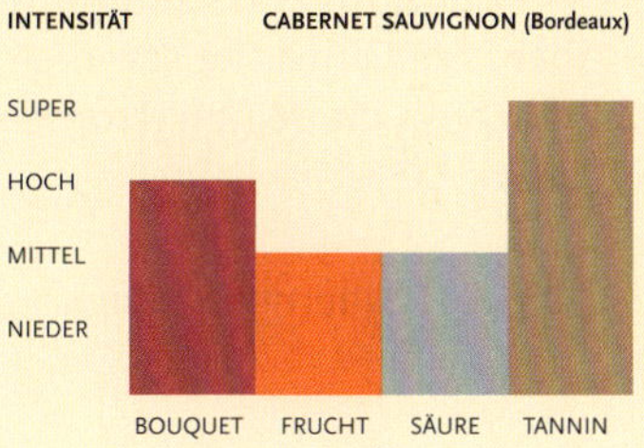

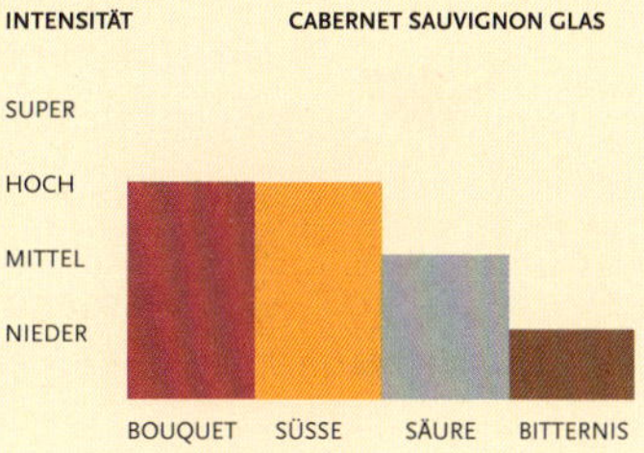

INTENSITÄT — CABERNET SAUVIGNON (Bordeaux): BOUQUET, FRUCHT, SÄURE, TANNIN

INTENSITÄT — CABERNET SAUVIGNON GLAS: BOUQUET, SÜSSE, SÄURE, BITTERNIS

Kräftige Rotweine mit mittlerer Säure und hohem Tannin verlangen eine Glasform, die die Frucht betont und das Tannin etwas unterdrückt.

Pinot noir

INTENSITÄT — PINOT NOIR (Burgund): BOUQUET, FRUCHT, SÄURE, TANNIN

geschliffener Rand

INTENSITÄT — PINOT NOIR GLAS: BOUQUET, SÜSSE, SÄURE, BITTERNIS

Fruchtbetonte, kräftige Rotweine mit hoher Säure und mittlerem Tannin verlangen nach einer Glasform, die die Frucht betont und die Säure unterdrückt. Ein geschliffener Rand erlaubt dem Wein sanft über die Zunge zu fließen.

Dieses Glas mit Rollrand macht jeden Wein kurz und sauer; Gläser mit Rollrand sind ungeeignet.

Der Wein – Faktoren für den Genuss

Die Hauptglasformen

Glas für junge Weißweine: Riesling-Glas

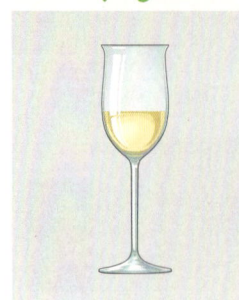

Tulpenförmiges Glas mit Auslippung. Das bewirkt, dass sich beim Nippen oder Trinken die Zunge aufstellt. Der Wein gelangt somit zuerst auf die Zungenspitze und läuft dann erst über die Zungenränder zum hinteren Teil. Dadurch werden Frucht, Süße und Spritzigkeit betont und die Säure weitestgehend neutralisiert. Die **schlanke, eiförmige Form** bündelt die Duftstoffe.

Passende Weine: Welschriesling, Rheinriesling, Grüner Veltliner, Muskateller, Rivaner, Sauvignon blanc.

Durch den leicht ausgestellten oberen Rand am Kelch werden Frucht und Säure beim Eintritt in den Mund besonders betont. Ideal für alle jungen, blumigen Weißweine.

Glas für gereifte und kräftige Weißweine: Chardonnay-Glas

Glas, das sich nach oben verjüngt. Dies bewirkt, dass man den Wein nicht nippen kann, sondern heraussaugen muss. Der Wein gelangt sofort auf die Zungenmitte. Somit können sauer, salzig und bitter vor süß registriert werden. Bei reifen Weinen der Rebsorte Chardonnay werden die nussig-würzigen, mineralischen Noten betont.

Passende Weine: Chardonnay, Weißburgunder, Grauburgunder, Neuburger, Traminer.

Glas für hochwertige Rotweine: Bordeaux-Glas

Es ist dem Chardonnay-Glas ähnlich. Nur etwas größer und höher. Dies bewirkt, dass sich die bitteren und herben Geschmacksempfindungen sofort in die Zungenmitte und in den hinteren Zungenmund begeben. Die Duftstoffe sammeln sich ebenfalls auf der Weinoberfläche – die feinen Aromen erschließen sich erst nach und nach.

Passende Weine: Blaufränkisch, Merlot, Cabernet Sauvignon, Cabernet Franc.

Glas für hochwertige Rotweine: Burgunder-Glas

Sehr großes, bauchiges und nach oben sehr stark verjüngtes Glas. Dadurch erreicht man bestmögliche Duftentfaltung.

Passende Weine: Blauer Burgunder, Blauburger, St. Laurent, Zweigelt.

Dessertweinglas (Süßweinglas)

Das kleinere Glas ist in der Formgebung eine Mischung aus Ei und Apfel; kennzeichnend ist der große Duftkamin (Freiraum im Glas über dem Flüssigkeitsspiegel).
Durch die spezielle Form des Glases werden die Bukettstoffe konzentriert, somit wird ein optimales Riech-Trink-Vergnügen gewährleistet.

Passende Weine: Prädikatsweine wie z. B. Beeren- und Trockenbeerenauslesen, Eiswein.

💡 Das Dessertweinglas ist kleiner als die anderen Weingläser, da Dessertwein nur in kleinen Mengen genossen wird.

3 Harmonie von Speisen und Wein

Wein ist ein perfekter Begleiter von Speisen. Er regt den Appetit an, kann den Geschmack der Gerichte anheben und trägt zweifellos viel zur Geselligkeit bei Tisch bei. Die Kombination von Speisen und Wein wird aber erst dann zum vollendeten Genuss, wenn sich beide ergänzen – welcher Wein aber mit welchen Speisen wirklich gut harmoniert, darüber gehen die Meinungen weit auseinander.

3.1 Grundregeln der Kombination von Speisen und Wein

Längst sind die Zeiten vorbei, in denen zu dunklem Fleisch nur kräftige Rotweine und zu Fisch nur Weißweine empfohlen wurden, während Wein zu Süßem völlig undenkbar war. Bezüglich Weinauswahl werden heute schon so viele Verhaltensregeln aufgestellt, dass sie einander oft widersprechen. Daher sollte man mutig für das eintreten, was einem persönlich schmeckt – ein paar Regeln und Hinweise können dennoch die Weinauswahl erleichtern:

Bei der Weinauswahl zählt in erster Linie der persönliche Geschmack.

Auf einen Blick

Grundsätzlich wird Wein in folgender Reihenfolge getrunken:
- Weißwein – Roséwein – Rotwein – Dessertwein – Schaumwein
- Leichte vor schweren Weinen
- Junge vor alten Weinen
- Trockene vor süßen Weinen
- Einfache vor qualitativ höherwertigen Weinen
- Körperarme vor körperreichen Weinen
- Säurearme vor säurereichen Weinen
- Weniger aromatische vor aromatischen Weinen
- Zu hellem Fleisch Weißwein (Kalb, helle Teile vom Schwein, Geflügel, Fisch, Kitz, Spanferkel); wird das Gericht aber mit einem Rosé- oder Rotwein zubereitet, verlangt die Speise nach diesem Wein.
- Zu Fischgerichten und Meeresfrüchten Weißwein. Auch hier gilt: Wenn der Fisch mit Rosé- oder Rotwein zubereitet wird, trinkt man auch denselben Wein dazu.
- Zu dunklem Fleisch Rotwein (Rind, Wild, Wildgeflügel, Lamm)
- Zu leichten Speisen leichte Weine
- Zu schweren Speisen schwere, alkoholreiche Weine
- Zu salzigen Speisen trockene Weine
- Zu süßen Speisen süße Weine
- Wird zu einem Menü nur ein einziger Wein verlangt oder empfohlen, so soll es ein relativ neutraler Wein sein.
- Darüber hinaus sind noch
  - der Anlass,
  - der Ort,
  - die Atmosphäre und
  - die Jahreszeit zu berücksichtigen.

💡 Diese Regeln sind sozusagen „klassisch". Sie werden aber in manchen Bereichen und aufgrund der neueren Entwicklungen in der Küche heute häufig gebrochen. Das gibt Spielraum für Fantasie und Kreativität.

3.2 Trends in der Abstimmung von Speisen und Wein

Eine gute Zusammenarbeit zwischen dem Sommelier/der Sommelière und dem Küchenchef/der Küchenchefin ist die Grundlage für eine optimale Weinempfehlung. Um eine begründbare Empfehlung machen zu können, ist es notwendig, beide Produkte – die Gerichte und den Wein – möglichst genau zu analysieren. Nicht nur über die

> Rohware, sondern auch im gleichen Maß über die Zubereitungsart und vor allem über die geschmacksgebenden Substanzen, die verwendet werden, muss der Sommelier/die Sommelière Bescheid wissen.

Faktoren, die Einfluss auf die Weinauswahl haben

Art der Gerichte

- Werden z. B. **Fleischspeisen mit Sauce** gereicht, so ist der Wein nicht auf die Hauptzutat wie Fleisch bzw. Fisch, sondern auf die Sauce abzustimmen, da die Sauce meist der geschmacksintensivste Teil einer Speise ist.
- Werden **Fleischspeisen ohne Sauce** gereicht, z. B. Gebackenes, dann soll der dazu bestimmte Wein auf das Fleisch abgestimmt werden. Er darf aber niemals das Essen überdecken.
- Sehr **fetthaltige Speisen** sind bekömmlicher mit Weinen, die reich an Säure, Gerbstoff und Alkohol sind. Diese drei Komponenten regen auch den Appetit und die Verdauung an.
- **Käse und Wein** können harmonische Kombinationen eingehen, aber viel Tannin im Wein wirkt in Verbindung mit dem im Käse enthaltenen Eiweiß unangenehm am Gaumen. Alkoholreiche, fruchtige Weißweine brauchen einen milden Käse. Gereifte Burgunder vertragen auch gereifte, kräftige Käse. Je süßer/alkoholreicher der Wein, desto intensiver muss der Käse sein.

Zubereitungsarten

Die Zubereitungsart einer Speise, z. B. dünsten, kochen, braten, schmoren etc., ist bei der Weinauswahl zu berücksichtigen. Zart gedämpfte Speisen dürfen z. B. nicht durch kräftige Weine überdeckt werden; sie harmonieren aber mit den Röststoffen gebratener Gerichte.

Gewürze und Kräuter

Kräftig gewürzte Speisen (z. B. Chili, Curry, Tabasco) schmecken in Verbindung mit alkoholreichen Weinen noch kräftiger.

Alkohol

Der Alkohol im Wein verstärkt den Eindruck der Süße, die Wirkung von Gewürzen und unterstützt die Verdauung.

Kohlensäure

Kohlensäure im Wein (besonders im Schaumwein) verdeckt teilweise die Süßeempfindung. Im Zusammenspiel mit dem Essen wirken diese Weine süßer, als sie tatsächlich sind.

Grundsätzlich gilt: Weder Speisen noch Wein dürfen Übergewicht erhalten. Der Wein ist deshalb immer auf das geschmacksintensivste Produkt auf dem Teller abzustimmen. Im Zweifelsfall soll eher der Wein etwas zurückstehen.

Beispiele

- Gebackenes verlangt nach eher jungen, spritzigen und leicht säurebetonten Weinen.
- Ein Großteil der Hausmannskost lässt sich von eher jungen und säurebetonten Weinen begleiten.
- Zu kräftigen Gerichten passen, wegen des höheren Gerbstoffgehaltes, Weine aus Barriques besser.
- Für Gänseleber oder Hühnerleberparfait wie für Blauschimmelkäse haben sich immer die Prädikatsweine bewährt.
- Zur asiatischen Küche (z. B. zu scharfen süßsauren Gerichten) passen extraktreiche Weine.
- Zu Schokolade-, Obers- und Eisgerichten werden hochwertige Prädikatsweine sowie Portwein, Banyuls, Moscato d'Asti etc. gereicht.

💡 Mit den Trends in der Abstimmung von Speisen und Wein beschäftigt sich seit Jahren sehr erfolgreich der Chefkoch Jerry Comfort von Beringer Vineyards in Kalifornien:

"We look at wine and food pairing a little differently here at Beringer Vineyards. Our Wine & Food Pairing information explains our theories and has some delicious suggestions for making perfect pairings. To understand how wine interacts with food, we need to look at the food in terms of the simple elements of taste. Any specific dish will contain one or more of the five basic tastes: sweet, sour, salty, bitter and protein/umami. These dominant tastes in the food will have a profound effect on the taste of the wine."

Mehr dazu finden Sie auf folgender Homepage: **www.beringer.com**

💡 Eine alte Weisheit besagt: „Probieren geht über Studieren". Bei der Auswahl von Getränken zu Speisen trifft das sicherlich zu.

Die asiatische Küche verträgt extraktreiche Weine.

Banyuls = Süßweine aus bestimmten Regionen Frankreichs (z. B. Banyuls-sur-Mer).

Moscato d'Asti = Naturschaumwein aus Muskatellertrauben aus den Italienischen Provinzen Cuneo, Asti und Allessandria.

3.3 Das Zusammenspiel der Geschmackskomponenten

Da im Mund – wie bereits ausführlich beschrieben – hauptsächlich vier Geschmacksrichtungen (bitter, salzig, sauer, süß) wahrgenommen werden können, sollte diese Tatsache bei der Abstimmung des Weines zum Essen immer berücksichtigt werden. Dazu sollte man Folgendes wissen:

- **Bitterstoffe**, die beim Rösten, Grillen und Schmoren von Speisen entstehen, harmonisieren die Süßeempfindung und mäßigen die Säureempfindung. Bitterstoffe werden langsam wahrgenommen, halten aber lange an. Sie sind bekömmlicher in Verbindung mit gerbstoffreicheren, alkoholreicheren Weinen.
- **Salz** steigert die Wahrnehmung der Aroma- und Bitterstoffe im Wein und in den Speisen. Der Geschmack wirkt unharmonisch.
- In Verbindung mit stark säurehaltigen Weinen werden **säurehaltige Speisen** unbekömmlich. Fetthaltige Speisen werden hingegen durch Weine mit guter Säure leichter verdaulich.
- **Süße** in Speisen (nicht nur bei Desserts, sondern auch bei gegartem Gemüse) erhöht die Wahrnehmung der Säure im Wein. Ein säurebetonter Wein wird durch Zucker noch aggressiver.

Grundregeln der Kombination

Es gibt keine hundertprozentig gültigen und immer zutreffenden Regeln über die Wechselbeziehung zwischen Getränken und Speisen. Zu unterschiedlich sind die Gewohnheiten und der Geschmack der Menschen, aber auch die Gerichte und Getränke.

Folgende Grundsätze der Kombination von Wein und Speisen wurden von Reinhold Paukner in seinem Werk „Der Wein zum Essen und das Essen zum Wein" vorgestellt:

Die Wechselwirkung zwischen Getränken und Speisen in Kurzform:

Verstärken sich gegenseitig
- Süß und süß
- Salzig und salzig
- Salzig und sauer
- Sauer und sauer
- Sauer und bitter
- Bitter und bitter

Überdecken sich gegenseitig
- Süß und salzig
- Süß und bitter
- Süß und sauer
- Salzig und bitter

💡 Die Kombination von Speisen und Wein ist immer dann ideal, wenn sich beide ergänzen.

Säure im Getränk und Säure in der Speise	Säuren in Getränken und Speisen summieren sich auf aggressive, metallisch-bittere Art.
Säure im Getränk und Salz in der Speise	Säure und Salz addieren sich und werden unangenehm bitter.
Säure im Getränk und Fett in der Speise	Weinsäure löst ölige, fettreiche Speisen und Substanzen auf und neutralisiert.
Säure in der Speise und Tannine im Getränk	Säuren lassen Tannine noch bitterer erscheinen.
Säure und Alkohol im Getränk und Gewürze in der Speise	Beide bewirken eine oft explosionsartige Verschärfung der Gewürze.
Säure in der Speise und Süße im Getränk	Sie gleichen sich aus. Bei Käse ist ein Wein mit geringer Süße ausreichend, da er nicht viel Säure enthält.
Salz in der Speise und Süße im Getränk	Gleichen sich nicht ganz aus, doch verleihen einander meist mehr Subtilität.
Bitterstoffe in der Speise und Süße im Getränk	Bitterstoffe in Speisen und Süße im Wein gleichen sich relativ gut aus.
Bitterstoffe in der Speise und Gerbstoffe (Tannine) im Getränk	Bitterstoffe in Speisen werden durch jugendliche Tannine höchst unangenehm verstärkt.
Bitterstoffe in der Speise und Säure im Getränk	Verhalten sich ähnlich wie Säure in der Speise und Tannin im Getränk.
Bitterstoffe im Getränk und Fett in der Speise	Bitterstoffe im Getränk und Fett neutralisieren einander.
Bitterstoffe im Getränk und Salz in der Speise	Auch diese Rechnung geht nicht auf. Geschmackliche Verwirrung ist die Folge.
Süße im Getränk und Süße in der Speise	Restsüße des Getränkes und Süße des Gerichts gehen eine harmonische Verbindung ein und verringern einander.
Rauchgeschmack in der Speise und Säure im Getränk	Nur Weine mit reifer Säure können hier mithalten. Der Rauchgeschmack wird zusätzlich durch einen entsprechenden Barrique-Ton unterstützt.

Der Wein – Faktoren für den Genuss

Starten Sie in Ihrer Gruppe die Verkostung. Probieren Sie jede Speise mit jedem Wein. Notieren Sie im Arbeitsblatt (siehe nächste Seite) Ihre Eindrücke. Diskutieren Sie in der Gruppe die einzelnen Geschmacksrichtungen. Viel Spaß!

Praktische Probe

Probieren Sie selbst, wie sich die einzelnen Geschmackskomponenten der Speisen wie süß, sauer, salzig und bitter mit den Getränken im Mund vertragen.

Einige Komponenten werden sich wunderbar ausgleichen und damit sehr harmonisch wirken. Manch andere Kombinationen werden genau das Gegenteil hervorrufen.

Einkaufsliste

Speisen
- Joghurt
- Mischbrot
- Butter
- geräucherter Speck
- grüne Äpfel
- reife Birnen
- Orangen
- Radicchio oder Chicorée
- Apfelstrudel
- Sachertorte oder Schokoladekuchen
- Staubzucker
- Salz

Getränke
- Junger, frischer Weißwein mit kräftiger Säure
- Gereifter, kräftiger, eventuell in Barrique ausgebauter Weißwein
- Junger, fruchtbetonter, klassisch ausgebauter Rotwein
- Gereifter, mit kräftigen Tanninen ausgebauter Rotwein
- Leichter, nicht zu süßer Prädikatswein wie z. B. eine Spätlese oder Auslese
- Kraftvoller, süßer Prädikatswein wie z. B. eine Beerenauslese oder Trockenbeerenauslese

Bereiten Sie für jede Weingruppe (Weiß-, Rot- und Süßwein) und für jeden Ihrer Kolleginnen und Kollegen ein Glas und folgende Probeteller vor:

- Joghurt
- Brot mit Butter
- Brot mit geräuchertem Speck
- grüne Apfelspalten
- reife Birnenspalten
- Orangenfilets
- Radicchio- oder Chicorée
- Apfelstrudel (nicht zu süßes Dessert)
- Sachertorte oder Schokoladekuchen (eher schwereres, süßes Dessert)

Staubzucker und Salz sollen à part am Tisch eingestellt werden. Jeder kann nach Belieben das Butterbrot mit Salz würzen oder die Süßspeisen mit Staubzucker verfeinern.

Radicchio oder Chicorée (im Bild roter Chicorée) sind wegen ihrer Bitterstoffe für die Verkostung sehr interessant.

3 Harmonie von Speisen und Wein

Viel Spaß beim Degustieren

	Joghurt	Butterbrot	Butterbrot mit Salz	Brot mit geräuchertem Speck	Grüne Apfelspalten	Reife Birnenspalten	Orangenfilets	Radicchio und/oder Chicorée	Apfelstrudel	Sachertorte oder Schokoladekuchen
Junger, frischer Weißwein mit kräftiger Säure										
Gereifter, kräftiger, evtl. in Barrique ausgebauter Weißwein										
Junger, fruchtbetonter, klassisch ausgebauter Rotwein										
Gereifter, mit kräftigen Tanninen ausgebauter Rotwein										
Leichter, nicht zu süßer Prädikatswein wie z. B. eine Spätlese oder Auslese										
Kraftvoller, süßer Prädikatswein wie z. B. eine Beerenauslese oder Trockenbeerenauslese										

Wie harmonisch waren die einzelnen Geschmackskomponenten wie süß, sauer, salzig und bitter in der Kombination von Speise und Getränk? (Kreuzen Sie je nach Empfinden an!)

Kombination	harmonisch	weniger harmonisch	gar nicht harmonisch
Säure im Getränk und Säure in der Speise	☐	☐	☐
Säure im Getränk und Salz in der Speise	☐	☐	☐
Säure im Getränk und Fett in der Speise	☐	☐	☐
Säure in der Speise und Tannine im Getränk	☐	☐	☐
Säure und Alkohol im Getränk und Gewürze in der Speise	☐	☐	☐
Säure in der Speise und Süße im Getränk	☐	☐	☐
Salz in der Speise und Süße im Getränk	☐	☐	☐
Bitterstoffe in der Speise und Süße im Getränk	☐	☐	☐
Bitterstoffe in der Speise und Gerbstoffe (Tannine) im Getränk	☐	☐	☐
Bitterstoffe in der Speise und Säure im Getränk	☐	☐	☐
Bitterstoffe im Getränk und Fett in der Speise	☐	☐	☐
Bitterstoffe im Getränk und Salz in der Speise	☐	☐	☐
Süße im Getränk und Süße in der Speise	☐	☐	☐
Rauchgeschmack in der Speise und Säure im Getränk	☐	☐	☐

Der Wein – Faktoren für den Genuss

Vorschläge für die Korrespondenz von Speisen und Wein

Speise	Empfehlung	Beispiel
Kalte Vorspeise	Leichte, trockene Weißweine und Roséweine	Grüner Veltliner, Welschriesling, Riesling
Fleisch-Carpaccio	Trockene bis halbtrockene Weißweine	Chardonnay, Weißburgunder, Riesling (z. B. Spätlese)
Gänse- oder Entenleberpastete	Süßweine und Sekt	Traminer, Scheurebe, Muskat-Ottonel
Terrinen oder Wildpasteten	Junge Rotweine	Blauer Portugieser, Blaufränkisch, Zweigelt
Suppe		
	Grundsätzlich kein Getränk	
Weinsuppe	Der Wein, der bereits bei der Zubereitung verwendet wurde	
Fischsuppe	Leichte, trockene Weiß- und Roséweine	Grüner Veltliner, Welschriesling, Rivaner
Warme Vorspeise		
	Kräftige Weißweine sowie Rosé- und leichte Rotweine	Weißburgunder, Sauvignon blanc sowie Blauer Portugieser, Zweigelt, Blaufränkisch
Hummer, Langusten, Meeresfrüchte	Trockene extraktreiche Weißweine	Grauburgunder, Chardonnay, Sauvignon blanc
Schnecken und Pilze	Mittelschwere Rotweine	Blauer Burgunder, Blaufränkisch
Nudel- und Reisgerichte	In Verbindung mit leichten Saucen – leichte, trockene Weißweine	Grüner Veltliner, Welschriesling, Rivaner
	In Verbindung mit kräftigen Saucen – leichte bis mittelschwere Rotweine	Blauer Portugieser, Blaufränkisch, Zweigelt
Schinkenfleckerln, Lasagne	Mittelschwere bis kräftige Rotweine	St. Laurent, Blaufränkisch, Zweigelt
Fisch		
Gekocht oder gedämpft	Trockene Weißweine	Riesling, Welschriesling, Grüner Veltliner
Gebraten oder gebacken	Trockene, kräftige Weißweine	Weißburgunder, Chardonnay, Grauburgunder
Geräuchert	Trockene, kräftige Weißweine	Weißburgunder, Chardonnay, Grauburgunder
In leichten hellen Saucen	Trockene bis halbtrockene Weißweine	Riesling, Welschriesling, Rivaner, Grüner Veltliner
In schweren Saucen	Trockene, kräftige, extraktreiche Weißweine	Weißburgunder, Chardonnay, Grauburgunder
In Rotweinsauce	Rotwein, der für die Zubereitung verwendet wurde	

3 Harmonie von Speisen und Wein

Fleisch		
Kalb-, Schweine- und Lammfleisch – gekocht	Mittelschwere Weißweine	Scheurebe, Neuburger, Grüner Veltliner, Riesling
Gebraten, gegrillt und gebacken	Trockene, gehaltvolle Weißweine, aber auch leichte bis mittelschwere Rotweine	Grüner Veltliner, Riesling (z. B. Spätlesen), Ruländer, Chardonnay, Blauer Portugieser
Rindfleisch – gekocht	Mittelschwere Rotweine sowie kräftige Weißweine	Blaufränkisch, Zweigelt, Neuburger Grüner Veltiner, Weißburgunder, Grauburgunder
Gebraten, gegrillt	Kräftige, vollmundige Rotweine	Blauer Burgunder, St. Laurent, Cabernet Sauvignon, Rotwein-Cuvée
Stark gewürztes Fleisch	Schwere, extraktreiche Rotweine	Cabernet Sauvignon, Blauer Burgunder, Rotwein-Cuvée, in Barrique ausgebaute Weine
Geflügel		
Gekocht oder in heller Sauce	Trockene Weißweine	Grüner Veltliner, Riesling, Scheurebe
Gegrillt, gebacken, gebraten	Mittelschwere Weißweine sowie Roséweine und leichte Rotweine	Neuburger, Chardonnay, Weißburgunder, Blauer Portugieser
Schweres Bratgeflügel (z. B. Ente)	Kräftige Rotweine	St. Laurent, Zweigelt, Blaufränkisch
Wild und Wildgeflügel	Schwere extraktreiche Rotweine	Cabernet Sauvignon, Blauer Burgunder, Rotwein-Cuvée, in Barrique ausgebaute Weine
Käse		
Frischkäse von der Kuh	Leichte Weiß- und Roséweine sowie Schaumweine	Grüner Veltliner, Welschriesling, trockener Schaumwein
Frischkäse von Ziege und Schaf	Trockene, leicht aromatische Weißweine	Schaumweine, Rivaner, Muskateller, Schilchersekt
Weißschimmelkäse	Volle, reife Weißweine sowie leichte bis mittelschwere Rotweine	Chardonnay, Grauburgunder, Blauer Portugieser, Zweigelt
Rotkulturkäse	Kräftige Weißweine sowie mittelschwere Rotweine	Weißer Burgunder, Chardonnay, Zweigelt
Schnittkäse	Trockene, körperreiche Weißweine	Grüner Veltliner, Weißer Burgunder, Grauburgunder
Hartkäse	Kräftige, körperreiche Weißweine sowie mittelkräftige Rotweine	Riesling Smaragd, Grüner Veltliner Smaragd, Blauer Burgunder, Merlot
Blau- und Grünschimmelkäse	Edelsüße Weine sowie süßer Sherry und Portwein	
Süßspeisen und Desserts		
	Geeignet sind halbsüßer Sekt sowie Prädikatsweine, Portwein, Banyuls etc.	

❗ Auf keinen Fall sollte man zu Süßspeisen und Desserts trockene Weine oder trockenen Sekt empfehlen.

Weinempfehlungen zu österreichischen Speisen

Frischer Spargel
Die Auswahl des passenden Weines hängt vor allem von der „Begleitung" zum Spargel ab. Wenn er kalt mit einer **Sauce Vinaigrette** oder warm **Natur** nur mit Butter serviert wird, sollte er von einem sehr feingliedrigen Wein begleitet werden, wie z. B. einem Weißburgunder oder Sauvignon blanc.

Wenn er warm mit einer **Sauce Hollandaise** oder nach **Wiener Art** serviert wird, verlangt der Spargel nach einem kräftigeren Wein, wie einem Smaragd-Wein oder einer trockenen Spätlese aus den Sorten Chardonnay, Grüner Veltliner, Weißburgunder oder Zierfandler.

Kalbsbraten
Hier sind die regionalen Gewohnheiten sehr unterschiedlich. In den östlichen Bundesländern wählt man zu Kalbsbraten eher Weißwein von gehobener Qualität, wie Weißburgunder, Chardonnay, Zierfandler oder Ruländer, während man im Westen leichten Rotwein, wie Zweigelt oder Blauen Portugieser, empfiehlt.

Schweinsbraten
Wenn dazu Wein getrunken wird, dann auf jeden Fall ein kräftiger, säurereicher Weißwein, wie Grüner Veltliner oder Welschriesling.

Wiener Schnitzel oder gebackenes Hendl
Darin sind versteckte Fette enthalten, die den eher neutralen Geschmack des Fleisches begleiten. Ein passender Wein dazu ist zum Beispiel ein Grüner Veltliner.

Tafelspitz
Dieser Klassiker aus der österreichischen Küche verlangt geradezu nach einem herzhaften Grünen Veltliner.

Gebratenes Gansl
Dazu passt auf jeden Fall ein gut gereifter Blaufränkischer, besonders Weißweintrinker sollten es aber auch einmal mit einem trockenen, in Barrique ausgebauten Grauen Burgunder oder einem Staubigen (Jungwein) versuchen.

Brettljause
Zu den meist fetten Speisen wie Kümmelbraten, kalter Schweinsbraten oder Verhackertes gehören leichte, säurebetonte Weißweine wie Welschriesling, Grüner Veltliner oder ein Schilcher.

Süße Knödel, Strudel oder Nockerln
Dabei gilt die Regel „Süße und Süße heben sich auf". Je süßer die Nachspeise, umso süßer darf der begleitende Wein sein. Die Palette der passenden Weine reicht von der Spätlese über den Eiswein bis zur Trockenbeerenauslese. Bei den Prädikatsweinen hat Österreich ein besonders großes Angebot.

Mit seinen klassischen Beilagen ist das „Gansl" die typische Spezialität, die rund um Martini (11. November) genossen wird.

> ### 🎯 Ziele erreicht?
> 1. Bereiten Sie eine Blindprobe für Gerüche vor und führen Sie sie durch, um ihre Geruchswahrnehmung zu testen.
> 2. Erarbeiten Sie mit Ihrer Ausbildnerin oder Ihrem Ausbilder die Degustationsbegriffe.
> 3. Erweitern Sie in der Gruppe die Checkliste zur sensorischen Weinanalyse.
> 4. Organisieren Sie eine Degustation, um die einzelnen Weintypen kennenzulernen.
> 5. Führen Sie eine Degustation zum Thema Speisen und Wein durch.
> 6. Ergänzen Sie die für Sie neu gewonnenen Regeln zum Thema Speisen und Wein.

4 Wein und Gesundheit

Alkohol und Gesundheit – ein Widerspruch? Der **griechische Arzt Hippokrates** verordnete bereits 400 v. Chr. Rotwein bei Störungen des Herz-Kreislauf-Systems. Im Mittelalter besaß so ziemlich jedes Krankenhaus einen Weinkeller, denn viele heilsame Mixturen waren im alkoholischen Traubensaft gelöst. Zwar war die Wirkungsweise des Weines noch nicht wissenschaftlich analysiert, dennoch wurden ihm **zahlreiche positive Auswirkungen auf Wohlbefinden und Gesundheit** zugeschrieben. Es sollte jedoch bis 1991 dauern, bis die positive Wirkung des Weingenusses auch in der Öffentlichkeit bestätigt und angenommen wurde.

> **Wussten Sie, dass ...**
>
> ein 1/4 Liter Weißwein rund 12 % der Tageszufuhr an Kalium, 10 % an Magnesium, 10 % an Eisen, 10 % an Mangan und 20 % an Kupfer abdeckt? Außerdem 17 % des täglichen Bedarfs an Vitamin C und 7 % des Nervenvitamins B_6.

Das französische Paradoxon

Die am 17. November 1991 ausgestrahlte Diskussionssendung „60 Minutes" des amerikanischen Senders CBS zum Thema „Gesunde Ernährung" trug dazu bei, dass das Produkt Wein fortan in einem anderen Licht erstrahlte. Die Behauptung des Moderators, dass das niedrige Herzinfarktrisiko der Franzosen auf deren Rotweinkonsum zurückzuführen sei, entfachte heftige Diskussionen. Von einem Moment zum anderen wurde aus der gefährlichen Droge eine Medizin gegen die amerikanische Volkskrankheit Nummer eins – dem aus einer Verfettung der Koronargefäße resultierenden Herzinfarkt.

Auf einmal wurde offiziell, was die Menschen in den Weinbauregionen aus eigener Erfahrung schon immer wussten: Weinkonsum ist, **sofern er moderat ausfällt,** Bestandteil einer gesunden Lebensweise. Zahlreiche Folgestudien beweisen dies.

Folgestudien

- **MONICA-Studie** (MONItoring trends and determinants in CArdiovascular disease) der WHO – weltweit 13 Mio. Menschen erfasst (1985 bis 1995).
- **Nancy-Studie:** die größte Wein-Langzeitstudie der Welt von Prof. Serge Renaud, Bordeaux (1991).

Die Wirkung der Polyphenole

Im Rotwein lassen sich drei Substanzen nachweisen, die eine antioxidative Wirkung aufweisen: Quercetin, Catechin und vor allem **Resveratrol**. Alle drei gehören zur Gruppe der Polyphenole, die sich in jedem Wein befinden. Im Rotwein sind sie in zehnmal größerer Menge enthalten als im Weißwein. Resveratrol ist in den Schalen der Weintrauben zu finden, wo es die Pflanze vor Pilzen, Viren und Bakterien schützt. Durch das spezielle Herstellungsverfahren der Schalenmaische bei Rotwein ist der Anteil entsprechend hoch. Der Polyphenolanteil ist also umso höher, je tanninreicher der Wein ist.

Besonders viel Resveratrol ist in den Schalen von blauen Weintrauben enthalten.

Polyphenole = aromatische Verbindungen, die in Pflanzen als bioaktive Substanzen wie Farbstoffe, Geschmacksstoffe und Gerbsäuren vorkommen.

Verzögerung des Alterungsprozesses – Schutz vor Krebs

Als sehr wirksames **Antioxidans** bremst der sekundäre Pflanzenstoff Resveratrol auch Alterungsprozesse in den Zellen. Eine „königliche Substanz im Anti-Aging" ist Resveratrol laut Prof. Dr. Markus Metka, Präsident der österreichischen Anti-Aging-Gesellschaft: „Dieser Traubeninhaltsstoff ist einer der stärksten natürlichen Fänger der gefürchteten freien Radikale und ein idealer Entzündungshemmer." Immerhin gelten oft unbemerkte chronische Entzündungen als mitverantwortlich für Herz-Kreislauf-Erkrankungen, Demenz und Krebs im hohen Alter. „Nur 30 bis 40 Prozent des Alterns sind genetisch vorgegeben, 60 bis 70 Prozent können wir selbst beeinflussen", mahnt der Experte.

Schutz vor Herzinfarkt

Das **Tannin des Weines** schützt das Herz. Es erhöht die Produktion des HDL-Lipoproteins und senkt die Menge des gefährlichen, aber bekannteren LDL-Lipoproteins. Dieses setzt sich bei zu fettreicher Ernährung wie Wachs an den Arterienwänden der Herzkranzgefäße ab, verengt sie und kann einen Herzinfarkt auslösen. Weiters bindet es Sauerstoff, der dem Blut entzogen wird, sodass der Herzmuskel unterversorgt ist. Der hohe Tanningehalt eines Rotweines beugt dem vor.

→ Malolaktische Gärung siehe S. 89.

☞ **Wussten Sie, dass ...**
Aromastoffe, Mineralstoffe, Säure und Alkohol im Wein eine verstärkte Speichelabsonderung und Magensaftsekretion bewirken? Deshalb wird Wein als Aperitif getrunken bzw. gegen Appetitlosigkeit eingesetzt.

☞ **Wussten Sie, dass ...**
Wein die Nierensteinbildung verhindert? Wissenschafter der Harvard Universität in Boston haben herausgefunden, dass sich Wein unter 21 Getränken mit Abstand am besten als Nierensteinprophylaxe bewährt.

Schwefel und Histamin

Mit Abstand die häufigste Ursache für **Kopfschmerzen** nach dem Weingenuss ist zu hoher Alkoholkonsum. Aber auch ein hoher Anteil an schwefeliger Säure kann bei empfindlichen Menschen zu Kopfschmerzen führen. Der Prozentsatz von Menschen, die auf Schwefel reagieren, ist sehr gering. Schwefel führt eher zu Bauchschmerzen, da er sich wieder im sauren Magenmilieu aufspaltet. Histamin kann ebenfalls Kopfschmerzen verursachen und führt weiters zu erhöhter Blutzirkulation, ähnlich wie bei Schwellungen nach einem Insektenstich. Es ist ein unerwünschtes Nebenprodukt bei der malolaktischen Gärung. Bereits kleinste Mengen (5 bis 8 Milligramm) genügen, um die Reaktionen hervorzurufen.

Wein und Magenschleimhaut

Kaum im Magen angekommen, stimuliert der Wein die Magensäure, die Fett und Eiweiß spaltet und die Verdauung ermöglicht. Die Magensäure sorgt dafür, dass das saure Milieu im Magen einen pH-Wert von unter 1 aufweist, also sehr sauer ist. Bei Menschen mit verstärkter Magensäureproduktion kann Alkohol in größeren Mengen zur **Reizung der Magenschleimhäute** führen. Bei überempfindlichen Menschen kann bereits geringer Weingenuss auf Grund der Säure zu einer starken Reizung der Magenschleimhäute und des Zwölffingerdarms führen.

Wein ist ein Kalorienspender

Den größten Anteil der Kalorien liefert der **Alkohol.** Eine Bouteille (0,75 Liter) enthält rund **500 Kalorien.** Regelmäßiger Weingenuss kann also zu Übergewicht beitragen. Vor allem bei übergewichtigen Personen kann Wein einen zusätzlichen Gewichtsschub hervorrufen. Acetaldehyd bremst den Fettabbau im Gewebe. **Wein regt zudem den Appetit an** und animiert zum Verzehr größerer Nahrungsmengen. Insgesamt hängt eine Gewichtsabnahme oder -zunahme auch davon ab, wie es um den Stoffwechsel des Weintrinkers/der Weintrinkerin generell bestellt ist.

Wie viel Wein darf's sein?

Da Wein kein vorschriftsmäßig zu dosierendes Pharmazeutikum ist, bleibt es jedem selbst überlassen, wie viel man sich selbst „zumuten" möchte. Außerdem ist der tägliche Genuss von Wein kein Muss für die Gesundheit, sondern nur eine Empfehlung. Deshalb gibt es auch keine offizielle Tagesdosis. Laut Studien können Frauen bis ca. 24 Gramm (0,2 bis 0,3 Liter Wein) Alkohol und Männer bis ca. 32 Gramm (0,3 bis 0,4 Liter Wein) Alkohol täglich zu sich nehmen, ohne gesundheitliche Beeinträchtigungen in Kauf nehmen zu müssen. Wie viel Alkohol man verträgt, hängt von **Geschlecht, Körpergewicht** und **Konstitution** ab.

Moderater täglicher Weingenuss

bedeutet bei **gesunden**

- **Frauen** ca. 0,2–0,3 l Wein (bzw. 16–24 g Alkohol)
- **Männern** ca. 0,3–0,4 l Wein (bzw. 24–32 g Alkohol)

je 0,1 l

Es entsprechen in etwa (bei spez. Gewicht von ca. 0,8 g/ml):	
Vol.-%	Alkohol in 100 ml
8,0 Vol.-%	6,4 g
10,0 Vol.-%	8,0 g
12,0 Vol.-%	9,6 g
14,0 Vol.-%	11,2 g

Der Wein und sein Service

Wein ist ein Genussmittel und erfordert daher eine entsprechende Präsentation beim Gast. Fundiertes Fachwissen als Basis hilft im Umgang mit dem Gast, doch nur ein professionelles Service ermöglicht den optimalen Genuss.

Meine Ziele

Nach Bearbeitung dieses Kapitels kann ich
- die Definition der Begriffe „Sommelière/Sommelier" erläutern;
- einen Überblick über die Ausbildungsmöglichkeiten zur Sommelière oder zum Sommelier geben;
- die Aufgabenbereiche in diesem Fachgebiet anführen;
- die wichtigsten Grundsätze nennen, die beim Einkauf und bei der Lagerung von Wein beachtet werden müssen;
- über die Methoden der Kalkulation und der Preisgestaltung von Getränken Auskunft geben;
- die Richtlinien zur Gestaltung einer Weinkarte wiedergeben;
- weitere Verkaufshilfen aufzählen und einsetzen;
- Präsentations- und Verkaufstechniken beschreiben;
- die verschiedenen Arten des Weinservice definieren und diese anwenden;
- auf Beschwerden des Gastes richtig reagieren und aus ihnen lernen.

Der Wein und sein Service

1 Die Sommelière/der Sommelier

1.1 Begriffsklärung „Sommelier"

Sommelière/Sommelier ist die französische Bezeichnung für die Weinkellnerin/den Weinkellner. Der Begriff „Sommelier" hat eine jahrhundertealte Tradition und entwickelte sich aus der Tätigkeit von höherrangigen Dienstboten an den Höfen Frankreichs. Dort wurde er auch als „Saumelier" oder „Säumler" bezeichnet, was zu Deutsch „Mundschenk" bedeutet. Der Sommelier war die Vertrauensperson, die für Speisen und Getränke verantwortlich war und diese deshalb auch vor dem Verzehr verkostete.

Bacchus wurde von den Römern als Gott des Weines und des Weinbaus verehrt

☞ **Wussten Sie, dass ...**
bisher etwa 7 000 junge Weinfachleute im Fach „Getränkemanagement" in Österreich ausgebildet wurden?

www.hum.at/Zertifikate/
Jungsommeliér/e

1.2 Die Ausbildungsmöglichkeiten

Wie werde ich Jungsommelière/Jungsommelier?

Voraussetzungen
■ Besuch von 60 Unterrichtseinheiten „Getränke" – abgedeckt laut Regellehrplan (kann bei Schülerinnen und Schülern der HLW durch eine Qualifikationsprüfung abgedeckt werden) **und**
■ Besuch von 30 Unterrichtseinheiten „Service" – abgedeckt laut Regellehrplan.

Der zweite Schritt
Anschließend der Besuch von 60 Unterrichtseinheiten „Getränkemanagement".

Wie werde ich Diplomsommelière/Diplomsommelier?

Möglichkeiten in Österreich	Möglichkeiten in Deutschland
Voraussetzungen	
■ Ein abgeschlossener Lehrberuf im Gastgewerbe (Koch/Köchin, Restaurantfachmann/-fachfrau, Hotel- und Gastgewerbeassistent/in) **oder** eine ■ abgeschlossene mittlere und höhere Schule im Bereich Tourismus.	Lehre zum/zur Restaurantfachmann/-frau und Berufserfahrung in Restaurants mit umfangreichem Weinangebot im In- und Ausland.
Der zweite Schritt	
Zusätzlich sind ■ fünf Jahre Praxis (inklusive Lehrzeit bei Lehrberufen) **bzw.** ■ ein Jungsommelierzertifikat **oder** ■ eine erfolgreich abgeschlossene Hotelfachprüfung plus zwei Jahre Praxis für Abgänger/-innen von Fachschulen für das Hotel- und Gastgewerbe erforderlich.	**Staatlich geprüfte(r) Sommelière/Sommelier** Einjährige Ausbildung an der Hotelfachschule Heidelberg mit Schwerpunkten in der Weinkunde, Betriebsorganisation, Betriebswirtschaft, Volkswirtschaft, Marketing und Sprachen (Englisch, Französisch). **IHK-geprüfte(r) Sommelier/Sommelière** Berufsbegleitende Ausbildung an der IHK Koblenz mit Schwerpunkten in der Fachpraxis, dem Weinverkauf und der Weinempfehlung inklusive eines Praktikums bei einem Winzerbetrieb.

Jungsommeliers aus Retz

💡 Ausbildendes Institut in Österreich: WIFI (zweimal drei Wochen Ausbildung zu je 120 Einheiten und abschließende Prüfungen nach dem ersten und zweiten Teil).

IHK = Internationale Handelskammer. In der IHK Koblenz befindet sich die „Deutsche Wein- und Sommelierschule".

1.3 Berufsanforderungen

Sommelières/Sommeliers sind Fachleute mit umfassenden Kenntnissen aller Getränke, haben aber vorwiegend die Aufgabe, den passenden Wein zu den Gerichten auszuwählen bzw. die Gäste bei der Weinbestellung zu beraten.

Der direkte Kontakt mit dem Gast erfordert
- Freundlichkeit,
- ein angenehmes Auftreten und
- Taktgefühl sowie
- gute sprachliche Ausdrucksfähigkeit.

Dazu muss man über hervorragender Weinkenntnisse sowie über außergewöhnliches Wissen in Bezug auf Weinbau, der Kellerwirtschaft und der Gläserkunde verfügen.

Eine besondere Gewichtung fällt der menschlichen und psychologischen Komponente zu. So erkennt eine gute Sommelière bzw. ein guter Sommelier, was sein Gegenüber wünscht und geht geschickt auf dessen Bedürfnisse ein. Er wendet sich dabei freundlich an den Gast, ohne aufdringlich oder gar arrogant bzw. unterwürfig zu wirken.

Oberstes Gebot ist es, dem Gast in jeder Hinsicht entgegenzukommen und ihn an eine Weingastronomie heranzuführen, die Einsatz und Hingabe fordert.

> Für eine perfekte Getränkeempfehlung bedarf es einer umfassenden Kenntnis der Speisen. Deshalb informiert sich die Sommelière bzw. der Sommelier in der Küche über Zutaten und Zubereitungsart der Speisen bzw. Beilagen.

1.4 Aufgabenbereich der Sommelière/des Sommeliers

Lange Zeit wurde mit dem Begriff Sommelière/Sommelier vorwiegend die Tätigkeit des Weinservierens sowie ein entsprechendes Weinwissen verbunden. Heute dagegen werden weitaus umfangreichere Kenntnisse und Fertigkeiten verlangt.

Zu den vielfältigen Aufgaben zählen unter anderem
- Einkauf, fachgerechte Lagerung und Verwaltung aller Getränke
- Überwachung der Reifung der Weine
- Permanenter Kontakt zu Winzerbetrieben und Weinhandelsfirmen
- Kalkulation aller Getränke
- Gestaltung von Getränke- und Weinkarten
- Schulung von Mitarbeiterinnen und Mitarbeitern im Bereich Getränke
- Empfehlungen von korrespondierenden Getränken zu Speisen
- Kreativer Verkauf zum richtigen Zeitpunkt
- Durchführung des fachgerechten Service für ein entsprechendes Getränk
- Organisation von Weindegustationen und Weinkulinarien

1.5 Zukunftsperspektiven und Berufschancen

Sommelières/Sommeliers sind mittlerweile weltweit in der Gastronomie anzutreffen. In Restaurants, Weinhandlungen und im Verkauf und Marketing großer Weingüter finden sie ihre Beschäftigungsmöglichkeiten.

Vor allem Auslandsaufenthalte wirken sich positiv auf die Berufslaufbahn aus, da sie nicht nur das Wissen erweitern, sondern auch nützliche Sprachkenntnisse auffrischen.

Außerdem sind Sommelières/Sommeliers im Weinjournalismus oder als Referentinnen bzw. Referenten für Fortbildungen im Einsatz. Das Zertifikat zur Diplomsommelière oder zum Diplomsommelier ermöglicht den Einstieg in die Ausbildung zum **Master of Wine.**

Wussten Sie, dass ...
Gérard Basset aus Frankreich Sommelier-Weltmeister 2010 wurde? Unter den zwölf Finalisten waren vier Frauen. Die nächste Weltmeisterschaft findet 2013 in Japan statt.

Finden Sie heraus, welche drei fachlichen Titel Gérard Basset als einziger Mensch weltweit trägt.

Weinkeller als Repräsentationsraum

Vor einem Besuch beim Weinbaubetrieb sollte man sich rechtzeitig anmelden. Nicht immer hat die Winzerin bzw. der Winzer unbeschränkt Zeit, sich seinen Kundinnen und Kunden zu widmen oder ist womöglich gar nicht anwesend.

Wussten Sie, dass ...
die Preise der Premiers Grands Crus des berühmten 1982er-Jahrganges innerhalb von zehn Jahren um 700 bis 1 000 % gestiegen sind? Der 1983er-Jahrgang im Vergleich legte pro Jahr nur um rund 15 % zu.

Sommelier-Weltmeisterschaft
Alle drei Jahre trifft sich die Weltelite der Sommelières/Sommeliers zum „Concours Mondial de la Sommellerie", also zur Weltmeisterschaft des Sommelierwesens.

Rund 45 Teilnehmer/-innen aus 45 Ländern (von Asien bis Südamerika) bereiten sich jahrelang auf den von der „Association de la Sommellerie Internationale" durchgeführten Event vor.

Zu den Wettbewerbsbereichen zählen unter anderem
- die Blinddegustation von vier Weinen und die Ermittlung ihrer Herkunft,
- Erstellung internationaler Weinempfehlungen zu vorgegebenen Menüs,
- Blinddegustation von zwölf Spirituosen,
- Betreuung von Gästen auf mehreren Tischen in einer inszenierten Restaurantsituation und
- Durchführung eines perfekten Rotweinservice.

2 Kellermanagement

Die Thematik des Kellermanagements ist sowohl für die Sommelière und den Sommelier als auch für die private Weinliebhaberin oder den Weinliebhaber eine wichtige Voraussetzung für den fachgerechten Umgang mit dem Produkt Wein. Gerade in diesem Bereich können Fehler passieren, die die Qualität des Weines extrem beeinflussen können. Viele Faktoren entscheiden letztendlich darüber, ob der Konsument dieses lebenden Produktes ein genussvolles Highlight oder eine bittere Enttäuschung erlebt.

2.1 Weineinkauf

Vom betriebswirtschaftlichen Standpunkt aus fällt dem Einkauf von Wein eine ganz besondere Bedeutung zu. Fundierte Produktkenntnis und jahrelange Erfahrungen sind Voraussetzungen, um dem Gast eine erlesene Palette an Weinspezialitäten anbieten zu können.

Möglichkeiten des Weineinkaufes

Der Einkauf von Weinen ist für den Betrieb mit großen Ausgaben verbunden und muss wohlüberlegt werden. Folgende Einkaufsmöglichkeiten stehen heute zur Verfügung:

Weinbaubetrieb	**Ab-Hof-Verkauf** Dies ist die interessanteste Möglichkeit Wein zu kaufen, verbunden mit einem besonderen Einkaufserlebnis (evtl. Verkostung und Besichtigung des Kellers). Man erhält meist auch detaillierte Informationen über Betrieb, Ernte und die Produkte aus erster Hand. Lediglich eine weitere Anreise kann jemanden davon abhalten „seine Winzerin/seinen Winzer" selbst aufzusuchen und direkt vor Ort zu kaufen. **Subskription** - Gekauft wird, wenn sich der Wein noch im Reifezustand im Fass befindet. Es gibt eine Mindestbestellmenge. Die Bezahlung muss umgehend erfolgen. Geliefert wird meist zwei bis drei Jahre später, sobald der Wein in Flaschen abgefüllt ist. - Der Vorteil bei seltenen Weinen ist, dass man sein Kontingent mit einem bestimmten Preis gesichert hat. Manch rare Tropfen steigern nach der Auslieferung ihren Preis gewaltig und werden so zum Spekulationsobjekt. Es kann aber auch ein Risikogeschäft mit negativem Ausgang werden.

Weinfachgeschäfte, Vinotheken	Hier erhält man meist kompetente Beratung (oft von Sommelières/Sommeliers oder Weinakademiker/-innen), kann verschiedene Weine vor dem Kauf verkosten und hat den Vorteil einer großen Auswahl. Häufig werden auch Weinproben gegen Gebühr für teurere Produkte angeboten. In den letzten Jahren haben sich auch verstärkt regionale Vinotheken in Österreich etabliert.
Einzelhandel	Besonders bei Delikatessengeschäften und Kaufhäusern mit einer entsprechend großen Lebensmittelauswahl kann man fündig werden. Große Supermarktketten verfügen nicht selten über eine gut sortierte Verkaufsfläche für Weine, die mit einfachen Weinen ebenso bestückt sind wie mit teuren Spitzengewächsen. Diese Häuser sind um Beratung bemüht und stehen dem Fachhandel oft in nichts nach.
Weinversandfachhandel	■ Die meisten Weinhandelshäuser bieten eine breit gefächerte nationale und internationale Weinpalette mit gutem Preis-Leistungs-Verhältnis an. Neben einem exklusiven Bestellkatalog wird oft auch die Möglichkeit des Internetshoppings angeboten. ■ Kompetente Weinhandlungen vertreten nicht nur bekannte große und namhafte, sondern auch kleinere Weingüter. Aufgrund der Tatsache, dass die Kundin/der Kunde die Weine vor dem Kauf nicht probieren kann, bieten sie auch sortierte Probepakete an.
Weinauktionen	■ Lange Zeit waren Weinauktionen Marktplätze für den Handel mit reifen Weinen. Bordeauxweine des großen Jahrganges 1847 wurden erstmals als gezielte Spekulationsobjekte eingesetzt. Die letzte große Spekulationswelle setzte mit dem Top-Weinjahrgang 1982 ein. Heute kommen auch vermehrt junge Weine unter den Hammer. ■ Die Zeitschrift „The Wine Advocat" des amerikanischen Weintesters Robert Parker ist dabei Wegweiser für Weininvestoren und -investorinnen in aller Welt.
Internet	■ Hier gibt es viele Kombinationen mit den bereits oben genannten Kaufmöglichkeiten. Perfekt aufgebaute kundenfreundliche Homepages helfen dabei, den Überblick zu bewahren und Tipps und Informationen (z. B. Harmonie von Speisen und Wein) zu transportieren. Hauptsächlich werden Basisqualitäten sowie Accessoires angeboten. ■ Bestellungen bei vertrauenswürdigen Anbietern werden sicherlich zur Zufriedenheit der Kundschaft erfolgen. ■ Manchmal endet die Begeisterung für das E-Commerce beim Empfang von zerbrochenen Flaschen, zeitlichen Verzögerungen und höheren Transportkosten.

Wussten Sie, dass ... das Auktionshaus „Christie's" bereits in 43 Ländern mit über 80 Verkaufsräumlichkeiten vertreten ist?

Im Jahr 1766 versteigerte das weltweit bekannte Auktionshaus „Christie's" erstmals eine größere Anzahl an Bordeaux- und Madeiraweinen.

Erfahrene Internetkäufer/-innen informieren sich über die aktuellen Geschäftsbedingungen, wie z. B.:
■ Kostenlose Zustellung ab einem bestimmten Auftragswert oder
■ garantiertes Rückgaberecht und Bezahlung erst nach Erhalt der Ware.

Wichtige Punkte des Weineinkaufes

Große Weine binden eine Menge Kapital und stellen sich bei Unverkäuflichkeit als Verlustposten heraus, was sich wiederum auf die Verwaltung eines Kellers negativ auswirkt.

Hier sind wichtige Parameter in Betracht zu ziehen: Gästeschicht, Image des Unternehmens, Verkaufstalent der im Service tätigen Mitarbeiterinnen und Mitarbeiter und vieles mehr.

Tipps für den richtigen Weineinkauf

■ Bedenken Sie das Ziel Ihres Einkaufes – wer sind Ihre Gäste?
■ Verkosten Sie die Weine niemals alleine, die Meinung mehrerer Personen relativiert so manches und schützt vor übertriebenem Masseneinkauf.
■ Machen Sie Verkostungsnotizen, um den derzeitigen Stand der Reife und des Geschmackes festzuhalten. Oft sind Verkostungsprotokolle zu einem späteren Zeitpunkt sehr hilfreich.
■ Kaufen Sie Weine nach dem Geschmack Ihrer Gäste – nicht nur nach Ihrem persönlichen Geschmack.

Der Wein und sein Service

- Bei jung zu trinkenden Weinen nicht zu große Mengen kaufen.
- Bei ausgefallenen Weinen (in Barrique ausgebaute Weißweine, sehr kräftige Rotweincuvées, teure Bordeaux …) bedenken Sie die Möglichkeiten des Absatzes.
- Beachten Sie beim Kauf die Lagerkapazitäten der Weine.
- Nach dem Kauf sollte nicht der Fehler begangen werden, den Wein im Auto bei sehr hohen oder sehr niedrigen Temperaturen länger liegen zu lassen.

> In einem **zu warmen** Keller reifen die Weine zu rasch, sie verlieren Gerbstoffe und Frucht. Die Weine wirken beim Verkosten flach und alkoholisch.
>
> Ist ein Weinkeller **zu kalt,** reifen die Weine zu langsam. Die Gerbstoffe können nicht ausreifen und wirken hart und metallisch.

2.2 Der Weinkeller – die Weinlagerung

Beim Wort „Weinkeller" denken viele Menschen an einen dunklen, feuchten und verstaubten Ort mit wenig behaglichem Ambiente. Im privaten Bereich ist dies auch manchmal noch so der Fall, im betrieblichen Umfeld ist das in der heutigen Zeit jedoch nicht mehr vorstellbar.

Ein moderner Weinkeller muss allen hygienischen und organisatorischen Voraussetzungen entsprechen und hat die Aufgabe, einen Wein solange optimal lagern und reifen zu lassen, bis dieser zum Verkauf gelangt.

Lagerbedingungen

Folgende wichtige Punkte sollte ein optimaler Weinkeller erfüllen:

Tipps für die richtige Weinlagerung	Mögliche Auswirkungen bei falscher Lagerung
Gleichbleibende Temperatur zwischen 8 und 15 °C (kann jahreszeitlich um ca. 4 °C variieren)	Erwärmt sich der Keller im Sommer auf 16 bis 18° Grad oder mehr, verdirbt der Wein zwar nicht, aber er reift um ein Vielfaches schneller, so dass Weißweine ihre gewünschte Frische verlieren und keine volle Entfaltung der Inhaltsstoffe stattfinden kann.
Relative Luftfeuchtigkeit von 65 bis 75 %	■ Wird ein Wein zu trocken gelagert, führt dies zum Austrocknen und Schrumpfen des Naturkorkens, was wiederum den Zutritt von Sauerstoff ermöglicht. Der Wein beginnt zu oxidieren, verfärbt sich und bricht letztendlich. ■ Zu hohe Luftfeuchtigkeit fördert die Bildung von Sporen und schafft damit die Grundlage für die unerwünschte Schimmelbildung auf dem Korken. Der Pilz kann mit der Zeit durch den Korken wachsen und damit den typischen „Korkgeschmack" verursachen.
Gedämpfte Beleuchtung (Neonlicht ist zu vermeiden)	■ Laufende Erschütterungen oder der Einfluss von grellem Licht führen zur Beschleunigung von Oxidationsprozessen.
Erschütterungsfrei	
Gute Luftzirkulation	■ Bei mangelnder Durchlüftung eines Weinkellers kann es einerseits zur verstärkten Schimmelbildung kommen, andererseits kann durch den Naturkorken ein Fehlgeruch in die Flasche gelangen und den Wein geschmacklich beinträchtigen.
Keine Beeinträchtigung durch Fremdgerüche	■ So wirkt sich die Lagerung beispielsweise von Heizöl, Benzin, Autoreifen oder stark riechenden Lebensmitteln in der Nähe von Wein sehr negativ aus.

Tonröhren stabilisieren Temperatur und Feuchtigkeit

> Als eines der lebenden Produkte unter den Nahrungs- und Genussmitteln benötigt Wein zu seiner Entwicklung einen mehr oder weniger langen Reife- und Lagerungsprozess. So entfaltet eine Rotweincuvée oft erst nach mehrjähriger Lagerung ihre Geschmacksfülle und Finesse.

Gründe für die Einlagerung von Wein

Die plausibelste Erklärung für eine zumindest kurze Lagerung ist die Tatsache, dass jeder Transport die Bukett- und Geschmackseigenschaften von Wein stört. Erst nach einer, wenn möglich zwei- bis dreiwöchigen, Ruhephase kann der Wein wieder in seiner ursprünglichen Aromenvielfalt genossen werden.

Außerdem ist es in der Gastronomie heutzutage durch das breit gefächerte Speisenangebot ist es ein absolutes „Muss", einen gewissen Vorrat an verschiedensten Weinen auf Lager zu haben.

Darüber hinaus haben gerade ältere, gereifte Weine haben oft einen entsprechenden Preis und wären zum Zeitpunkt des Kaufes als bereits gereifte Weine für ein Unternehmen kaum leistbar.

Kellergasse im Weinviertel: Hier stehen schlichte weiße Gebäude dicht aneinandergereiht, auch Presshäuser genannt, weil die Pressen für die Weinerzeugung darin stehen. Darunter dehnt sich das dunkle Labyrinth der Erdkeller. Die Kellergassen des Weinviertels sind in ihrer Gesamtheit weltweit einzigartig.

2.3 Möglichkeiten der Lagerung

Naturkeller

Erd- oder Lehmkeller, die das Klima speichern, bieten die besten Voraussetzungen für die Lagerung von Weinen. Dass diese Keller traditionell ein Gewölbe haben und aus Ziegeln gefertigt sind, hat seinen Sinn:
- Bei einem Gewölbe gibt es keinen Lüftungsstau in Ecken und Kanten, die Luft kann somit frei zirkulieren.
- Der Vorteil der Ziegel liegt in den hygroskopischen Eigenschaften – die Feuchtigkeit wird auf konstantem Niveau gehalten, muffige Gerüche werden absorbiert.

Wer einen Naturkeller sein Eigen nennen darf, kann stolz darauf sein, eine ideale Möglichkeit der Lagerung seiner Weine zu besitzen und darüberhinaus ein Stück österreichischer Kulturgeschichte zu bewahren.

Lagerkeller

Neben den allgemeinen Lagerbedingungen sollte besonders auf die Beschaffenheit des Bodens geachtet werden. Der ideale Boden ist der eines Naturkellers oder aus Vollziegel auf einem besonderen Schotter-Kies-Aufbau. Dieser Boden atmet und trägt zu einer konstanten Luftfeuchtigkeit im Raum bei. Für das Streichen der Wände wird am besten Kalk verwendet.

Die Flaschenregale sollten aus einem temperaturbeständigen Material gefertigt sein und über eine entsprechende Tragkraft verfügen. Aus Sicherheitsgründen sollten die Regale mit der maximalen Gewichtsbelastung beschriftet sein. Auch die Tiefe (ideal 70 cm) solcher Regale ist zu berücksichtigen. Besonders hohe Stellagen müssen durch Befestigungen an den Wänden gesichert werden. In diesem Fall wird es auch erforderlich sein, den Lagerkeller mit einer strapazierfähigen Hochleiter mit großer Abstellfläche (Größe einer internationalen Holzkiste für 12 Normalflaschen) auszustatten.

Lagerkeller eines Restaurants

Weinklima- und Weintemperierschränke

In den **Weinklimaschränken** können Weine für den optimalen Reifeprozess langfristig gelagert werden. Je nach eingestellter Temperatur können jedoch auch Weiß- oder Rotweine in der jeweiligen Serviertemperatur vorrätig gehalten werden.

In **Weintemperierschränken** können Rotwein, Weißwein oder sogar Schaumweine in der richtigen Serviertemperatur gelagert werden. Sie verfügen über verschiedene Temperaturzonen, die zwischen 5 °C und 18 °C unabhängig voneinander eingestellt werden können. Durch permanente Frischluftzufuhr über Aktivkohlefilter und Umluftkühlung gewährleisten diese Geräte eine gleichbleibend hohe Luftqualität. Speziell entwickelte Kompressoren sorgen zudem für eine besonders ruhige Lagerung der Weine. Das getönte, isolierte Sicherheitsglas gewährleistet einen optimalen UV-Schutz. Bis zu 220 Flaschen fasst ein durchschnittlicher Weinschrank.

Lager- und Schaukeller der Hospiz Alm in St. Christoph am Arlberg – der größte gastronomische Großflaschenkeller der Welt.

Der Wein und sein Service

💡 Wie lange ist ein geöffneter Wein haltbar?

In einer angebrochenen Flasche befindet sich mehr Sauerstoff als zuvor, weshalb sich der Wein verändert.
Manchmal zum Guten: Sehr gehaltvolle Rotweine können nach einem Tag vollmundiger werden. Doch die meisten Weine werden in angebrochenen Flaschen nach spätestens einem Tag schlapper. In eine kleinere Flasche umfüllen, gut verschließen und kühl stellen kann den Verfall etwas bremsen.

👉 Wussten Sie, dass ...

bereits in Rom Wein in Amphoren aus Terrakotta lagerten? Erst im 17. Jahrhundert wurde mit der Lagerung in Flaschen und dem Verschließen der Flasche mit Kork begonnen.

Die fachlich richtige Bestückung eines Weintemperierschrankes ist von Gerät zu Gerät unterschiedlich, bei unserem **Beispiel** befindet sich oben die kühlste und unten die wärmste Zone:

- Schaumweine bei 4 bis 6 °C
- Junge, frische Weiß- und Roséweine 8 bis 10 °C
- Gereifte Weißweine 10 bis 12 °C
- Leichte, junge Rotweine 12 bis 15 °C
- Körperreiche Rotweine 15 bis 17 °C
- Gereifte, körperreiche Rotweine 18 °C

Ideale Lagerpositionen

Abhängig vom Verschlusssystem werden Weine auf folgende Arten gelagert	
Naturkorken	■ Derart verschlossene Weine sollten liegend mit dem Etikett nach oben gelagert werden. ■ Die waagrechte Lagerung ermöglicht eine Befeuchtung des Naturkorkens, der wiederum den Flaschenmund abdichtet und einen größeren Sauerstoffzutritt verhindert. Der zur Reifung notwendige minimale Luftaustausch ist gegeben.
Alternativverschluss (Kunststoffstopfen, Dreh- oder Glasverschluss bzw. Kronkorken)	■ Solche Weinflaschen können stehend oder liegend gelagert werden. ■ Sehr oft sind dies Weine, deren Frische und Jugendlichkeit für einige Zeit erhalten bleiben soll, die Gasdichte des Verschlusses macht dies möglich.

Faktoren für die Lagerfähigkeit von Weinen

Es gibt wesentliche Kriterien, die die längere Lagerung von Weinen ermöglichen:
- Je kräftiger der Alkohol, desto länger die Lagerfähigkeit des Weines (Ausnahmen bilden die Süßweine).
- Je höher der Restzuckergehalt, umso mehr Lagerpotenzial besitzt der Wein.
- Säure kann ein Faktor für eine längere Lagerung sein.
- Gerbstoffe (Tannine) tragen wesentlich zur Haltbarkeit bei.
- Die Lagerung im Barrique kann die Lagerfähigkeit eines Weines positiv beeinflussen.
- Der Reifegrad der Trauben bei der Lese ist ein weiterer Faktor und ist im Extraktgehalt auch messbar.
- Mittel- und spätreifende Weißweinrebsorten wie Riesling, Weißburgunder, Chardonnay, Zierfandler ... eignen sich bei entsprechender Einstellung der Grade zur längeren Lagerung.
- Kräftige Rotweinsorten wie Blaufränkischer, Cabernet Sauvignon, aber auch Pinot Noir und vor allem herbe Rotweincuvées mit höherem Alkoholgehalt und eventuellem Barriqueausbau weisen ein gutes Lagerpotenzial auf.

2.4 Das Kellerbuch

Ein Kellerbuch besteht hauptsächlich aus der Buchführung über den Weinverbrauch (Kauf, Lagerung und Verbrauch) und aus Verkostungsnotizen.

Folgende Daten sollten vermerkt sein:
- Anzahl der Flaschen einen Weines bzw. der Jahrgänge
- Bezugsquelle
- Einkaufspreis und -datum
- Lagerplatz
- Entnahmemenge und -datum
- Degustationsnotizen

Insbesondere anhand der Degustationsnotizen lässt sich nachvollziehen, wann ein Wein seine optimale Trinkreife erlangt und womit er am besten harmoniert. Dies ist hilfreich, wenn man eine größere Anzahl von Flaschen eines einzelnen Weines im Keller hat, der im Lauf der Jahre geöffnet wird. Dadurch kann immer wieder auf die eigenen Notizen zurückgegriffen und die Entwicklung des Weines nachvollzogen werden. So erlangt man nach und nach Erfahrung und vermeidet, einen Wein über seine Trinkreife hinaus zu lagern und seinen geschmacklichen Höhepunkt zu verpassen.

> **! Kellerverwaltung auf dem Computer**
> Zu den ausgefeiltesten und teuersten Softwareprogrammen für Weinverwaltung zählt „Robert Parker's Wine Advisor & Cellar Manager", das sehr visuell einen detaillierten Überblick über den eigenen Weinkeller gibt. Darüber hinaus erhält man Zugang zu 34 000 Bewertungen von Robert Parker.

> Winzer/-innen sind gesetzlich verpflichtet ein amtliches Kellerbuch zu führen, in dem von der Erntemeldung bis zum Verkauf alles dokumentiert wird. Hierfür wird häufig das sogenannte LBG-Kellerbuch, ein Computerprogramm, das auf dem Landesbeamtengesetz basiert, verwendet.

? Arbeitsaufgaben

1. Definieren Sie den Begriff „Sommelière/Sommelier".
2. Nennen Sie Voraussetzungen für die Ausbildung zur Diplomsommelière bzw. zum Diplomsommelier in Österreich.
3. Geben Sie einen kurzen Überblick über die Aufgabenbereiche der Sommelière/ des Sommeliers.
4. Welche wichtigen Grundsätze müssen beim Einkauf beachtet werden?
5. Nennen Sie Grundregeln bei der Lagerung von Wein.
6. Finden Sie fünf Bezugsquellen von Wein:

O	Y	O	E	Q	B	C	L	I	E	H	N
H	Y	Q	I	N	D	C	Z	B	D	N	U
S	D	D	N	B	K	S	U	H	O	E	J
V	B	J	Z	S	Z	J	P	I	D	Q	X
I	W	S	E	L	E	O	N	S	N	B	X
N	I	F	L	B	I	T	Z	F	O	G	Q
O	N	K	H	Y	E	W	F	P	I	K	P
T	Z	E	A	R	C	R	Z	P	T	Q	D
H	E	G	N	J	F	R	Y	W	K	H	F
E	R	E	D	K	X	K	X	M	U	P	H
K	T	C	E	W	Q	H	C	U	A	R	B
Y	O	M	L	Q	X	G	D	A	X	F	U

Der Wein und sein Service

3 Organisation einer Weindegustation

Die Organisation und Durchführung einer Weindegustation zählt sicherlich zu den interessantesten und spannendsten Aufgaben der Sommelière und des Sommeliers. Um eine derartige Veranstaltung für alle Beteiligten zu einem wahren Erlebnis werden zu lassen, bedarf es neben einem großen Fachwissen und den entsprechenden Fertigkeiten vor allem einer guten Vorbereitung und der damit verbundenen Mise en Place.

Um die Organisation einer Weindegustation so praxisnahe wie möglich darzustellen, soll dies hier in Form eines exemplarischen Beispiels dargestellt werden.

3.1 Die Organisation

Wie auch bei anderen gastronomischen Veranstaltungen sollten vorweg einige wichtige Fakten in Erfahrung gebracht bzw. geklärt werden, die den weiteren Verlauf wesentlich beeinflussen.

Ansprechpartner der Veranstaltung	Herr Max Muster
Adresse	Winzerweg 4, 2020 Hollabrunn
Telefonnummer	0644 34 34 344
Datum der Veranstaltung	Montag, 3. April 2011
Ort der Veranstaltung	Firmenadresse von Herrn Muster: Muster AG Konferenzraum 1 Weinzierlstr. 8, 2020 Hollabrunn
Beginn der Organisation	ab 16:00 Uhr (Anlieferung des Equipments)
Beginn der Veranstaltung	18:00 Uhr
Dauer der Veranstaltung	Ca. 3,5 Std.
Ablauf	Kurzes Impulsreferat – Degustation von sechs Weinen – Gemütlicher Ausklang
Personenanzahl	Ca. 16
Personenkreis	Mitarbeiter/-innen mit Begleitung
Rechnung ergeht an	Herrn Muster, privat

> ❗ Eine Besichtigung der Räumlichkeiten und des vorhandenen Inventars (Tische, Stühle, Lichtquellen ...) ist ratsam und erspart unliebsame Überraschungen.

3.2 Der Ablauf der Veranstaltung

Die Uhrzeit der Verkostung ist von großer Bedeutung. Der ideale Zeitpunkt wäre am Morgen, weil sich hier der Verkoster grundsätzlich in bester psychologischer und physischer Verfassung befindet. Wird eine Verkostung für den Nachmittag angesetzt, ist darauf zu achten, dass sie nicht unmittelbar nach dem Mittagessen stattfindet.

16:00 Uhr:	Anlieferung des Equipments.
	Aufbau der Tafel und des Displaytisches.
	Vorbereitungen für die Degustation (Gläser, Weinkühler etc. aufbauen).
18:00 Uhr:	Eintreffen der Gäste und Aperitifempfang.
18:15 Uhr:	Begrüßung und Erläuterungen zum Ablauf des Abends.
18:30 Uhr:	Kurze Einführung in die Weintheorie mit Unterstützung eines Skriptums.
19:00 Uhr:	Degustation der ersten drei Weinsorten.

Displaytisch = Tisch zur Präsentation der Weine.

19:45 Uhr:	Pause – ein kleiner Imbiss wird gereicht.	
20:30 Uhr:	Degustation weiterer drei Weinsorten.	
21:15 Uhr:	Vorstellung einer Süßweinspezialität als Abschluss.	
21:30 Uhr:	Zusammenfassung und offizielles Ende der Degustation.	
	Weitere Verkostungsmöglichkeit der Weine.	
	Gemütlicher Ausklang.	

3.3 Die Verkostungsliste

Ergänzt durch an den Gästekreis angepasste Informationen über das betreffende Weinland bzw. die jeweilige(n) Weinbauregion(en) sowie einer kurzen Einführung in die Weinerzeugung, wird jeder Teilnehmerin und jedem Teilnehmer die Degustationsliste in Form eines Skriptums überreicht.

Eine zusätzlich eingefügte dritte Spalte dient persönlichen Notizen und ergänzenden Vermerken, um die Sinneseindrücke zu einem späteren Zeitpunkt nochmals Revue passieren lassen zu können.

Exemplarisches Beispiel für die Gestaltung einer Degustationsliste

Weinprobe	Weinbeschreibung des Weingutes	Notizen
Aperitif:		
Schilcher Sekt Hochgrail 2009 Weingut Langmann vulgo Lex Langegg 23, 8511 St. Stefan ob Stainz Weststeiermark www.l-l.at 12,5 Vol.-% Alkohol, 5,0 g/l Restzucker	**Aussehen:** Kräftiges Pink im Farbton. **Duft:** Nach süßen Erdbeeren und pikanten Ribiseln. **Geschmack:** Trocken am Gaumen; füllig und saftig mit cremig-feinem Mousseux; perfekt abgestimmter Dosage; von der Säure exzellent im Zaum gehalten; herzhaft lebendig.	
1. Weinprobe:		
Riesling Federspiel Terrassen 2009 Domäne Wachau, 3701 Dürnstein 107 Wachau www.domaene-wachau.at 12,5 Vol.-% Alkohol, 2,7 g/l Restzucker	**Aussehen:** Im Glas schimmert helles Strohgelb mit zarten Grünreflexen. **Duft:** Das Bukett zeigt sich ausgeprägt; Noten nach Grapefruit und Marille; Exotik im Hintergrund. **Geschmack:** Trocken; saftige Steinobstaromatik mit graziöser Struktur; rassige Säure wird durch die Aromatiefe ausgezeichnet balanciert.	

Wussten Sie, dass ... es sich bewährt hat, Weine nach internationalen Punkteschemata zu beurteilen.

Die Menge der zu verkostenden Weine ist dem Kreis der Verkoster/-innen anzupassen. Es empfiehlt sich, für ungeübte Personen mit einer kleinen Anzahl von Weinen zu beginnen und sich langsam zu steigern.

Suchen Sie Ihnen unbekannte Begriffe in den hier angeführten Weinbeschreibungen und arbeiten Sie Erklärungen dazu aus.

Der Wein und sein Service

> ❗ Bei erfahrenen Verkosterinnen und Verkostern bzw. weinkundigen Gästen kann die vorgegebene Weinbeschreibung entfallen bzw. im Anschluss an die Degustation nachgereicht werden.

Weinprobe	Weinbeschreibung des Weingutes	Notizen
2. Weinprobe:		
Weinviertel DAC Klassik 2009 Weingut Gschweicher, Winzerstraße 29, 3743 Röschitz Weinviertel www.gschweicher.at 12,8 Vol.-% Alkohol, 2,3 g/l Restzucker	**Aussehen:** Glänzendes Grüngelb mit gutem Extrakt. **Duft:** Pfeffriges, lebendiges Bukett mit Duft nach grünen Äpfeln. **Geschmack:** Trocken; mit frischer, mineralischer Säurestruktur; saftig und ausgewogen; schöne Aromenvielfalt; trinkanimierend; feine Zitrusnoten im Nachhall.	
3. Weinprobe:		
Sauvignon Blanc Ried Nussberg 2008 Weingut Gross, 8461 Ratsch an der Weinstraße 26 Südsteiermark www.gross.at 13,2 Vol.-% Alkohol, 1,9 g/l Restzucker	**Aussehen:** Strahlendes Grün mit gelben Reflexen. **Duft:** Dichtes, vielschichtiges Duftspiel mit Anklängen von Stachelbeere und Ananas. **Geschmack:** Trocken ausgebaut; angenehme Säure; zeigt Tiefe sowie puristische Fruchtnuancen; voll Kraft und Finesse; schöne Länge.	
4. Weinprobe:		
Blauer Zweigelt Classic 2007 Weingut Netzl, Rosenbergstraße 17, 2462 Göttlesbrunn Carnuntum www.netzl.com 13,5 Vol.-% Alkohol, 1,2 g/l Restzucker	**Aussehen:** Dunkles Rubingranat. **Duft:** Sauber im Duft nach frischen Zwetschken, Kirschen und Waldbeeren. **Geschmack:** Trocken; zeigt eine feine Würze; ist mild und samtig am Gaumen; ausgewogene Textur mit kräftigem Körper und fruchtbetontem Abgang.	
5. Weinprobe:		
Mittelburgenland DAC 2007 Weingut Johann Heinrich, Karrnergasse 59, 7301 Deutschkreuz Mittelburgenland www.weingut-heinrich.at 13,8 Vol.-% Alkohol, 1,4 g/l Restzucker	**Aussehen:** Funkelndes Granat mit violettem Rand. **Duft:** Fruchtig-würziger Duft nach Waldbeeren. **Geschmack:** Trocken mit harmonischer Säure und weichen Tanninen; reife Brombeeraromen; angenehme Kraft und Harmonie am Gaumen; mittlerer Abgang;	

3 Organisation einer Weindegustation

Weinprobe	Weinbeschreibung des Weingutes	Notizen
6. Weinprobe:		
Pinot Noir Reserve 2006 Weingut Schneider, Badner Straße 3, 2523 Tattendorf Thermenregion www.weingut-schneider.co.at 14,0 Vol.-% Alkohol, 1,0 g/l Restzucker	**Aussehen:** Rubinrot mit orangefarbenem, hellem Rand und kräftiger Schlierenbildung. **Duft:** Feines, gewürzbetontes Hagebutten-Weichsel-Bukett. **Geschmack:** Trocken; angenehme Tanninstruktur; gut eingebundenes Holz; feine Frucht und Würze; dezente Röstaromen; langes Finish.	
Weinspezialität als Abschluss:		
Goldackerl Beerenauslese 2006 Weingut Willi Oppitz, Bartholomäusgasse 19, 7142 Illmitz Neusiedlersee www.willi-oppitz.at 12,5 Vol.-% Alkohol, 112,3 g/l Restzucker	**Aussehen:** Sattes Goldgelb mit Bernstein. **Duft:** Sauber; zarter Honig- und Rosenduft in der Nase. **Geschmack:** Süß; Mango; Lychee und Marille am Gaumen unterlegt mit einer balancierten Honig-Zitrusnote; ausgewogener Körper; dicht und sehr harmonisch zum Ende hin.	

Wussten Sie, dass …
die Reihenfolge der Weine bei der Verkostung eine wesentliche Rolle spielt?

Die optimale Reihenfolge unter Berücksichtigung des Jahrganges und des Alkoholgehaltes wäre:
- junge, leichte Weißweine
- gehaltvolle Weißweine
- gereifte, schwere Weißweine
- Roséweine
- junge, leichte Rotweine
- gehaltvolle Rotweine
- gereifte, schwere Rotweine
- Süßweine

3.4 Die Einkaufsliste

Unter der Berücksichtigung einer Reserve (Weinfehler, z. B. Korkgeschmack) und der Möglichkeit, dass die Gäste im Anschluss an die Degustation die präsentierten Weine nochmals verkosten möchten, ergibt sich folgende Einkaufsliste:

Brot	Getränke	Jause
2 Laibe Schwarzbrot 10 Stück Baguettes 2 kg Nussbrot	4 Flaschen Schilcher Sekt Hochgrail 2009 Je 4 Flaschen von den sechs geplanten Weinproben (Riesling Federspiel, Weinviertel DAC Klassik, Sauvignon Blanc, Blauer Zweigelt, Mittelburgenland DAC, Pinot Noir Reserve) 4 Flaschen Goldackerl Beerenauslese 2006 12 Flaschen stilles Mineralwasser oder Leitungswasser in Karaffen	Entsprechend dem Anlass und dem Ort der Degustation sollten regionale Spezialitäten für die Jause eingeplant werden. Diverse Schinken-, Wurst- und Käsesorten bilden die Basis für einen klassischen Jausenteller. Auf Speisen und Beigaben mit stark anhaltendem und sehr würzigem Geschmack (Zwiebeln, Knoblauch, Pfeffer, Chilischoten …) sollte verzichtet werden, damit die Geschmacksnerven nicht zu sehr beeinflusst werden.

Besonders salzarmes Brot (z. B. Weißbrot) sowie Wasser dienen der geschmacklichen Neutralisierung des Gaumens.

Nicht vergessen: Die Getränke müssen rechtzeitig (am besten einen Tag vorher) richtig temperiert werden.

Der Wein und sein Service

👉 **Wussten Sie, dass ...**
die wichtigsten persönlichen Voraussetzungen für eine Verkostung eine gute Tagesverfassung und keine Verkühlung sind, damit die sensorischen Empfindungen nicht beeinträchtigt werden. Außerdem sollen Parfums und stark duftende Kosmetika vermieden werden.

❗ Die Tische sollten mit weißer Tischwäsche bedeckt sein, damit die Farbbestimmung des Weines nach dem C-O-S-System (siehe Seite 166) erfolgen kann.

💡 Gerne werden bei Wein-Degustationen auch Drop-Stops für tropfenfreies Eingießen verwendet.

3.5 Der Raum und das nötige Inventar

Der geplante Raum sollte über Tageslicht (oder zumindest über eine gute Beleuchtung) verfügen, eine angenehme Temperatur aufweisen und eine gute Luftzirkulation haben. Die Wände sollten weiß oder pastellfarben sein, da dunkle oder kräftige Farben die visuelle Prüfung des Weines beeinflussen.

Fremdgerüche durch Blumen, Zigaretten- oder Küchengerüche sind unbedingt zu vermeiden, um objektiv beurteilen zu können.

Mise en Place für die Verkostungstafel bzw. -tische (inklusive Reservegedecke) und den Displaytisch:

- weiße Tischtücher
- weiße Stoff- und/oder Papierservietten
- Brotkörbe
- Dessertgabeln
- Dessertmesser
- Dessertteller (falls die Küche die Jause auf Platten anrichtet)
- Sektflöten für den Aperitif
- Wassergläser
- Sektflöten für den Aperitif
- Flaschenöffner
- Weinkühler mit Unterteller
- Weißweingläser für jede Weinprobe (z. B. Jungweingläser, Chardonnaygläser)
- Rotweingläser für jede Weinprobe (z. B. Chianti-Classico-Gläser oder Bordeauxgläser)
- Süßweingläser
- Spucknäpfe (ein Muss!)
- Evtl. Wasserkrüge

❓ Arbeitsaufgaben

1. Nennen Sie wichtige Punkte für die professionelle Durchführung einer Weinverkostung.
2. Was ist beim Erstellen einer Verkostungsliste zu beachten?
3. Welche Anforderungen soll der Raum für eine Degustation erfüllen?
4. Ergänzen Sie mit dem erworbenen Wissen folgendes Rätsel:

Waagrecht
3 Fachausdruck für eine Verkostung.
5 Stören eine Weinprobe.

Senkrecht
1 Für eine Weinprobe absolut nötig.
2 Muss bei Weißweinen rechtzeitig geschehen.
4 Dient der geschmacklichen Neutralisierung.

4 Die Kalkulation von Preisen

Im Hotel- und Gastgewerbe ist die Kalkulation ein wichtiges Thema. Mit Hilfe der Kalkulation lassen sich grundlegende betriebswirtschaftliche Fragen beantworten und wichtige Entscheidungen treffen. Es geht u. a. darum,
- alle Kosten des Betriebes zu erfassen und sie den einzelnen Produkten zuzuordnen,
- eine Entscheidungsgrundlage für die Zusammensetzung des Angebotes zu liefern sowie
- den Preis so festzusetzen, dass ein positives Ergebnis erzielt werden kann.

> Die Grundlage für die Kalkulation bilden die Daten aus der Buchhaltung. Je genauer und sorgfältiger die Buchhaltung geführt wird, desto aussagekräftiger die Kalkulation und die Kennzahlen.
> Und je präziser kalkuliert und geplant werden kann, umso besser hat man den Betrieb im Griff!

Im nachfolgenden Kapitel geht es in der Kalkulation vor allem um die Berechnung der Preise für die angebotenen Getränke. Es werden die für eine Sommelière bzw. einen Sommelier wichtigen Fragen erörtert, wie z. B.
- Was ist der Einstandspreis und wie wird er ermittelt?
- Wie ermittle ich den Deckungsbeitrag von einem Glas Wein?
- Wie berechne ich den Kartenpreis für ein Glas bzw. eine Flasche Wein?

4.1 Die Bezugskalkulation und der Einstandspreis

Die Bezugskalkulation gibt Antwort auf folgende Fragen:
- Was kostet die Beschaffung des Produktes?
- Welcher Lieferbetrieb bietet die gewünschte Leistung zu einem günstigen Preis an?
- Was darf das Produkt höchstens kosten, wenn ein bestimmter Einstandspreis nicht überschritten werden soll?

Einstandspreis = all jene Ausgaben, die mit der Beschaffung von Waren zusammenhängen abzüglich aller gewährten Nachlässe.

Grundsätzlich kann zwischen zwei Arten der Bezugskalkulation unterschieden werden: Die progressive Kalkulation wird zur Berechnung des Einstandspreises angewandt, wenn der Nettolistenpreis gegeben ist.

Mit der retrograden Kalkulation wird der maximal zulässige Nettolistenpreis ermittelt. Voraussetzung dafür ist, dass der Einstandspreis und die Lieferantennachlässe bekannt sind.

Schema einer progressiven Bezugskalkulation
Nettolistenpreis
− Lieferantenrabatt
= Zielpreis
− Lieferantenskonto
= Kassapreis
+ Bezugsspesen (Frachtkosten etc.)
= **Einstandspreis**
+ Umsatzsteuer
= Rechnungspreis (Einkaufspreis)

Rechnungspreis = jener Preis, den die Gastronomin oder der Gastronom für die Waren bezahlt (Einkaufspreis).

Ein Bedienungsgeld wird nicht berücksichtigt, wenn nur mit Festlöhnerinnen und Festlöhnern (das sind Mitarbeiter/-innen mit einem feststehenden, unveränderlichen Lohn) gearbeitet wird. Im Gegensatz dazu werden Garantielöhner/-innen nur zu einem kleinen Anteil mit einem garantierten Lohnanteil und dazu abhängig von ihrem Umsatz entlohnt.

Beachte: Bei Milch, Milchmischgetränken, Kakao und Speiseeis werden nur 10 % USt berechnet!

Die Umsatzsteuer kann man auch anders ermitteln: Bruttobetrag durch 6 dividieren.

4.2 Die Kalkulation des Kartenpreises (Verkaufspreises)

Berechnungsschema für alkoholfreie und alkoholische Getränke einschließlich Tee und Kaffee

	Einstandspreis (Wareneinsatz)
+	Deckungsbeitrag (in €) oder Nettorohaufschlag (in %)
=	Grundpreis
+	Bedienungsgeld (in % angegeben)
=	Nettoverkaufspreis
+	20 % USt
=	**Kartenpreis (Verkaufspreis brutto)**

Unter **Deckungsbeitrag** versteht man die Differenz zwischen dem Einstandspreis und dem Grundpreis (ohne Steuer und Bedienungsgeld). Es ist jener Betrag, der dazu dient, die fixen Kosten (z. B. Gemeinkosten wie für Räumlichkeiten) zu decken und darüber hinaus Gewinn zu erzielen.

Wird der Deckungsbeitrag als Prozentsatz ausgedrückt, so spricht man vom Nettorohaufschlag. Dieser wird wie folgt berechnet:

$$\text{Nettorohaufschlag} = \frac{\text{Deckungsbeitrag} \times 100}{\text{Einstandspreis}}$$

Beispiel

Der Einstandspreis für eine Flasche Grünen Veltliner beträgt € 5,30. Der Kartenpreis wurde auf Grund der Zielgruppe mit € 18,20 angesetzt und mit einem Bedienungsgeld von 15 % versehen.

Berechnen Sie den Deckungsbeitrag in Euro und den Nettorohaufschlag in % für diese Weinflasche.

Lösung:

	Kartenpreis	€ 18,20
–	Umsatzsteuer 20 % (: 120 x 20)	€ 3,03
=	Nettoverkaufspreis	€ 15,17
–	Bedienungsgeld 15 % (: 115 x 15)	€ 1,98
=	Grundpreis	€ 13,19
–	Einstandspreis	€ 5,30
=	**Deckungsbeitrag**	**€ 7,89**

Nettorohaufschlag = 7,89 x 100 : 5,30 = 148,87 %

Berechnen Sie eine Variante mit einem Bedienungsgeld von 10,5 %.

4.3 Unterschiedliche Ansätze der Kalkulation

Ansatz	Preisberechnung	Probleme
Kostenorientiert	Diesem traditionellen Ansatz liegt eine betriebswirtschaftliche Berechnung (Bezugskalkulation) zugrunde.	Problematisch ist, dass der Aufschlag sowohl die Kosten als auch den Gewinn enthält. Nur wenige Gastronomen wissen, wie hoch ihr Gewinn wirklich ist! Weiters stellt sich die Frage, ob die Gäste bereit sind, diesen oder vielleicht sogar einen höheren Preis zu bezahlen.
Nachfrageorientiert	Sie orientiert sich an der (vermeintlichen) Finanzkraft der Kundschaft sowie am Standort des gastronomischen Betriebes.	Sehr oft wird hier auch auf die Gemeinkosten, die im Ansatz nicht berücksichtigt werden, vergessen – das kann zu negativen Ergebnissen führen.
Konkurrenzorientiert	Die Preise auf der Basis der Konkurrenz festgesetzt.	Die eigenen tatsächlichen Kosten des Betriebes werden nicht berücksichtigt – was zu falschen betriebswirtschaftlichen Entscheidungen führen kann.

Finanzkraft der Kundschaft = Welchen Betrag ist die Kundin/der Kunde bereit für ein Produkt zu bezahlen?

Die kostenorientierte Kalkulation

Zum Einstandspreis werden entweder der Deckungsbeitrag als fixer Eurobetrag oder ein entsprechender Nettorohaufschlag (in Prozent angegeben) hinzugerechnet (siehe Schema unter 4.1).

Der Bruttoverkaufspreis wird dann als Kartenpreis entsprechend auf- oder abgerundet.

Beispiele von Kalkulationen für je eine Flasche				
Einstandspreis pro Flasche +	Nettorohaufschlag (Deckungsbeitrag) +	15 % Bedienungsgeld +	USt =	Bruttoverkaufspreis
€ 3,00 +	350 % (10,50) +	2,03 +	3,11 =	€ 18,64
€ 4,50 +	250 % (11,25) +	2,36 +	3,62 =	€ 21,73
€ 6,50 +	200 % (13,00) +	2,93 +	4,49 =	€ 26,92
€ 10,00 +	130 % (13,00) +	3,45 +	5,29 =	€ 31,74
€ 20,00 +	90 % (18,00) +	5,70 +	8,74 =	€ 52,44
€ 40,00 +	50 % (20,00) +	9,00 +	13,80 =	€ 82,80

💡 Sehr lange gelagerte Weine müssen unter Umständen neu kalkuliert werden.

Der Wein und sein Service

💡 Die besten Erfahrungen wurden mit einem sehr transparenten System gemacht, und zwar mit „dem kalkulierten Flaschenpreis durch sechs dividiert" (= 1/8 Liter).

Bei den Gästen kommt der glasweise Ausschank zunehmend besser an, vor allem die zum Menü speziell abgestimmte Weinbegleitung erfreut sich großer Beliebtheit.

Vergleich bei einer Kalkulation für 1/8 Liter Wein im glasweisen Verkauf

Berechnen Sie den Kartenpreis für 1/8 Liter Chardonnay mit einem Einstandspreis von 5,70 Euro pro Flasche (0,75 l) bei einem Nettorohaufschlag von 200 % (als Variante mit einem Deckungsbeitrag von 12,00 Euro pro Flasche), einem Bedienungsgeld von 15 % und der gesetzlichen Umsatzsteuer.

Da sich aus einer 0,75l Flasche 6 x 1/8 l ausschenken lässt, ist die erste Rechnung:
€ 5,70 : 6 = **€ 0,95**   Einstandspreis für 1/8 l

	Einstandspreis	€ 0,95		€ 0,95
+	Nettorohaufschlag 200%	€ 1,90	Deckungsbeitrag	€ 2,00
=	Grundpreis	€ 2,85		€ 2,95
+	Bedienungsgeld 15 %	€ 0,43		€ 0,44
=	Nettoverkaufspreis	€ 3,28		€ 3,39
+	Umsatzsteuer 20 %	€ 0,65		€ 0,68
=	Bruttoverkaufspreis	€ 3,93 ~ € 3,90		€ 4,07 ~ € 4,10

Der Kartenpreis für 1/8 Liter Chardonnay beträgt 3,90 Euro (bzw. 4,10 Euro).

Die nachfrageorientierte Kalkulation

Bei der nachfrageorientierten Kalkulation soll der Kartenpreis der Ausgabebereitschaft der Gäste angepasst werden.

Beispiel

Berechnen Sie den Einstandspreis für ein 1/8 Liter Weinviertel DAC, der mit einem Deckungsbeitrag von € 1,50, 15 % Bedienungsgeld und der Umsatzsteuer berechnet wird, wenn dafür ein Kartenpreis von € 3,20 erzielt werden kann.

Lösung:	Kartenpreis		€ 3,20
−	Umsatzsteuer 20 % (: 120 x 20)		€ 0,53
=	Nettoverkaufspreis		€ 2,67
−	Bedienungsgeld 15 % (: 115 x 15)		€ 0,35
=	Grundpreis		€ 2,32
−	Deckungsbeitrag		€ 1,50
=	Einstandspreis		**€ 0,82**

Der Einstandspreis für 1/8 Liter Weinviertel DAC im Glas beträgt **0,82 Euro.**
Beim Einkauf muss also darauf geachtet werden, dass der Einstandspreis für eine ganze Flasche (0,75 l) maximal 4,92 Euro beträgt.

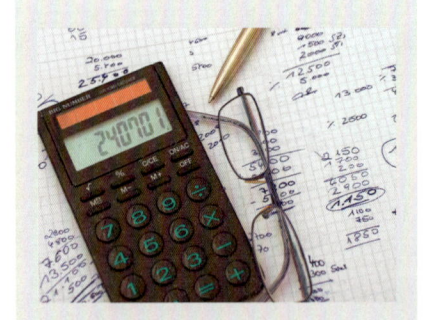

❗ Vorsicht! Zu hoch gewählte Preise vertreiben die Kundschaft.

Die konkurrenzorientierte Kalkulation

Hier wird das Preiskonzept der Konkurrenz übernommen – ohne Berücksichtigung der eigenen Kostenstruktur.

Beispiel

Ermitteln Sie den Deckungsbeitrag sowie den Nettorohaufschlag für 1/8 Liter Blauer Spätburgunder, für den ein Kartenpreis von € 2,60 angepeilt wird. Der Einstandspreis für eine Flasche beträgt € 5,80. Das Bedienungsgeld wird mit 10,5 % festgelegt.

Lösung:

	Kartenpreis	€ 2,60
–	Umsatzsteuer 20 % (: 120 x 20)	€ 0,43
=	Nettoverkaufspreis	€ 2,17
–	Bedienungsgeld 15 % (: 115 x 15)	€ 0,21
=	Grundpreis	€ 1,96
–	Einstandspreis (€ 5,80 : 6)	€ 0,97
=	**Deckungsbeitrag**	**€ 0,99**

Nettorohaufschlag = 0,99 x 100 : 0,97 = **102,06 %**

Der Deckungsbeitrag beträgt 0,99 Euro, woraus sich ein Nettorohaufschlag von 102,06 % ergibt.

> Ermitteln Sie den Deckungsbeitrag sowie den Nettorohaufschlag für denselben Wein, wenn der Einstandspreis für eine Flasche € 4,10 beträgt.

Arbeitsaufgaben

1. Die Sommelière eines Restaurants kauft beim Weinbauern Philipp Zull 30 Kartons Blauer Portugieser (à sechs Flaschen) zum Nettolistenpreis von 5,00 Euro netto. Aufgrund der großen Abnahmemenge gewährt Herr Zull 15 % Rabatt auf die Lieferung. Die Sommelière bezahlt bar und erhält noch 2 % Skonto.
   Wie hoch ist der Einstandspreis für eine Flasche und wie hoch ist der gesamte Rechnungspreis?

2. Der Besitzer eines Salzburger Ferienhotels kauft während seines Kurzurlaubes in der Steiermark im Weingut Polz 25 Kartons Gelber Muskateller (à 12 Flaschen) zum Listenpreis von 8,50 Euro netto. Aufgrund der Kundentreue gewährt Herr Polz 12 % Rabatt auf die Lieferung. Weiters werden dem Salzburger Hotelier 3 % Skonto gewährt.
   a) Wie hoch ist der Einstandspreis für eine Flasche und wie hoch ist der gesamte Rechnungspreis?
   b) Wie hoch wäre der Einstandspreis für eine Flasche, wenn bei denselben Konditionen der Nettolistenpreis 9,30 Euro netto betragen würde und auf Grund der eiligen Lieferung eine Frachtkostenpauschale von 30,00 Euro berücksichtigt werden müsste?

3. a) Berechnen Sie den Kartenpreis für 1/8 Liter Grüner Veltliner (der Listenpreis für eine 0,75 Liter Flasche beträgt 4,20 Euro inklusive Umsatzsteuer, die Winzerin gewährt einen Rabatt von 6 %) bei einem Nettorohaufschlag von 300 %, einem Bedienungsgeld von 10,5 % und der gesetzlichen Umsatzsteuer.
   b) Wie hoch dürfte der Einstandspreis maximal sein, wenn der Kartenpreis auf Grund der Konkurrenzsituation lediglich 2,50 Euro betragen kann? Wie hoch sind dabei der Deckungsbeitrag und der Nettorohaufschlag?

Der Wein und sein Service

5 Präsentation und Verkauf von Wein

Fundiert = gesichert, zuverlässig.

Aufgrund des ständig steigenden Qualitätsdenkens auf dem Sektor Wein wünschen und erwarten auch immer mehr Gäste fundierte Informationen über die angebotenen Weine. Daher werden auch an alle Servicemitarbeiter/-innen hohe Erwartungen gestellt.

Der qualitativ gute Weingenuss beschränkt sich nicht mehr ausschließlich, wie noch vor einigen Jahren, auf Spitzenrestaurants und Tophotels, sondern ist heute eine Selbstverständlichkeit in sämtlichen Bereichen der Gastronomie und Hotellerie geworden.

Um Wein optimal präsentieren und verkaufen zu können, bedarf es der entsprechenden Vorbereitungsmaßnahmen:
- Richtiges Kellermanagement (siehe S. 188 ff., Weineinkauf und -lagerung)
- Entsprechende Preisgestaltung (siehe Kapitel Kalkulation S. 199 ff.)
- Werbewirksame Weinkarte (passend zum Speiseangebot)
- Planung von Absatzschwerpunkten und Präsentationsmöglichkeiten
- Schulung und Motivation der Mitarbeiter/-innen

💡 Bei der Schulung sollen auch Kenntnisse über die in der Küche verwendeten Produkte und die Zubereitungsarten der einzelnen Gerichte erworben werden.

5.1 Die Weinkarte

Wenn man landauf und landab die Weinkarten in der Gastronomielandschaft betrachtet, wird man leider immer wieder feststellen, dass die Gestaltung und Aufmachung der Weinkarten über die Kompetenz einer Preisliste oft nicht hinausgehen.

Tatsache ist, dass viele Gastronomen noch nicht erkannt haben, dass sie ihre Weinkarten als gezielte Verkaufsförderung einsetzen können. Dies setzt jedoch voraus, dass sich der Unternehmer oder die Unternehmerin und seine bzw. ihre Mitarbeiter/-innen darüber im Klaren sind, welche Betriebsidee sie mit ihrem Betrieb verkörpern wollen und welche Gäste sie gewinnen möchten.

Je mehr die Karte den Bedürfnissen und Wünschen der Gäste gerecht wird, umso größer ist der Betriebserfolg des Unternehmens. Über die Angebotsgestaltung und die Aufmachung einer Weinkarte können gezielt Kaufreize ausgelöst bzw. bewusste Kaufentscheidungen aufgebaut werden.

Die Angebotsgestaltung der Weinkarte

❗ Achten Sie auf eine saubere Optik der Weinkarte. Verschmutzte und beschädigte Weinkarten müssen umgehend ausgetauscht werden. Denken Sie an den Spruch „Mit Liebe zum Detail"!

Die Angebotsgestaltung der Weinkarte muss gut überlegt sein. Eine Konkurrenzanalyse erweist sich dabei sehr oft als unumgänglich, um die Leistungen und das Angebot der Mitbewerber zu ermitteln.

Es gilt, von einem Einheitsangebot wegzukommen, um seinen Gästen etwas Besonderes bieten zu können. Entscheidend ist jedoch auch, dass der angesprochene Gast diese positiven Unterschiede erkennt und sie für sich akzeptiert.

Die Angebotsgestaltung der Weinkarte hat Einfluss auf	
Restaurant	• Servierart (Weißweinservice, Rotweinservice, Dekantieren, Belüften …) • Atmosphäre • Glaskultur • Anzahl der Servicemitarbeiter/-innen • Aus- und Fortbildung der Mitarbeiter/-innen
Küche	• Qualität und Preis der angebotenen Gerichte • Schwerpunktwochen mit entsprechendem Weinangebot
Keller	• Kellergröße und Lagerkapazitäten • Preisfindung • Aus- und Fortbildung der Mitarbeiter • Kontrollsysteme

Die Angebotsgestaltung der Weinkarte hat Einfluss auf	
Gäste	■ Besuchshäufigkeit ■ Sitzplatzumschlag ■ Pro-Kopf-Umsatz ■ Potenzielle Gäste (neue mögliche Gäste)

Die Weinkarte soll:

- **die Leistungsfähigkeit des Betriebes symbolisieren.**
  Ein ansprechendes Weinangebot benötigt die entsprechende Präsentation. Die Karte muss optisch den Stil und die Philosophie des Hauses widerspiegeln. Auch die Auswahl der Weinbaubetriebe spielt hier eine Rolle, wobei nicht unbedingt immer große Namen oder Betriebe gewinnen (Gäste lieben auch Kleinbetriebe als Geheimtipps!).
- **das Kaufverhalten positiv beeinflussen.**
  Die Karte muss beraten (besonders in Stoßzeiten, wo im Service nicht so lange Zeit für Empfehlungen ist). Wenn die Mitarbeiter nicht über das entsprechende Wissen verfügen, muss die Weinkarte alleine den Wein verkaufen!
- **spezielle Tipps für Gäste beinhalten.**
  Sommeliertipps wie: Dieses Gericht harmoniert mit ..., persönliche Favoriten der Sommelière oder des Sommeliers mit passenden individuellen Bemerkungen oder Anekdoten, Winzer des Monats mit Winzerprofil, Informationen zu Degustationen oder ähnliche.
- **einen inländischen Schwerpunkt bieten.**
  Gerade österreichische Weine passen ideal zu einer Vielzahl von Speisen auch abgesehen von den landesüblichen Gerichten. Regionstypische Weine kommen in der Verkostung meist besonders gut an.
- **ein dem Betrieb entsprechendes internationales Angebot beinhalten.**
  Bei Themenschwerpunkten im Küchenbereich (z. B. italienische Woche) muss sich Weinangebot dementsprechend ausrichten.
- **den Gast an das Unternehmen binden.**
  Eine erlesene Auswahl an Weinen sowie spezielle Weinraritäten ebenso wie Vorankündigungen animieren den Gast zu einem neuerlichen Besuch.

Hinweise zur Gestaltung der Weinkarte

Richtige Papierauswahl	Um die Produkte selbst in den Vordergrund zu stellen, sollte das Papier eher neutral (keine zu übertriebenen bzw. kitschigen Motive) und in angenehmen klaren Farben gehalten sein. Gleichzeitig muss es strapazierfähig und leicht auswechselbar sein.
Orthografie	Beim Schreiben einer Weinkarte ist, so wie bei allen anderen Karten, vor allem auf die richtige Schreibweise zu achten. Alle Wörter am Zeilenanfang werden großgeschrieben. Vermeiden Sie, dass sich die Leserin bzw. der Leser in der Karte auf Fehlersuche begibt, statt sich auf das Wesentliche zu konzentrieren.
Handschriftliche Karten	Eine handschriftliche Weinkarte wirkt durchaus elegant und außergewöhnlich, muss jedoch mit einer tadellosen und gut lesbaren Schrift versehen sein. Handschriften auf Karten wirken persönlicher. Das Auswechseln einzelner Positionen in der Weinkarte (z. B. Änderungen im Jahrgang) kann sich aber als sehr aufwendig erweisen.
Gedruckte Karten	Bei dieser Art von Weinkarten bietet sich die Möglichkeit, verschiedene Schriftarten und Schriftgrade einzusetzen. Es muss jedoch darauf geachtet werden, dass nicht mehr als drei Varianten eingesetzt werden, da es sonst unruhig wirkt. Der Einsatz von Landkarten und Grafiken sowie von Weinsprüchen kann zur Auflockerung der Karte beitragen – sollte aber mit Maß und Ziel erfolgen.

❗ Die versprochene Leistung muss in engster Verbindung mit der Leistungserfüllung stehen.

Auf Grund der Tatsache, dass Wein ein sehr individuelles und außerdem ein sich veränderndes Produkt ist, ist bei allgemein gehaltenen Weinbeschreibungen (z. B. Grüner Veltliner – typisches Pfefferl, Blauer Zweigelt – Kirscharomen) Vorsicht geboten.

💡 Bitte denken Sie daran: Hauptaufgabe der Weinkarte ist es, dem Gast die Auswahl eines Weines zu seinem Essen zu erleichtern und nicht zu erschweren.

💡 Bitte denken Sie daran: Zu auffällige Motive und Schriften stören den Lesefluss und wirken auf den Betrachter unprofessionell!

Die Rangfolge der Verkaufsartikel

Auf die Karte gehören nur Weine mit positivem Deckungsbeitrag. Regelmäßig sollten der erzielte Deckungsbeitrag der einzelnen Artikel sowie die verkaufte Menge kontrolliert werden, um u. a. auch den Anteil des einzelnen Artikels am Gesamtdeckungsbeitrag zu erhalten. Daraus lässt sich die sogenannte „Gewinner-Verlierer-Renner-Schläfer"-Analyse ableiten:

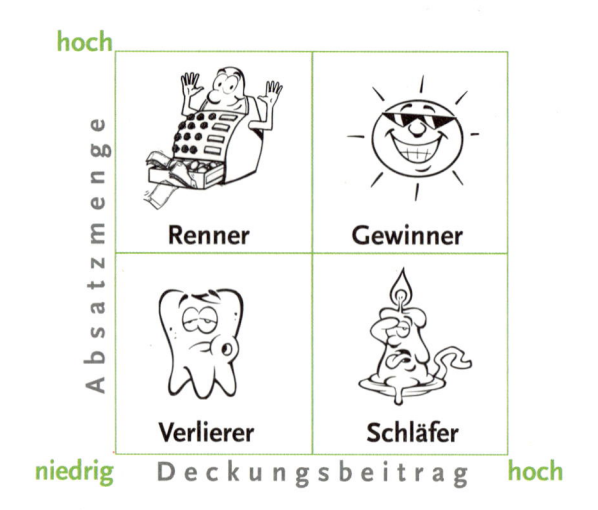

	niedrig Deckungsbeitrag	hoch
Absatzmenge hoch	Renner	Gewinner
Absatzmenge niedrig	Verlierer	Schläfer

Die Gewinner

Durch den hohen Deckungsbeitrag und die hohe Verkaufszahl sind diese Weine für den Gastronomen sehr gewinnbringend und daher von großer Bedeutung.

Folgerung: nichts verändern; standardisieren; beste Platzierung auf der Weinkarte (z. B. rechts oben).

Die Renner

Das sind Weine, die bei den Gästen sehr beliebt sind. Sie liegen aber unter dem durchschnittlichen Deckungsbeitrag der entsprechenden Gruppe. Sie bringen die notwendige Frequenz in den Betrieb und bilden die Basis für einen gewissen Bekanntheitsgrad.

Folgerung: geringe Preiserhöhung; auf der Weinkarte so platzieren, dass sie nicht gleich ins „Auge stechen".

Die Schläfer

Bei diesen Weinen wird pro Flasche ein hoher Deckungsbeitrag erzielt, aber sie verkaufen sich bei den Gästen schlecht.

Folgerung: Herausheben des Produktes auf der Weinkarte; Verkauf gezielt ankurbeln (Schulung der Mitarbeiter/-innen, Tischaufsteller, Displaytisch ...); evtl. leichte Preissenkung; darauf achten, dass die Anzahl der Schläfer begrenzt bleibt (auch bei Prestigeartikeln!).

Die Verlierer

Diese Weine sind bei den Gästen wenig gefragt, haben einen geringen Deckungsbeitrag und tragen wenig zum Betriebserfolg bei.

Folgerung: Analyse durchführen; Verkaufspreis erhöhen, damit zumindest ein Schläfer daraus wird; von der Karte streichen.

Produktangaben in der Weinkarte

Folgende Daten muss man bei jedem einzelnen Wein vermerken:
- Jahrgang
- Rebsorte bzw. Name des Weines (z. B. Cuvée)
- Qualitätsstufe
- Evtl. durch das Gesetz geschützte Herkunftsbezeichnungen (z. B. DAC, DOCG ...)
- Besondere Herstellungsverfahren (z. B. Méthode traditionelle)
- Evtl. Lagenname (Riede)
- Weinbaubetrieb
- Herkunft – Ort, Weinbaugebiet und evtl. sogar Weinbauregion
- Evtl. Alkoholgehalt in Vol.-%
- Zuckergehalt: trocken, halbtrocken, lieblich oder süß
- Evtl. kurze, prägnante Weinbeschreibung ganz speziell zu dem angebotenen Wein (z. B. trocken, intensive, reife exotische Frucht, Ananas, auffallend extraktsüß, eingebunden in würziger Textur)
- Ausschankmenge
- Befinden sich nur Flaschen mit 0,75 Liter Inhalt auf der Karte, kann ein Vermerk am Seitenende darauf verweisen.
- Bei unterschiedlichen Flascheninhalten (z. B. 0,375 l, 0,5 l, 1,5 l) oder glasweisem Ausschank (z. B. 0,1 l, 1/8 l, 1/4 l) sollte die Menge bei jedem Produkt angegeben werden.
- Preisangabe
- Bedenken Sie, dass der Preis für ein Glas oder eine Flasche Wein immer mit der Füllmenge in Verbindung steht und dem Preisauszeichnungsgesetz unterliegt.
- Verweis auf Inklusivpreise am Seitenende

> Weinbeschreibungen können die Attraktivität der Karte erhöhen, laufen jedoch auch leicht Gefahr, zu banal (reines Abschreiben ohnehin sortentypischer Begriffe) oder zu abgehoben auszufallen und haben dann einen kontraproduktiven Effekt.
>
> Um die Beschreibungen aktuell zu halten, sollten die Weine alle drei bis sechs Monate neu verkostet, beschrieben und die Produkte in der Weinkarte modifiziert werden. Dies ist jedoch nur bei einem eingeschränkten Weinangebot (z. B. 50 Produkte) möglich. Bei einem umfangreichen Angebot sollte auf Beschreibungen daher verzichtet werden!

Preisauszeichnungsgesetz = regelt die Auszeichnung der Verkaufspreise und Grundpreise von Sachgütern, sofern diese Verbrauchern bzw. Verbraucherinnen von Unternehmern oder Unternehmerinnen gewerbsmäßig angeboten werden.

Zwei Beispiele

2010 Grüner Veltliner Hefeabzug
Ried Altenberg
Weingut Manfred Ladentrog
Obernalb, Weinviertel
13,0 Vol.-%, trocken, 0,75 l
€ 19,70

2010 Grüner Veltliner Hefeabzug, Ried Altenberg
Weingut Manfred Ladentrog, Obernalb, Weinviertel
Trocken, 13,0 Vol.-%   0,75 l   € 19,70

Unglückliche Erläuterungen in der Weinkarte

„Ausgetrunken"	Dieser Wortlaut kann von Gästen als negativ empfunden werden. Er könnte dem Gast, der gerade diesen Wein trinken wollte, signalisieren, dass er leider zu spät gekommen ist.
„Unreif"	Vermeiden Sie Andeutungen in der Karte, die darauf hinweisen, dass ein Wein noch reifen muss. Solche Produkte gehören noch nicht auf die Weinkarte!

💡 Bei mehr als 100 Positionen auf einer Weinkarte erleichtert ein Inhaltsverzeichnis die Suche für den Gast!

👉 **Wussten Sie, dass ...**
international wird immer mehr dazu übergegangen wird, die Weinkarte nach Geschmackskategorien (siehe S. 213) zu ordnen?

Weinkarten können wie Gästebücher auf dekorativen Ständern präsentiert werden.

Gliederung der Weinkarte

Jede Weinkarte sollte nach einem bestimmten Schema geordnet sein. Die Leserin oder der Leser muss die Gliederung erkennen, um ihm seine Auswahl zu erleichtern.

Unterschiedliche Varianten sind möglich, wobei auch Mischformen passen können.

Gliederung nach Art des Weines
Die Unterteilung in Weißwein, Roséwein, Rotwein, Süßwein und Schaumwein sollte grundsätzlich eingehalten werden. Dabei spielt es keine Rolle, ob weitere Gliederungen Anwendung finden.

Gliederung nach angebotener Ausschankmenge
Hier werden offene Weine vor Flaschenweinen und kleine Ausschankmengen vor größeren gereiht, was dem Gast die Suche nach glasweise ausgeschenkten Weinen erleichtert.

Gliederung nach Rebsorten
Diese Möglichkeit ist vor allem in Österreich sehr verbreitet, da der österreichische Konsument gerne nach Rebsorten aussucht und ein großer Teil der österreichischen Weine sortenrein ausgebaut wird (z. B. werden alle Grünen Veltliner untereinander gereiht).

Beispiel für die Gliederung nach Rebsorten

Weißweine
- Grüner Veltliner
- Riesling
- Welschriesling
- Weißburgunder/Chardonnay/Grauburgunder (Ruländer)
- Sauvignon Blanc
- Muskateller
- Traminer
- Weitere Weißweinsorten (Rivaner, Neuburger, Frühroter Veltliner, Roter Veltliner ...)
- Gemischter Satz
- Weißweincuvée

Roséweine

Rotweine
- Blauer Zweigelt
- Blauer Portugieser
- Blaufränkischer
- Blauer Burgunder
- St. Laurent
- Cabernet Sauvignon
- Weitere Rotweinsorten (Blauburger, Merlot ...)
- Rotweincuvée

Prädikatsweine

Schaumweine

5 Präsentation und Verkauf von Wein

Gliederung nach Weinbauländern

Diese Gliederung ist auf alle Fälle anzustreben, da sie für den Gast übersichtlicher wirkt.

Beispiel für die Gliederung nach Weinbauländern

Österreichische Weißweine
Österreichische Roséweine
Österreichische Rotweine
jeweils gegliedert nach den Regionen/Gebieten.

Ausländische Weißweine
Ausländische Roséweine
Ausländische Rotweine
jeweils gegliedert nach den Herkunftsländern.

Österreichische Prädikatsweine und Schaumweine
Champagner und andere ausländische Schaumweine

Gliederung nach Weinbaugebieten

Eine Einteilung nach Weinbaugebieten ist vorteilhaft, wenn es sich um eine sehr umfangreiche Karte handelt. Die Unterteilung von Weinbauländern in einzelne Weinbaugebiete kann einerseits dem Gast helfen, einen bestimmten Wein aus einem Gebiet rascher zu finden, andererseits hat es aber zur Folge, dass z. B. alle Rieslinge eines Weinbaulandes in die einzelnen Gebiete verteilt sind. Ein Gast, der seinen Wein nach Rebsorte auswählt, hat bei dieser Gliederung einen Nachteil.

Gliederung nach Weinbauern/Produzenten

Diese Gliederung erscheint nur dann sinnvoll, wenn die Weinkarte nicht zu viele verschiedene Winzer umfasst (höchstens 15 bis 20). Gerade für regionale Weinkarten wird diese Art der Kartengestaltung gerne angewendet. Der Gast kann sich so einen raschen Überblick über das regionale Angebot verschaffen und wird sehr schnell ihm vertrauten Weinbaubetriebe, aber auch eher unbekannte Produzenten, finden.

Die Gliederung nach Jahrgängen

Der Gliederung nach Jahrgängen liegt eine Gliederung nach Gebieten zugrunde. So empfiehlt sich diese Art der Gestaltung vor allem für Restaurants der gehobenen Klasse, die beispielsweise im Bereich Bordeaux ein sehr umfangreiches Angebot besitzen. Der Gast (oftmals ein Kenner guter Jahrgänge) sucht seine Lieblingsweine nach dem Château, aber vor allem hinsichtlich des Jahrganges aus.

Informationen zu der Einteilung der Weinbaugebiete finden Sie auf S. 100 ff.

Der Wein und sein Service

5.2 Präsentation und Absatzschwerpunkte

Ein aktiver Weinverkauf lebt von vielen Details, z. B. glasweisem Verkauf, Weindisplay bzw. Weinbuffet, Wein der Woche, Weinbörse und natürlich der Weinkarte.

💬 Diskutieren Sie in der Klasse, welche positiven und negativen Beispiele von Weindisplays Sie selbst schon gesehen haben.

Alte Truhen, Vitrinen, Tische, Weinpressen, Schlitten, Wagen, Weinfässer und vieles mehr eignen sich hervorragend zur Gestaltung eines sogenannten Displays – eines Schautisches. Sinn und Aufgabe eines jeden Display-Tisches ist es, die Aufmerksamkeit der Kundschaft auf ein bestimmtes Thema zu lenken. Damit verbunden sollen einerseits Informationen zu einem bestimmten Thema oder Produkt weitergegeben, andererseits aber auch Kaufreize ausgelöst werden.

Folgende Punkte sind bei der Gestaltung eines Weindisplays zu beachten:
- Verwenden Sie bewusst ausgesucht Weine aus dem hauseigenen Angebot (siehe S. 210 f., Die Rangfolge der Verkaufsartikel).
- Widmen Sie den Schautisch einem speziellen Thema, das für den Betrachter einfach und rasch zu erkennen ist (z. B. Weißweine der Südsteiermark, Wiener Wein, Weinviertel DAC, Süßweine aus Rust).
- Kombinieren Sie Weindisplays mit Hinweisen auf saisonale Spezialitäten (z. B. Spargelweine und frischer Spargel, Stauiger und Ganslessen, Rotweine und Wildgerichte).
- Versuchen Sie, die verwendeten Gegenstände (z. B. edle Glasaccessoires, alte Geräte der Weinerzeugung) aufeinander abzustimmen. Zu viele unterschiedliche Materialien und Farben (maximal drei bis vier Arten) zerstören die Harmonie eines Schautisches.
- Zum Thema passende Grünpflanzen, Schnittblumen, Früchte oder Weinstöcke bzw. Rebbündel können die Gesamtoptik sehr positiv ergänzen.
- Fachliteratur, Informationsmaterial und Beschriftungen von Schaustücken erhöhen die Attraktivität und wecken zusätzlich das Interesse an den Produkten.

Weitere Verkaufshilfen

Die beste Verkaufshilfe ist noch immer die fachliche Kompetenz und die Höflichkeit der Mitarbeiter/-innen bei Präsentation und Verkauf eines guten Weines. Dennoch sind klassische Verkaufshilfen absolut notwendig, um das Verkaufsangebot optimal zu kommunizieren.

Tischaufsteller – Tischreiter

Das Anbieten von bestimmten Weinen mittels Tischaufsteller (als Wein des Tages, der Woche oder des Monats) bietet die Möglichkeit, neue Weine für den Betrieb zu testen bzw. bei den Gästen einzuführen oder auch saisonale Besonderheiten außerhalb der Standardkarte passend zu saisonalen Menüs aufzuzeigen. Vor allem für Stammgäste bietet dies eine gute Alternative zu den bekannten Weinen der Standardkarte. Durch Verkosten dieser Weinangebote können Gäste auch dazu animiert werden, nach Gefallen eine ganze Flasche zu bestellen.

Hauszeitung

Manche Betriebe veröffentlichen ihr aktuelles Angebot (besonders Schwerpunkte) in einer Hauszeitung. Bei den kulinarischen Empfehlungen (Mittagsmenü, Abendmenü …) sollte ein Weintipp mit einem fachlichen Hintergrund (Informationen zu Produkt, Produzent/-in, Region …) nicht fehlen.

Weinklima- und Weintemperierschrank
Als wertvolle Hilfe für den aktiven Weinverkauf hat sich der Weintemperierschrank durchgesetzt. Neben dem Vorteil, jederzeit servierbereit temperierte Weine zur Verfügung zu haben, ist der Weinschrank auf Grund seines zeitgemäßen und gediegenen Erscheinungsbildes ein Blickfang im Restaurant. Durch seine unterschiedlichen Klimazonen ermöglicht er die Lagerung mehrerer Weintypen und ist darüber hinaus ein Hinweis für eine hohe Weinkultur im Betrieb.

Wandtafeln
Der Tipp des Tages, mit Kreide auf eine Tafel im Speiseraum oder im Thekenbereich geschrieben, ist immer eine sehr plakative Botschaft. Zu beachten ist, wie kreativ das Design, die Textgestaltung und vor allem der Inhalt der Aussage sind.

Bei Weinschränken, in denen die Flaschen schräg gelagert werden, kann der interessierte Gast die einzelnen Produkte begutachten. Sehr oft hat schon so manches (bekannte) Etikett im Klimaschrank eine Kaufentscheidung ausgelöst!

Weindegustationen
Regelmäßige Weindegustationen sind nicht nur für die Gäste eine willkommene Abwechslung, sondern stellen auch für die Sommelière oder den Sommelier eine interessante und besondere Herausforderung dar. Wichtig dabei ist, dass sich die oder der Vortragende in jeder Hinsicht auf ihre bzw. seine Gäste einstellen kann. So sollte ein interessanter Mix aus Wissensvermittlung und Freude am Degustieren vermittelt werden. Sehr oft möchte die Sommelière oder der Sommelier allzu viele Weinschätze den Gästen zur Verkostung präsentieren. Es ist jedoch ratsam, die Anzahl der Weinproben auf höchstens sechs bis acht zu limitieren (siehe auch S. 198 ff.).

Präsentation von Winzern
Eine weitere Form der besonderen Verkaufshilfe und zugleich eine Animation für die Gäste ist eine Präsentation durch einen oder mehrere Winzer bzw. Winzerinnen. Sehr oft wird diese Möglichkeit mit einer geführten Degustation zu einem festgelegten Abendmenü angeboten. Dabei präsentiert z. B. die Winzerin oder der Winzer zum Aperitif seinen Betrieb und die damit verbundene Philosophie ihres oder seines Unternehmens. Im Anschluss daran nehmen die Gäste bei ihren Tischen Platz, wo ihnen zu einem mehrgängigen Menü die Weine des Weingutes gereicht und entsprechend erklärt werden. So werden die Gäste nicht nur mit einem Produkt vertraut, sondern auch mit den Menschen, die dahinter stehen. In weiterer Folge wird den Gästen sehr oft der Kauf von Wein zu Ab-Hof-Preisen für den privaten Gebrauch ermöglicht.

Auch für die Mitarbeiter/-innen ist diese Art der Weinpräsentation eine gute Möglichkeit, mehr über das Produkt Wein zu erfahren. Darüber hinaus wird jeder Mitarbeiter, der bereits mit einem Winzer oder einer Winzerin persönlich gesprochen hat, dessen Produkte mit mehr Engagement und Überzeugungskraft verkaufen. Informationen, die er im Gespräch mit den Winzerinnen und Winzern erfahren hat, werden bewusst oder unbewusst in so manches Verkaufsgespräch eingebaut.

Wandtafel

Weinbörse
Eine sowohl für die Gäste als auch für das Unternehmen lukrative Verkaufshilfe ist die sogenannte Weinbörse. Dabei werden Weinflaschen zu einem günstigen Preis angeboten, da es sich um kleine Restmengen bzw. gar Einzelflaschen eines Produktes handelt. Die Weine werden dazu bereits richtig temperiert auf einem Buffettisch (Weißweine auf Eis gekühlt) präsentiert. Bereits beim Aperitif haben die Gäste die Möglichkeit, sich über die angebotenen Weine informieren zu lassen. Hat sich der Gast für eine Flasche entschieden, wird sie vorbereitet und zum Gästetisch gebracht.

Winzer präsentieren ihren Wein

Schulungen im Betrieb
Nicht nur die Gäste, auch alle Mitarbeiter/-innen schätzen eine Schulung im Bereich der Degustation und des Fachwissens sehr. Die Sommelière oder der Sommelier wird dafür spezielle Themenbereiche wie Weinbaugebiete (z. B. das Blaufränkischland, die Weine der Wachau, das Traisental) oder Rebsorten auswählen. Aber auch im Bereich Verkauf, Weinservice und Reklamation sollten alle Servicemitarbeiter/-innen die Möglichkeiten zum Training unter Aufsicht haben. Letztendlich ist es immer die gesamte Mannschaft, die gemeinsam mit Fachwissen und Verkaufsgeschick die Basis für den Erfolg schafft.

Gut ausgebildete Mitarbeiter/-innen fühlen sich sicher beim Thema Wein und verkaufen deshalb ein Mehrfaches. Es bereitet ihnen auch Freude, vom Gast als kompetent betrachtet zu werden und sie bleiben durch den Erfolg weiterhin motiviert.

Der Wein und sein Service

5.3 Die Sommelière und der Sommelier im Umgang mit dem Gast

Sind alle vorbereitenden Maßnahmen erfüllt, kommt es wohl zum schwierigsten, aber zugleich auch interessantesten Aufgabenbereich – dem Kontakt mit dem Gast.

Eine Sommelière oder ein Sommelier sollte kommunikationsfreudig sein, dabei aber immer die Diskretion und Unaufdringlichkeit wahren. Die im Laufe der Zeit im Verkaufsgespräch gewonnene Berufserfahrung ist aus psychologischer Sicht von ausnehmender Bedeutung für Klasse und Erfolg eines Sommeliers.

Besuche und Degustationen von und mit Winzerinnen und Winzern sind nicht nur einprägende Erlebnisse, sondern bilden oft die Basis für den Verkauf der Produkte dieser Weinbaubetriebe. Oftmals sind diese Erfahrungen ein ausschlaggebendes Element, welches als Emotion vom Gast wahrgenommen wird und ein wesentliches Entscheidungsargument sein kann.

Stetige Weiterbildung ist für einen optimalen Weinverkauf unumgänglich! Regelmäßiges Verkosten und der Austausch mit Gleichgesinnten sowie das Lesen von aktueller Fachliteratur gibt Sicherheit für den Verkauf und trägt wesentlich dazu bei, dass man stets am Laufenden bleibt.

Verkosten Sie Weine, die glasweise ausgeschenkt werden, um stets ein aktuelles Geschmacksprofil im Verkaufsgespräch wiedergeben zu können. Bedenken Sie, dass Wein ein lebendes Produkt ist und sich durch Lagerung und Reifung stetig verändert! Weiters sollte auf die Eigenheit der Jahrgänge geachtet werden. Jedes Weinjahr stellt an das Traubengut, aber auch an die Weinbaubetriebe große Herausforderungen. Der prämierte und ausgezeichnete Wein eines Weinbaubetriebes kann im folgenden Erntejahr ein durchschnittlich guter Wein sein.

Der Gast ist König

Die Sommelière oder der Sommelier hat mit den verschiedensten Gästetypen zu tun – vom eher anspruchslosen Gast bis hin zur erfahrenen Weinsammlerin oder zum ausgewiesenen Weinkenner. Es ist für die Weinfachfrau oder den Weinfachmann anfangs nicht immer einfach, entsprechende Empfehlungen abzugeben.

Mit Hilfe der großen Informationsvielfalt, die uns in der heutigen Zeit zur Verfügung steht, treffen die Sommelière oder der Sommelier mehr und mehr auf besonders **weinkundige Gäste,** die sämtliche Ab-Hof-Preise oder aber auch die gesamten aktuellen Weinbewertungen (Wine-Spectator, Parker ...) auswendig kennen.

Außerdem gibt es immer mehr **erfahrene Gäste,** die auf Grund ihrer vielfältigen eigenen Degustationserfahrungen konkrete Vorstellungen über einen gewünschten Wein – auch als Speisenbegleiter – haben.

Eine weitere Gästekategorie ist jene der sogenannten Etikettentrinker, für die ein **Weinwissen** – allerdings häufig nur **oberflächlich** – zum Sozialprestige gehört.

> Wie auch immer Ihr Gegenüber auftritt: Vorhandenes Weinwissen des Gastes muss ebenso wie seine persönlichen Wünsche immer respektiert werden!

Die „didaktische Weinempfehlung" gehört heute der Vergangenheit an, der Gast möchte nicht belehrt werden. Vielmehr will er von einer kompetenten Person beraten werden, die stimmige, zu den Speisen passende Weine empfiehlt. Die Sommelière oder der Sommelier ist ein Wegbegleiter und Berater der Gäste, der ihnen auf ihrer kulinarischen Reise zur Seite stehen darf.

Feingefühl ist wichtig!

Um Gästen, die die österreichischen Weine kaum oder gar nicht kennen, die Weinauswahl zu erleichtern, versuchen Sie bevorzugte Weintypen oder Geschmacksrichtungen zu ergründen. Um dem Gast die Auswahl zu erleichtern, ist es von Vorteil, Geschmacksgruppen für ihn zu formulieren.

> 💡 Sehr oft ist es hilfreich, den ausländischen Gast nach den Lieblingsweinen seiner Heimat zu fragen!

Geschmacksrichtung	Österreichischer Weinvorschlag
Fruchtige Weine mit spritziger Säurestruktur	Grüner Veltliner, Welschriesling
Aromatische Weißweine mit ansprechender Säure	Sauvignon blanc, Gelber Muskateller
Vollmundige Weißweine mit mittlerer Säure und nussiger Note	Chardonnay, Weißburgunder
Aromatische Weißweine mit milder Säure	Neuburger, Rivaner, Traminer
Feine, milde, harmonische Rotweine	Blauer Portugieser, Blauburger
Aromatische, vollmundige Rotweine mit feinen Tanninen	Blauer Zweigelt, St. Laurent
Vollmundige Rotweine mit kräftigen Tanninen	Blaufränkisch, Cabernet Sauvignon

Richtige Fragetechnik – das gute Verkaufsgespräch

Aktives Verkaufen bedeutet durch besonderes Service und individuelle Beratung Umsatzziele zu realisieren, die einerseits die Gäste zufriedenstellen und andererseits den Erfolg des Unternehmens garantieren. Wenn es gelingt, ein freundliches Anfangsklima zu schaffen, bestimmt das den gesamten Fortgang des Beratungs- und Verkaufsgesprächs. Bedenken Sie, dass Ihre Verkaufsargumente umso schwächer sind, je geringer Ihr Informationsstand ist.

Um Wein optimal zu verkaufen, sind einige wichtige Punkte zu beachten:
- Der Gast ist König. Denken Sie an die Kundenzufriedenheit.
- Achten Sie auf Ihre Mimik und Gestik (Haltung, Auftreten und Ausdruck, senden Sie deutliche Signale).
- Versuchen Sie die richtigen Worte zu finden, benutzen Sie ein möglichst dem Gästekreis angepasstes Geschmacksvokabular und drücken Sie sich klar und sachlich aus.
- Formulieren Sie ihre Fragen verständlich und prägnant. Geben Sie dem Gast Zeit auf ihre Fragen zu reagieren.
- Hören Sie dem Gast zu – so finden Sie am besten und schnellsten heraus, was er wirklich möchte.
- Bei Unklarheiten fragen Sie den Gast gleich nochmals (nicht immer drücken sich die Gäste klar und deutlich aus), um unangenehme Reklamationen zu vermeiden.
- Bereiten Sie sich gedanklich immer mehrere Alternativen bei einer Weinempfehlung zu einer Speise vor – diese sollten unterschiedlich in Preis, Geschmack und Herkunft sein.
- Vergessen Sie nicht, sich beim Gast zu bedanken.

> 💡 Viele Weinfreunde haben ihre eigenen Vorstellungen, was die besten Weine sind. Beachten Sie daher, dass solche Weine vonseiten des Gastes stets emotional besetzt sind, auch wenn Sie persönlich eine andere Meinung darüber haben.

Der Erfolg eines Verkaufsgesprächs hängt wesentlich von der **Fragetechnik,** also der **Formulierung** der Fragen ab.

Stellen Sie offene Fragen (was, welche, wer, wie viel, wozu ...). Fragen, die mit Ja oder Nein beantwortet werden können, beenden oft vorzeitig das Verkaufsgespräch.	Günstig: „Was würden Sie zu einer Flasche Riesling zur Vorspeise sagen?"
	Ungünstig: „Möchten Sie Wein zur Vorspeise?"
Formulieren Sie Alternativfragen.	Günstig: „Darf ich Ihnen eine Flasche Riesling aus der Wachau oder einen Weinviertel DAC anbieten?"
	Ungünstig: „Möchten Sie eine Flasche Sauvignon Blanc?"

Wer sich in die Rolle seiner Gäste einfühlen kann, darf sich auch über Verkaufserfolge freuen. Entscheidend ist die Zufriedenheit der Gäste!

Stellen Sie dem Gast Fragen, die seine Neugier wecken.

Günstig: „Kennen Sie schon den …?" oder „Haben Sie schon einmal den … probiert?" oder „Möchten Sie vielleicht die neue Cuvée vom Weingut … probieren?"

Ungünstig: „Wir haben auch den …"

Stellen Sie dem Gast kurz formulierte Fragen und vermeiden Sie sogenannte „Bandwurmfragen".

Günstig: „Hätten Sie gerne prickelndes oder lieber mildes Mineralwasser?"

Ungünstig: „Ich könnte Ihnen ein stilles, mildes oder prickelndes Mineralwasser anbieten oder möchten Sie Sodawasser oder doch lieber nur frisches Leitungswasser?"

Beispiel eines erfolgreichen Verkaufsgesprächs

Mitarbeiter: 	Zum Hauptgericht, dem Zanderfilet mit Paprikaschaumsauce und Petersilienkartoffeln würde ich Ihnen einen Weißwein empfehlen. Darf ich Sie fragen, in welche Geschmacksrichtung dieser Wein gehen soll? 
Gast:	Wie meinen Sie das?
Mitarbeiter:	Möchten Sie eher einen erdigen oder einen fruchtbetonten Wein?
Gast:	Ich hätte gerne einen sehr fruchtigen Wein.
Mitarbeiter:	Da kann ich Ihnen einen Sauvignon blanc vom Weingut XY aus der Südsteiermark anbieten. Dieser Weißwein ist besonders fruchtig und wird von einer sehr anregenden Säure unterstützt. Er besticht durch seine Noten von Paprika und Holunder – wäre also eine ideale Ergänzung zu Ihrer Paprikaschaumsauce.
Gast:	Das klingt ja perfekt! Diesen Wein nehme ich.
Mitarbeiter:	Danke für Ihre Bestellung. Ich werde Ihren Wein sofort vorbereiten und zu Ihnen bringen.

Beschwerdemanagement

Zur Kultur eines Unternehmens gehört die positive Einstellung aller Mitarbeiterinnen und Mitarbeiter bezüglich Reklamationen ebenso wie ein System, das das Personal bei der Bearbeitung von Beschwerden unterstützt. Zusammen mit einem Vorsorge- und Informationsnetz, das ähnliche Fehler in Zukunft vermeiden hilft, ist jede Beschwerde eine Chance, die Qualität des Hauses zu verbessern.

Die Bearbeitung von Beschwerden sollte immer umgehend beim Gast erfolgen – also durch jene Servicemitarbeiterin oder jenen Servicemitarbeiter, die oder der direkten Gästekontakt hat. Dieses selbstständige Bearbeiten von Reklamationen ermöglicht eine schnelle, unbürokratische Lösung des Problems.

Um die Reklamationen von Gästen besser zu bearbeiten, haben wir für Sie **zehn wichtige Punkte** des Beschwerdemanagements zusammengefasst:

Das 1 x 1 des Beschwerdemanagements
1. Bedanken Sie sich beim Gast dafür, dass er Sie auf den Beschwerdegrund aufmerksam macht.
2. Entschuldigen Sie sich beim Gast.
3. Hören Sie dem Gast zu.
4. Zeigen Sie Verständnis und nehmen Sie den Gast ernst.
5. Fühlen Sie sich nie persönlich angegriffen.
6. Führen Sie keine Diskussion über das Problem.
7. Reagieren Sie sofort.
8. Lösen Sie das Problem.
9. Prüfen Sie nach, ob der Fehler behoben wurde und der Gast mit der Lösung zufrieden ist (nachfragen!).
10. Beugen Sie künftigen Fehlern vor.

💡 Eine Beschwerde ist eine Chance, noch besser zu werden! Betrachten Sie die Beschwerde als ein Geschenk des Gastes: es eröffnet Ihnen die Möglichkeit, Fehler zu beheben und die Qualität zu verbessern.

Professionelles Beschwerdemanagement bewirkt, dass
- durch Übung der Mitarbeiter/-innen im Umgang mit Beschwerden die Selbstsicherheit gestärkt wird und Fehler im Umgang mit Reklamationen verringert werden.
- Mitarbeiter/-innen, die selbst Beschwerden behandeln und lösen, motivierter sind.
- die Unzufriedenheit reklamierender Gäste sich, bei richtiger Behandlung und Lösung des Problems, zur Zufriedenheit wandeln kann.
- zufriedene Gäste Werbung für das Unternehmen machen und gerne wieder kommen (Mundpropaganda).
- der Betrieb durch Reklamationen Informationen über seine Dienstleistungen erhält und damit die Chance hat, besser zu werden.

Natürlich ist es unangenehm, wenn eine Kundin oder ein Kunde sich beschwert. Aber noch unangenehmer ist es, wenn sie oder er sich nicht beschwert und ihre/seine Unzufriedenheit Freunden und Bekannten weitererzählt. Sie bzw. er selbst wird für Sie als Gast verloren gehen und auch gleichzeitig potenzielle neue Kundschaft von Ihrem Betrieb fernhalten.

Gerade im Zusammenhang mit Qualitätsmanagement und aktivem Kundenmanagement bieten sich Möglichkeiten, Beschwerden nicht nur zur Beseitigung von Fehlern zu nutzen, sondern Kunden aktiv an Ihr Unternehmen zu binden und aus enttäuschten Kundinnen und Kunden wieder begeisterte Gäste zu machen.

Beispiele und Lösungen bei Reklamationen von Gästen	
Gast:	„Ihre Weinkarte enthält aber sehr wenige Zusatzinformationen und weist keine Weinbeschreibungen auf!"
Unternehmer:	„Danke, dass Sie mich darauf aufmerksam machen. Der Grund dafür ist, dass wir großen Wert auf die persönliche Beratung unserer Gäste legen. Deshalb schulen wir unsere Mitarbeiter und Mitarbeiterinnen ständig, damit sie immer auf dem neuesten Stand sind."
Gast:	„Herr Ober, ich bin mir nicht sicher, aber ich denke, der Wein hat einen Korkgeschmack!"
Mitarbeiterin:	„Danke für die Information und entschuldigen Sie bitte. Wenn es für Sie in Ordnung ist, verkoste ich den Wein gerne. Aber wir sind natürlich auch gerne bereit, Ihnen sofort eine neue Flasche zu servieren."

👉 **Wussten Sie, dass ...**
nur 3 bis 5 % der Gäste ihre Unzufriedenheit in Form einer Beschwerde ausdrücken? Die meisten unzufriedenen Gäste kommen einfach nicht mehr.

Der Wein und sein Service

🎯 Ziele erreicht?

1. Welche Aufgaben soll eine gut aufgebaute Weinkarte erfüllen?
2. Nennen Sie die Rangfolge der Verkaufsartikel in der Weinkarte.
3. Beschreiben Sie Möglichkeiten der Gliederung einer Weinkarte.
4. Erläutern Sie Maßnahmen, um Wein optimal präsentieren und verkaufen zu können.
5. Was bedeutet der Begriff „Weindisplay"?
6. Welche Punkte sind bei der Gestaltung eines Weindisplays zu beachten?
7. Zählen Sie fünf wichtige Punkte im Umgang mit dem Gast auf.
8. Worauf ist bei der Fragestellung im Verkaufsgespräch zu achten?
9. Überlegen Sie sich eine Beschwerde eines Gastes und suchen Sie eine möglichst professionelle Lösung für die Situation.
10. Lösen Sie mithilfe des gerade Erlernten folgendes Rätsel:

Waagrecht
2 Mögliche Gliederung einer Weinkarte (nach ...).
4 Richtiges Beschwerdemanagement bietet die Chance zur ...
5 Wichtiges Element im Verkaufsgespräch.
6 Produkt mit hohem Deckungsbeitrag, aber geringem Umsatz.
7 Kartenpreis.

Senkrecht
1 Eine besondere Verkaufshilfe (bei geringen Restmengen).
3 Fachliteratur.

6 Das Weinservice

6.1 Allgemein

Das Öffnen einer besonderen Flasche Wein zählt für manchen sicherlich zu den spannendsten Momenten im Leben. Kultivierte Gastgeber/-innen lassen, so wie auch die Sommelière oder der Sommelier im Restaurant, die Gäste daran teilhaben und öffnen die Weinflasche bei Tisch, also vor den Augen der Gäste. Diese Tradition stammt aus jener Zeit, wo die Gastgeberin bzw. der Gastgeber demonstrieren wollte, dass es sich um Originalwein handelt und nicht um eine gepanschte Mischung. Je nach Servierart benötigt die Sommelière oder der Sommelier für ein fachgerechtes Weinservice entsprechende Arbeitsmittel – die sogenannten Accessoires.

6.2 Weinaccessoires

So wie bei anderen Berufen üblich, haben auch die Sommelière und der Sommelier ein ganz spezielles Arbeitswerkzeug. Das traditionelle Tastevin wird heute nur noch sehr selten verwendet, da es vom praktischeren Degustationsglas abgelöst wurde. Es gibt jedoch eine Reihe anderer Hilfsmittel, die die Sommelière und den Sommelier beim Servieren unterstützen. Zu ihrem bzw. seinem täglichen Begleiter zählt sicher der klassische Korkenzieher.

Korkenzieher

Kaum ein anderes Werkzeug wurde so wie der Korkenzieher in den unglaublichsten Ausführungen und ausgefallensten Stilrichtungen produziert. Die Funktionalität sollte jedoch im Vordergrund stehen.

Im Jahr 1979 begann mit dem Screwpull eine neue Ära, wobei auch diese Variante einige Mängel aufweist. So durchdringt er beispielsweise den Korken zur Gänze und schafft damit oftmals Korkbrösel in den Verkostungsschluck. Auch die Kunststoffstopfen, die heute manche Flasche jungen Weißweins verschließen, machen dem Screwpull und seiner sonst optimalen Spindel beim Öffnen der Flasche gehörig zu schaffen.

Zu den professionellsten Korkenziehern zählt sicher der klassische Hebelkorkenzieher mit Stahlspindel und integriertem Kellnermesser. Im Gegensatz zu früher kann bei den modernen Modellen der Hebel zweistufig am Flaschenwulst angesetzt werden. Somit können auch lange Korken mühelos entfernt werden. Wichtig ist, dass die Spindel eine sogenannte Seele aufweist, die Platz genug bietet, um ein Streichholz durchschieben zu können.

Die traditionelle Kostschale Tastevin mit Halskette – einst optisches Erkennungszeichen des Sommeliers.

Achten Sie beim Kauf eines Korkenziehers darauf, dass das Kellnermesser ohne Wellenschliff, also mit glatter Klinge versehen ist. Dies ist für einen leichteren, sauberen und glatten Schnitt an der Kapsel von großem Vorteil!

Seele = Freiraum in der Wendel oder Schraube, also der Abstand zwischen den einzelnen Windungen. Nur Korkenzieher mit Seele können sich quasi beim Herausziehen am dazwischen verbliebenen Korken „festhalten" (ohne Seele bohrt man ein Loch!).

Der Wein und sein Service

Kapselschneider

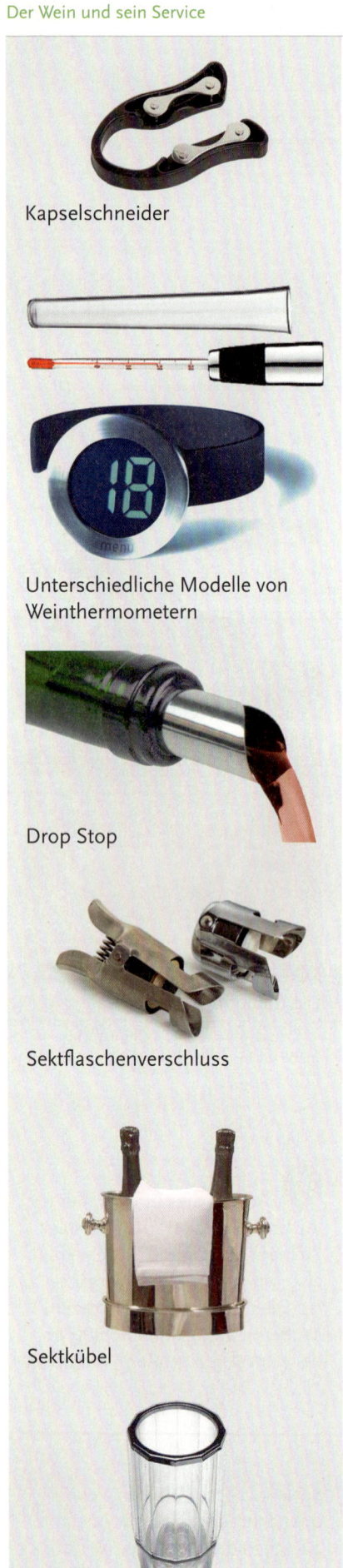

Kapselschneider

Oft wird in Kombination mit dem Korkenzieher ein Kapselschneider angeboten. An den Flaschenmund gesetzt und gedreht, löst er sauber und elegant Blei-, Stanniol- und Kunststoffkapseln. Im Unterschied dazu bietet das im Hebelkorkenzieher integrierte Messer den Vorteil, dass der Verschluss fachlich richtig unterhalb des Flaschenwulstes abgetrennt werden kann.

Kork(en)zange

Das Öffnen einer Flasche Schaumwein bereitet hin und wieder Schwierigkeiten, da der Kork manchmal sehr fest sitzt und sich deshalb nicht aus der Flasche drehen lässt. Mit einer Kork(en)zange lässt er sich stilgerecht herausziehen, ohne Gefahr zu laufen, dabei abzubrechen.

Unterschiedliche Modelle von Weinthermometern

Weinthermometer

Gerade für noch unerfahrene Weinfachleute ist eine schnelle Temperaturkontrolle des Weines oft wichtig und hilfreich. Zu diesem Zweck gibt es verschiedenste Weinthermometer, darunter auch jene Modelle (Spangen, Manschetten ...), die an die Flasche direkt angelegt werden können (ohne die Flasche zu öffnen!).

Drop Stop

Die kreisrunde Folie wird zusammengebogen in den Flaschenmund gesteckt. Beim Ausgießen schneidet die vorderste Kante der Folie buchstäblich den letzten eingegossenen Schluck buchstäblich ab und verhindert somit ein Nachtropfen. Ideales Hilfsmittel bei einer Degustation oder einem Bankett, beim Flaschenweinservice am Gästetisch sollte es jedoch nicht eingesetzt werden.

Drop Stop

Sektflaschenverschluss

Um die Qualität des Schaumweines einer bereits geöffneten Flasche für einen späteren Zeitpunkt zu gewährleisten, bedarf es eines Sekt- oder Champagnerflaschenverschlusses. Durch eine entsprechende Dichtung und die beiden Seitenhebel wird ein vorzeitiges Entweichen des Druckes und somit der Kohlensäure aus der Flasche verhindert.

Sektflaschenverschluss

Eiskübel

Beim Servieren von Weiß-, Rosé- und Schaumweinen wird gerne ein Eiskübel aus Kristall oder Silber verwendet. In guten Restaurants befinden sie sich auf einem eigenen Ständer neben dem Gästetisch. Ein großer Vorteil des Eiskübels ist, dass die Flasche sofort weitergekühlt und, wenn sie zu gering vorgekühlt ist, sogar noch um ein paar Grade heruntergekühlt wird. Zu den Nachteilen zählt, dass bei jedem Nachschenken die Flasche mit der Stoffserviette abgewischt werden muss. Das geschulte Personal muss auch darauf achten, dass die Flasche mit nur mehr geringem Inhalt nicht zu lange im Eiskübel verbleibt, da sich der wenige Inhalt dann zu sehr abkühlt.

Sektkübel

Thermokühler (Glacette)

Sehr häufig finden auch die sogenannten Glacettes Anwendung beim Weinservice. Entweder aus Acryl, aus Hotelsilber oder aus Silber gefertigt, halten sie die vorgekühlte Temperatur für etwa zwei bis drei Stunden konstant. Für eine längere Kühlung sind auch Kühl-Akkus im Handel erhältlich.

Thermokühler

Tonkühler

Der altbekannte Weinkühler aus Ton oder Terrakotta wirkt auf Grund seiner Optik sehr rustikal und wird deswegen im eleganten Restaurant nicht verwendet. Trotzdem bietet der nicht dicht gebrannte Tonkühler den Vorteil, dass er beim Befüllen mit Wasser und anschließendem Einkühlen das Wasser ansaugt und speichert. Kommt der Weinkühler zum Einsatz, wird der Wein konstant temperiert.

Dekantierkorb

Der oft fälschlicherweise zum Dekantieren verwendete Behelf hat nur die Aufgabe, eine besondere Flasche Wein zu transportieren. Der Dekantierkorb ist ein Behältnis, in dem der zu trinkende Wein aus Keller oder Weinschrank vorsichtig hineingelegt wird, um den Bodensatz nicht aufzuwirbeln. Diese Flaschenkörbe sind entweder aus Korbgeflecht oder Holz oder aber in teurerer Ausführung aus Silberband gefertigt.

> ❗ Der Dekantierkorb wird nicht zum eigentlichen Dekantieren verwendet.
>
> **Bodensatz** = Depot; kommt vor allem bei älteren Rotweinen mit spezifischem Ausbau (traditionell und unfiltriert abgefüllt) vor und besteht aus abgestorbenen Mikroorganismen, die Farbstoff angenommen haben und deshalb sichtbar sind.

Dekantierwiege

Die Dekantierwiege ist eine englische Erfindung, mit der früher alte Portweinflaschen dekantiert wurden. Durch das Drehen der Kurbel kann der Neigungswinkel der eingespannten Flasche genau bestimmt werden. Eine Kerze unter dem Flaschenhals ermöglicht es, das ausfließende Depot zu erkennen. In diesem Moment wird das Dekantieren gestoppt und das Depot bleibt in der Flasche zurück. Heute dienen Dekantierwiegen fast nur noch zeremoniellen Zwecken oder werden für Großflaschenformate verwendet.

Dekanter oder Dekantierkaraffe

Heute in vielen unterschiedlichen Designs erzeugt, gehört die aus Kristallglas gefertigte Dekantierkaraffe gemeinsam mit dem Dekantierkorb zum wichtigsten Utensil beim Dekantieren. Vorrangig zum Abtrennen des Depots und zur Belüftung großer, lange gelagerter Rotweine gedacht, dient sie auch zum Belüften von Weißweinen und Rotweinen ohne Depot. Sie sollte bei ihrer Verwendung am Gästetisch penibel sauber sein.

Dekantierwiege

Dekantiertrockner

Um lästige Wasserflecken in den Dekantierkaraffen zu vermeiden, verwendet man einen sogenannten Dekantiertrockner. Nachdem die Dekanter gründlich gereinigt wurden, werden sie in das Metallgestell gestürzt und können so rasch und gründlich austrocknen. Transparente Silikonhülsen schützen dabei den Dekanter vor Beschädigungen.

Dekantiertrichter mit Sieb

Mit diesem Trichter kann der Wein ohne Kerze von der Flasche in die Karaffe umgefüllt werden. Im Dekantiersieb, das im Dekantiertrichter integriert ist, bleibt das Depot zurück. Gerade bei ungeübten Mitarbeitern kann das Dekantiersieb gute Dienste leisten. Weiters kann es vor allem bei abgebrochenen Korken und den daraus entstandenen Korkbröseln eine Hilfe sein, um den Wein „ungetrübt" genießen zu können.

Dekantiertrichter mit Sieb

Der Wein und sein Service

6.3 Flaschenverschlüsse

Ein hochwertiges Produkt verlangt nach einer hochwertigen Verpackung. Diese soll durch ihr Aussehen sowohl die Wertigkeit des Produktes unterstreichen als auch den Inhalt bis zum Verbrauch optimal schützen. In den letzten Jahren haben sich neben dem klassischen Naturkork einige sogenannte Alternativverschlüsse auf dem Markt etabliert.

Naturkork

Der Naturkork ist die Rinde der Korkeiche (Quercus suber), die am häufigsten in Portugal (670 000 ha) und Spanien (480 000 ha) vorkommt. Ehe sich die Rinde der Korkeiche für die Produktion von Korken eignet, muss sie mindestens zwanzig Jahre alt sein. Ab diesem Zeitpunkt kann der Eiche ca. alle 8–10 Jahre die Rinde, die sich wieder nachbildet, abgezogen werden.

Naturkork wird sterilisiert. Hin und wieder überlebt jedoch ein Schimmelpilz diesen Vorgang und gibt bei der Berührung mit Wein seine Infektion weiter, was den sehr unangenehmen sogenannten Korkgeschmack verursacht.

Ein normaler Kork hat einen Durchmesser von ca. 24 mm und wird in einen Flaschenhals von ca. 18 mm gepresst. Auch in der Länge sind Korken verschieden. Grundsätzlich gilt, je länger ein Wein lagern muss, desto länger sollte der Kork sein. Der Naturkork muss durch stete Berührung mit dem Wein feucht gehalten werden. Dies ist auch der Grund, warum Wein, der mit Naturkorken verschlossen ist, liegend gelagert werden muss. So wird er nur ganz langsam spröde und brüchig. Ein guter Kork hält in der Regel 25 Jahre und länger.

Fast immer ist der Kork von einer Kapsel bedeckt.

💡 Wegen der starken Qualitätsschwankungen bei den Naturkorken (bis zu 30 % Ausfallsquoten durch Korkfehler), haben sich gute Alternativen auf dem Sektor Verschlusssysteme entwickelt.

👉 **Wussten Sie, dass ...** einige große Weingüter ihre alten Jahrgänge nach 25 Jahren neu verkorken?

💡 Presskorken werden nicht in einem Stück aus der Korkeiche herausgeschnitten, sondern es handelt sich um Korkgranulat, das mit Harz gebunden wurde. Sie sind deutlich billiger als Naturkorken. Bessere Presskorken (Verbundkorken) haben oben und unten eine Naturkorkscheibe, damit der Leim keinen negativen Einfluss auf den Wein nehmen kann.

Vorteile von Naturkork	Nachteile von Naturkork
■ Leicht ■ Verändert sich nicht bei Temperaturschwankungen ■ Hochelastisch, sitzt fest am Flaschenhals ■ Lässt einen geringen Sauerstoffaustausch zu (Oxidation – Reifung) ■ Traditioneller Verschluss mit positivem Image ■ Zur Gänze verrottbar	■ Qualitätsschwankungen ■ Korkgeschmack ■ Preisentwicklung

Kunststoffstopfen

Seit 1970 sind die synthetisch hergestellten Kunststoffverschlüsse, die dem Kork in der Form ähnlich sehen, in Österreich auf dem Markt. Bestandteile sind Polyethylen und Thermoplaste, die auch in der Lebensmittelverpackung eingesetzt werden, aber keine sensorischen Auswirkungen haben. Der große Vorteil ist, dass sich Schimmelpilze in der Porenstruktur nicht festsetzen können. Nachteil ist, dass die Weine nicht so lange haltbar sind, da nach ca. eineinhalb Jahren die Oxidation beschleunigt werden kann.

Vorteile von Kunststoffstopfen	Nachteile von Kunststoffstopfen
■ Geschmacksneutral ■ Keine Oxidation bei Lagerung ■ Kein Abbrechen oder Abbröseln beim Öffnen ■ 30 bis 50 % günstiger als Naturkork	■ Beschränkte Lagerdauer der Weine (absolut dicht!) ■ Angebrochene Flasche ist schwierig zu verstöpseln ■ Nicht biologisch abbaubar ■ Häufig schwer zu öffnen

Kunststoffstopfen

Drehverschluss – Anrollverschluss

Der von der französischen Firma Pechiney SA entwickelte Stelvin-Drehverschluss stellt eine kostengünstige Alternative zu Naturkork und Kunststoffstopfen dar und hat mittlerweile sein anfangs negatives Image fast abgelegt. Erfahrungswerte bestätigen eine lange Lebensdauer der Weine von bis zu zehn Jahren. Der Drehverschluss hat vor dem Aufsetzen auf die Flasche kein Gewinde, sondern erhält dieses erst durch das Aufpressen. Dadurch ist eine exakte Anpassung an das Flaschengewinde gewährleistet.

Vorteile von Schraub- bzw. Drehverschluss	Nachteile von Schraub- bzw. Drehverschluss
■ Geschmacksneutral ■ Keine Oxidation bei Lagerung ■ Einfaches Öffnen ■ Wiederverschließbar ■ Preisvorteil gegenüber anderen Verschlüssen	■ Verlust alter Tradition ■ Oft Ablehnung bei Konsumenten ■ Flaschenreifung nicht möglich, daher nur für jung zu trinkende Weine geeignet

☞ **Wussten Sie, dass ...** der Stelvin-Drehverschluss seit nahezu 30 Jahren zum festen Bestandteil der Weinverpackung in Australien zählt?

💡 Die Wiederverschließbarkeit beim Drehverschluss wird gerade beim glasweisen Weinservice sowie bei Veranstaltungen im Catering-Bereich sehr geschätzt!

Glasverschluss

Eine Neuerung seit 2003 in Österreich ist der Glasverschluss. Am US-Markt trägt der Glasverschluss Vino-Lok der Firma Alcoa (Deutschland) den Namen Vin Tegra. Das Vino-Lok-System basiert auf der Idee, die Flasche mit einem Verschluss zu versehen, der aus technischer und önologischer Sicht zu 100 % neutral ist. Ein Glasstopfen mit einer Dichtung aus PVDC verschließt die Weinflasche. Der Glasstopfen wird mit einer Überkappe aus Aluminium gesichert, die die Unversehrtheit des Verschlusses gewährleistet.

Polyvinylidenchlorid (PVDC) = gebildetes Thermoplast, das sich nahe dem Schmelzpunkt von ca. 200 °C leicht zersetzt.

Vorteile von Glasverschlüssen	Nachteile von Glasverschlüssen
■ Geschmacksneutral ■ Einfaches luftdichtes Wiederverschließen offener Flaschen ■ Voll recyclingfähig ■ Hochwertige Optik	■ Fehlende Langzeiterfahrungen ■ Hoher Preis ■ Mehr Know-how bzw. präzisere Verarbeitung beim Abfüllen der Weine ■ Standardflaschen aus Gründen der Passgenauigkeit nicht verwendbar ■ Flaschen müssen eine Dichtung aus PVDC aufweisen

Kronkorken – Stainless Cap

Zurzeit spielt der Kronkorken, der dem Drehverschluss technisch ebenbürtig ist, bei Weinen ohne Kohlensäure noch keine wichtige Rolle. Bei der Produktion von Schaumweinen ist er jedoch unentbehrlich geworden. So sind fast alle Champagnerflaschen während der zweiten Gärung und der anschließenden Lagerung (bei Referenzflaschen bis zu 30 Jahren) in der Flasche mit Kronkorken verschlossen. Tatsächlich ist er der ideale Verschluss für alle Getränke in Flaschen mit Kohlensäure.

Flaschenkapsel

Die Flaschenkapsel hat die Aufgabe, die Unversehrtheit des Weines zu garantieren. Im Zeitalter der Weinfälschungen besteht darin eine zunehmend wichtige Aufgabe. Weiters verlangsamt sie den Gasaustausch zwischen dem Flascheninhalt und der Außenwelt und kann den Wein vor der Korkmotte schützen.

Kapselmaterialien

Das Material dieser Kapseln kann aus Stanniol, Plastik oder Aluminium sein. Vor nicht allzu langer Zeit waren auch Kapseln in Verwendung, die Blei enthalten haben. Aus diesem Grund wurden bzw. werden die Kapseln unter dem Wulst am Flaschenhals abgeschnitten. Man wollte sichergehen, dass der Wein mit der bleihältigen Kapsel nicht in Berührung kommt, um eventuelle Geschmacksbeeinträchtigungen von Haus aus zu vermeiden.

Korkmotte = Das Insekt legt seine Eier gerne an feuchten Stellen im Weinkeller ab. Wenn dies auf einem Kork erfolgt, wird dieser von der geschlüpften Raupe (auch Korkwurm genannt) angefressen und dadurch undicht, was in der Folge (neben Schimmelpilzbildung) zur Oxidation des Weines bis hin zum Auslaufen führen kann.

Der Wein und sein Service

Toxisch = giftig.

Ursprünglich wurden Flaschen mit Kapseln versehen, die aus Siegellack bestanden. Sollte einmal eine Flasche mit Siegellack zu öffnen sein, so empfiehlt es sich, diesen Lack schon vor dem Service durch Abklopfen zu entfernen, da das am Tisch des Gastes unpassend ist.

Wertvolle Weine tragen heute fast immer eine Kapsel aus Zinn. Zinn hat ab 1990 schrittweise die traditionelle Bleikapsel (auch als Stanniolkapsel bezeichnet) abgelöst. Zinn ist im Unterschied zu Blei kein toxisches Schwermetall. Zinn ist weich, leicht formbar und schmiegt sich deshalb fest an den Flaschenhals an, sodass der Wein fast luftdicht abgeschlossen ist. Der einzige Nachteil ist der teure Preis.

Eine günstigere Alternative zu Zinnkapseln sind die Aluminiumkapseln. Sie schützen den Kork ebenfalls sehr gut. Aluminium als Leichtmetall strahlt jedoch nicht die Wertigkeit von Zinn aus. Beim Abtrennen der Aluminiumkapsel bilden sich darüber hinaus noch sehr scharfe Schnittkanten, die beim Öffnen der Flasche zu Schnittwunden führen können.

Der Großteil der handelsüblichen Weine wird jedoch mit Kapseln aus Polyethylen, PV und PET versehen. Diese Verschlussmöglichkeiten sind zwar einerseits billig in ihrer Produktion, bergen aber andererseits das Risiko, bei Wärme zu platzen oder bei Kälteeinwirkung rissig zu werden.

Daher hat sich in den letzten Jahren vor allem eine Mischform, also Kapseln mit PVC-Folie verschweißtem Aluminium, durchgesetzt.

Das fachlich richtige Abtrennen der Flaschenkapsel

Aufgrund der früheren Verwendung von Bleikapseln bei hochwertigen Weinen hat sich über Jahrzehnte hin der internationale Trend durchgesetzt, die Kapsel unterhalb des Flaschenwulstes abzuschneiden. Diese Art, den Kapseloberteil vom Flaschenhals zu trennen, hat sich bis heute beim eleganten Weinservice bewährt.

1 Unterhalb des Wulstes wird die Kapsel abgeschnitten.

2 Anschließend folgt ein gerader Schnitt nach oben.

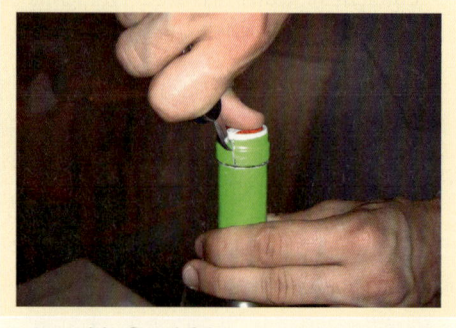

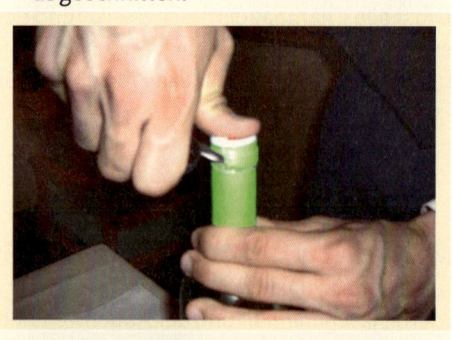

3 Bei der entstandenen Ecke wird das Messer angesetzt.

4 Nun wird die Folie nach hinten hin abgezogen.

6.4 Weißweinservice

Das Weißweinservice ist mit Sicherheit die gebräuchlichste Weinservierart die es gibt. Sie findet in jedem Betriebstyp der Gastronomie Anwendung und gehört zum Basiskönnen eines jeden Servicemitarbeiters/einer jeden Servicemitarbeiterin.

Mise en Place – Guéridon

- Dem Weintyp entsprechende Gläser eindecken.
- Guéridon vorbereiten.
    - Serviertablett mit Stoffserviette/Spitzenpapier
    - Weinkühler (Wasser, Eis) mit Unterteller Stoffserviette/Spitzenpapier
    - Weinserviette
    - 1 Brotteller mit Spitzenpapier zum Präsentieren von Kork/Verschluss
    - 1 Brotteller als Abfallteller
    - 1 Reserveglas
    - Servietten zum Reinigen des Flaschenhalses/Flaschenmundes
    - Korkenzieher

Aufbau der Mise en Place beim Weißweinservice

Serviceablauf – Naturkork/Kunststoffstopfen

1. Einstieg: Begrüßung, Vorstellung, Einleitung
2. Bestellten Wein der Bestellerin/dem Besteller oder den Gästen präsentieren.
    - Die Weinflasche liegt in der linken Hand auf der Weinserviette, das Etikett ist zu den Gästen gerichtet.
    - Die rechte Hand kann unterstützend eingesetzt werden.
    - Präsentation: Rebsorte, Jahrgang, Produzent/-in bzw. Abfüllbetrieb, Herkunft.
    - Bei einer Cuvée wird der Name des Weines statt der Rebsorte genannt. Zusätzliche Informationen können gerne gegeben werden.

3. Flasche in die Mitte der Weinserviette stellen, Etikett ist zu den Gästen gerichtet.
4. Abschneiden der Kapsel unterhalb des Flaschenwulstes, die Weinflasche wird dabei nicht gedreht. 
5. Reinigung des Flaschenmundes. 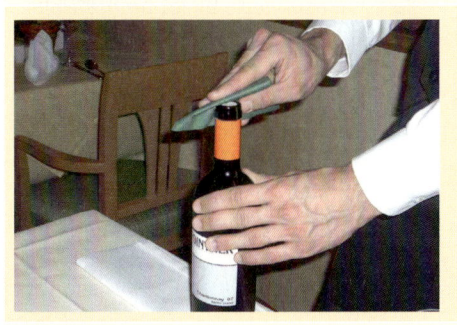
6. Korkenzieher in der Mitte des Korkens ansetzen und eindrehen. 

💡 Eventuell ist ein **Frappieren,** also das rasche Kühlen von Weißweinen und Schaumweinen, nötig. Mithilfe von Eis, Wasser und grobem Kochsalz wird der zu kühlende Wein in wenigen Minuten um einige Grade kühler. Dieser Vorgang wird ausschließlich im Office und somit nicht am Gästetisch durchgeführt!

Der Wein und sein Service

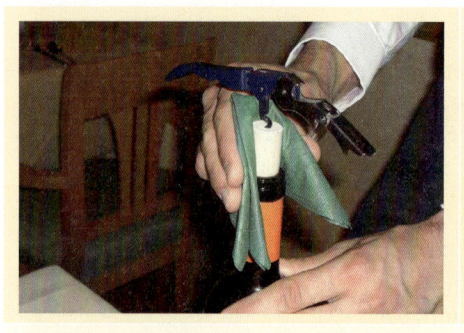

7 Lockern des Korkens durch kurzes Anziehen und geräuschloses Herausziehen des Korkens.

8 Kontrolle des Korkens und den Kork den Gästen präsentieren bzw. einstellen.

9 Reinigen der Öffnung.

10 Einschlagen der Weinflasche in die Weinserviette.

11 Einschenken eines Probeschluckes bei der Verkosterin bzw. beim Verkoster – Sinnesprüfung durch den Gast.

12 Nach dessen positiven Einschätzung: Einschenken nach klassischer Reihenfolge. Achtung: Verkoster/-in nicht vergessen!

13 Weinflasche in den Weinkühler stellen, Weinserviette bleibt beim Kühler.

14 Korkteller abservieren.

15 Beistelltisch sauber hinterlassen

16 Nachschenken nicht vergessen.

Sinnesprüfung = Optik, Duft und Geschmack begutachten.

Weißweinservice bei Glas- und Drehverschluss

Das Weißweinservice, bei dem die Flasche mit einem Glas- oder Drehverschluss verschlossen ist, unterscheidet sich vom klassischen Weißweinservice nur durch Abänderungen beim Öffnen der Flasche.

Serviceablauf – Glasverschluss/Drehverschluss

Nach dem Präsentieren der Weinflasche:

- Flasche auf ein Ende der Weinserviette stellen, das Etikett ist zu den Gästen gerichtet. 
- Lösen und Abheben der Schutzkapsel beim Glasverschluss. 
- Abheben der Schutzkapsel. 
- Die Weinserviette zur Flaschenöffnung anheben. 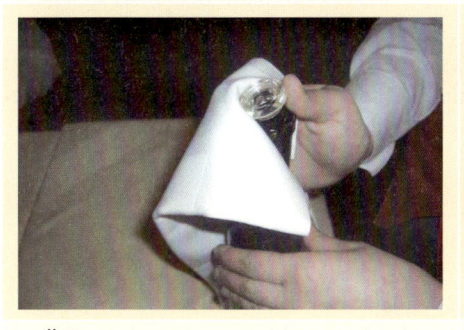
- Öffnen des Glasverschlusses durch Andrücken nach oben. 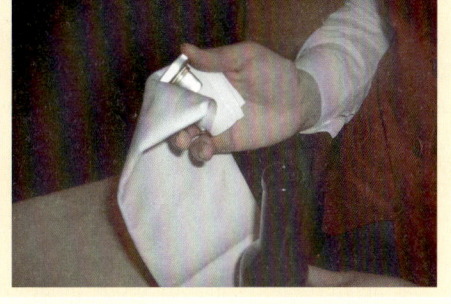
- Abheben des Verschlusses mit der Weinserviette.
- Gäste, die beim Öffnen des Glasverschlusses Interesse zeigen, kann der Glasverschluss auch präsentiert werden.
- Die weiteren Schritte erfolgen wie beim Weißweinservice mit Natur- oder Kunststoffkork.

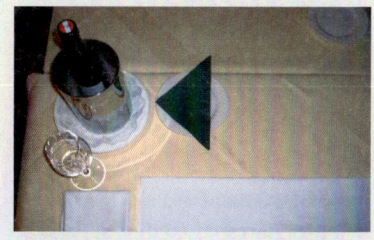

Aufbau der Mise en Place beim Weißweinservice mit Glas- und Drehverschluss auf dem Guéridon

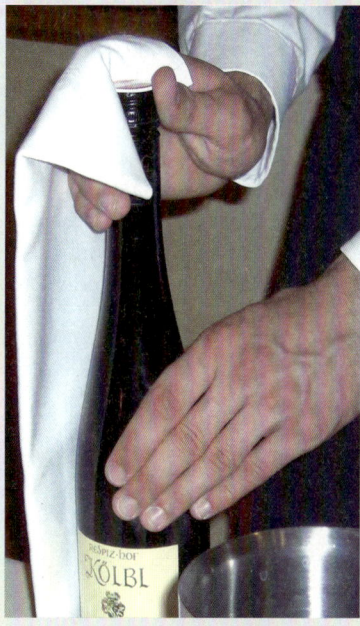

Die Handhabung der Weinserviette beim Abrollen des Drehverschlusses erfolgt wie beim Glasverschluss. Der Drehverschluss wird den Gästen nicht präsentiert.

Der Wein und sein Service

6.5 Belüften

Bereits im 19. Jahrhundert war es üblich, gehaltvolle Weißweine zur besseren Belüftung bewusst in der Karaffe zu servieren. Im Unterschied zum Dekantieren geriet das Belüften jedoch in Vergessenheit und rückte erst vor einigen Jahren wieder ins Bewusstsein der Fachleute. Eine entsprechende Reaktionszeit mit Sauerstoff ermöglicht den Abbau des Redox-Potenzials. Dadurch wirken die Weine voller und harmonischer und ihr Facettenreichtum kann besser zur Geltung gebracht werden.

Redox-Potenzial = die Summe der Reaktionsmöglichkeiten aller Bestandteile im Wein (also sowohl oxidative als auch reduktive).

Mise en Place – Guéridon
Zusätzlich zum Mise en place beim Weißweinservice benötigt man einen Unterteller mit Stoffserviette oder Spitzenpapier und eine passende Karaffe.

Serviceablauf – Ergänzung zum klassischen Weißweinservice
Nach dem Öffnen der Weinflasche und dem Eingießen des Probeschluckes:

- Den Wein aus der Flasche in die Karaffe umfüllen. 
- Das weitere Weinservice erfolgt aus der Karaffe. Es wird also nach der klassischen Reihenfolge eingeschenkt, wobei beim Service die Weingläser ausgehoben werden.
- Alle weiteren Schritte folgen wieder dem klassischen Weißweinservice.

Aufbau der Mise en Place beim Belüften von Weißweinen

💡 Die Mise en Place beim Belüften von Rotweinen wird ident aufgebaut, lediglich der Weinkühler fehlt.

👉 **Wussten Sie, dass ...** sich z. B. Smaragdweine, trockene Spätlesen sowie im Barrique ausgebaute Weißweine besonders gut zum Belüften eignen?

6.6 Rotweinservice

Wie das Weißweinservice zählt auch das klassische Rotweinservice zu den gängigsten Weinservierarten. Vor allem junge Weine oder Weine mit kurzer Lagerzeit (ein bis drei Jahre) werden dem Gast im einfachen Rotweinservice serviert.

Mise en Place – Guéridon
- Dem Weintyp entsprechende Gläser eindecken.
- Guéridon vorbereiten.
  - Serviertablett mit Stoffserviette/Spitzenpapier
  - Unterteller, Stoffserviette/Spitzenpapier für Rotweinflasche
  - Weinserviette
  - 1 Brotteller mit Spitzenpapier zum Präsentieren von Kork/Verschluss
  - 1 Brotteller als Abfallteller
  - 1 Reserveglas
  - Servietten zum Reinigen des Flaschenhalses/Flaschenmundes
  - Korkenzieher

Aufbau der Mise en Place beim Rotweinservice auf dem Guéridon

Serviceablauf – Naturkork/Kunststoffstopfen
1. Einstiegssatz: Begrüßung, Vorstellung, Einleitung.
2. Der bestellte Wein wird der Bestellerin bzw. dem Besteller oder der Gästegruppe präsentiert.
   - Die Weinflasche liegt in der linken Hand auf der Weinserviette.
   - Die rechte Hand kann unterstützend eingesetzt werden.
   - Präsentation: Rebsorte, Jahrgang, Produzent/Abfüller, Herkunft.
   - Bei einer Cuvée wird der Name des Weines statt der Rebsorte genannt. Zusätzliche Informationen können gerne gegeben werden.

💡 Eventuell ist ein **Chambrieren**, also das Auf-Zimmertemperatur-Bringen eines Rotweines, nötig. Der Wein wird dazu einige Stunden vor dem Öffnen vom Lager in einen Raum mit entsprechender Temperatur gebracht.

6 Das Weinservice

2 Der bestellte Wein wird den Gästen präsentiert.

3 Flasche auf den Unterteller stellen, das Etikett schaut zu den Gästen.

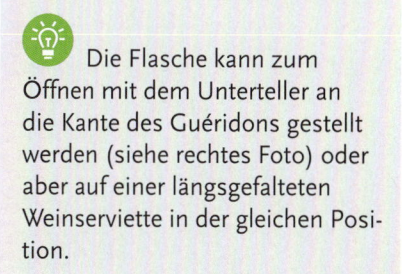

💡 Die Flasche kann zum Öffnen mit dem Unterteller an die Kante des Guéridons gestellt werden (siehe rechtes Foto) oder aber auf einer längsgefalteten Weinserviette in der gleichen Position.

4 Abschneiden der Kapsel unterhalb des Flaschenwulstes, die Weinflasche wird dabei nicht gedreht.

5 Reinigung des Flaschenmundes.

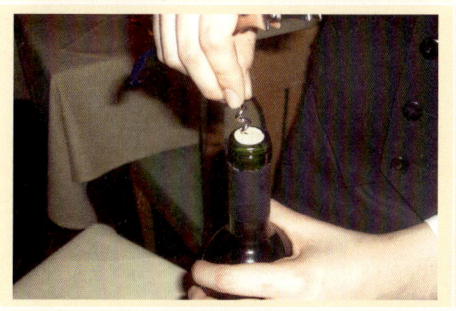

6 Korkenzieher in der Mitte des Korkens ansetzen und eindrehen.

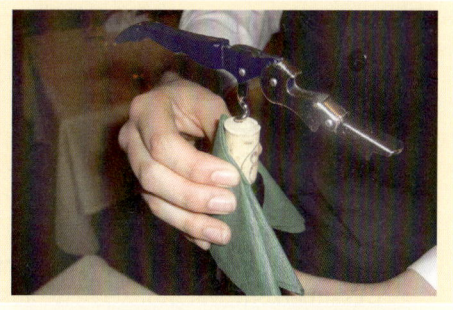

7 Lockern des Korkens durch kurzes Anziehen und geräuschloses Herausziehen.

8 Korken prüfen, präsentieren und beim Gast einstellen.

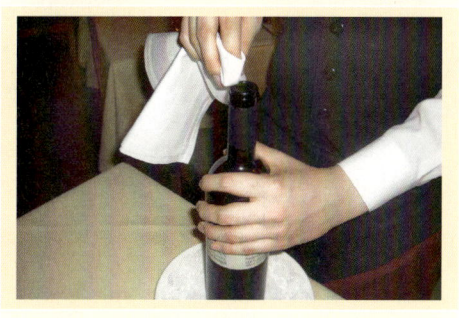

9 Reinigen der Flaschenöffnung.

10 Die Weinflasche auf die zusammengelegte Weinserviette in der linken Hand stellen.

11 Einschenken des Probeschluckes bei der Verkosterin bzw. beim Verkoster, der den Wein probiert und gutheißt.

👉 **Wussten Sie, dass ...**
laut den Regeln des ASI (Association de la Sommellerie Internationale) das Glas beim Einschenken des Rotweines in die Hand genommen wird?

Bei besonderen Gläserformen wird das Ausheben der Gläser beim Einschenken des Rotweines oft unerlässlich.

12 Einschenken nach der klassischen Reihenfolge, am Schluss der Verkosterin bzw. dem Verkoster. Abservieren des Korkens auf dem Teller.

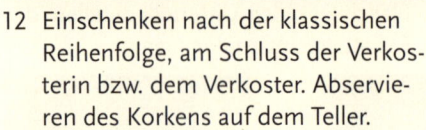

13 Nach erfolgtem Weinservice die Weinflasche auf den Unterteller zurückstellen.

14 Den Guéridon säubern – die Weinserviette bleibt am Guéridon.

15 Nachschenken nicht vergessen.

6.7 Dekantieren

Das Depot, das sich im Laufe der Zeit am Boden von Rotweinen bildet, darf auf keinen Fall in das Glas des Gastes gelangen. Das bedeutet, dass man den Wein vom Depot trennen muss und zwar, indem man den Wein aus der Flasche in eine Karaffe umfüllt. Außerdem wird dem Wein auf diese Weise Sauerstoff zugeführt und kann so sein Bukett besser entfalten. Je mehr Tannine ein Wein aufweist, umso länger benötigt er für die Entfaltung seiner Geschmacksaromen.

Aufbau der Mise en Place beim Dekantieren auf dem Guéridon

Mise en Place – Guéridon

- Dem Weintyp entsprechende Gläser eindecken.
- Guéridon vorbereiten.
    - Serviertablett mit Stoffserviette/Spitzenpapier
    - Dekantierkorb, mit Stoffserviette ausgelegt
    - Unterteller mit Stoffserviette/Spitzenpapier und Karaffe
    - Weinserviette
    - 1 Brotteller mit Spitzenpapier zum Präsentieren des Korkens
    - 1 Brotteller als Abfallteller
    - 1 weiße Kerze im Kerzenständer, Streichhölzer auf Unterteller und Porzellanaschenbecher zum Ablegen der verwendeten Streichhölzer
    - 1 Reserveglas
    - Servietten zum Reinigen des Flaschenhalses/Flaschenmundes
    - Korkenzieher

Serviceablauf

1 Einstiegssatz: Begrüßung, Vorstellung, Einleitung.

2 Der bestellte Wein wird der Bestellerin bzw. dem Besteller oder der Gästegruppe vorsichtig im Dekantierkorb präsentiert (ohne das Depot aufzuschütteln!).
- Die rechte Hand kann unterstützend eingesetzt werden.
- Präsentation: Rebsorte, Jahrgang, Produzent/Abfüller, Herkunft.
- Bei einer Cuvée wird der Name des Weines statt der Rebsorte genannt. Zusätzliche Informationen können gerne gegeben werden.

6 Das Weinservice

2 Der bestellte Wein wird präsentiert.

3 Der Korb wird mit der Flaschenöffnung nach rechts am rechten Teil des Guéridons abgestellt.

4 Gleich zu Beginn wird die Kerze entzündet, um einen störenden Schwefelgeruch später zu vermeiden.

5 Entfernen der Kapsel durch einen Längsschnitt.

6 Reinigung des Flaschenhalses.

7 Der Korkenzieher wird in der Mitte des Korkens eingedreht.

8 Lockern des Korkens (durch kurzes Anziehen), geräuschloses Herausziehen und anschließend Kontrolle des Korkens.

9 Präsentieren und Einstellen des Korkens beim Gast.

💡 Manchmal werden die Gläser und die Karaffe durch **Avinieren,** also durch das Ausschwenken mit Wein derselben Güte, auf den bevorstehenden Weingenuss vorbereitet.

Fälschlicherweise wird sehr oft „die Gläser von Fremdgerüchen zu befreien" als Grund genannt. Würden Sie für Ihre Gäste Gläser mit Fremdgeruch beim Weinservice einsetzen?

Das Avinieren erfolgt nach dem Probeschluck und wird am Guéridon durchgeführt:
- Eine kleine Menge des Weines in das erste Glas geben.
- Benetzen des gesamten Glases mit dem Wein durch Drehen des Glaskelches auf der Weinserviette.
- Mit dem gleichen Wein nacheinander die anderen Gläser und die Karaffe avinieren. Zum Schluss den Wein in ein Reserveglas leeren.
- Gläser mit einem Tablett bei den Gästen einstellen.

233

Der Wein und sein Service

10 Reinigen der Öffnung mit der Weinserviette und vorsichtiges Eingießen des Probeschluckes von der im Korb liegenden Weinflasche.

11 Einstellen des Glases mit dem Probeschluck. Der Gast verkostet.

12 Dekantierkorb vorsichtig um 180° zur Mitte hin drehen.

13 Flasche behutsam aus dem Dekantierkorb nehmen.

13 Wein im Schein der Kerze langsam, aber ohne Unterbrechung in die Karaffe umfüllen.

14 Sobald das Depot im Flaschenhals sichtbar wird, das Umfüllen beenden.

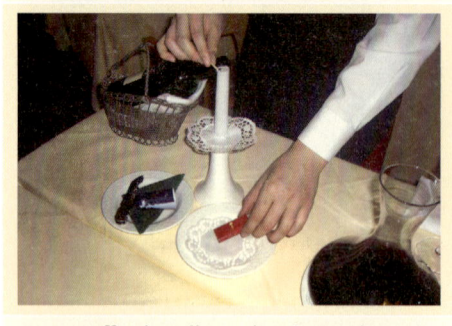

15 Karaffe abstellen, Flasche in den Korb zurücklegen und Kerze vorsichtig ablöschen (Docht mit dem gebrauchten Zündholz im Wachs ertränken und wieder aufrichten). Das gebrauchte Streichholz im Aschenbecher ablegen.

16 Einschenken nach der klassischen Reihenfolge. Dabei werden die Gläser vom Servicemitarbeiter mit der linken Hand ausgehoben und danach wieder eingestellt.
Achtung: Die Verkosterin bzw. den Verkoster nicht vergessen!

💡 Durch das Ertränken der brennenden Kerze im heißen Wachs wird eine starke Rauchentwicklung verhindert. Der Docht sollte aber wieder für die nächste Verwendung mit dem Streichholz aufgerichtet werden!

❗ Je größer die Gläser, umso mehr sollte auf die Füllmenge geachtet werden! Bei den klassischen Bordeauxgläsern genügt eine kleine Menge wie auf den Abbildungen.

17 Karaffe auf den Unterteller zurückstellen, Weinserviette bleibt am Guéridon.
18 Korkteller abservieren.
19 Guéridon reinigen.
20 Nachschenken nicht vergessen.

6.8 Schaumweinservice

Das Öffnen einer Flasche Schaumwein zählt sicherlich zu den festlichsten Anlässen. Um dies in der angemessenen Form am Gästetisch durchzuführen, bedarf es entsprechender Sorgsamkeit im Umgang mit der Flasche.

Mise en Place – Guéridon

- Entsprechende Gläser eindecken.
- Guéridon vorbereiten.
  - Serviertablett mit Stoffserviette/Spitzenpapier
  - Weinkühler (Wasser, Eis) mit Unterteller Stoffserviette/Spitzenpapier
  - Weinserviette
  - 1 Brotteller mit Spitzenpapier zum Präsentieren des Korkens
  - 1 Brotteller als Abfallteller
  - 1 Reserveglas
  - Servietten zum Reinigen des Flaschenhalses/Flaschenmundes
  - Korkenzieher, Sekt-/Champagnerzange

Aufbau der Mise en Place beim Schaumweinservice auf dem Guéridon

Serviceablauf

1 Einstiegssatz: Begrüßung, Vorstellung, Einleitung.
2 Der bestellte Schaumwein wird der Bestellerin bzw. dem Besteller oder der Gästegruppe präsentiert. Die Flasche liegt dabei auf der Weinserviette, auf der linken Hand.
  - Die rechte Hand kann unterstützend eingesetzt werden.
  - Präsentation: Name des Schaumweines. Zusatzinformationen können gerne gegeben werden.

2 Der bestellte Schaumwein wird den Gästen präsentiert.

3 Die Flasche wird auf die Weinserviette gestellt. Das Etikett schaut zu den Gästen.

Der Wein und sein Service

💡 Sollte kein Reißverschluss auf der Flasche angebracht sein, wird mit dem Kellnermesser des Korkenziehers ein Schrägschnitt gemacht, damit die Kapsel einfach abgehoben werden kann!

👉 **Wussten Sie, dass ...** das Überschäumen beim Öffnen der Schaumweinflasche einerseits durch zu starkes Rütteln der Flasche und andererseits durch das zu harte Aufsetzen der Flasche auf einen Untergrund (Tisch, Guéridon ...) verursacht wird?

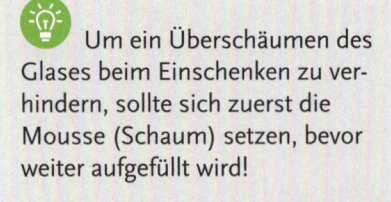

4 Die Kapsel wird mit Hilfe des „Reißverschlusses" entfernt.

5 Die Agraffe wird geöffnet, der Daumen sichert.

6 Die Flasche wird aufgehoben und die Weinserviette über den Kork gelegt.

7 Eine Hand hält den Kork, die zweite den Flaschenboden. Durch vorsichtiges Drehen den Korken entfernen. Die Flasche wird beim Öffnen schräg gehalten – nicht auf Gäste richten.

8 Korken prüfen, dann Präsentieren und Einstellen des Korkens beim Gast.

9 Reinigen der Öffnung mit der Stoffserviette.

💡 Um ein Überschäumen des Glases beim Einschenken zu verhindern, sollte sich zuerst die Mousse (Schaum) setzen, bevor weiter aufgefüllt wird!

10 Einschlagen der Flasche in die Weinserviette.

11 Die weiteren Schritte erfolgen wie beim Weißweinservice, nur werden die Gläser beim Eingießen ausgehoben. Es erfolgt also das Einschenken eines Probeschluckes.

12 Nach positiver Verkostung durch den Gast wird nach der klassischen Reihenfolge eingeschenkt (Achtung: Verkoster/-in nicht vergessen!).

13 Flasche in den Kühler stellen, Weinserviette bleibt beim Kühler.
14 Korkteller abservieren.
15 Guéridon reinigen.
16 Nachschenken nicht vergessen.

🎯 Ziele erreicht?

1. Nennen Sie die wichtigsten Aufgabenbereiche der Sommelière bzw. des Sommeliers.
2. Zählen Sie mindestens sechs Weinaccessoires auf.
3. Zählen Sie vier Weinflaschenverschlüsse auf.
   Geben Sie Auskunft über die Vor- und Nachteile von Naturkorken.
4. Beschreiben Sie verkaufsfördernde Maßnahmen für Wein im Restaurant.
5. Erklären Sie die Fachbegriffe a) „Chambrieren" und b) „Frappieren".
6. Definieren Sie die Fachbegriffe a) „Dekantieren" und b) „Belüften".
   Wozu wird ein Wein belüftet und für welche Weine ist dieser Vorgang empfehlenswert?
7. Was versteht man unter dem Fachbegriff „Avinieren"?
8. Welchen Einfluss hat die Temperatur des Weines auf den Trinkgenuss?
9. Beschreiben Sie den chronologischen Ablauf eines Weißweinservices.
10. Definieren Sie die Unterschiede in der Mise en Place zwischen normalem Rotweinservice und Dekantieren.
11. Worauf ist beim Schaumweinservice besonders zu achten?

Stichwortverzeichnis

A

Abgang 166
Ab-Hof-Verkauf 192
Ableger 83
Absatzschwerpunkte 214
Absinth 71
Absinthlöffel 71
Abziehen vom Geläger 87
ACE-Drinks 16
Adstringierend 166
Aglianico del Vulture 138
Agraffe 51
Ahr 147
Akvavit 68
Alambic-Verfahren 63
Albana di Romagna 137
Albarizas 55
Alcamo 140
Alkaloidhältige Getränke 22
Alkohol 78
Alkoholarmer Wein 90
Alkoholarmes Bier 46
Alkohol, Arten 40
–, Bedeutung für die Ernährung 40
–, CAGE-Test 42
–, Energiegehalt 40
–, Gewinnung 40
–, nachhaltige Schädigungen 41
–, Risiken 42
–, Wirkung 40
Alkoholfreie Getränke 8
Alkoholfreies Bier 46
Alkoholgehalt 99
Alkoholische Getränke 40
Alkoholismus 41
Alkoholmissbrauch 41
Alkoholrausch 42
Alsace 130
Alt 47
Altbierbecher 48
Alternativverschluss 196
Alterston 166
Alto Adige 136
Amaretto 72
Amarone 137
American Whiskey 68
Amontillado 56
Ampelographie 120
Añadasystem 56
Angostura Bitter 71
Anisées 71
Anrollverschluss 225
Antioxidans 187
Antoziane 120
A.-O.-C.-Weine 124
Aperitifwagen 74
Appellation 124
– communale 128
– générique 128
– régionale 128
Apricotbitter 71
Apulien 139

Aquavit 68
Arabica 26
Aräometer 120
Argentinien 160
–, Weinbaugebiete 160
Armagnac 66
Aroma 166
Aromatees 34
ASI 231
Assam 36
Assemblage 50, 137
Association de la Sommellerie Internationale 231
Asti-Methode 52
Aszú-Weine 62
Aufbessern des Mostes 86
Auge 169, 172
Auktionen 193
Ausbau, oxidativer 121
–, reduktiver 121
Ausbruch 96
Ausgewogenheit 166
Auslese 96, 145
Aussetzen 83
Australien 158
–, Weinbaugebiete 158
Austromagnum 120
Autochthone Rebsorte 118
AVA-Wein 162
Avinieren 233

B

Baby-Split 52
Baden 151
Badisch Rotgold 146
Bag-in-box 89
Balthazar 52
Banderole 98, 99
Banyuls 180
Barack Pálinka 70
Barbaresco 135
Barbera 135
– del Monferrato 135
Bardolino 137
Barolo 135
Barrique 88, 120
Barsac 126
Basilikata 138
Basisspirituosen 71
Baumpresse 86
Beaujolais 129, 130
– Nouveau 130
– Primeur 130
– Supérieur 130
– Village 130
Beerenauslese 96, 145
Beerenbrände 69
Belüften 230
Benedictine D. O. M. 72
Bergland 101, 117
Bergwein 98
Bergweinzone 114
Berufsanforderungen 191

Beschwerdemanagement 218
Bezeichnungsrecht 100
Bezugskalkulation 203
Bezugsspesen 203
Bianco di Custoza 137
Bier 42
–, Abfüllung 45
–, alkoholarmes 46
–, alkoholfreies 46
–, Arten 45
–, dunkles 46
–, Filtration 45
–, Gärprozess 44
–, Geschichte 42
–, Hopfenbeigabe 44
–, Kochprozess 44
–, Kühlprozess 44
–, Lagerung 45
–, Läutervorgang 44
–, Maischvorgang 44
–, Malzproduktion 44
–, obergäriges 44, 45, 46
–, Reifung 45
–, Reinheitsgebot 43
–, Rohstoffe 43
–, Service 47, 48
–, spontane Gärung 45, 46
–, stille Gärung 45
–, untergäriges 44, 45, 46
–, Whirlpool 44
Bierausschank 48
Bierbecher 48
Biererzeugung 44
– im Überblick 45
Biere von A – Z 46
Bierfamilien 46
Bierglaspflege 48
Bierpokal 48
Bierschale 48
Bierschwenker 48
Biersorten 46
–, englische 47
Bierstange 48
Biertulpe 48
Bierwürze 44
Biodynamischer Weinbau 92
Biologischer Säureabbau 89, 120
Bitter Ale 47
Bitterliköre 72
Bitterlimonaden 17
Bittermandelgeschmack 91
Bitters 71
Bitterstoffe 181
Blanc de Blancs 50
Blattgrade 33
Blatttee 33, 34
Blauer Burgunder 120
– Portugieser 120
– Wildbacher 120
– Zweigelt 119
Blaufränkisch 120
Blended Malt 67
Blended Scotch Whisky 67

Blended Straight Bourbon 68
Blending 67
Blumig 166
Blutalkohol 40
Blutalkoholkonzentration 41
Bockbier 47
Bocksbeutel 150
Böckser 92, 120
Bodengeschmack 120
Bodensatz 223
Bonarda 135
Bordeaux 124
Bordeaux-Glas 178
Bordeauxweine, Klassifikation 125
Bordelais 124
Botrytis 167
Botrytis cinerea 96, 120
Bottle 52
Bourbon Whiskey 68
Bourgogne 128
Brandenburger Landwein 152
Brandy 66
Brauen 44
Brauereien 47
–, ausländische 47
Braunwerden 120
Brausen 17
Broken Tea 33, 34
Brown 57
Brunello di Montalcino 134
BSA 89, 120
Bukett 164, 167
Bukettstoffe 78
Bulgarien 157
Bulkware 26
Bundesland Wien 116
Burgenland 110
–, Weinbaugebiete 110
Burgund 128
Burgunder-Glas 178
Burgunderweine, Klassifikation 128
Buschenschankpatent 79
Butandiol 40

C

Cabernet Sauvignon 157
Cachaça 70
CAGE-Test 42
Caipirinha 70
Calvados 70
Canadian Whisky 68
Cappuccino 29
Carmignano 134
Carnuntum 101, 108
Castel del Monte 139
Cava 52, 143
Ceylon 36
Chablis 128, 129
Chambrieren 230
Champagne 49
–, Weinbauregion 49

Champagne Millésimé 50
Champagner 52
Champagnerglas 54
Champagnermethode 50
Chaptalisation 86
Chaptalisieren 120
Chardonnay 50, 119, 128, 157
Chardonnay-Glas 178
Charentaiser Verfahren 63
Chartreuse 72
Chianti 134
Chile 161
–, Weinbaugebiete 161
Chinin 17
Cidre 70
Cirò 139
Clairets 126
Claret 120
Claretwein 90
Classic 146
Clos 129
Cloud Juice 11
Codex Alimentarius Austriacus 42
Coffea arabica 24
Coffea robusta 24
Coffey-Still-Verfahren 63
Cognac 65
–, Altersbezeichnungen 65
–, Anbaugebiete 65
–, bekannte Marken 66
–, Bezeichnungen 66
–, Herstellung 65
–, Konto 65
Colalimonaden 17
Colheita 59
Color 166, 169, 172
COS 166
Côte Chalonnais 129
Côte d'Or 129
Côtes du Rhône 131
Cotnari 157
Coupe-Glas 54
Crémant 129
Crianza 142
Criollo 37
C.-T.-C.-Methode 34
Curaçaoliköre 72
Cuvée 88, 120
Cuvéemischung 50
Cuvéetierung 88
Cynar 71

D

DAC-Wein, österreichischer 97
Darjeeling 36
Darrmalz 44
Das Reinheitsgebot 43
Definition von Wein 78
Degorgieren 51
Degustation 166
Degustationsliste 199
Degustationssprache 166
Degustationstechnik 172, 173, 174

Degustationsvorbereitung 166
Degustieren 183
Dekanter 223
Dekantieren 232
Dekantierkaraffe 223
Dekantierkorb 223
Dekantiertrichter mit Sieb 223
Dekantiertrockner 223
Dekantierwiege 223
Demeter-Anbau 92
Demi 52
Denominación de Origen Protegida 142
Denominazione di Origine Protetta 134
Designerdrinks 41
Dessertweinglas 178
Destillata 64
Destillate aus der Weintraube 64
Destillate aus Ethylalkohol landwirtschaftlichen Ursprungs 69
Destillate aus Getreide 67
Destillate aus Obst 69, 70
Destillate, klare 64
Destillate, weitere 70
Destillation 63
Destillationsmethode 71
Destillationsverfahren 63
Destillierter Gin 69
Deutscher Sekt 52
Deutscher Wein 145
Deutsches Weingesetz 144
– Weingütesiegel 146
Deutsche Weingüteklassen 145
Deutschland 144
–, Landweingebiete ohne Zuordnung 152
–, Prämierungsstreifen 147
–, Qualitätsbezeichnungen 146
–, Qualitätswein bestimmter Anbaugebiete 145
–, Weinauszeichnungen 146
–, Weinbaugebiete 144, 147
Digestifwagen 73
Diplomsommelier 190
Diplomsommelière 190
Direktsaft 13, 14
Direktträger 79, 120
Displaytisch 198
Districtus Austriae Controllatus 97
D.-O.-Ca.-Weine 142
D.-O.-C.-G.-Weine 134
D.-O.-C.-Weine 134
Dom Pérignon 49
DOP 134, 142
Doppelbock 47
Doppelmagnum 52
Dosage 51
Dourogebiet 58, 155
D.-O.-Weine 142
Drahtrahmenkultur 82
Drambuie 72
Drehverschluss 196, 225, 229
Drop Stop 202, 222

Druck 165
Dry Gin 69
Dust 34

E

Eau de Vie de Vin 66
Echter Mehltau 84
Edelfäule 96
Edelkakao 38
Edelkakaosorte 37
Edelliköre 71
Edelreis 83
Einkaufsliste für eine Weindegustation 201
Einkaufspreis 203
Einspänner 29
Einstandspreis 203
Einzelhandel 193
Eisbier 46
Eisenberg DAC 113
Eiskübel 222
Eistee 18
Eiswein 96, 106, 145
Eiweißtrübung 91
Elsass 130
Emilia-Romagna 137
Emulsionsliköre 72
Emulsionsmethode 71
Energydrinks 18
Englische Biersorten 47
Entalkoholisierter Wein 90
Entkoffeinierter Kaffee 27
Entkoffeinierung von Rohkaffee 27
Entsäuerung 86, 120
Entschleimen 86
Enzyme 78
Epidermis 120
Erfrischungsgetränke 17
–, Einkauf und Lagerung 19
–, Service 19
Erntemeldung 85
Erste Lage 146
Erziehungsform 120
ESL-Milch 20
Espressokanne 28
Espresso-Methode 28
Essigstich 92, 120
Est! Est!! Est!!! di Montefiascone 138
Ethanol 40
Ethylalkohol 64
Europas Weinbauländer 153
EU-Weinmarktordnung 94
Extrakt 120, 167
Extraktgehalt 120

F

Fachausdrücke, Wein 120
Fairtrade 24
Falscher Mehltau 84
Fannings 34
Farbe 166, 169, 172
Farbstoffe 78

Fassgeschmack 91, 121
Federspiel 102
Federweißer 121
Feinbrand 63
Fermentation 121
Fernet-Branca 71
Fettgehalt in der Trockenmasse 38
Fiano di Avellino 139
Filette 52
Filtermaschine 28
Filtration 121
Filtriermethode 71
Finanzkraft der Kundschaft 205
Fine Champagne 65
Fino 56
Firnig 167
F. i. T. 38
Flaschenkapsel 225
–, fachlich richtiges Abtrennen 226
Flaschenverschlüsse 224
Flor 56
Florhefe 55
Flowery Orange Pekoe 33
Forastero 37
Foxton 167
Frachtkosten 203
Franciacorta 135
Franken 150
Frankreich 123
–, Weinbaugebiete 124
Französische Weingüteklassen 124
Frappés 20
Frappieren 227
Frascati 138
French-Press-Kanne 28
Friaul 136
Friuli 136
Frizzante 53
Fruchtaromakonzentrat 13
Früchtetees 34
Fruchtgetränke 12
–, Einteilung 14
–, Service 15
Fruchtholz 83
Fruchtliköre 72
Fruchtnektar 13, 14
Fruchtsaft 13
Fruchtsaftcocktail Everglades 16
Fruchtsaft, Direktsaft 13
–, Fruchtsaft- und Fruchtaromakonzentrat 13
–, trinkfertig gemacht 13
–, Verkostung 14
–, Verpackungsangaben 13
Fruchtsaftgetränk 13, 14
Fruchtsaftkonzentrat 13, 14
Fruchtsaftliköre 72
Fruchtsaftlimonaden 17
Fruchtsaftverordnung 12
Fruchtsirup 13, 14

Frucht- und Gemüsegetränke, Eindicken 12
–––, Herstellung 12
–––, Homogenisieren 12
–––, kleines Saft-ABC 16
–––, Konservieren 12
–––, Pasteurisieren 12
–––, Rezepte 16
Fruktose 16
Fülldosage 50
Füllvolumen 99
Fungizide 84

G

Galliano 72
Gambellara 137
Ganztraubenpressung 85
Gärtanks 45
Gärung 87
Gasthausbrauereien 47
Gattinara 135
Gaumen 169
Gavi 135
Geist 69
Geläger 121
Gelber Muskateller 119
Gemeinde 95
Gemischter Satz 105, 121
Gemüsegetränke 15
–, Service 15
Gemüsesaftcocktail Ingwerdrink 16
Generische Weinbaugebiete 94, 101
Genever 69
Geranienton 92
Gerbstoffe 78, 121
Gerste 43
Gerstenbier 45
Geruch 166, 169, 173
Geruchssinn 164
Gescheine 83
Geschichte des Weines 78
Geschmack 166, 169, 173
Geschmackskomponenten 181
Geschmackssinn 165
Geschützte Ursprungsbezeichnung 95, 145
Gesundheit und Wein 187
Getränke, alkaloidhältige 22
–, alkoholfreie 8
–, alkoholische 40
–, isotonische 18
Getränkekunde, allgemeine 7
Gewürzliköre 72
Gewürztraminer 136
Ghemme 135
Gin 69
–, destillierter 69
–, Etikettensprache 69
Gins, versetzte 69
Glacette 222
Glasform 176
Glasformen 178
Glas, Herstellung 175
Glas und Wein 175

Glasverschluss 196, 225, 229
Glycerin 40
Goliath 52
Goudron 167
Granderwasser 8
Grands Crus 128
Gran Reserva 142
Grappaglas 66
Grauer Burgunder 119
Graves 126
Greco di Tufo 139
Griechenland 156
Großer Mokka 29
Großer Schwarzer 29
Großlage 94
Großraumverfahren 51
Grundregeln der Kombination von Speisen und Wein 179
Grundwein 145
Grüner Tee 34
Grüner Veltliner 119
Grünmalz 44
Guéridon 227, 230, 232, 235
Gueuze 47
Gunpowder 34
Gyropalette 51

H

Haltbarkeit von offenem Wein 196
Handrefraktometer 85
Härte des Wassers 8
Hauptglasformen 178
Hauptlese 85
Hausenblase 88
Hauszeitung 214
Hefe 43
–, obergärige 43, 44
–, untergärige 43, 44
Heidentor 108
Heilwasser 9
Henkelglas 48
Herbizid 121
Herkunftsbezeichnung 99
Hessische Bergstraße 150
Heuriger 98, 116
Histamin 188
Hochkultur 82, 121
Hochlandkaffee 23
Hochlandtee 31
Holzgeschmack 91
Homogenisieren 12
Honigliköre 72
Hopfen 43
Hopfenbeigabe 44
Horizontalpresse, hydraulische 86
–, pneumatische 86
Hörsinn 165
Hybride 79, 120

I

IGP 134, 142
IHK-geprüfte(r) Sommelier/Sommelière 190

Imperial 52
Impériale 52
Imprägnierverfahren 52
INAO 124
Indicación Geográfica Protegid 142
Indicazione Geografica Protetta 134
Infloreszenz 83
Ingwerlimonaden 17
Inländer Rum 70
Instantkaffee 27
Interneteinkauf 193
Inventar für eine Weindegustation 202
I.-P.-R.-Zonen 156
Irish Coffee 30
Irish Whiskey 67
Isotonische Getränke 18
Italien 133
–, Weinbaugebiete 133
Italienischer Spumante 52
Italienische Weingüteklassen 134

J

Jahrgangsbezeichnung 99
Japanischer Whisky 68
Jereboam 52
Joint Ventures 161
Jungbier 44
Jungfernlese 83, 121
Jungfernwein 121
Jungwein 56, 121
Jura 132

K

Kabinett 145
Kabinettwein 95
Kaffee 22
–, Anbaugebiete 23
–, Aufguss durch Dampf 28
–, Beginn der Kaffeekultur in Österreich 23
–, entkoffeinierter 27
–, Ernte 25
–, Espresso-Methode 28
–, Fruchtaufbereitung 25
–, Geschichte 22
–, halbtrockene Aufbereitung 25
–, Hochland- und Tieflandkaffee 23
–, Karlsbader Methode 28
–, Lagerung 27
–, löslicher 27
–, Melitta-Methode 28
–, Mischungen 26
–, nasse Aufbereitung 25
–, Pressstempelfiltrierung 28
–, Preisentwicklung 23
–, Reinigen 25
–, Rezepte 29
–, reizstoffarmer 27
–, Rohkaffeeauswahl 26
–, Rösten 26

–, Röstgradbezeichnungen 27
–, Sortieren 25
–, Tieflandpflanze 24
–, trockene Aufbereitung 25
–, türkische Methode 28
–, Verpackung 27
–, Zubereitung 28
Kaffeefrucht 24
Kaffeegetränke, Service 29
Kaffeehaustragetasse 29
Kaffeekirsche 24
Kaffeeklassiker 29
Kaffeeliköre 72
Kaffeepflanze 24
Kaffeeprodukte, spezielle 27
Kaffeeraritäten, sortenreine 26
Kaffeespezialitäten 30
Kaffeeverbrauch weltweit 22
Kaffeol 26
Kahlúa 72
Kakao 36
–, Anbaugebiete 37
–, Arten 37, 38
–, Geschichte 36
Kakaofrucht, Verarbeitung 37
Kakaogetränke, Service 38
–, Zubereitung 38
Kakaokernbruch 37
Kakaoliköre 72
Kakaoprodukte 38
Kakaopulver, Herstellung 38
Kalabrien 139
Kalifornien 161
–, Weinbaugebiete 162
Kalkulation, Bezugskalkulation 203
–, Einkaufspreis 203
–, Einstandspreis 203
– für je eine Flasche 205
–, Finanzkraft 205
–, Frachtkosten 203
–, Kartenpreis 204
–, Kassapreis 203
–, konkurrenzorientierte 207
–, kostenorientierte 205
–, Lieferantenrabatt 203
–, Lieferantenskonto 203
–, nachfrageorientierte 206
–, Nettolistenpreis 203
–, Nettorohaufschlag 204
–, Rechnungspreis 203
–, Umsatzsteuer 204
–, unterschiedliche Ansätze 205
–, Verkaufspreis 204
– von Preisen 203
–, Wein im glasweisen Verkauf 206
Kalterersee 136
Kampanien 139
Kamptal 101, 104
Kamptal DAC 104
Kapselmaterialien 225
Kapselschneider 222
Karlsbader Methode 28
Kärnten 117
Kartenpreis, Kalkulation 204
Kassapreis 203

Katalonien 143
Kellerbier 47
Kellerbuch 197
Kellergasse 195
Kellermanagement 192
Kellerverwaltung 197
Kelter 121
Keltern 86, 121
Kernig 167
Kieselgur 87
Kieselgurfiltration 87
Kirchenfenster 168
Klapotetz 115
Klare Destillate 64
Klaret 120
Klassifikation, Bordeauxweine 125
Klassifikation, Burgunderweine 128
Kleiner Brauner 29
Kleiner Mokka 29
Kleiner Schwarzer 29
Kleines Saft-ABC 16
Kleinklima 121
Kleinzapfanlage 19
Klevner 119
Klon 121
Klosterneuburger Mostwaage 85, 121
KMW 85
–, Umrechnungsfaktor 145
Koffein 22
Kohlendioxid 78
Kohlenhydrate 78
Kolonnenbrennverfahren 63
– mit drei Siedeböden unter Vakuum 63
Kölsch 47
Kombination von Speisen und Wein, Grundregeln 179
Kombucha 36
Kompositionsmethode 71
Konkurrenzorientierte Kalkulation 207
Konsumkakaobohne 37
Konto 65
–, Beispiel 66
Konzentrierter Traubenmost 87
Kopi Luwak 26
Kork(en)zange 222
Korkenzieher 221
Korkgeschmack 91
Korkmotte 225
Kornbrand 68
Korrespondenz von Speisen und Wein 184
Kostenkalkulation für eine Packung Röstkaffee 24
Kostenorientierte Kalkulation 205
Kostglas, perfektes 176
Kracherl 17
Krankheiten 84
Kräuselmilbe 84
Kräuterliköre 72
Kräuterlimonaden 17
Kräutertees 34

Kremstal 101, 103
Kremstal DAC 103
Kriek 47
Krim-Sekt 52
Kroatien 154
Kronkorken 196, 225
Kryoextraktion 87
Kümmel 68
Kunststoffgeschmack 91
Kunststoffstopfen 196, 224, 227, 230

L

Lacryma Christi del Vesuvio 139
Lage 121
Lager 47
Lagerbedingungen 194
Lagerbier 46
Lagerfähigkeit von Weinen 196
Lagerkeller 195
Lagerpositionen 196
Lagrein, roter 136
La Mancha 143
Lambrusco 137
Lancers Rosé 156
Landwein 95, 145
Landweingebiete ohne Zuordnung 152
Landwein, österreichischer 94
Languedoc-Roussillon 131
L-Ascorbinsäure 89
Late Bottled Vintage 60
Latium 138
Latte Macchiato 30
Laurent-Perrier 52
Läutern 44
Läutervorgang 44
LBG-Kellerbuch 197
Leaftea 33
Lebensmittelbuch, österreichisches 42
Leichtbier 46, 47
Leithaberg DAC 112
Leitungswasser 9
Lese 83
Lesegutkontrolle 85
Liberica 26
Liebfrauenmilch 146, 149
Lieferantenrabatt 203
Lieferantenskonto 203
Liköre 71
–, Methoden zur Aromatisierung 71
Likörweine 155
Limonaden 17
Limonadenglas 19
Lodges 58
Loiretal 130
Lombardei 135
Lombardia 135
London Dry Gin 69
Löslicher Kaffee 27
L.-T.-P.-Methode 34
Luftgeschmack 91, 121
Lyraerziehung 82
Lyraziehung 121

M

Mâconnais 129
Madeira 61, 155
Magerkakao 38
Magnum 52
Maische 44, 85
Maischegärung 89, 121
Maischen 85
Maischvorgang 44
Malaga 61
Malibu 72
Maltose 16
Malt Whisky 67
Mälzen 44
Malzlimonade 46
Malzproduktion 44
Mannit 40
Manzanilla 57
Maraschino 72
Marken 137
Markengemeinschaft 102
Markenname 99
Markenschaumweine aus aller Welt 52
Markensekte, österreichische 53
Marsala 61, 140
Marsalastile 61
Marzemino 136
Märzenbier 46
Maß 48
Massenträger 121
Master of Wine 191
Mateus Rosé 156
Mäuseln 92
Mavrodaphne 61
Mazeration 72
Mecklenburger Landwein 152
Medizinaltees 34
Médoc 125
Mehltau, echter 84
–, falscher 84
Melange 29
Melchior 52
Melchisedech 52
Melitta-Methode 28
Merlot 157
Methanol 40
Méthode champenoise 50
Méthode Charmat 51
Méthode traditionnelle 50
Methusalem 52
Midi 131
Mikroorganismen 92
Milch 20
–, Einkauf und Lagerung 21
–, Einteilung 20
–, Wärmebehandlung 20
Milchmischgetränke, Einteilung 20
Milchprodukte, Einteilung 20
Milchpunsche 20
Milch und Milchmischgetränke, Service 21
Mineralstoffe 78

Mineralwässer, Einkauf und Lagerung 10
–, Lifestylemarken 10
–, Verkostung 11
Mineralwassermarken 10
Mineralwasser, natürliches 9
Mise en place 227, 230, 232, 235
Mise en Place für die Verkostungstafel 202
Mistella 90
Mittelburgenland 101, 112
Mittelburgenland DAC 113
Mittelhochkultur 82
Mittellandtee 31
Mittellauf 63
Mittelrhein 147
Mokka, großer 29
–, kleiner 29
Molkelimonaden 17
MONICA-Studie 187
Montefalco Rosso 138
Morillon 119
Moscato d'Asti 180
Mosel 148
Moseltaler 146
Moser, Prof. Dr. Lenz 79
Most, Aufbesserung 86
Mostauslaugung 121
Mostwaage, Klosterneuburger 85, 121
Muffton 91
Müller-Thurgau 118, 119
Multivitaminsaft 16
Mund 173
Muskateller 157
Muskat-Ottonel 119

N

Nachfrageorientierte Kalkulation 206
Nachgärung 91
Nahe 148
Nancy-Studie 187
Napa Valley 161
Napoléon 66
Nase 169, 173
Nationales Weinkomitee 97
Naturkeller 195
Naturkork 224, 227, 230
Naturkorken 196
Natürliche Mineralwässer, Bezeichnungen 10
Natürliches Mineralwasser 9
Naturschaumwein aus erster Gärung 52
Navarra 143
Neapolitanische Kanne 28
Nebbiolo 135
Nebukadnezar 52
Nenninhalt 99
Nettolistenpreis 203
Nettorohaufschlag 204
Neuburger 119
Neue Weinwelt, Weine 158
Neuseeland 159

Stichwortverzeichnis

Neusiedler See 101, 111
Neusiedler-See-Hügelland 101, 112
Nibs 37
Niederösterreich 101
–, Weinbaugebiete 102
Noilly Prat 62
Nusslikör 72

O

Oak chips 88
Obergärige Biere 46
Obergärige Hefe 43, 44
Obergäriges Bier 45
Oberösterreich 117
Obstbrände 69
Obstler 70
Obstschaumweine 98
Obstspirituosen 69
Obstweine 98
Öchsle 85
Öchslegrade 121
Öchsle, Umrechnungsfaktor 145
Odor 166, 169, 173
Oenin 120
Ökologischer Weinbau 92
Old Tom Gin 69
Oloroso 57
Oltrepò Pavese 135
Omegaschnitt 83
Önologie 121
Önothek 121
Oolong 36
Oolong Tee 34
Orangebitter 71
Orangenliköre 72
Orange Pekoe 33
Organoleptisch 164
Ornellaia 134
Orvieto-Weißwein 138
Österreich, Brauereien 47
–, Qualitätsweinrebsorten 118
–, Weinbau 94
–, Weinbaugebiete 94
Österreichische Markensekte 53
– Weinbaugebiete 100
– Weingüteklassen 95
Österreichische Speisen, Weinempfehlungen 186
Österreichische Wein Marketing GmbH 79
Österreichischer DAC-Wein 97
– Landwein 94
– Qualitätswein 94
Österreichisches Lebensmittelbuch 42
– Weingesetz 94
Ovomaltine 38
Oxidativer Ausbau 121

P

Palmas 57
Palo Cortado 57
Pannobile 98
Papiergeschmack 91
Passe-Tout-Grain 129
Pasteurisieren 12, 20
Patent-Still-Verfahren 63
Pekoe 33
PEM 18
Perfektes Kostglas 176
Pergolasystem 82
Perkolationsmethode 71
Perlwein 53
Perlweine, Herstellungsmethoden 52
Pfalz 149
Piccolo 29
Picking 25
Piemont 135
Piemonte 135
Pils 47
Pilsbier 46
Pilzkrankheiten 79
Pinot blanc 119
Pinot gris 119
Pinot meunier 50
Pinot nero 135
Pinot noir 50
Pinot Noir 120
Pipas 58
PiWis 79
Plymouth Gin 69
Polyphenole 16, 187
Polyvinylidenchlorid 225
Pomerol 127
Porter 47
Portugal 155
–, Weinbaugebiete 156
Portwein 58, 155
–, bekannte Produzenten 60
–, Bezeichnungen 60
–, Erzeugung 58
–, Etikettensprache 60
–, Gärung 58
–, Geschmacksrichtungen 60
–, Lagerung 58
–, Reifung 58
–, roter 59
–, Service 60
–, Sorten 59, 60
–, Typen 59
–, weißer 59
Portweinzange 60
Postmixanlage 19
Pot-Still-Verfahren 63
Powerdrinks 18
Prädikatswein 145
Prädikatsweine 96
Prädikatsweinstufen 96, 145
Prämierungsstreifen 147
Präsentation von Wein 208
– von Winzern 215
Preisauszeichnungsgesetz 211
Premiers Crus 128
Premixanlage 18
Pressanlagen 86
Pressen 86
Presskuchen 86
Pressmost 86
Pressstempelfilterung 28
Primat 52
Primitivo di Manduria 139
Priorato 143
Produktionsfaktoren 80
Prohibition 161
Promille 40
Prosecco di Conegliano-Valdobbiadene 137
Provence 132
Prüfnummer, staatliche 99
Pu-Erh 34
Pure Malt 67
PVDC 225

Q

Qualitätsbezeichnungen 146
Qualitätsschaumwein 49, 53
Qualitätsstufe 99
Qualitätswein 95
– bestimmter Anbaugebiete 145
Qualitätswein Kabinett 95
Qualitätswein, österreichischer 94
Qualitätsweinrebsorten, Österreich 118
Quart 52

R

Raubrand 63
Raum für eine Weindegustation 202
Rebeln 85
Reblaus 79
Rebler 85
Rebschnitt 121
Rebschule 83
Rebsorte, autochthone 118
Rebsorten 118
–, Kurzbeschreibungen 119
Rebtrieb 83
Rebveredelung 83
Rechnungspreis 203
Recioto 137
Redox-Potenzial 230
Reduktiv 92
Reduktiver Ausbau 121
Refraktometer 121
Regionales Weinkomitee 97
Regionalzusammenschlüsse 98
Rehoboam 52
Reinzuchthefe 87
Reklamationen 219
Rektifiziertes Traubenmostkonzentrat 87
Remuage 51
Reserva 142
Réserve 66
Restsüße 165
Restzucker 87, 121
Restzuckergehalt 99
Resveratrol 187
Retsina 156
Rheingau 148
Rheinhessen 149
Rheinriesling 119

Rhônetal 131
Rias Baixas 143
Ribera del Duero 143
Riede 95, 121
Riesling 119, 148, 157
Riesling-Glas 178
Riesling-Hochgewächs 146
Rioja 141, 142
Rivaner 119
Robusta 26
Roero 135
Rohkaffeeauswahl 26
Rohsekt 50
Rollrand 177
Rooibostee 34
Roséweinerzeugung 89
Rosso Conero 138
Rosso Piceno 138
Roter Portwein 59
Rotgipfler 119
Rotling 146
Rotweinerzeugung 89
–, Erzeugungsarten 90
–, Geschmacksrichtungen 89
–, Maischegärung 89
–, Säure 90
Rotwein, Rebsorten 118
Rotweinservice 230
RTK 87
Ruby Port 59
Rüdesheimer Kaffee 30
Ruländer 119
Rum 70
Rumänien 157
Rumverschnitt 70
Rütteln 51
Rüttelpult 49
Rye Whiskey 68

S

Saale-Unstrut 152
Saccharide 78
Sachsen 152
Sagrantino di Montefalco 138
Saint-Émilion 127
Salice Salentino 139
Salmanazar 52
SALON Österreich Wein 97
Salz 181
Salzburg 117
Sämling 88 119
Samos 61, 156
Sangiovese di Romagna 137
Sapor 166, 169
Sardinien 140
Sassicaia 134
Säuerling 10
Säure 90, 168
Säureabbau, biologischer 89, 120
Säuren 78, 165
Sauser 121
Sauternes 126
Sauvignon blanc 119
Schädlinge 84
Schankanlagen 18

Stichwortverzeichnis

Schankbier 46
Schäumende Weine 49
– –, Bezeichnungen 52
– –, Degorgieren 51
– –, Einkauf 53
– –, erste Gärung 50
– –, Etikettensprache 52
– –, Etikettierung 51
– –, Flaschengrößen 52
– –, Geschichte 49
– –, Geschmacksrichtungen 52
– –, gesetzliche Bestimmungen in Österreich 53
– –, Grundwein 50
– –, Lagerung 51, 53
– –, Markenschaumweine aus aller Welt 52
– –, Rütteln 51
– –, Service 53
– –, Sorten 52
– –, Stillwein 50
– –, Tankgärverfahren 51
– –, Teilflaschengärung 51
– –, traditionelle Flaschengärung 50
– –, Transvasierverfahren 51
– –, Verkorkung 51
– –, zweite Gärung 50
Schaumwein 53
– aus Obstwein 53
Schaumweine, Herstellungsmethoden 52
Schaumwein, Erzeugung 50
–, Service 235
–, Verkostung 54
Scheitermost 86
Scheurebe 119
Schilcher 98, 120
Schilchergebiet 116
Schilfwein 96
Schillerwein 146
Schillerweine 151
Schleswig-Holsteiner Landwein 152
Schlieren 168
Schlierenbildung 173
Schmerz 165
Schokoladetasse 38
Schönen 88
Schonkaffee 27
Schönung 121
Schwarzer Tee 34
– –, Ziehzeit 35
Schwarztee, Produktion 32
Schwefel 78, 188
Schwefeln 86, 121
Schweiz 155
–, Weinbaugebiete 155
Scotch Whisky 67
Sechsbuttige Aszú-Weine 62
Seele 221
Seewinkel 111
Sehsinn 164
Seihmost 86
Sekt, Deutscher 52
Sektflaschenverschluss 222
Sektflöte 54

Sektgrundweine 49
Sektkelch 54
Sektschale 54
Selection 146
Selters 10
Sencha 36
Sensorisch 163
Sensorische Beurteilung von Wein 164
Sensorische Weinanalyse 169
Serbien 154
Service, Wein 189
Sforzato 135
Shakes 20
Sherry 55
–, Añadasystem 56
–, bekannte Produzenten 57
–, Bezeichnungen 57
–, Cream 57
–, Etikettensprache 57
–, Gärung 55
–, Geschmacksrichtungen 57
–, Milk 57
–, Rebsorten 55
–, Reifung 56
–, Service 57
–, Solerasystem 56
–, Sorten 57
–, traditionelle Erzeugung 55
–, traditionelle Reifemethoden 56
–, Typen 56
–, Verschneiden 56
Sherry-Dreieck 55
Single Destillery Cognacs 65
Single Malt 67
Sinne 164
–, Geruchssinn 164
–, Geschmackssinn 165
–, Sehsinn 164
–, Tastsinn 165
Sizilien 140
Slibowitz 70
Slowakei 153
Slowenien 154
Smaragdweine 102
Smoothies 13
Soave 137
Sodawasser 9
Solerasystem 56
Sommelier, Begriff 190
Sommelière/Sommelier 190
– –, Aufgabenbereich 191
– –, Ausbildungsmöglichkeiten 190
– –, Berufsanforderungen 191
– –, Berufschancen 191
– –, Beschwerdemanagement 218
– –, IHK-geprüfte(r) 190
– –, richtige Fragetechnik 217
– –, staatlich geprüfte(r) 190
– –, Umgang mit dem Gast 216
– –, Verkaufsgespräch 217
– –, Zukunftsperspektiven 191
Sommelier-Weltmeisterschaft 192

Sommerfrischer 121
Sorbit 40
Sortenbereinigung 79
Sortenbezeichnung 99
Sortenbukett 121
Souchong 33
Southern Comfort 72
Souvereign 52
Spanien 140
–, Weinbaugebiete 141
Spanischer Cava 52
Spanische Weingüteklassen 141
Sparkling Wines 52
Spätburgunder 120, 148
Spätlese 85, 96, 145
Spätrot 119
Speisen und Wein 179
– – –, Korrespondenz 184
Spezialbier 46
Spezifische Weinbaugebiete 94, 101
Spindelpresse 86
Spindelwaage 85
Spirituose mit Kümmel 68
Spirituosen 63
–, Abfüllen 63
–, Einteilung nach dem EU-Gesetz 64
–, Etikettensprache 64
–, Hinweise zur Lagerung 75
–, Hinweise zur Verkostung 75
–, im Holzfass gereift 64
–, klare Destillate 64
–, Lagern 63
–, Reifen 63
–, Service 74
Split 52
Sprudel 10
Spumante 52
Spundvollhalten 92
Spurenelemente 78
Staatliche Prüfnummer 99
Staatlich geprüfte(r) Sommelière/der Sommelier 190
Stainless Cap 225
Stammwürze 44
Starkbier 46
Staubiger 121
Stecklinge 83
Steinfeder 102
Steirerland 101, 114
Steirischer Junker 98
Sterilisieren 20
Stickstoffverbindungen 78
Stielwasserglas 10, 15
Stille Gärung 45
Stillwein 50
St. Laurent 120
Stockkultur 82
Stout 47
Straight Bourbon 68
Straight Malt 67
Stripping 25
Strohwein 96
Sturm 87, 121
Styrol 91
Subskription 192

Südafrika 159
–, Weinbaugebiete 160
Südburgenland 101, 113
Süd-Oststeiermark 101, 114
Sudpfanne 44
Südsteiermark 101, 115
Südtirol 136
Südtiroler 136
Superiore 135
Surrogate 28
Süße 181
Süßmoste 13
Süßreserve 121
Süßweinglas 178
Syrah 131

T

Tafelliköre 71
Tafelwasser 9
Täglicher Weingenuss 188
Tankgärverfahren 51
Tannin 35, 187
Tannine 78, 83
Tastsinn 165
Taurasi 139
Tavel 131
Tawny Port 59
Tawnys mit Altersangabe 59
Teatasting 36
Tee 30
–, Anbau 31
–, Anbaugebiete 31
–, Aufbereitungsmethoden 34
–, Bezeichnungen 33
–, Blattgrade 33
–, C.-T.-C.-Methode 34
–, Ernte 32
–, fermentierter 34
–, Geschichte 30
–, grüner 34
–, halbfermentierter 34
–, Hochlandtee 31
–, Lagerung 35
–, L.-T.-P.-Methode 34
–, Mittellandtee 31
–, Produktion von Schwarztee 32
–, Qualitäten 33
–, schwarzer 34
–, Service 35
–, Sorten 34
–, Tieflandtee 31
–, unfermentierter 34
–, Verarbeitung 32
–, Verkostung 35
–, weißer 34
–, Zubereitung 34
Tee-Extrakt 34
Teepflanze 31
Teilflaschengärung 51
Tein 22, 35
Temperatur 165
Tempranillo 142
Tennessee Bourbon Whiskey 68
Tequila 70
Teroldego 136

243

Stichwortverzeichnis

Terroir 121
Thea assamica 31
Thea sinensis 31
Theobromin 36
Thermenregion 101, 109
Thermokühler 222
Tia Maria 72
Tieflandkaffee 23
Tieflandtee 31
Tignanello 134
Tirol 117
Tischaufsteller 214
Toasting 88, 121
Tokajer 61
Tokajeressenz 61
Tokajerweine 153
Tokaji Aszú 62
Tonging 60
Tonic 17
Tonkühler 223
Topografie 80
Torgiano Rosso Riserva 138
Toskana 134
–, Weinbauregion 134
Toxisch 226
Traditionelle Flaschengärung 50
Traisental 101, 105
Traisental DAC 105
Traminer 114, 119
Transvasierverfahren 51
Traubenmostkonzentrat, rektifiziertes 87
Traubenmost, konzentrierter 87
Traubensaft 13
Traubensaftkonzentrat 13
Traubensüßmost 13
Traubenwickler 84
Trebbiano di Romagna 137
Treber 44
Treibhaus 83
Trentin 136
Trentino 136
Trester 86
Tresterbrände 67
Trinitario 37
Trinkgefäße, geschichtliche Entwicklung 175
Trinkkakaomischungen 38
Trinkschokolade, Rezept 38
Trinkwasser 9
Trockenbeerenauslese 96, 145
Trubstoffe 51
Trunkenheit 41
Tschechien 153
Tumbler 10, 15, 19, 38

U

Überschwefelung 90
Uhudler 112, 113
Ultrahocherhitzen 20
Umami 165
Umbrien 138
Umkehrosmose 87
Umrechnungsfaktor, KMW 145
–, Öchsle 145

Umsatzsteuer 204
Ungarn 153
Unico Reserva Especial 143
Untergärige Biere 46
Untergärige Hefe 43, 44
Untergäriges Bier 44, 45
Unterlagsrebe 79, 83
Unterschwefelung 90
Ursprungsbezeichnung, geschützte 95, 145

V

Vakuumverdampfung 87
Vakuumverpackung 27
Val de Loire 130
Valtellina 135
V.-D.-Q.-S.-Weine 124
Venetien 137
Veneto 137
Verband deutscher Prädikats- und Qualitätsweingüter 146
Verdicchio dei Castelli di Jesi 137
Verdicchio di Matelica 137
Verkaufspreis, Kalkulation 204
Verkauf von Wein 208
Verkostungsliste 199
Verlängerter 29
Vermouth 62
Vernaccia di San Gimignano 134
Vernaccia di Serrapetrona 138
Vernatsch 136
Verschnitt 122
Versetzte Gins 69
Versetzter Wein 122
Versetzte Weine 54
– –, Einteilung 54
– –, Service 62
Vertikosystem 82
Vesuvio 139
Vin de Pays 124
Vin de Table 124
Vinea Wachau Nobilis Districtus 98, 102
Vinho Verde 155
Vini da tavola 134
Vini da tavola indicazione geografica tipica 134
Vinifizierung 122, 164
Vin Jaune 132
Vino 134, 142
Vinometer 122
Vino Nobile di Montepulciano 134
Vinos Comarcal 141
Vinos de Calidad con Indicación Geografica 142
Vinos de la Tierra 142
Vinos de Mesa 141
Vinos de Pago 142
Vinotheken 193
Vin Santo Toscana 134
Vins de Pays d'Oc 131
Vintage Character 60

Viskosität 168, 173
Vitamine 78
Vitis vinifera 79
Vollbier 47
Vollkakao 38
Vorarlberg 117
Vorführpflicht 85
Vorklären 86
V. S. 66
V. S. O. P. 66

W

Wachau 101, 102
Wagram 101, 106
Wasser, Bedeutung für den menschlichen Körper 8
–, Härte 8
Wasserglas 10
Wasserverkostung 11
Wein 77, 95, 163
–, Accessoires 221
–, alkoholarmer 90
–, Alkoholgehalt 99
–, Bezeichnungsrecht 100
–, Blätter 83
–, Boden 80
–, Bodenarten 80
–, Bodenbeschaffenheit 80
–, Definition 78
–, Dekantieren 232
–, Deutscher 145
–, entalkoholisierter 90
–, Etikettierung 98
–, Füllvolumen 99
–, Geschichte 78
–, Hauptlese 85
–, Herkunftsbezeichnung 99
–, Inhaltsstoffe 78
–, Jahrgangsbezeichnung 99
–, Klima 80
–, Krankheiten 84, 90, 92
–, Lagerbedingungen 194
–, Lagerpositionen 196
–, Lese 83
–, Lesegutkontrolle 85
–, Mängel 90
–, Markenname 99
–, Nenninhalt 99
–, offener, Haltbarkeit 196
–, Präsentation 208
–, Preisauszeichnungsgesetz 211
–, Produktionsfaktoren 80
–, Prüfnummer 99
–, Qualitätsstufe 99
–, Rebtrieb 83
–, Restzuckergehalt 99
–, Schädlinge 84
–, sensorische Beurteilung 164
–, Service 189
–, Sortenbezeichnung 99
–, Spätlese 85
–, Topografie 80
–, Verkauf 208
–, versetzter 122

Weinakademie Österreich 110
Weinanalyse, sensorische, Checkliste 169
Weinansprache 172
–, Auge 172
–, Mund 173
–, Nase 173
Weinaromarad 170
Weinauktionen 193
Weinauswahl 180
Weinauszeichnungen 146
Weinbau 82
–, Aussetzen 83
–, biodynamischer 92
–, Drahtrahmenkultur 82
–, Geschichte in Österreich 79
–, Hochkultur 82
–, Mittelhochkultur 82
–, ökologischer 92
–, Regionalzusammenschlüsse 98
–, Sortenwahl 81
Weinbaubetrieb 192
Weinbaugebiete 94, 100
–, Argentinien 160
–, Australien 158
–, Burgenland 110
–, Champagne 49
–, Chile 161
–, Deutschland 144
–, Frankreich 124
–, generische 94, 101
–, Italien 133
–, Kalifornien 162
–, Lage 80
–, Niederösterreich 101, 102
–, österreichische 100
–, Portugal 156
–, Schweiz 155
–, Spanien 141
–, spezifische 94, 101
–, Steirerland 114
–, Südafrika 160
Weinbau in Österreich 94
Weinbau International 123
Weinbau in Übersee 158
– – –, Argentinien 160
– – –, Australien 158
– – –, Chile 161
– – –, Kalifornien 161
– – –, Neuseeland 159
– – –, Südafrika 159
Weinbauländer Europas 153
– –, Bulgarien 157
– –, Griechenland 156
– –, Portugal 155
– –, Rumänien 157
– –, Schweiz 155
– –, Slowakei 153
– –, Slowenien 154
– –, Tschechien 153
– –, Ungarn 153
Weinbauregionen 94
–, österreichische 100, 101
Weinbauregion Toskana 134
Weinbeere 83

Weinbeschreibungen 199
Weinbewertung nach Punkteschemata 199
Weinbörse 215
Weinbrand 66
Weinbrandschwenker 66
Weindegustation 198
–, Einkaufsliste 201
–, Inventar 202
–, Mise en Place für die Verkostungstafel 202
–, Organisation 198
–, Raum 202
–, Verkostungsliste 199
Weindegustationen 215
Weine der „Neuen Weinwelt" 158
Weineinkauf 192
–, wichtige Punkte 193
Weine, Lagerfähigkeit 196
–, neue Weinwelt 158
–, schäumende 49
–, versetzte 54
Weinempfehlungen zu österreichischen Speisen 186
Weinerzeugung 84
Weinfachausdrücke 120
Weinfachgeschäfte 193
Weinfehler 90, 91
Weingeist 40
Weingenuss, täglicher 188
Weingesetz, deutsches 144
Weingesetz, österreichisches 94
Weingüteklassen, deutsche 145
–, französische 124
–, italienische 134
–, österreichische 95
–, spanische 141
Weingütesiegel, deutsches 146
Weinhefebrand 67

Weinidylle 113
Weinkarte 208
–, Angebotsgestaltung 208
–, Gliederung 212
–, Hinweise zur Gestaltung 209
–, Produktangaben 211
–, Rangfolge der Verkaufsartikel 210
Weinkeller 194
Weinklimaschrank 215
Weinklimaschränke 195
Weinkomitee, nationales 97
–, regionales 97
Weinlagerung 194
Weinland 101
Weinlese 85
–, Absichtsmeldung 85
–, Erntemeldung 85
–, Vorführpflicht 85
Weinqualität 164
Weinrebe 82
–, Erziehungsarten 82
Weinservice 221
–, Belüften 230
–, Dekantieren 232
–, Mise en place 227, 230, 232, 235
Weinskandal 79
Weinstein 90
Weinsteinkristalle 122
Weintemperierschrank 215
Weintemperierschränke 195
Weinthermometer 222
Weintraube 83
Wein und Gesundheit 187
Wein und Glas 175
Wein und Speisen 179
Weinverkauf, Verkaufshilfen 214
–, Absatzschwerpunkte 214
–, Gewinner 210

–, Präsentation 214
–, Renner 210
–, Schläfer 210
–, Schulungen im Betrieb 215
–, Verlierer 210
Weinverkostung, persönliche Voraussetzungen 202
Weinversandfachhandel 193
Weinviertel 101, 107
Weinviertel DAC 107
Weinwelt, neue 158
Weißbier 47
Weiße Pferd 116
Weißer Burgunder 119
Weißer Portwein 59
Weißer Riesling 119
Weißer Tee 34
Weißgipfler 119
Weißherbst 146
Weißweinerzeugung 85
–, Abfüllen 89
–, Abziehen vom Geläger 87
–, Ausbau 88
–, Chaptalisation 86
–, Entsäuerung 86
–, Entschleimen 86
–, Gärung 87
–, Keltern 86
–, Lagerung 88
–, Maischen 85
–, Pressanlagen 86
–, Pressen 86
–, Rebeln 85
–, Schönen 88
–, Schwefeln 86
–, Stabilisieren 88
–, Vorklären 86
Weißwein, Rebsorten 118

Weißweinservice 227
– bei Drehverschluss 229
– bei Glasverschluss 229
Weizenbier 45, 47
Weizenbierglas 48
Wellnessgetränke 18
Welschriesling 114, 119
Wermut 62
–, bekannte Produzenten 62
–, Bezeichnungen 62
–, Etikettensprache 62
–, Geschmacksrichtungen 62
–, Sorten 62
Wermutkraut 62
Weststeiermark 101, 116
Whirlpool 44
Whiskey 67
Whisky 67
Wien 101, 116
WienWein 98
Winzer 197
Wodka 69
Württemberg 151
Würzbitter 71
Würzekochen 44

X

X. O. 66

Z

Zähwerden 92
Zellulose 91
Zierfandler 119
Zikaden 84
Zucker 165
Zuckerrest 122
Zweibuttige Aszú-Weine 62
Zwickl 47

Literaturverzeichnis

Gutmayer u. a., Service. Die Grundlagen. Trauner Verlag, Linz, 7., komplett überarbeitete Auflage 2009

Gutmayer u. a., Service. Die Getränke. Trauner Verlag, Linz, 5., aktualisierte Auflage 2010

Macher u. a., Service, Getränke, Betriebsorganisation. Trauner Verlag, Linz, 6., überarbeitete Auflage 2009

Homepage www.weinausoesterreich.at

Bildnachweis

Seite 7:	Fotolia, © felix
Seite 8:	Fotolia, © kristian sekulic
Seite 9:	Homepage www.roemerquelle.at
Seite 10:	Homepage www.mineralwasserverband.at
Seite 11:	Fotolia, © Torsten Schon
Seite 12:	Fotolia, © Udo Kroener
Seite 13:	GrandChoise; Fotolia, © foto.fred
Seite 14:	Andrea Krieger, Wien
Seite 15:	Andrea Krieger, Wien; Mag. Wolfgang Kraml, Linz
Seite 16:	Brauunion Österreich AG, Linz
Seite 17:	Fotolia, © Viktorija (Bild 1); Fotolia, © Clickme Studio (Bild Mitte); Homepage www.schweppes.de
Seite 18:	Homepage www.redbull.com; Homepage www.hoersker.de; Coca-Cola Gesellschaft m.b.H., Wien (Grafik)
Seite 19:	Coca-Cola Gesellschaft m.b.H., Wien (Grafik); Mag. Wolfgang Kraml, Linz
Seite 20:	Fotolia; Mag. Wolfgang Kraml, Linz; Homepage www.verpoorten.de
Seite 21:	Fotolia, © Liane Remmler
Seite 22:	Fotolia, © Mazze
Seite 23:	Homepage www.pictures.banditos-on-tour.de
Seite 24:	Homepage http://commons.wikimedia.org; Homepage www.coffeeshrub.com
Seite 25:	Fotolia; Kaffee- und Tee-Verband, Wien (Bild 2 und 3)
Seite 26:	Kaffee- und Tee-Verband, Wien; Julius Meinl Austria GmbH, Wien
Seite 27:	Kaffee- und Tee-Verband, Wien (Bild 1, 2, 3); Homepage www.fotocommunity.de (Bild 4)
Seite 28:	Fotolia (Bild 1 Mitte, Randspalte); Mag. Wolfgang Kraml, Linz (Karlsbader Methode); Kaffee- und Tee-Verband, Wien (Melitta-Methode, French-Press-Kanne); Andrea Krieger, Wien (Espressokanne); Julius Meinl Austria GmbH, Wien (Espresso-Methode)
Seite 29:	Andrea Krieger, Wien (Mitte, Bild 1 Randspalte); Mag. Wolfgang Kraml, Linz
Seite 30:	Fotolia (Randspalte); Julius Meinl Austria GmbH, Wien (Latte Macchiato); Mag. Wolfgang Kraml, Linz; Asbach GmbH, Rüdesheim am Rhein (Rüdesheimer Kaffee)
Seite 31:	Kaffee- und Tee-Verband, Wien
Seite 32:	Kaffee- und Tee-Verband, Wien
Seite 33:	Kaffee- und Tee-Verband, Wien
Seite 34:	Fotolia, © Mirko Meier
Seite 35:	Fotolia, © Yvonne Bogdanski; Homepage www.teeverband.de
Seite 36:	Homepage www.teeverband.de (Mitte); Kaffee- und Tee-Verband, Wien; Homepage www.clifbar.com; Zotter Schokoladen Manufaktur GmbH
Seite 37:	Homepage www.universum-bremen.de; Info-Zentrum Schokolade; Zotter Schokoladen Manufaktur GmbH (Bild 3 und 4)
Seite 38:	Mag. Wolfgang Kraml, Linz
Seite 42:	Fotolia, © Okea
Seite 43:	Homepage www.brauerei-weihenstephan.de; Fotolia, © hfr_image (Bild 2); Fotolia, © iwka (Bild 3)
Seite 44:	Deutscher Brauer-Bund e.V.; MEV
Seite 45:	Brauunion Österreich AG, Linz (Grafik); Andrea Krieger, Wien
Seite 47:	Homepage www.bierserver.at; Brauunion Österreich AG, Linz
Seite 48:	Fotolia (Henkelglas; Bierschwenker), Deutscher Brauer-Bund e.V. (Maß, Bierbecher, Biertulpe, Bierstange, Weizenbierglas, Bierschale, Altbierbecher, Bierpokal); Brauunion Österreich AG, Linz (Zapfen von Bier)
Seite 49:	Fotolia, © Michael Homann; Homepage www.alovelyworld.com/webfranc
Seite 50:	MEV; Comité Interprofessionell du Vin de Champagne; Jürgen Kirchner, Hollabrunn
Seite 51:	Schlumberger Wein- und Sektkellerei GmbH, Wien; Andrea Krieger, Wien (Bild 2 und 3); Mag. Wolfgang Kraml, Linz; Fotolia, © StudioAraminta
Seite 52:	Homepage www.cdiscount.com; Comité Interprofessionell du Vin de Champagne; Andrea Krieger, Wien
Seite 53:	Homepage www.gourmetpresse.at
Seite 54:	Comité Interprofessionell du Vin de Champagne; Mag. Wolfgang Kraml, Linz
Seite 55:	Informationsbüro Sherry; Homepage www.proz.com; Bodega Alvear, Montilla-Cordoba
Seite 56:	Homepage www.osborne.ch; Informationsbüro Sherry
Seite 57:	Informationsbüro Sherry
Seite 58:	Georg Ferencsin (Bild 1 und 2); Herbert Krammer, St. Andrä am Zicksee
Seite 59:	Georg Ferencsin (Mitte); Homepage www.infoportwine.com; Homepage www.quevedoportwine.com
Seite 60:	Homepage www.sandeman.eu
Seite 61:	Homepage www.wein-fachhandel.de; Homepage www.weinausgriechenland.com; Homepage www.aridjis.com; Homepage www.ebrosia.com
Seite 62:	Fotolia, © Mandy Kuckuk; Homepage www.noillyprat.com
Seite 64:	Homepage www.adwn.de
Seite 65:	Rémy Martin, MaxXium Deutschland
Seite 66:	Rémy Martin, MaxXium Deutschland; Asbach GmbH, Rüdesheim am Rhein
Seite 67:	Destillerie Artberg, © Jean-Marie Putz; Moses, Harald Moosbrugger, Dornbirn
Seite 68:	Fotolia; Bommerlunder, Fa. Dethleffsen, Flensburg
Seite 69:	Homepage www.bacardi-bildarchiv.de
Seite 70:	Brennerei Hans Reisetbauer (www.reisetbauer.at); Homepage www.doliwa-naturfoto.de; Getty Images
Seite 71:	Homepage www.wikipedia.de
Seite 73:	Andrea Krieger, Wien
Seite 74:	Andrea Krieger, Wien
Seite 77:	www.photocase.com, © Cchristof (Weißweingläser)
Seite 79:	Erich Stöger, Krems (Unterlagsrebe)
Seite 80:	Österreichische Weinmarketingserviceges.m.b.H (Kellergasse); Erich Stöger, Krems (Klima)
Seite 81:	Erich Stöger, Krems (4)

Bildnachweis

Seite 82: Egon Mark, Innsbruck (Stockkultur); Fotolia (Bild 1); Erich Stöger, Krems (Bild 2); Fotolia (Bild 3); Höhere Bundeslehranstalt für Wein- und Obstbau, Klosterneuburg (Bild 4); Weingut Crozzol, Südtirol (Bild 5)
Seite 83: Erich Stöger, Krems (2)
Seite 84: Höhere Bundeslehranstalt für Wein- und Obstbau, Klosterneuburg (Mehltau)
Seite 85: Erich Stöger, Krems (Bild 1 und 2); Rebler, Australian Wine Bureau, AWEC Adelaide (Bild 3)
Seite 86: Erich Stöger, Krems (Bild 1); Firma Willmes (Bild 2)
Seite 87: Homepage nikon-fotografie.de
Seite 88: Fotolia (3)
Seite 89: Homepage www.google.com (Bag-in-box); Erich Stöger, Krems (Gärtank)
Seite 90: Erich Stöger, Krems
Seite 91: Aviva Hotels und Ressorts, St. Stefan am Walde/OÖ (Weinkeller)
Seite 92: AMA-Biozeichen; Demeter
Seite 93: Erich Stöger, Krems
Seite 96: Erich Stöger, Krems (Edelfäule); Homepage www.wikipedia.de (Eisweintrauben); Homepage www.winemonger.com (Strohweintraube)
Seite 99: Mag. Wolfgang Kraml, Linz (2)
Seite 102: Fotolia
Seite 103: Erich Stöger, Krems
Seite 104: Erich Stöger, Krems (Mitte); © Österreich Werbung/Udo Bernhart
Seite 105: Erich Stöger, Krems
Seite 106: Homepage www.regionwagram.at (Logo); Weingut Franz Leth, Fels/Wagram (Lössboden)
Seite 107: ARGE Weinstraße Niederösterreich, 3100 St. Pölten; Marktgemeinde Falkenstein, © Rudi Weiss (Kellergasse); Erich Stöger, Krems (2)
Seite 108: Homepage www.panos.at, © Wolfgang Stich (Heidentor)
Seite 109: www.aboutpixel.de, © Peter Smola (Weinherbst Thermenregion)
Seite 110: Fotolia, © Alexander Reitter (24916996_Weinbaugebiet Burgenland)
Seite 111: Fotolia (Neusiedlersee); Homepage www.heinrich.at (Riede Gabarinza)
Seite 112: Erich Stöger, Krems (Uhudler, Weingarten); Homepage www.weinpapst.wordpress.com (Etikett Gesellmann)
Seite 114: Erich Stöger, Krems (Buschenschank); Erich Stöger, Krems (Steirisches Hügelland)
Seite 115: Erich Stöger, Krems (Steirerland); www.aboutpixel.de, © Regine Schöttl
Seite 116: Erich Stöger, Krems
Seite 117: Erich Stöger, Krems
Seite 118: Fotolia, © Herbert Kratky (279192_Grüner Veltliner); © KlausMJan (4700716_Riesling); © Jaume Felipe (1308325_Neuburger); © ArtmannWitte (4176302_Ruländer); © Gilles Paire (1415819_Merlot)
Seite 119: www.aboutpixel.de, © N N (Weißer Burgunder); © Peter Smola (Blauer Zweigelt)
Seite 120: Fotolia (St. Laurent); www.aboutpixel.de, © Hanseat (Spätburgunder, der rote Rebstock)
Seite 123: Homepage www.fineclaretseller.com (Chateau Pichon)
Seite 125: Homepage www.winebutik.net
Seite 126: Homepage www.winenice.com
Seite 127: Homepage www.tasting.ch (Edelpilz); Homepage www.freddiemuenster.com (Etikett)
Seite 128: Homepage http://de.academic.ru
Seite 129: Jürgen Kirchner, Hollabrunn (Bild 1); Egon Mark, Innsbruck (Bild 2)
Seite 130: Fotolia (Loire-Schloss)
Seite 131: Egon Mark, Innsbruck
Seite 132: Fotolia, © Katrin Manz (11549569_Weingut in der Provence); Fotolia (4088211_Pinot noir)
Seite 133: Homepage www.chronica.it (Weinberge)
Seite 134: Fotolia, © eyewave (14307707_Chiantiflaschen)
Seite 135: Fotolia, © Momentum (2499238_Toscana)
Seite 136: Fotolia
Seite 137: Homepage www.bangout.de/rebsorte.php (Proseccotraube); Consorzio Franciacorta (Lambrusco)
Seite 139: www.aboutpixel.de, © Joachim Kant (Blick auf den Vesuv); Fotolia
Seite 140: Fotoagentur Viennaslide
Seite 141: Fotolia, © Jennifer Stone (15651246_Weingut in Rioja)
Seite 142: Bodegas Ramon Bilbao
Seite 143: Vega Sicilia (Etikett); Fotolia (Windmühle)
Seite 144: Fotolia, © inacio pires (8147783_Wein mit Blättern)
Seite 145: © Jens Butz (Weinflasche Bacharacher Wolfshöhle)
Seite 146: © Jens Butz (Weinflasche, Glas, dt. Wein)
Seite 147: Fotolia
Seite 148: Fotolia (Bild 1); Homepage www.static.rp-online.de (Bild 2)
Seite 149: Homepage www.weingut-neumer.de; Homepage www.vinvia.de
Seite 150: Homepage www.weinco.de (Bocksbeutelflasche); Homepage www.der-krug.de (Franken)
Seite 151: Homepage http://www.de.academic.ru (Kaiserstuhl); Homepage www.planet-wissen.de (Württemberg)
Seite 153: HADES Weingut Jürgen Wellwanger, Staatsweingut Schloss Wackerbarth
Seite 155: Fotolia, © Marco Desscouleurs (24417834_Festung Munot – Schaffhausen, Schweiz)
Seite 156: Homepage www.brunette.brucity.be
Seite 157: © Jens Butz (Weinkeller)
Seite 158: Australian Wine Bureau, AWEC Adelaide (Weinbau, Australien)
Seite 163: Ulrike Köb, Wien
Seite 164: DLG e.V. (Weingläser); Fotolia, © milsabord29 (100962_Auge)
Seite 166: DLG e.V.
Seite 169: DLG e.V.
Seite 170: Österreichische Weinmarketingserviceges.m.b.H (Aromaräder)
Seite 172: Fotolia
Seite 173: Mag. Wolfgang Kraml, Linz; DLG e.V.
Seite 174: DLG e.V.
Seite 175: MEV (08019_Gläser und Flasche); Andrea Krieger, Wien (Bild 2, 3, 4)

Bildnachweis

Seite 176: DLG e.V.
Seite 179: Fotolia, © EastWest Imaging (7309086_Paar am Esstisch)
Seite 180: Fotolia, © Babutzky (6347629_asiatische Suppe)
Seite 182: Raimund Mayerhofer, Wien (roter Chicorée)
Seite 183: Jürgen Kirchner, Hollabrunn
Seite 184: Mag. Wolfgang Kraml, Linz (Suppe)
Seite 185: Mag. Wolfgang Kraml, Linz (Dessert)
Seite 186: Fotolia, © sil007 (10378784_Ente mit Blaukraut)
Seite 187: Fotolia, © shock (1138678_blaue Trauben)
Seite 189: Kempinski Hotels S.A., Genf, Schweiz
Seite 190: Jürgen Kirchner, Hollabrunn (Jungsommeliers); Homepage http://commons.wikimedia.org / © Marcus Aurelius (Bacchus)
Seite 191: Kempinski Hotels S.A., Genf, Schweiz
Seite 192: Leo Alzinger, Unterloiben
Seite 193: Interspar-Weinwelt
Seite 194: Urheber unbekannt
Seite 195: © Österreich Werbung/Diejun (Kellergasse); Jürgen Kirchner, Hollabrunn (Lagerkeller); Hospiz Alm, St. Christoph (Schaukeller)
Seite 196: Homepage www.shop-rgplan.ch
Seite 198: Urheber unbekannt
Seite 200: www.aboutpixel.de, © weatherwax
Seite 203: Fotolia
Seite 205: Kempinski Hotels S.A., Genf, Schweiz; Arnulf Kossak (Cartoon)
Seite 206: Fotolia; Arnulf Kossak (Cartoon)
Seite 209: Jürgen Kirchner, Hollabrunn (Weinkarten); Fotolia
Seite 210: Arnulf Kossak (Cartoon)
Seite 212: Urheber unbekannt
Seite 213: Mag. Wolfgang Kraml, Linz
Seite 214: Homepage www.viavaltellina.at
Seite 215: Homepage www.fourseasons.com (Weinschrank); Homepage www.gsg.at (Wandtafel); Urheber unbekannt (Winzer)
Seite 216: Fotolia; Arnulf Kossak (Cartoon)
Seite 217: Fotolia
Seite 218: Arnulf Kossak (Cartoon)
Seite 219: Arnulf Kossak (Cartoon)
Seite 221: Fotolia; Comité Interprofessionell du Vin de Champagne
Seite 222: Mag. Wolfgang Kraml, Linz (Kapselschneider, Sektverschluss, Sektkübel, Thermokübel); Homepage www.preisroboter.de (Weinthermometer Stab); Homepage www.yatego.com (Weinthermometer Manschette); Homepage www.drinkstuff.com (Drop Stop)
Seite 223: Mag. Wolfgang Kraml, Linz (Dekantierwiege, Dekantiertrichter); Schott-Zwiesel (Dekantierkaraffe)
Seite 224: Georg Ferencsin (Korkenproduktion); Homepage www.vinova.be (Kunststoffstopfen)
Seite 225: Homepage www.viti-net.fr (Drehverschluss); Mag. Wolfgang Kraml, Linz (Glasverschluss); Fotolia, © fauxware (5676955_Kronenkorken)
Seite 226–237: Jürgen Kirchner, Hollabrunn (70)